NORMAS CONTÁBEIS NA PRÁTICA

CLEÔNIMO DOS SANTOS é bacharel em Ciências Contábeis, com MBA em Controladoria Estratégica. Professor universitário em cursos de graduação e pós-graduação. Assessor e consultor de empresas em matéria de Imposto de Renda e Contabilidade.

É autor dos livros:

- *Auditoria Fiscal e Tributária.*
Depreciação de Bens do Ativo Imobilizado.
- *Quanto Vale sua Empresa.*
- *PIS E COFINS: como calcular e recolher.*
- *Contribuição Social Sobre o Lucro – Cálculo, Apuração e Recolhimento*
- *Normas contábeis na Prática – Um Guia para o dia a dia das empresas.*
- *Contabilidade Fundamental.*
- *Principais Providências para Fechamento de Balanço.*
- *Auditoria Contábil.*
- *Análise financeira e orçamentária.*
- *Contabilidade Fundamental.*
- *Exame de Suficiência em Contabilidade.*
- *Fechamento de Balanço – Teoria e Prática.*
- *Manual da Demonstração dos Fluxos de Caixa.*
- *Manual das Demonstrações Contábeis.*
- *Contabilidade na Atividade Imobiliária.*
- *Estrutura e Análise de Balanços.*
- *Plano de contas: Uma abordagem prática.*
- *Simples Nacional.*

CLEÔNIMO DOS SANTOS

NORMAS CONTÁBEIS NA PRÁTICA

Um guia para o dia a dia das empresas

Teoria e prática

2ª EDIÇÃO

Freitas Bastos Editora

Direitos exclusivos da edição e distribuição em língua portuguesa:

Maria Augusta Delgado Livraria, Distribuidora e Editora

Editor: *Isaac D. Abulafia*
Capa e Diagramação: *Jair Domingos de Sousa*

DADOS INTERNACIONAIS PARA CATALOGAÇÃO
NA PUBLICAÇÃO (CIP)

S237n

Santos, Cleônimo dos

Normas contábeis na prática: um guia para o dia a dia das empresas: Teoria e prática / Cleônimo dos Santos – 2ª ed. – Rio de Janeiro: Freitas Bastos, 2019.
444 p. ; 23 cm.

Inclui bibliografia.

ISBN: 978-85-7987-335-5

1. Contabilidade. 2. Normas contábeis. 3. Empresas. I. Título.
2018-1205 CDD 657 CDU 657

Freitas Bastos Editora

Tel. (21) 2276-4500
freitasbastos@freitasbastos.com
vendas@freitasbastos.com
www. freitasbastos.com

APRESENTAÇÃO

Já há algum tempo as normas internacionais de contabilidade estão sendo introduzidas no Brasil. O processo foi lento, mas está bem adiantado. Em termos práticos, ele teve início com a edição da Lei nº 11.638/2007. Portanto lá se vão quase dez anos.

Está "introdução" está ocorrendo por meio dos Pronunciamentos Técnicos emitidos pelo Comitê de Pronunciamentos Contábeis (CPC) que, normalmente, são aprovados pelos órgãos reguladores para a efetiva aplicação pelas empresas e demais entidades.

Como não podia ser diferente, no início do processo de convergência (os três primeiros anos) o foco eram as "empresas de grande porte", assim definidas as entidades com ativo total superior a 240 milhões de reais ou receita bruta anual de 300 milhões ou mais.

Já a partir de 2010, esse grupo de empresas já estava suficientemente adaptado às novas regras. Restava, portanto, aplicar as regras às pequenas e médias empresas que são aquelas sociedades não enquadradas pela Lei 11.638/2007, como sociedades de grande porte.

Em termos práticos, os órgãos de classe, sobretudo o CRC-SP, têm sido implacáveis no treinamento dos profissionais, divulgando e oferecendo cursos e palestras na sua maioria gratuitas. O que se observa, contudo, é que mesmo com essa "ação agressiva" muitos profissionais ainda não aplicam esses novos conceitos contábeis na sua essência, seja por desconhecimento ou por falta de tempo.

Este livro vem justamente preencher essa lacuna. Naturalmente, a obra não esgota o assunto, mas oferece ao leitor orientações e exemplos sobre as principais práticas a serem observadas pelas empresas tendo em vista a nova ótica contábil.

Os temas estão distribuídos em 13 capítulos e permeiam vários assuntos, tais como instrumentos financeiros, ajuste de avaliação patrimonial, ajuste a valor presente, estoques, ativo imobilizado, *impairment*, ativo intangível, ativos e passivos fiscais diferidos, entre outros. Na sua maioria, os assuntos são abordados em pequenos textos (são 64 procedimentos no total), com o objetivo de tornar a leitura mais agradável, evitar a fadiga e direcionar o leitor para o assunto do seu interesse. Nessa Linha, em alguns casos, o assunto e tratado em mais de um texto.

O autor

Entre em contato com o autor pelo e-mail: <cleonimo@hotmail.com>.

SUMÁRIO

Capítulo 1 - Conceitos Gerais

Capítulo 2 - Instrumentos Financeiros e Ajuste de Avaliação Patrimonial

Capítulo 3 – Ajuste A Valor Presente

Capítulo 4 - Estoques

Capítulo 5 – Investimentos em outras Sociedades

Capítulo 6 – Imobilizado

Capítulo 7 - Impairment

Capítulo 8 - Diferido e Intangível

Capítulo 9 – Ativos e Passivos Fiscais Diferidos

Capítulo 13 - Resultado

Capítulo 12 - Patrimônio Líquido

Capítulo 10 - Ativos Gerais

Capítulo 11 - Passivos Gerais

Capítulo 1

CONCEITOS GERAIS

I – REGRAS GERAIS DE ESCRITURAÇÃO CONTÁBIL

1. INTRODUÇÃO

Engana-se quem pensa que a obrigatoriedade de manutenção da escrita contábil seja uma imposição somente às pessoas jurídicas tributadas com base no lucro real.

A obrigatoriedade da escrita contábil aplica-se a todas as pessoas jurídicas, **sejam elas sociedades ou empresas individuais tributadas com base no lucro real, no lucro presumido ou no Simples Nacional.**

O que devemos ter em mente, sempre, é que a obrigação de manutenção da escrita contábil é uma imposição comercial, e não fiscal.

Essa obrigatoriedade consta claramente do Código Civil, nos seguintes termos:

> *"Art. 1.179. O empresário e a sociedade empresária são obrigados a seguir um sistema de contabilidade, mecanizado ou não, com base na escrituração uniforme de seus livros, em correspondência com a documentação respectiva, e a levantar anualmente o balanço patrimonial e o de resultado econômico."*

Nota: Existe, porém, uma exceção à regra acima. Trata-se do empresário individual caracterizado como microempresa na forma Lei Complementar 123/2006 que aufira receita bruta anual de até R$ 81.000,00 (art. Parágrafo 2º do art. 1.179 do Código Civil, combinado com o art. 68 da Lei Complementar 123/2006).

A Lei das Sociedades Anônimas (Lei nº 6.404/1976) também estabelece essa obrigatoriedade fazendo referência explicita à legislação comercial. O *caput* do art. 177 do referido diploma legal assim estabelece:

> *"Art. 177. A escrituração da companhia será mantida em registros permanentes, com obediência aos **preceitos da legislação comercial** e desta Lei e aos princípios de contabilidade geralmente aceitos, devendo observar métodos ou critérios contábeis uniformes no tempo e registrar as mutações patrimoniais segundo o regime de competência. [grifo do autor]..."*

Diante desses fatos e considerando a atribuição legal, o Conselho Federal de Contabilidade baixou a Resolução CFC 1.330/2011(ITG 2000 (R1)) que estabelece critérios e procedimentos a serem adotados pela entidade para a escrituração contábil de seus fatos patrimoniais, por meio de qualquer processo, bem como a guarda e a manutenção da documentação e de arquivos contábeis e a responsabilidade do profissional da contabilidade.

2. QUEM DEVE ADOTAR A ESCRITURAÇÃO CONTÁBIL SEGUNDO O CFC

A escrituração contábil deve ser adotada por todas as entidades, independente da natureza e do porte, na elaboração da escrituração contábil, observadas as exigências da legislação e de outras normas aplicáveis, se houver.

3. FORMALIDADES DA ESCRITURAÇÃO CONTÁBIL

A escrituração contábil deve ser realizada com observância aos Princípios de Contabilidade.

O nível de detalhamento da escrituração contábil deve estar alinhado às necessidades de informação de seus usuários. Nesse sentido, esta Interpretação não estabelece o nível de detalhe ou mesmo sugere um plano de contas a ser observado.

3.1 Detalhamento da escrituração contábil

O detalhamento dos registros contábeis é diretamente proporcional à complexidade das operações da entidade e dos requisitos de informação a ela aplicáveis e, exceto nos casos em que uma autoridade reguladora assim o requeira, não devem necessariamente observar um padrão pré-definido.

A escrituração contábil deve ser executada:

a) em idioma e em moeda corrente nacionais;
b) em forma contábil;
c) em ordem cronológica de dia, mês e ano;
d) com ausência de espaços em branco, entrelinhas, borrões, rasuras ou emendas; e
e) com base em documentos de origem externa ou interna ou, na sua falta, em elementos que comprovem ou evidenciem fatos contábeis.

3.2 Detalhes do lançamento contábil

A escrituração em forma contábil (lançamento contábil) deve conter, no mínimo:

a) data do registro contábil, ou seja, a data em que o fato contábil ocorreu;
b) conta devedora;
c) conta credora;
d) histórico que represente a essência econômica da transação ou o código de histórico padronizado, neste caso baseado em tabela auxiliar inclusa em livro próprio;
e) valor do registro contábil;
f) informação que permita identificar, de forma unívoca, todos os registros que integram um mesmo lançamento contábil.

3.3 Formalidades intrínsecas do lançamento contábil

O registro contábil deve conter o número de identificação do lançamento em ordem sequencial relacionado ao respectivo documento de origem externa ou interna ou, na sua falta, em elementos que comprovem ou evidenciem fatos contábeis.

A terminologia utilizada no registro contábil deve expressar a essência econômica da transação.

4. FORMALIDADES EXTRÍNSECAS DOS LIVROS CONTÁBEIS EM FORMA NÃO DIGITAL

Os livros contábeis obrigatórios, entre eles o Livro Diário e o Livro Razão, em forma não digital, devem revestir-se de formalidades extrínsecas, tais como:

a) serem encadernados;
b) terem suas folhas numeradas sequencialmente;
c) conterem termo de abertura e de encerramento assinados pelo titular ou representante legal da entidade e pelo profissional da contabilidade regularmente habilitado no Conselho Regional de Contabilidade.

5. FORMALIDADES EXTRÍNSECAS DOS LIVROS CONTÁBEIS EM FORMA DIGITAL

Os livros contábeis obrigatórios, entre eles o Livro Diário e o Livro Razão, em forma digital, devem revestir-se de formalidades extrínsecas, tais como:

a) serem assinados digitalmente pela entidade e pelo profissional da contabilidade regularmente habilitado;
b) quando exigível por legislação específica, serem autenticados no registro público ou entidade competente.

6. UTILIZAÇÃO DE CÓDIGOS E ABREVIATURAS

Admite-se o uso de códigos e/ou abreviaturas, nos históricos dos lançamentos, desde que permanentes e uniformes, devendo constar o significado dos códigos e/ou abreviaturas no Livro Diário ou em registro especial revestido das formalidades extrínsecas acima comentadas.

7. RESPONSASBILIDADE PELA ESCRITURAÇÃO

A escrituração contábil e a emissão de relatórios, peças, análises, demonstrativos e demonstrações contábeis são de atribuição e de responsabilidade exclusivas do profissional da contabilidade legalmente habilitado.

8. TRANSCRIÇÃO DAS DEMONSTRAÇÕES CONTÁBEIS NO LIVRO DIÁRIO

As demonstrações contábeis devem ser transcritas no Livro Diário, completando-se com as assinaturas do titular ou de representante legal da entidade e do profissional da contabilidade legalmente habilitado.

9. ASPECTOS GERAIS SOBRE LIVRO DIÁRIO E LIVRO RAZÃO

No Livro Diário devem ser lançadas, em ordem cronológica, com individualização, clareza e referência ao documento probante, todas as operações ocorridas, e quaisquer outros fatos que provoquem variações patrimoniais.

Quando o Livro Diário e o Livro Razão forem gerados por processo que utilize fichas ou folhas soltas, deve ser adotado o registro "Balancetes Diários e Balanços".

No caso da entidade adotar processo eletrônico ou mecanizado para a sua escrituração contábil, os formulários de folhas soltas, devem ser numerados mecânica ou tipograficamente e encadernados em forma de livro.

Em caso de escrituração contábil em forma digital, não há necessidade de impressão e encadernação em forma de livro, porém o arquivo magnético autenticado pelo registro público competente deve ser mantido pela entidade.

Os registros auxiliares, quando adotados, devem obedecer aos preceitos gerais da escrituração contábil.

A entidade é responsável pelo registro público de livros contábeis em órgão competente e por averbações exigidas pela legislação de recuperação judicial, sendo atribuição do profissional de contabilidade a comunicação formal dessas exigências à entidade.

10. ESCRITURAÇÃO CONTÁBIL DE FILIAL

A entidade que tiver unidade operacional ou de negócios, quer como filial, agência, sucursal ou assemelhada, e que optar por sistema de escrituração descentralizado, deve ter registros contábeis que permitam a identificação das transações de cada uma dessas unidades.

A escrituração de todas as unidades deve integrar um único sistema contábil.

A opção por escrituração descentralizada fica a critério da entidade.

Na escrituração descentralizada, deve ser observado o mesmo grau de detalhamento dos registros contábeis da matriz.

As contas recíprocas relativas às transações entre matriz e unidades, bem como entre estas, devem ser eliminadas quando da elaboração das demonstrações contábeis da entidade.

As despesas e as receitas que não possam ser atribuídas às unidades devem ser registradas na matriz e distribuídas para as unidades de acordo com critérios da administração da entidade.

11. DOCUMENTAÇÃO CONTÁBIL

Documentação contábil é aquela que comprova os fatos que originam lançamentos na escrituração da entidade e compreende todos os documentos, livros, papéis, registros e outras peças, de origem interna ou externa, que apoiam ou componham a escrituração.

A documentação contábil é hábil quando revestida das características intrínsecas ou extrínsecas essenciais, definidas na legislação, na técnica-contábil ou aceitas pelos "usos e costumes".

Os documentos em papel podem ser digitalizados e armazenados em meio magnético, desde que assinados pelo responsável pela entidade e pelo profissional da contabilidade regularmente habilitado, devendo ser submetidos ao registro público competente.

12. CONTAS DE COMPENSAÇÃO

Contas de compensação constituem sistema próprio para controle e registro dos fatos relevantes que resultam em assunção de direitos e obrigações da entidade cujos efeitos materializar-se-ão no futuro e que possam se traduzir em modificações no patrimônio da entidade.

Exceto quando de uso mandatório por ato de órgão regulador, a escrituração das contas de compensação não é obrigatória. Nos casos em que não forem utilizadas, a entidade deve assegurar-se que possui outros mecanismos que permitam acumular as informações que de outra maneira estariam controladas nas contas de compensação.

13. RETIFICAÇÃO DE LANÇAMENTO CONTÁBIL

Retificação de lançamento é o processo técnico de correção de registro realizado com erro na escrituração contábil da entidade e pode ser feito por meio de:

a) estorno;

b) transferência; e

c) complementação.

Em qualquer das formas acima citadas, o histórico do lançamento deve precisar o motivo da retificação, a data e a localização do lançamento de origem.

O estorno consiste em lançamento inverso àquele feito erroneamente, anulando-o totalmente.

Lançamento de transferência é aquele que promove a regularização de conta indevidamente debitada ou creditada, por meio da transposição do registro para a conta adequada.

Lançamento de complementação é aquele que vem posteriormente complementar, aumentando ou reduzindo o valor anteriormente registrado.

Os lançamentos realizados fora da época devida devem consignar, nos seus históricos, as datas efetivas das ocorrências e a razão do registro extemporâneo.

II – REVOGAÇÃO DA RESOLUÇÃO 750/1993 QUE TRATA DOS PRINCÍPIOS CONTÁBEIS

Em outubro de 2016, a comunidade contábil foi surpreendida pela revogação da Resolução CFC nº 750/1993 que tratava dos princípios contábeis o que levou muitos a pensar que os princípios contábeis estariam extintos.

A revogação se deu por meio da Norma Brasileira de Contabilidade Aplicada ao Setor Público (NBC TSP) – Estrutura Conceitual.

Pouco tempo depois, o Conselho Federal de Contabilidade (CFC) emitiu nota[1] na qual esclarece, com muita propriedade, que a revogação da Resolução nº 750/1993 **não significa que os Princípios de Contabilidade estejam extintos** e conclui que a revogação da Resolução visa à unicidade conceitual, indispensável para evitar divergências na concepção doutrinária e teórica, que poderiam comprometer aspectos formais das Normas Brasileiras de Contabilidade (NBCs).

Ao instrumentalizar sua nota, o CFC esclareceu que os Princípios de Contabilidade, sob o ponto de vista das Estruturas Conceituais dos setores privado e público, passaram a ser comportados dentro das

1 http://cfc.org.br/noticias/revogacao-da-resolucao-no-7501993-contexto-e-consideracoes/

normas específicas, respectivamente, a NBC TG Estrutura Conceitual (Resolução nº 1.374/2011) e NBC TSP Estrutura Conceitual, o que tornou necessária a revogação da Resolução nº 750/1993, para evitar eventual conflito de referência conceitual.

Na prática, esse foi mais um passo dado na inserção do Brasil no padrão internacional.

A seguir é feita uma singela comparação entre a Resolução CFC 750/1993 e as novas normas que disciplinam o tema (NBC TG ESTRUTURA CONCEITUAL - Estrutura Conceitual para Elaboração e Divulgação de Relatório Contábil-Financeiro e NBC TSP ESTRUTURA CONCEITUAL - Estrutura Conceitual para Elaboração e Divulgação de Informação Contábil de Propósito Geral pelas Entidades do Setor Público NBC SP EC).

Princípio da entidade

De uma forma genérica, o princípio da entidade, nos termos da Resolução 750, fundamenta-se na autonomia do patrimônio a ela pertencente.

No tocante a NBC TG EC é feita referência à entidade que reporta a informação, no entanto, com anotação de que será acrescentado futuramente.

Já a NBC SP EC traz capítulo específico sobre o tema. É o capítulo 4.

Princípio da continuidade

O princípio da continuidade pressupõe que a entidade continuará em operação no futuro e, portanto, a mensuração e a apresentação dos componentes do patrimônio levam em conta esta circunstância.

Na NBC TG EC o tema é tratado no subitem 4.1.

Princípio da oportunidade

O princípio da oportunidade, nos termos da Resolução nº 750/93, refere-se ao processo de mensuração e apresentação dos componentes patrimoniais para produzir informações íntegras e tempestivas.

Na NBC TG EC o tema é tratado no subitem QC12 a QC16, no QC 19 e no QC 29.

No que diz respeito à tempestividade, os esclarecimentos constam da NBC TG EC.

Princípio do registro pelo valor original

O princípio do registro pelo valor original determina que os componentes do patrimônio devam ser inicialmente registrados pelos valores originais das transações, expressos em moeda nacional.

A NBC TG EC dedicou ao tema os itens 4.54, 4.55 e 4.56.

Princípio da competência

O princípio da competência determina que os efeitos das transações e outros eventos sejam reconhecidos nos períodos a que se referem, independentemente do recebimento ou pagamento, pressupondo a simultaneidade da confrontação de receitas e de despesas correlatas.

O tema foi tratado pela NBC TG EC em procedimento próprio que aborda a Performance financeira refletida pelo regime de competência (*accruals*) - itens OB17 a OB20.

Princípio da prudência

O princípio da prudência determina a adoção do menor valor para os componentes do ATIVO e do maior para os do PASSIVO, sempre que se apresentem alternativas igualmente válidas para a quantificação das mutações patrimoniais que alterem o patrimônio líquido.

A atual versão da Estrutura Conceitual para Elaboração e Divulgação de Relatório Contábil-Financeiro não recepcionou o princípio da prudência, diferentemente do que a ocorreu com sua antecessora – Resolução CFC 1.121/2008. No entanto, isso não significa a extinção do princípio, como tão bem esclareceu o CFC em sua nota.

III – ADOÇÃO INICIAL DA LEI Nº 12.973/2014 COM O FIM DO RTT

1. INTRODUÇÃO

Por meio da Instrução Normativa RFB nº 1.469/2014 – DOU seção 1 de 29.05.2014, a Secretaria da Receita Federal do Brasil (RFB) estabeleceu as regras para a opção pela aplicação, no ano-calendário de 2014, das disposições constantes da Lei nº 12.973/2014, conforme previsão em seu art. 75.

Referida lei altera a legislação tributária federal relativa ao Imposto de Renda Pessoa Jurídica (IRPJ), à Contribuição Social sobre o

Lucro (CSL), à contribuição para o PIS-Pasep e à revogação do regime tributário de transição (RTT), instituído pela Lei nº 11.941/2009.

De uma forma geral, a referida IN estabeleceu que a pessoa jurídica pôde optar pela aplicação, para o ano-calendário de 2014, das disposições contidas nos seguintes dispositivos da Lei nº 12.973/2014:

a) arts. 1º, 2º e 4º a 70, que alteram diversos dispositivos da legislação tributária federal; e

b) arts. 76 a 92, que dispõem sobre a tributação em bases universais.

Caso a empresa não tenha feito a opção o RTT será mantido para o ano calendário de 2014. Já a partir de 2015 a adoção das normas da Lei nº 12.973/2014 passou a ser obrigatória.

2. OPÇÃO

As opções acima são independentes e deverão ser manifestadas na Declaração de Débitos e Créditos Tributários Federais (DCTF).

Observa-se que o exercício da opção não produzirá efeito quando a entrega da DCTF ocorrer fora do prazo.

3. "MECÂNICA" DAS APURAÇÕES DO IRPJ E DA CSL - BREVE HISTÓRICO

Até a edição da Lei nº 11.941/2009 (instituidora do RTT), tínhamos a seguinte situação para fins de apuração do IRPJ e da Contribuição Social sobre o Lucro:

Lucro contábil (padrão 2007)
(+-) Ajustes no Lalur
(=) Lucro tributável

Com a edição da Lei nº 11.941 a legislação comercial passou a observar as normas internacionais de contabilidade. No entanto, o aparato fiscal não era adequado para recepcionar as alterações. É nesse momento que surge a necessidade da criação do RTT, até que o fisco alinhasse a legislação fiscal com as novas normas contábeis. Deste modo, a partir da edição da Lei nº 11.941/2009 passamos a ter uma situação especial para fins de apuração do lucro tributável. A situação estava assim estruturada:

Lucro contábil (padrão IFRS)
(+-) Ajustes RTT/Fcont
(=) Lucro contábil (padrão 2007)
(+-) Ajustes no Lalur
(=) Lucro tributável.

Como se observa, o RTT teve (e tem para os não optantes em 2014) como principal função trazer a contabilidade das empresas para o padrão 2007, que era o padrão que a legislação fiscal "entendia" e aceitava.

Agora, com a edição da Lei nº 12.973/2014, a legislação fiscal passou a acompanhar a legislação comercial, ou seja, passou a admitir, formalmente, a existência e aplicação das normas internacionais. Desse modo, a partir da edição da referida lei os "ajustes RTT/Fcont" passaram a ser desnecessários na apuração do lucro tributável para os optantes pelas novas normas a partir de 2014. Deste modo, a partir de 2014 para os optantes e a partir de 2015 para todas as empresas passou-se a ter a seguinte configuração na apuração do lucro tributável:

Lucro contábil (padrão IFRS)
(+-) Ajustes no e-Lalur
(=) Lucro tributável

Do exposto, temos que a partir da edição da Lei nº 12.973/2014, a legislação fiscal passou a "aceitar" e "entender" a nova contabilidade (padrão IFRS).

4. SALDOS DE RTT EM 31.12.2013 OU 31.12.2014

Vimos anteriormente que a adoção das regras da Lei nº 12.973/2014 pôde, por opção, ser aplicada já em 2014 e, obrigatoriamente, a partir de 2015.

Diante dessa situação haverá diferenças positivas e negativas em relação às contas do ativo e do passivo proveniente da aplicação das "novas regras" contábeis, tais como ajuste a valor presente, ajuste a valor justo etc.

Sobre essas diferenças a Lei 12.973/2014 se pronunciou no seguinte sentido:

- **Art. 66**: A diferença positiva entre o valor de ativo e a diferença negativa no valor do passivo mensurado de acordo com as disposições da Lei nº 6.404, de 1976, e o valor mensurado pelos métodos e critérios vigentes em 31 de dezembro de 2007, deve ser adicionada na determinação do lucro real e da base de cálculo da CSLL, **salvo se o contribuinte evidenciar contabilmente essa diferença em subconta vinculada ao ativo**, para ser adicionada à medida de sua realização, inclusive mediante depreciação, amortização, exaustão, alienação ou baixa.
- **Art. 67:** A diferença negativa entre o valor de ativo e a diferença positiva no valor do passivo mensurado de acordo com as disposições da Lei nº 6.404, de 1976, e o valor mensurado pelos métodos e critérios vigentes em 31 de dezembro de 2007, não poderá ser excluída na determinação do lucro real e da base de cálculo da CSLL, **salvo se o contribuinte evidenciar contabilmente essa diferença em subconta vinculada ao ativo** para ser excluída à medida de sua realização, inclusive mediante depreciação, amortização, exaustão, alienação ou baixa.

Na prática isso significa dizer que as diferenças provenientes da aplicação das "novas normas" contábeis em relação às normas aplicáveis até 2007 para não causarem reflexos fiscais deverão ser passíveis de rastreamento na contabilidade.

4.1 Alguns exemplos

- **Ajuste a Valor Justo**

  O valor positivo e negativo deverá ser segregado em subcontas distintas vinculadas aos respectivos ativos e passivos.

  O ganho (ajuste positivo) computado no lucro real pela realização de ativos (depreciação, amortização, exaustão, alienação ou baixa) ou liquidação do passivo será tributado de imediato se o ajuste a valor justo não for controlado em conta específica.

  A perda (ajuste negativo) será dedutível pela realização do ativo (depreciação, amortização, exaustão, alienação ou baixa) ou liquidação ou baixa do passivo. A perda não será dedutível caso não seja feito o controle em subconta específica.

- **Ajuste a Valor Presente (AVP)**

  Direitos: o AVP deve ser computado na determinação do lucro real no mesmo período em que a receita ou resultado da operação for oferecido à tributação. A receita deve ser computada pelo valor integral, conforme documento fiscal (NF).

  Obrigações: o AVP deve ser computado na determinação do lucro real no período em que:

  ✓ o bem for revendido;

  ✓ o bem for utilizado como insumo na produção de bens ou serviços;

  ✓ se der a realização do ativo (via depreciação, exaustão, amortização, alienação ou baixa);

  ✓ a despesa for incorrida; e

  ✓ O custo for incorrido.

A despesa será computada com base em seu valor "integral" conforme documentos fiscais.

IV – CRIAÇÃO DE SUBCONTAS IMPOSTAS PELA LEI Nº 12.973/2014

1. INTRODUÇÃO

É fato que a empresa pôde optar pela aplicação, para o ano-calendário de 2014, de muitas das disposições da Lei nº 12.973/2014.

No entanto, em relação a 2014 tratava-se de uma "opção" e, caso a empresa não a tenha feito, o RTT e o Fcont foram mantidos para o ano calendário de 2014.

Agora, a partir de 2015 a adoção das normas da Lei nº 12.973/2014 passou a ser compulsória, extinguindo-se, definitivamente, tais "artifícios fiscais".

A grande verdade é que essas duas figuras fiscais se mostraram extremamente eficientes como "teste" para a segregação dos controles (contábil e tributário), que passou a ser exigido com a entrada em vigor da Lei nº 12.973/2014, pois referida lei impõe controles fiscais por meio da constituição de subcontas contábeis, sob pena de a empresa ter tais valores tributados.

Os exemplos mais comuns de controles necessários são aqueles relacionados com a adoção do valor justo e o ajuste a valor presente. No entanto, esses não são os únicos. Em diversos pontos da Lei nº 12.973/2014 são feitas menções a necessidade de controle.

Neste procedimento discorremos, especificamente, sobre algumas subcontas que devem ser criadas na contabilidade pela empresa para dar alicerce a exigências da lei. Naturalmente, o texto não esgota todas as possibilidades de controle. A empresa deverá ficar atenta para casos específicos voltados à sua atividade.

2. ESCLARECIMENTOS PRESTADOS POR MEIO DA EXPOSIÇÃO DE MOTIVOS À MP 627/2013

De acordo com a exposição de motivos da MP nº 627/2013, convertida na Lei nº 12.973/2014, as "novas regras" fiscais introduzidas pela referida lei têm como objetivo a adequação da legislação tributária à legislação societária e às normas contábeis e, assim, extinguir o RTT e estabelecer uma nova forma de apuração do IR e da CSL, a partir de ajustes que devem ser feitos em livro fiscal, entre outras regras.

A mesma exposição de motivos esclarece que a Secretaria da Receita Federal do Brasil irá dispor sobre os controles contábeis, mediante subcontas, das diferenças encontradas na contabilidade fiscal e na societária, podendo inclusive estabelecer que algumas das diferenças sejam controladas em livro fiscal. Lembra-se que boa parte dessa "obrigação" atribuída à RFB foi cumprida originalmente por meio da Instrução Normativa RFB nº 1.515/2014. Hoje vige a IN RFB nº 1700/2017.

3. SALDOS DE RTT/FCONT NA ADOÇÃO INICIAL DAS REGRAS DA LEI Nº 12.973/2014

Vimos anteriormente que a adoção das regras da Lei nº 12.973/2014 pôde, por opção, ser aplicada em 2014 e, obrigatoriamente, a partir de 2015.

Diante dessa situação haverá diferenças positivas e negativas em relação às contas do ativo e do passivo proveniente da aplicação das "novas regras" contábeis, tais como ajuste a valor presente, ajuste a valor justo etc.

Sobre essas diferenças a Lei 12.973/2014 se pronunciou no seguinte sentido:

- **Art. 66**: A diferença positiva entre o valor de ativo e a diferença negativa no valor do passivo mensurado de acordo com as disposições da Lei nº 6.404, de 1976, e o valor mensurado pelos métodos e critérios vigentes em 31 de dezembro de 2007, deve ser adicionada na determinação do lucro real e da base de cálculo da CSLL, **salvo se o contribuinte evidenciar contabilmente essa diferença em subconta vinculada ao ativo**, para ser adicionada à medida de sua realização, inclusive mediante depreciação, amortização, exaustão, alienação ou baixa.
- **Art. 67:** A diferença negativa entre o valor de ativo e a diferença positiva no valor do passivo mensurado de acordo com as disposições da Lei nº 6.404, de 1976, e o valor mensurado pelos métodos e critérios vigentes em 31 de dezembro de 2007, não poderá ser excluída na determinação do lucro real e da base de cálculo da CSLL, **salvo se o contribuinte evidenciar contabilmente essa diferença em subconta vinculada ao ativo** para ser excluída à medida de sua realização, inclusive mediante depreciação, amortização, exaustão, alienação ou baixa.

Importante: de acordo com o art. 300 da IN RFB nº 1700/2017, as subcontas serão analíticas e registrarão os lançamentos contábeis das diferenças em último nível.

Na prática isso significa dizer que as diferenças provenientes da aplicação das "novas normas" contábeis em relação às normas aplicáveis até 2007 para não causarem reflexos fiscais deverão ser passíveis de rastreamento na contabilidade. Em outras palavras passa a ser necessária a evidenciação de tais ajustes na contabilidade. Isso naturalmente, somente é possível com a inclusão de tais contas no plano de contas da empresa.

3.1 Algumas situações

- **Ajuste a Valor Justo**
  O valor positivo e negativo deverá ser segregado em subcontas distintas vinculadas aos respectivos ativos e passivos.
  O ganho (ajuste positivo) computado no lucro real pela realização de ativos (depreciação, amortização, exaustão, alienação ou baixa) ou liquidação do passivo será tributado de imediato se o ajuste a valor justo não for controlado em conta específica.

A perda (ajuste negativo) será dedutível pela realização do ativo (depreciação, amortização, exaustão, alienação ou baixa) ou liquidação ou baixa do passivo. A perda não será dedutível caso não seja feito o controle em subconta específica.

- **Ajuste a Valor Presente (AVP)**

  Direitos: o AVP deve ser computado na determinação do lucro real no mesmo período em que a receita ou resultado da operação for oferecido à tributação. A receita deve ser computada pelo valor integral, conforme documento fiscal (NF).

  Obrigações: o AVP deve ser computado na determinação do lucro real no período em que:

  - o bem for revendido;
  - o bem for utilizado como insumo na produção de bens ou serviços;
  - se der a realização do ativo (via depreciação, exaustão, amortização, alienação ou baixa);
  - a despesa for incorrida; e
  - O custo for incorrido.

A despesa será computada com base em seu valor "integral" conforme documentos fiscais.

3.2 Procedimento contábil

Ao regulamentar o assunto, a Instrução Normativa RFB nº 1700/2017 estabeleceu as regras contábeis a serem adotadas no caso de haver diferenças positivas e negativas. Referida regulamentação constam dos arts. 295 e 296 da referida IN

3.2.1 Diferimento da diferença positiva

A tributação da diferença positiva verificada na data da adoção inicial entre o valor de ativo na contabilidade societária e no FCONT poderá ser diferida desde que o contribuinte evidencie essa diferença em subconta vinculada ao ativo.

A diferença será registrada a débito na subconta em contrapartida à conta representativa do ativo.

Já o valor o valor registrado na subconta será baixado à medida que o ativo for realizado, inclusive mediante depreciação, amortização, exaustão, alienação ou baixa.

3.2.2 Diferimento da diferença negativa

A tributação da diferença negativa verificada na data da adoção inicial entre o valor de passivo na contabilidade societária e no FCONT poderá ser diferida desde que o contribuinte evidencie essa diferença em subconta vinculada ao passivo.

A diferença será registrada a débito na subconta em contrapartida à conta representativa do passivo.

3.2.3 Exemplo

Consideremos as seguintes informações no desenvolvimento do exemplo:

- Cia Modelo não aderiu às regras da Lei nº 12.973/2014 em 2014, mas sim a partir de 01.01.2015.
- Em 31/12/2014 a Cia. possuía um terreno que está registrado em sua contabilidade societária por R$ 1.800.000
- No RTT/Fcont, considerando-se os métodos e critérios vigentes em 31.12.2007, o valor do terreno em 31.12.2014 seria de R$ 1.500.000.
- No ano de 2016 o terreno foi vendido por R$ 1.950.000

Lançamento nº 1

Registro da diferença em subconta

D – TERRENO – DIFERENÇA ADOÇÃO INICIAL-LEI 12973/2014

C – TERRENO – 300.000

Feito o lançamento acima, teremos a seguinte situação contábil em 01.01.2015:

TERRENO

Débito	Crédito	
1.800.000	300.000	1
1.800.000	300.000	
1.500.000		

TERRENO – DIFERENÇA ADOÇÃO INICIAL-LEI 12973/2014

	Débito	Crédito
1	300.000	
	300.000	
	300.000	

Em 2016, com a venda do terreno, teremos os seguintes lançamentos na Contabilidade:

Lançamento nº 2

Registro da venda do terreno em 2016

D – CAIXA

C – ARE-2016 1.950.000

Lançamento nº 3

Registro da baixa do terreno e da subconta

D – ARE-2016 1.800.000

C – TERRENO 1.500.000

C – TERRENO – DIFERENÇA ADOÇÃO INICIAL – LEI 12973/2014 300.000

Feitos os lançamentos acima, teremos:

TERRENO

	Débito	Crédito	
s	1.800.000	300.000	1
		1.500.000	3
	1.800.000	1.800.000	
	0,00		

TERRENO – DIFERENÇA ADOÇÃO INICIAL-LEI 12973/2014

	Débito	Crédito	
1	300.000	300.000	3
	300.000	300.000	
	0,00		

CAIXA

	Débito	Crédito
2	1.950.000	
	1.950.000	
	1.950.000	

ARE 2016

	Débito	Crédito	
3	1.800.000	1.950.000	2
	1.800.000	1.950.000	
		150.000	

Já o Lalur se apresentará da seguinte forma:

LALUR-2016	
Lucro Líquido antes do IRPJ	150.000
(+) Adições	300.000
(-) Exclusões	
(=) Subtotal	450.000
(-) Compensações	
(=) Lucro real	450.000

4. OUTRAS EXIGÊNCIAS DA LEI PARA A CRIAÇÃO DE SUBCONTAS

Além dos saldos do RTT/FCONT na adoção inicial das regras da Lei nº 12.973/2014, a referida lei está "recheada" de citações que obrigam o contribuinte a utilizar subcontas nos seus registros para controlar ajustes e torná-los rastreáveis.

A seguir são relacionados alguns exemplos de subcontas, cujo objetivo é tornar a operação "rastreável" na contabilidade. Lembra-se que os exemplos abaixo não esgotam todas as possibilidades.

4.1 Investimentos avaliados pelo MEP

O art. 20 do DL 1.598/1977 (na redação dada pela Lei nº 12.973/2014, estabelece que o contribuinte que avaliar os investimentos em outras sociedades pelo valor do patrimônio Líquido deverá manter em subconta distinta o valor do investimento, da mais ou menos valia e do ágio por rentabilidade futura (*goodwill*)

A título de sugestão as referidas contas poderão ser assim expressas:

"Investimentos em controladas - DL 1598, art. 20, I"

"Mais-valia - Imobilizado - DL 1598, art. 20, II"

"*Goodwill* - DL 1598, art. 20, III".

4.2. Ajuste a valor presente

O art. e 5º da Lei nº 12.973/2014 estabelece que os valores decorrentes do ajuste a valor presente, de obrigações, **relativos a cada operação**, somente serão considerados na determinação do lucro real no período de apuração em que:

i. o bem for revendido, no caso de aquisição a prazo de bem para revenda;
ii. o bem for utilizado como insumo na produção de bens ou serviços, no caso de aquisição a prazo de bem a ser utilizado como insumo na produção de bens ou serviços;
iii. o ativo for realizado, inclusive mediante depreciação, amortização, exaustão, alienação ou baixa, no caso de aquisição a prazo de ativo não classificável em "i' e "ii";

De acordo com o referido artigo, nas hipóteses previstas em "i" a "iii", os valores decorrentes do ajuste a valor presente deverão ser evidenciados contabilmente em subconta vinculada ao ativo, sob pena de não serem computados na determinação do lucro real.

A título de sugestão as referidas contas poderão ser assim expressas:

"AVP – Juros a Apropriar – Mercadoria"

"AVP – Juros a Apropriar – Insumo"

"AVP – Juros a Apropriar – Imobilizado"

4.3 Avaliação a valor justo

O art. 13 da Lei nº 12.973/2014 estabelece que o ganho decorrente de avaliação de ativo ou passivo com base no valor justo não será computado na determinação do lucro real desde que o respectivo aumento no valor do ativo ou a redução no valor do passivo seja evidenciado contabilmente em subconta vinculada ao ativo ou passivo.

Lembra-se que as avaliações a valor justo têm como contrapartida a conta ajuste de avaliação patrimonial. Estão sujeitas ao ajuste a valor justo, por exemplo, os instrumentos financeiros, quando destinados à venda futura, e os ativos e passivos avaliados a preço de mercado nas reorganizações societárias.

A título de sugestão a referida conta poderá ser assim expressa, em se tratando de instrumento financeiro:

"AVJ – instrumentos financeiros Destinados a Venda Futura"

V – POSTURA E RESPONSABILIDADE DO PROFISSIONAL E DA ORGANIZAÇÃO CONTÁBIL FRENTE AOS CRIMES DE LAVAGEM DE DINHEIRO

1. INTRODUÇÃO

A Resolução nº 1.530/2017, aprovada pelo Conselho Federal de Contabilidade (CFC), estabelece procedimentos a serem observados pelos profissionais e organizações contábeis, no tocante à prevenção à lavagem de dinheiro e ao financiamento do terrorismo.

Referida Resolução vem disciplinar as alterações promovidas na Lei nº 12.683, de 09 de julho de 2012, que alterou a Lei nº 9.613/1998 e que tratam dos crimes de "lavagem" ou ocultação de bens, direitos e valores e prevenção da utilização do sistema financeiro para fins ilícitos.

As alterações na referida lei vieram, justamente, estender aos profissionais e organizações contábeis, a obrigação de promover:

- a identificação dos clientes e manutenção de registros pertinentes; e
- a comunicação de operações financeiras ao conselho de Controle de Atividades Financeiras (Coaf).

As regras aqui tratadas não se aplicam aos profissionais da contabilidade com vínculo empregatício em organizações contábeis.

Notas

1) Os profissionais e Organizações Contábeis devem manter seu registro cadastral atualizado no Conselho Regional de Contabilidade de seu Estado.
2) A utilização de informações existentes em bancos de dados de entidades públicas ou privadas não substitui nem supre as exigências de manutenção de cadastro de cliente e de registro das operações, admitido seu uso para, em caráter complementar, confirmar dados e informações previamente coletados.
3) Os profissionais e as Organizações contábeis devem manter seu registro cadastral atualizado no Conselho Regional de Contabilidade de seu estado.
4) As declarações de boa-fé, feitas na forma da Lei nº 9.613/1998, não acarretarão responsabilidade civil ou administrativa.
5) Os profissionais e as Organizações contábeis, bem como os seus administradores que deixarem de cumprir as obrigações desta Resolução, sujeitar-se-ão às sanções previstas no Art. 27 do Decreto-Lei nº 9.295/1946, independentemente da aplicação do Art. 12 da Lei nº 9.613/1998.
6) Os profissionais e as Organizações contábeis devem acompanhar, no sítio do Coaf e do CFC, a divulgação de informações adicionais.
7) Os profissionais e as Organizações contábeis deverão atender às requisições formuladas pelo Coaf na periodicidade, na forma e nas condições por ele estabelecidas, cabendo-lhe preservar, nos termos da lei, o sigilo das informações prestadas.
8) As declarações serão protegidas por sigilo.

2. OBJETIVO

O objetivo da Resolução nº 1530/2017 é de regulamentar procedimentos e normas gerais decorrentes da Lei nº 9.613/1998, alterada pela Lei nº 12.683/2012, que dispõe sobre os crimes de "lavagem" ou ocultação de bens, direitos e valores; a prevenção da utilização do sistema financeiro para os ilícitos, inclusive o financiamento ao terrorismo, que sujeita ao seu cumprimento os profissionais e Organizações Contábeis que prestem, mesmo que eventualmente, serviços de assessoria, consultoria, contabilidade, auditoria, aconselhamento ou assistência, de qualquer natureza, nas seguintes operações, realizadas por pessoas físicas ou jurídicas:

I – de compra e venda de imóveis, estabelecimentos comerciais ou industriais, ou participações societárias de qualquer natureza;

II – de gestão de fundos, valores mobiliários ou outros ativos;

III – de abertura ou gestão de contas bancárias, de poupança, investimento ou de valores mobiliários;

IV – de criação, exploração ou gestão de sociedades de qualquer natureza, fundações, fundos fiduciários ou estruturas análogas;

V – financeiras, societárias ou imobiliárias; e

VI – de alienação ou aquisição de direitos sobre contratos relacionados a atividades desportivas ou artísticas profissionais.

3. PROCEDIMENTOS FORMAIS A SEREM ADOTADOS PELOS PROFISSIONAIS/ORGANIZAÇÕES

Os profissionais e as Organizações Contábeis deverão adotar, formalmente, políticas, procedimentos e controles internos compatíveis com seu porte e volume de operações, inclusive, as Organizações Contábeis enquadradas na Lei Complementar n.º 123/2006, que lhes permitam atender ao disposto no Art. 11 da Lei nº 9.613/1998, alterada pela Lei nº 12.683/2012.

4. MANUTENÇÃO DE CADASTRO DOS CLIENTES

Os profissionais e as Organizações Contábeis devem manter cadastro atualizado de seus clientes, bem como abranger as pessoas físicas autorizadas a representá-los, contendo no mínimo:

I – se pessoa física:

a) nome completo;

b) número de inscrição no Cadastro de Pessoa Física (CPF);

c) número do documento de identificação e nome do órgão expedidor ou, se estrangeiro, dados do passaporte ou da carteira civil;

d) enquadramento na condição de pessoa exposta politicamente; e

e) endereço.

II – se pessoa jurídica:

a) denominação social;

b) número de inscrição no Cadastro Nacional de Pessoas Jurídicas (CNPJ);

c) nome completo, número de inscrição no Cadastro de Pessoas Físicas (CPF) e número do documento de identificação e nome do órgão expedidor ou, se estrangeiro, dados do passaporte ou da carteira civil, dos sócios administradores e/ou procuradores/representantes legais;

d) identificação dos beneficiários finais, quando possível, ou o registro das medidas adotadas, com o objetivo de identificá-los, bem como seu enquadramento na condição de pessoa exposta politicamente; e

e) endereço.

Notas

1) A obtenção do CNPJ – no caso da pessoa jurídica – e do CPF – no caso da pessoa física – será considerada suficiente para fins da identificação e do cadastro exigidos neste artigo.
2) Caso o cliente seja um fundo de investimento ou outra entidade que represente uma comunhão de recursos, a identificação e cadastro requeridos neste artigo recairá sobre o seu administrador e o seu gestor.
3) Quando não for possível identificar o beneficiário final, os profissionais e Organizações Contábeis devem dispensar especial atenção à operação, avaliando a conveniência de realizá-la ou de estabelecer ou manter a relação de negócio.

5. MANUTENÇÃO DO REGISTRO DAS OPERAÇÕES

Os profissionais e as Organizações Contábeis devem manter registro dos serviços prestados em operações referidas em I a VI do item 2, contendo, no mínimo:

I – identificação do cliente;

II – descrição detalhada dos serviços prestados;

III – valor e data da operação;

IV – forma e meio de pagamento;

V – registro fundamentado da decisão de proceder, ou não, às comunicações exigidas; e

VI – enquadramento legal na Resolução 1530/2017

6. ANÁLISE DE RISCOS

As operações e propostas de operações, que se enquadrarem nas situações listadas a seguir, devem ser analisadas com especial atenção:

I – operação que aparente não ser resultante das atividades usuais do cliente ou do seu ramo de negócio;

II – operação cuja origem ou fundamentação econômica ou legal não seja claramente aferível;

III – operação incompatível com o patrimônio, com a capacidade econômica financeira, com a atividade ou ramo de negócio do cliente;

IV – operação com cliente cujo beneficiário final não é possível identificar;

V – operação ou proposta envolvendo pessoa jurídica domiciliada em jurisdições consideradas pelo Grupo de Ação contra a Lavagem de Dinheiro e o Financiamento do Terrorismo (Gafi) de alto risco ou com deficiências de prevenção e combate à lavagem de dinheiro e ao financiamento do terrorismo, ou países ou dependências consideradas pela Secretaria da Receita Federal do Brasil (RFB) de tributação favorecida e/ou regime fiscal privilegiado;

VI – operação ou proposta envolvendo pessoa jurídica cujos beneficiários finais, sócios, acionistas, procuradores ou representantes legais mantenham domicílio em jurisdições consideradas pelo Gafi de alto risco ou com deficiências estratégicas de prevenção e combate à lavagem de dinheiro e ao financiamento do terrorismo, ou países ou dependências consideradas pela RFB de tributação favorecida e/ou regime fiscal privilegiado;

VII – operação, injustificadamente, complexa ou com custos mais elevados que visem dificultar o rastreamento dos recursos ou a identificação do real objetivo da operação;

VIII – operação que vise adulterar ou manipular características das operações financeiras ou a identificação do real objetivo da operação;

IX – operação aparentemente fictícia ou com indícios de superfaturamento ou subfaturamento;

X – operação com cláusulas que estabeleçam condições incompatíveis com as praticadas no mercado;

XI – qualquer tentativa de fracionamento de valores com o fim de evitar a comunicação em espécie; e

XII – quaisquer outras operações que, considerando as partes e demais envolvidos, os valores, modo de realização e meio de pagamento, ou a falta de fundamento econômico ou legal, possam configurar sérios indícios da ocorrência dos crimes previstos na Lei nº 9.613/1998 ou com eles relacionar-se.

7. DAS COMUNICAÇÕES AO COAF

As operações e propostas de operações que, após análise, possam configurar indícios da ocorrência de ilícitos devem ser comunicadas diretamente ao Coaf, em seu sítio, contendo:

I – o detalhamento das operações realizadas;

II – o relato do fato ou fenômeno suspeito; e

III – a qualificação dos envolvidos, destacando os que forem pessoas expostas politicamente.

Nota-se que as operações listadas a seguir devem ser comunicadas, em seu sítio, independentemente de análise ou de qualquer outra consideração, mesmo que fracionadas:

a) aquisição de ativos e pagamentos a terceiros, em espécie, acima de R$50.000,00 (cinquenta mil reais), por operação; e/ou

b) constituição de empresa e/ou aumento de capital social com integralização, em espécie, acima de R$100.000,00 (cem mil reais), em único mês-calendário.

7.1 Serviços de auditoria

No caso dos serviços de auditoria das demonstrações contábeis, as operações e transações passíveis de informação, de acordo com os critérios referidos neste item 7, são aquelas detectadas no curso normal de uma auditoria que leva em consideração a utilização de amostragem para a seleção de operações ou transações a serem testadas, cuja determinação da extensão dos testes depende da avaliação dos riscos e do controle interno da entidade para responder a esses riscos, assim como do valor da materialidade para a execução da auditoria, estabelecido para as demonstrações contábeis que estão sendo auditadas, de acordo com as normas técnicas (NBCs TA) aprovadas por este Conselho.

7.2 Serviços de assessoria

Nos casos de serviços de assessoria, em que um profissional ou Organização Contábil contratada por pessoa física ou jurídica para análise de riscos de outra empresa ou organização, não será objeto de comunicação ao Coaf.

Também não serão objetos de comunicação ao Coaf os trabalhos de perícia contábil, judicial e extrajudicial, revisão pelos pares e de auditoria forense.

8. LOCAL PARA PRESTAR "DECLARAÇÕES DE OCORRÊNCIA"

As declarações de ocorrência de operações referidas no item 7 devem ser efetuadas no sítio eletrônico do Coaf, de acordo com as instruções ali definidas, no prazo de 24 (vinte e quatro) horas, a contar do momento em que o responsável pelas comunicações concluir que a operação ou a proposta de operação deva ser comunicada, abstendo--se de dar ciência aos clientes de tal ato.

Não havendo ocorrência, durante o ano civil, de operações ou propostas, os profissionais e organizações contábeis devem apresentar comunicação negativa por meio do sítio do CFC até o dia 31 de janeiro do ano seguinte.

A Comunicação ao Coaf, quando procedida pela Organização Contábil, dispensa seus sócios ou titulares de fazê-la individualmente, desde que não prestem serviços como pessoa física.

9. GUARDA E CONSERVAÇÃO DE REGISTROS E DOCUMENTOS

Os profissionais e as Organizações Contábeis devem conservar os cadastros e registros necessários, bem como as correspondências por, no mínimo, 5 (cinco) anos, contados da data de entrega do serviço contratado.

VI – CONTABILIDADE FINANCEIRA E CONTABILIDADE GERENCIAL SOB A ÓTICA DA CONTROLADORIA

1. INTRODUÇÃO

Muitas são as definições de controladoria.

Segundo Mosimann (1999, p.98):

> "... a Controladoria pode ser conceituada como o conjunto de princípios, procedimentos e métodos oriundos das ciências de Administração, Economia, Psicologia, Estatística e principalmente da Contabilidade, que se ocupam da gestão Econômica das empresas, com o fim de orientá-las para eficácia."

Ao detalhar o assunto, alguns doutrinadores, seguindo a mesma linha de pensamento de Mosimann, tipificam a controladoria como atividade e um campo do conhecimento híbrido. Na prática, quem define a controladoria dessa forma reconhece que essa ciência se utiliza das técnicas de outras áreas do conhecimento.

Portanto, baseado na definição de Mosimann, acima e, também, de seus seguidores, é possível afirmar que a responsabilidade principal da controladoria é o suprimento de informações aos tomadores de decisão.

Deste modo, temos que a controladoria pode ser dividida em controladoria administrativa e controladoria contábil. No entanto, a prática e outra isto porque ambas as partes costumam ficar sob a responsabilidade de um único gestor (o que nos acostumamos a chamar de *controller*).

Neste procedimento é feita uma pequena incursão no "mundo da controladoria", com o objetivo principal de se mostrar a importância dessa ciência para as instituições e sua interação com da contabilidade financeira (comercial) e com contabilidade gerencial.

2. CONTABILIDADE GERENCIAL E CONTROLADORIA

Baseado no que vimos na introdução deste artigo, pode-se inferir que a controladoria pertencente ao ramo especializado da contabilidade administrativa. Isto se deve ao fato de a controladoria utilizar-se do controle e do processo de planejamento e orçamento como metodologias no desempenho de suas funções.

Diante do exposto, pode-se dizer que a controladoria fornece aos gestores informações que os auxiliam no processo de tomada de decisão. Portanto, a controladoria é a principal responsável pela construção e manutenção de sistemas de informações e modelos de gestão das organizações.

Nota-se que a controladoria baseia-se fundamentalmente, na contabilidade gerencial para a tomada de decisão. Portanto, cabe aqui uma definição sucinta de contabilidade gerencial. Resumidamente, pode-se dizer que:

> *"contabilidade gerencial é um ramo da contabilidade que estuda o conjunto de informações úteis e necessárias para a tomada de decisão nas organizações."*

Por sua vez, a controladoria caracteriza-se como um órgão administrativo que estuda as particularidades desse conjunto de informações com o objetivo de planejar alternativas de ação, maximizando lucros e minimizando custos, objetivando resultados mais atraentes paras as organizações. Portanto, trata-se de um órgão dentro da empresa responsável pelo processo de gestão.

3. A INFORMAÇÃO CONTÁBIL PARA A TOMADA DE DECISÃO

É fato que a contabilidade tradicional (a contabilidade financeira/comercial) e a principal fornecedora de informações para a controladoria. É nesse momento que a contabilidade gerencial assume seu papel principal que é o de "intermediar" as informações entre a contabilidade financeira e a controladoria e, posteriormente "melhorar" essas informações.

No entanto, não podemos esquecer que a contabilidade como a temos hoje restringe as funções da contabilidade financeira como uma geradora de informações para a tomada de decisão a nível gerencial. Cabe ressaltar, porém, que a internacionalização da contabilidade proporcionou uma melhora significativa nas informações.

Tal fato se dá por uma simples razão: a legislação comercial exige a aplicação dos princípios de contabilidade e os órgãos reguladores impõem regras e padrões rígidos a serem seguidos.

Como os sistemas tradicionais que armazenam as informações contábeis estabelecidos baseiam-se na legislação comercial, faz-se necessária a criação de um sistema informação contábil mais avançado ao qual se dá o nome de contabilidade gerencial. É esse sistema que vai trabalhar a informação contábil "tradicional" e alimentar a controladoria para a tomada de decisão.

4. A UTILIZAÇÃO DA INFORMAÇÃO NO AMBIENTE INTERNO E EXTERNO DA ORGANIZAÇÃO

Quando estudamos a qualidade da informação contábil não podemos esquecer que a contabilidade nasceu para atender as necessidades de controle e, também, para a informação interna da organização. Portanto, na sua essência, a contabilidade é gerencial. A utilização por usuários externos se deu em um segundo momento. Um exemplo é a utilização da informação contábil pelo Fisco, haja vista a necessidade de tributar os resultados das empresas. Outro exemplo é a necessidade de prestação de informações aos financiadores (principalmente bancos).

Diante dessa "externalização" a contabilidade foi compelida a padronizar suas informações, dando origem aos princípios de contabilidade e, também, a seguir as regras dos órgãos reguladores.

5. ALGUNS CONCEITOS MODERNOS JÁ ACEITOS PELA CONTABILIDADE TRADICIONAL

Como se pode depreender do exposto acima, os princípios de contabilidade impostos pela legislação comercial são limitadores da aplicação plena da contabilidade gerencial como ferramenta para a tomada de decisão. Deste modo, no gerenciamento das informações devem ser aplicados os conceitos contábeis mais modernos e avançados, mesmo que não aceitos ou aceitos parcialmente pela contabilidade comercial.

Pode-se dizer que esses conceitos "modernos e avançados" estão em processo de sedimentação na cultura gerencial do Brasil, tendo em vista que muito deles já fazem parte do processo de convergência das normas internacionais de contabilidade.

São exemplos de procedimentos gerenciais contemplados pelas normas internacionais de contabilidade:

- Ajuste a valor presente de ativos e passivos
- Ativos a preço de mercado
- Ativos a preço de reposição
- Valor presente dos fluxos de caixa de ativos

Lembra-se que as normas internacionais de contabilidade permitem a adoção dos conceitos acima, inclusive para fins comerciais quando, principalmente sua utilização resultar em redução do ativo ou aumento do passivo. No aumento do ativo ou diminuição do passivo normalmente tais conceitos não são aceitos, pois ferem diretamente o princípio contábil da prudência.

6. PROCEDIMENTOS BÁSICOS PARA IMPLANTAÇÃO DE UMA CONTABILIDADE GERENCIAL

É fato que a contabilidade societária estruturada pela Lei nº 6.404/1976 por si só não é suficiente para gerar informações suficientes para a tomada de decisão.

Para as empresas pequenas e médias que tenham necessidade dessas informações (e a maioria tem essa necessidade!) pode-se adotar medidas simples, baratas e eficientes para atender a essa demanda.

Basicamente, a contabilidade deverá estar estruturada para atender tanto as necessidades internas como externas.

Primeiro, é importante que o plano de conta da empresa seja planejado para atender tais necessidades. Surge, nesse momento a figura das contas gerenciais para o plano de contas. Um exemplo são os centros de custos. Numa empresa pequena ou média, o registro de um fato contábil obrigatoriamente deve ter: a conta debitada, a conta creditada, o valor da operação, o histórico e a data.

Traduzindo, ao contabilizarmos uma despesa com combustível, por exemplo, pode-se criar uma conta gerencial que evidencie o cliente que deu causa à despesa. Dessa forma é possível verificar se a manutenção desse cliente (naturalmente, aliado aos demais gastos formadores desse centro de custos) é interessante para a empresa. Para as empresas que não têm um controle gerencial mínimo muitas vezes clientes deficitários passam a ser financiados por clientes superavitários. Veja que o singelo exemplo acima retrata a aplicação do conceito de contabilidade gerencial.

O segundo passo nesse processo de "gerenciamento da informação" baseia-se na premissa de que toda informação precisa ser compartilhada. E esse segundo passo é simples, pois, estando estruturado o plano de contas, as informações geradas poderão ser consultadas, desde que a empresa possua uma boa estrutura tecnológica que dê apoio à manutenção de um banco de dados eficiente.

6.1 Importância da informação contábil

Como regra a informação contábil para ser útil precisa se cercar de algumas características básicas.

Ao tratar do assunto, a NBC TG ESTRUTURA CONCEITUAL – Estrutura Conceitual para Elaboração e Divulgação de Relatório Contábil-Financeiro, aprovada pela Resolução CFC nº 1.374/2013 estabelece em seu item QC4 que:

> *"Se a informação contábil-financeira é para ser útil, ela precisa ser relevante e representar com fidedignidade o que se propõe a representar. A utilidade da informação contábil-financeira é melhorada se ela for comparável, verificável, tempestiva e compreensível."*

Mais adiante, o mesmo diploma legal estabelece as características qualitativas fundamentais da informação contábil. Segundo o item QC5 e seguintes, essas características são:

- Relevância
- Materialidade
- Representação fidedigna
- Comparabilidade
- Verificabilidade
- Tempestividade
- Compreensibilidade

No entanto, não podemos esquecer que além das características acima, a informação contábil precisa ser mensurável, ou seja, o fato contábil deve ter custo ou valor que possa ser mensurado com confiabilidade. Em muitos casos, o custo ou valor precisa ser estimado (item 4.41 da NBC TG ESTRUTURA CONCEITUAL – Estrutura Conceitual para Elaboração e Divulgação de Relatório Contábil-Financeiro).

Veja que a NBC TG ESTRUTURA CONCEITUAL amplamente citada acima está voltada para a Elaboração e Divulgação de Relatório Contábil-Financeiro. No entanto, tais conceitos se aplicam, perfeitamente, a uma estrutura contábil gerencial.

7. CONTABILIDADE COMERCIAL (FINANCEIRA) VS. CONTABILIDADE GERENCIAL – PRINCIPAIS DIFERENÇAS

O fato de a contabilidade comercial (financeira) ser elaborada para usuários externos e a contabilidade gerencial ser elaborada para usuários internos dá origem a uma série de diferenças importantes entre esses dois ramos da contabilidade, muito embora as duas estejam apoiadas nos mesmos dados financeiros.

O quadro a seguir faz uma comparação entre contabilidade comercial e contabilidade financeira listando suas diferenças.

Fator	Contabilidade financeira	Contabilidade gerencial
Usuários dos relatórios	Órgãos reguladores, Fisco, credores, proprietários	Diretoria, controladoria
Finalidade dos relatórios	Prestação de contas	Controle, planejamento, avaliação e desempenho
Objetivo	Ênfase no passo	Ênfase no futuro
Exigência básica	Precisão	Informação em momento oportuno
Formato da informação	Elaboração de dados sintéticos para a organização como um todo, normalmente na forma de demonstrações financeiras	Orçamentos, relatórios detalhados por segmento, departamento, cliente fornecedor etc.
Restrições	Vinculada à observância dos princípios de contabilidade	Não há restrições, a não ser aquelas estabelecidas pela administração
Frequência dos relatórios	Mensal, trimestral, semestral, anual	Quando necessário

7.1 Ênfase da contabilidade financeira e da contabilidade gerencial

É sabido que a contabilidade financeira reflete as transações passadas da organização, o que, por si só, já limita sua utilização como ferramenta de planejamento. Já o viés da contabilidade gerencial é totalmente oposto.

A contabilidade gerencial está praticamente alicerçada no planejamento, enfatizando fortemente os possíveis cenários futuros.

Ela trabalha com o objetivo de refletir as mudanças que ocorrem no dia-a-dia, sejam na economia, com clientes, concorrentes etc.

Deste modo, ao analisarmos os dados fornecidos pela contabilidade financeira, estamos analisando as ocorrências passadas. Por sua vez, ao analisarmos os dados fornecidos pela contabilidade gerencial, estamos avaliando as perspectivas futuras e as possibilidades mais atraentes (ou menos danosas) para a organização.

VII – CAPITAL CIRCULANTE LÍQUIDO E O FLUXO OPERACIONAL

1. INTRODUÇÃO

O capital de giro é o próprio ativo circulante é pode ser definido como os recursos necessários para a empresa financiar suas necessidades operacionais.

Esse financiamento ocorre desde a aquisição da matéria prima, até o recebimento do produto final.

Em se tratando de empresa comercial, o período inicia-se com a aquisição da mercadoria e termina com o recebimento pela venda.

Na quase totalidade dos casos, os componentes do ativo circulante não estão "alinhados" com o nível de produtividade da empresa.

Na prática, isso significa dizer que a demanda por recursos para fazer frente ao cumprimento das obrigações não necessariamente é igual aos recursos disponíveis. É nesse momento que entra a análise do capital de giro líquido frente, principalmente, ao ciclo operacional.

2. CAPITAL CIRCULANTE LÍQUIDO (CCL)

O Capital Circulante Líquido (CCL) pode ser definido como a diferença entre o ativo circulante (contas a receber, estoques e despesas pagas antecipadamente e outras) e o passivo circulante (fornecedores, contas a pagar e outros), em determinada data.

Portanto, quando estamos falando de CCL, estamos tratando dos recursos disponíveis à empresa e que podem ser convertidos em caixa, normalmente, em prazo de até um ano, contado da data de fechamento do exercício social da empresa.

Tecnicamente, são possíveis três situações no que diz respeito ao CCL. São elas:

- Capital circulante líquido positivo, quando o Ativo Circulante é maior que o Passivo Circulante;
- Capital circulante líquido negativo, quando o Passivo circulante é maior que o ativo circulante;
- Capital circulante nulo, quando o ativo circulante é igual ao passivo circulante (essa situação não será comentada porquanto aplica-se somente para fins didáticos).

Portanto, diante do acima comentado, temos que o capital de giro ou capital circulante líquido pode ser definido pela seguinte fórmula:

$$CCL = AC - PC.$$

Onde:

CCL = Capital circulante líquido

AC = Ativo circulante

PC = Passivo Circulante

2.1 Exemplo de CCL positivo

No desenvolvimento do exemplo, consideremos o seguinte balanço reduzido:

ATIVO		PASSIVO	
ATIVO CIRCULANTE	120.000	PASSIVO CIRCULANTE	70.000
ATIVO NÃO CIRCULANTE	140.000	PASSIVO NÃO CIRCULANTE	40.000
		PATRIMÔNIO LÍQUIDO	150.000
TOTAL	260.000	TOTAL	260.000

Portanto, em termos práticos, temos:

CCL = AC - PC
CCL = 120.000 - 70.000
CCL = 50.000

A análise do balanço acima mostra que do total aplicado no AC, no valor de R$ 120.000, R$ 70.000 são financiados por créditos de curto prazo que constam do passivo circulante. Já o capital circulante líquido propriamente dito, no valor de R$ 50.000, tem sua origem em parte, com recursos de longo prazo (PNC), em parte do patrimônio líquido.

Portanto, no exemplo acima, temos que os recursos de curto prazo são suficientes pra honrar as obrigações de curto prazo.

2.2 Exemplo de CCL negativo

No desenvolvimento do exemplo, consideremos o seguinte balanço reduzido:

ATIVO		PASSIVO	
ATIVO CIRCULANTE	140.000	PASSIVO CIRCULANTE	150.000
ATIVO NÃO CIRCULANTE	190.000	PASSIVO NÃO CIRCULANTE	50.000
		PATRIMÔNIO LÍQUIDO	130.000
TOTAL	330.000	TOTAL	330.000

Portanto, em termos práticos, temos:

CCL = AC - PC

CCL = 140.000 - 150.000

CCL = -10.000

Uma análise primária mostra que os recursos alocados no passivo não circulante e o patrimônio líquido totalizam $ 180.000. Isso significa dizer que parte do passivo circulante está financiamento o Ativo não circulante da empresa, quando devia estar financiamento, naturalmente, o ativo circulante.

Portanto, no exemplo acima, temos que os recursos de curto prazo não são suficientes para honrar as obrigações de curto prazo, tendo em vista que parte do passivo circulante está financiando o ativo circulante.

3. CICLO OPERACIONAL

Tecnicamente, quanto mais rápida for a rotação do ativo circulante e do passivo circulante, maior será a rentabilidade da empresa.

Portanto, cabe aqui descrever o ciclo operacional da atividade econômica das empresas. O ciclo operacional inicia-se com a aquisição da matéria prima (empresa industrial) ou mercadoria (empresa comercial) e é concluída com o recebimento da venda.

O fluxograma abaixo reflete bem essa situação.

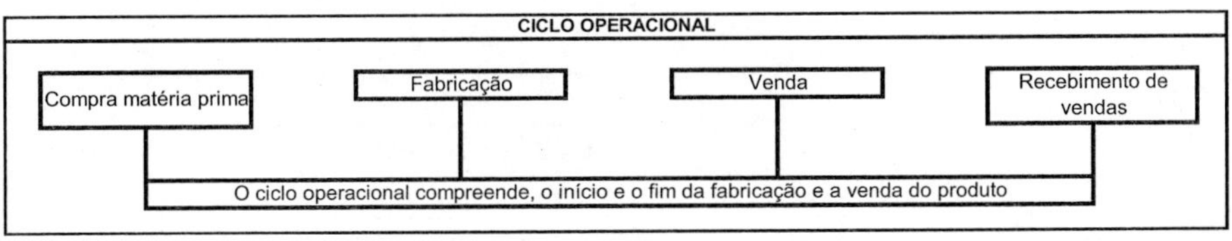

Como se observa acima, o ciclo operacional compreende todas as etapas do processo de produção. *Na prática, quanto mais longo for o ciclo operacional, mais serão as necessidades de capital de giro da empresa.*

Em termos matemáticos, o fluxograma do ciclo operacional pode ser representado pela fórmula:

$$CO = PME + PMF + PMV + PMC$$

Onde:

CO	=	Ciclo Operacional
PME	=	Prazo médio de estocagem de MP
PMF	=	Prazo médio de fabricação
PMV	=	Prazo médio de vendas
PMC	=	Prazo médio de cobrança

PRAZO MÉDIO DE ESTOCAGEM (PME)

PME	=	Estoque de MP	/	Consumo de MP	x	Número de dias

PRAZO MÉDIO DE FABRICAÇÃO (PMF)

PMF	=	Estoque de produtos em processo	/	Custo de produção	x	Número de dias

PRAZO MÉDIO DE VENDAS (PMV)

PMV	=	Estoque de produtos acabados	/	CPV	x	Número de dias

PRAZO MÉDIO DE COBRANÇA

PMC	=	Duplicatas a receber	/	vendas	x	Número de dias

3.1 Exemplo

No desenvolvimento do exemplo consideremos os seguintes dados:

ATIVO		PASSIVO	
Clientes	20.000,00	Fornecedores	7.500,00
Estoque de MP	500,00	Outras contas a pagar	1.000,00
Estoque de produtos em processo	1.000,00	Patrimônio Líquido	15.000,00
Estoque de produtos acabados	2.000,00		
Total	**23.500,00**	**Total**	**23.500,00**

Informações adicionais

Vendas	40.000,00
CPV	15.000,00
Matéria prima consumida no semestre	5.000,00
Compras no semestre	12.500,00

Os foram extraídas de demonstrações financeiras semestrais. Portando, nas fórmulas, o número de dias deverá corresponder a 180 (seis meses).

Portanto, com base nos dados acima, temos:

PRAZO MÉDIO DE ESTOCAGEM (PME)

PME	=	Estoque de MP	/	Consumo de MP	x	Número de dias
PME	**=**	**500**	**/**	**5000**	**x**	**180**
PME	=	**18**	**dias**			

PRAZO MÉDIO DE FABRICAÇÃO (PMF)

PMF	=	Estoque de produtos em processo	/	CPV	x	Número de dias
PMF	=	1000	/	15000	x	180
PMF	=	**12**	**dias**			

PRAZO MÉDIO DE VENDAS (PMV)

PMV	=	Estoque de produtos acabados	/	CPV	x	Número de dias
PMV	=	2000	/	15000	x	180
PMV	=	**24**	**dias**			

PRAZO MÉDIO DE COBRANÇA

PMC	=	Duplicatas a receber	/	Vendas	x	Número de dias
PMC	=	20000	/	40000	x	180
PMC	=	**90**	**dias**			

PRAZO MÉDIO DE PAGAMENTO A FORNECEDORES

PMPF	=	Fornecedores a pagar	/	Compras	x	Número de dias
PMPF	=	7500	/	12500	x	180
PMPF	=	**108**	**dias**			

CICLO OPERACIONAL (CO)

CO	=	PME	+	PMF	+	PMV	+	PMC
CO	=	18	+	12	+	24	+	90
CO	**=**	**144**	**dias**					

VIII – EBITDA COMO FERRAMENTA NO CÁLCULO DE HAVERES NA RETIRADA DE SÓCIOS

1. INTRODUÇÃO

O EBITDA se tornou, já há algum tempo, uma ferramenta muito utilizada pelo mercado, sobretudo na avaliação de empresas. Isso se deve ao fato de que esse "indicador" considera, basicamente, os ganhos gerados pela atividade principal da empresa.

Literalmente, no idioma inglês, Ebitda significa *Earnings Before Interest, Taxes, Depreciation and Amortization*. Na prática, e traduzindo para o nosso idioma, trata-se do lucro antes dos juros[2], impostos incidentes sobre o lucro, as depreciações e amortizações.

2. APLICAÇÃO DO EBITDA NO CÁLCULO DE HAVERES DOS SÓCIOS

É fato que o EBITDA é utilizado, com muita frequência, na avaliação de empresas, pois tem o poder de "medir" a produtividade e a eficiência das operações.

No entanto, nos últimos anos tem-se observado a utilização do EBITDA como ferramenta na determinação de haveres no caso de sócios retirantes de sociedades.

Boa parte dos contratos sociais das empresas constituídas nos últimos anos já traz clausula que dispõe sobre o assunto. Já nas empresas mais antigas, tem-se percebido uma movimentação no sentido de se alterar a clausula que trata dos haveres dos sócios retirantes, adaptando-as a essa nova realidade. Trata-se de uma medida útil do ponto de vista pratico, pois garante, de forma relativamente segura, que o sócio retirante não seja prejudicado.

Naturalmente, o EBITDA, isoladamente, não é suficiente para apurar o valor do quinhão a que tem direito o sócio retirante. Aliado a essa fantástica ferramenta muitos contratos trazem clausulas que preveem, por exemplo, a projeção das demonstrações financeiras, sobretudo da demonstração do resultado do exercício, para então se aplicar o EBITDA e apurar o valor a que tem direito o sócio retirante.

2 Não devemos esquecer-nos de excluir os juros sobre o capital próprio registrados como despesas.

Alerte-se que as cláusulas que versam sobre o tema – como todas as demais do contrato social – devem ser as mais claras e precisas possíveis, evitando com isso, possíveis demandas judiciais futuras.

É importante destacar, também, que o EBITDA revela-se como um "parâmetro" na avaliação dos direitos do sócio retirante, o que não significa que sua participação na sociedade resume-se ao valor apurado por esse método.

3. EXEMPLO

3.1 Cláusula contratual que prevê o EBITDA como parâmetro no cálculo de haveres dos sócios retirantes

Segue exemplo e cláusula contratual que contempla o EBITDA como parâmetro para efeito de cálculo de haveres de sócios retirantes. Naturalmente, se utilizada na prática, referida cláusula deverá ser adaptada as reais necessidades e interesses da empresa e dos sócios.

> "CLÁUSULA ... – A entrada de novos sócios dependerá da aprovação unânime de todos os sócios, sendo que, nenhum sócio poderá ceder ou transferir qualquer de suas quotas a terceiros sem previamente oferecer ao outro sócio o direito de adquiri-las.
>
> ...
>
> Parágrafo ... "os haveres do sócio retirante serão calculados pelo critério de avaliação denominado EBITDA (*Earnings Before Interest, Taxes, Depreciation and Amortization),* ou seja, lucro antes dos juros, impostos incidentes sobre o lucro, as depreciações e amortizações, projetando-se a demonstração do resultado do exercício que anteceder a saída do sócio para os 5 (cinco) anos seguintes à data do exercício do direito de recesso, devendo ser adotados os seguintes parâmetros:
>
> a) crescimento da receita operacional bruta: com base a média histórica dos 5 (cinco anos) anteriores ao recesso;
>
> b) deduções da receita operacional bruta: com base a média histórica dos 5 (cinco) anos anteriores ao recesso;
>
> c) Custo da operação: com base a média histórica dos 5 (cinco anos) anteriores ao recesso;
>
> d) Despesas comerciais e administrativas: com base a média histórica dos 5 (cinco) anos anteriores ao recesso;

e) Despesas com depreciação: com base na média do crescimento histórico do quinquênio que antecede ao recesso;

f) Despesas financeiras: serão calculadas sobre os saldos projetados dos empréstimos e financiamentos onerosos. Os saldos dos empréstimos e financiamentos serão projetados tendo como base a média histórica dos 5 (cinco) anos anteriores ao recesso.

   i. As despesas financeiras de curto prazo serão determinadas aplicando-se sobre o saldo projetado para cada ano da taxa de juros de operação de crédito cobrados das pessoas jurídicas pelos 2 maiores bancos privados nacionais no ano que anteceder ao recesso.

   ii. As despesas financeiras de longo prazo serão determinadas aplicando-se sobre o saldo projetado para cada ano da média da taxa de juros de operação de financiamento de bens cobrados das pessoas jurídicas pelos 2 maiores bancos privados nacionais no ano que anteceder ao recesso;

g) Receitas financeiras: serão calculadas a partir dos saldos projetados de aplicações financeiras tendo como base a média histórica dos 5 (cinco) anos anteriores ao recesso. As receitas financeiras serão determinadas aplicando-se sobre o saldo projetado a taxa de 90% do CDI acumulado no ano que anteceder ao recesso;

h) Outras despesas e receitas operacionais: com base a média histórica das dos 5 (cinco) anos anteriores ao recesso;

i) Contribuição social sobre o lucro: com base no lucro tributável projetado para cada ano;

j) Imposto de renda pessoa Jurídica: com base no lucro tributável projetado para cada ano.

3.2 DRE dos 5 anos que antecedem ao recesso

DRE HISTÓRICA						
		20x0	**20x1**	**20x2**	**20x3**	**20x4**
	RECEITA BRUTA DE VENDAS	28.790.000	32.127.000	38.365.000	45.815.000	52.677.000
(-)	**DEDUÇÕES DA RECEITA BRUTA**	**-1.117.000**	**-1.302.000**	**-1.600.000**	**-2.160.000**	**-2.280.000**
	Devoluções e abatimentos	-139.000	-198.000	-282.000	-500.000	-350.000
	Impostos incidentes / vendas	-978.000	-1.104.000	-1.318.000	-1.660.000	-1.930.000
(=)	**RECEITA LÍQUIDA DE VENDAS**	**27.673.000**	**30.825.000**	**36.765.000**	**43.655.000**	**50.397.000**
(-)	Custo	-18.863.000	-21.253.000	-24.035.000	-28.222.000	-33.035.000
(=)	**LUCRO BRUTO**	**8.810.000**	**9.572.000**	**12.730.000**	**15.433.000**	**17.362.000**
(-)	**DESPESAS OPERACIONAIS**	**-8.567.000**	**-9.186.000**	**-12.403.000**	**-14.881.000**	**-16.855.000**
	Despesas com vendas	-1.369.000	-1.406.000	-2.282.000	-2.480.000	-2.217.000
	Despesas administrativas	-6.045.000	-7.348.000	-9.170.000	-11.116.000	-12.765.000
	Outras receitas	25.000	35.000	30.000	20.000	23.000
	Receitas financeiras	248.000	464.000	352.000	597.000	1.162.000
	Outras despesas	-1.257.000	-552.000	-466.000	-445.000	-1.314.000
(=)	Despesas financeiras	-169.000	-379.000	-867.000	-1.457.000	-1.744.000
(-)	**RESULTADO DO EXERCÍCIO ANTES DO IRPJ/CSL**	**243.000**	**386.000**	**327.000**	**552.000**	**507.000**
(=)	IRPJ/CSL	-39.000	-56.000	-50.000	-75.000	-70.000
	LUCRO LÍQUIDO DO EXERCÍCIO	**204.000**	**330.000**	**277.000**	**477.000**	**437.000**

3.3 Evolução das contas de resultado e média de crescimento histórico

CRESCIMENTO HISTÓRICO				
20x1/20x0	**20x2/20x1**	**20x3/20x2**	**20x4/20x3**	**Média de crescimento**
11,59%	19,42%	19,42%	14,98%	**16,35%**
16,56%	22,89%	35,00%	5,56%	**20,00%**
42,45%	42,42%	77,30%	-30,00%	**33,04%**
12,88%	19,38%	25,95%	16,27%	**18,62%**
11,39%	19,27%	18,74%	15,44%	**16,21%**
12,67%	13,09%	17,42%	17,05%	**15,06%**
8,65%	32,99%	21,23%	12,50%	**18,84%**
7,23%	35,02%	19,98%	13,27%	**18,87%**
2,70%	62,30%	8,68%	-10,60%	**15,77%**
21,56%	24,80%	21,22%	14,83%	**20,60%**
40,00%	-14,29%	-33,33%	15,00%	**1,85%**
87,10%	-24,14%	69,60%	94,64%	**56,80%**
-56,09%	-15,58%	-4,51%	195,28%	**29,78%**
124,26%	128,76%	68,05%	19,70%	**85,19%**
58,85%	-15,28%	68,81%	-8,15%	**26,05%**
43,59%	-10,71%	50,00%	-6,67%	**19,05%**
61,76%	-16,06%	72,20%	-8,39%	**27,38%**

3.4 Demonstração do resultado do exercício (DRE) projetada

DRE PROJETADA PARA FINS DE DETERMINAÇÃO DO EBITDA

		20x5	20x6	20x7	20x8	20x9	Notas
	RECEITA BRUTA DE VENDAS	**61.290.202**	**71.311.745**	**82.971.909**	**96.538.623**	**112.323.626**	(1)
(-)	**DEDUÇÕES DA RECEITA BRUTA**	***-2.755.024***	***-3.335.180***	***-4.045.556***	***-4.917.732***	***-5.991.594***	
	Devoluções e abatimentos	-465.653	-619.523	-824.237	-1.096.596	-1.458.954	(2)
	Impostos incidentes /vendas	-2.289.371	-2.715.657	-3.221.319	-3.821.136	-4.532.641	(3)
(=)	**RECEITA LÍQUIDA DE VENDAS**	**58.535.178**	**67.976.565**	**78.926.353**	**91.620.890**	**106.332.032**	
(-)	Custo	-38.009.635	-43.733.385	-50.319.056	-57.896.442	-66.614.882	(4)
(=)	**LUCRO BRUTO**	**20.525.542**	**24.243.181**	**28.607.298**	**33.724.449**	**39.717.150**	
(-)	**DESPESAS OPERACIONAIS**	***-16.533.064***	***-20.524.286***	***-25.380.456***	***-31.291.095***	***-38.488.441***	
	Despesas com vendas	-2.566.615	-2.971.363	-3.439.938	-3.982.407	-4.610.421	(5)
	Despesas administrativas	-15.394.804	-18.566.392	-22.391.381	-27.004.381	-32.567.737	(6)
	Outras receitas	23.424	23.857	24.297	24.745	25.202	(7)
	Receitas Financeiras	1.225.936	1.260.615	1.296.274	1.332.942	1.370.647	(10)
	Outras despesas	-1.705.273	-2.213.055	-2.872.041	-3.727.255	-4.837.127	(7)
	Despesas financeiras	1.884.266	1.942.052	2.002.333	2.065.260	2.130.995	(9)
(=)	**RESULTADO DO EXERCÍCIO ANTES DO IRPJ/ CSL**	**3.992.478**	**3.718.894**	**3.226.842**	**2.433.353**	**1.228.708**	
(-)	IRPJ/CSL	-1.350.443	-1.261.164	-1.098.286	-833.600	-430.481	(11)
(=)	**LUCRO LÍQUIDO DO EXERCÍCIO**	**2.642.036**	**2.457.730**	**2.128.555**	**1.599.753**	**798.228**	

3.4.1 Premissas adotadas na projeção da DRE

NOTAS E PREMISSAS ADOTADAS NA ELABORAÇÃO DA DRE PROJETADA COM BASE NA CLÁUSULA CONTRATUAL			
(1)	O crescimento da receita operacional bruta foi calculado pela média histórica avaliada do período de 5 anos anteriores ao recesso	16,35%	1,1635
(2)	O crescimento das devoluções e abatimentos foi projetado com base na média histórica dos 5 anos anteriores ao do recesso	33,04%	1,3304
(3)	O crescimento dos Impostos foi projetado com base na média histórica dos 5 anos anteriores ao do recesso	18,62%	1,1862
(4)	O crescimento do custo da operação foi projetado com base na média histórica dos 5 anos anteriores ao do recesso	15,06%	1,1506
(5)	O crescimento das despesas com vendas foi projetado com base na média histórica dos 5 anos anteriores ao do recesso	15,77%	1,1577
(6)	O crescimento das despesas administrativas foi projetado com base na média histórica dos 5 anos anteriores ao do recesso	20,60%	1,2060
(7)	O crescimento das outras despesas operacionais foi projetado com base na média histórica dos 5 anos anteriores ao do recesso	29,78%	1,2978
(8)	O crescimento das outras receitas operacionais foi projetado com base na média histórica dos 5 anos anteriores ao do recesso	1,85%	1,0185

(9) **Informações bancárias**

Taxa de juros de operação de financiamento de bens cobrados das pessoas jurídicas pelos 2 maiores bancos privados nacionais:

Banco A	23,00%
Banco B	24,90%
Média	**23,95%**

Taxa de juros de operação de crédito cobrado das pessoas jurídicas pelos 2 maiores bancos privados nacionais no ano do recesso

Banco A	26,824%
Banco B	34,489%
Média	**30,66%**

Informações contábeis

Empréstimos de curto prazo

	20x0	**20x1**	**20x2**	**20x3**	**20x4**	**Média histórica**
Empréstimos e financiamentos de curto prazo – Saldos em dezembro dos últimos 5 anos anteriores ao recesso – Saldos obtidos nos livros contábeis	4.750.000	4.800.000	4.900.000	5.100.000	5.200.000	
Crescimento e média histórica dos empréstimos e financiamentos de curto prazo		1,05%	2,08%	4,08%	1,96%	**2,29%**

Projeção dos empréstimos e dos encargos financeiros de C/P para os próximos 5 anos

	20x5	**20x6**	**20x7**	**20x8**	**20x9**
Saldos projetados	5.319.319	5.441.376	5.566.233	5.693.956	5.824.609

	Encargos financeiros de curto prazo projetados	**1.630.719**	**1.668.137**	**1.706.414**	**1.745.569**	**1.785.623**	
	Empréstimos de Longo prazo						
		20x0	**20x1**	**20x2**	**20x3**	**20x4**	
	Empréstimos e financiamentos de longo prazo – Saldos em dezembro dos últimos 5 anos anteriores ao recesso	**720.000**	**800.000**	**850.000**	**900.000**	**980.000**	
	Crescimento e média histórica dos empréstimos e financiamentos de longo prazo		11,11%	6,25%	5,88%	8,89%	**8,03%**
	Projeção dos empréstimos a L/P para os próximos 5 anos						
		20x5	**20x6**	**20x7**	**20x8**	**20x9**	
	Saldos projetados	1.058.724	1.143.773	1.235.653	1.334.914	1.442.149	
	Encargos financeiros de longo prazo projetados	**253.548**	**273.915**	**295.919**	**319.691**	**345.372**	
(10)	**Receitas financeiras**						
	CDI acumulado dos últimos 12 meses					11,62%	
	Taxa aplicável: 90% do CDI					**10,46%**	
		20x0	**20x1**	**20x2**	**20x3**	**20x4**	**Média**
	Saldos históricos das aplicações financeiras	10.200.000	10.500.000	11.000.000	11.100.000	11.400.000	
			2,94%	4,76%	0,91%	2,70%	**2,83%**
a	Projetou-se o crescimento das aplicações financeiras com base na variação ocorrida em 2011, em relação a 2011.						
		20x5	**20x6**	**20x7**	**20x8**	**20x9**	
	Saldos projetados de aplicações financeiras para os próximos 5 anos	11.722.474	12.054.070	12.395.045	12.745.666	13.106.205	

	Receitas financeiras com base no saldo de aplicações financeiras projetadas	**1.225.936**	**1.260.615**	**1.296.274**	**1.332.942**	**1.370.647**	
(11)	**IRPJ/CSL aplicável na operação**						
		20x5	**20x6**	**20x7**	**20x8**	**20x9**	
	Lucro contábil (Lucro antes do IRPJ/CSL)	3.992.478	3.718.894	3.226.842	2.433.353	1.228.708	
(+)	Adições prováveis ao lucro	115.000	132.000	152.000	174.000	201.000	
(-)	Exclusões prováveis ao lucro	-65.000	-71.000	-78.000	-85.000	-93.000	
(=)	Base de cálculo do IRPJ/CSL	4.042.478	3.779.894	3.300.842	2.522.353	1.336.708	
	Cálculo da CSL	**20x5**	**20x6**	**20x7**	**20x8**	**20x9**	
	Alíquota 9%	363.823	340.190	297.076	227.012	120.304	
	Cálculo do IR	**2012**	**2014**	**2014**	**2015**	**2016**	
	Normal (15%)	606.372	566.984	495.126	378.353	200.506	
(+)	Adicional (10%)	380.248	353.989	306.084	228.235	109.671	
	IRPJ	**986.620**	**920.974**	**801.210**	**606.588**	**310.177**	
b	As adições e exclusões ao lucro contábil, para fins de apuração do lucro real projetado tributável foram fornecidas pelo departamento fiscal						
(12)	**Depreciação**	**20x0**	**20x1**	**20x2**	**20x3**	**20x4**	
	Saldo conforme balanço, dos últimos 5 anos que antecedem ao recesso	604.000	734.000	917.000	1.110.000	1.276.000	**Média**
	Crescimento		21,52%	24,93%	21,05%	14,95%	20,61%
		20x5	**20x6**	**20x7**	**20x8**	**20x9**	
	Depreciação projetada	**728.510**	**878.687**	**1.059.821**	**1.278.295**	**1.541.806**	
c	Depreciação projetada com base na média do crescimento histórico do quinquênio que antecede ao recesso						

3.5 Determinação do EBITDA

	EBITDA						Notas
	RESULTADO DO EXERCÍCIO ANTES DO IRPJ/CSL	3.992.478	3.718.894	3.226.842	2.433.353	1.228.708	
(+)	Depreciação	728.510	878.687	1.059.821	1.278.295	1.541.806	(12)
(+)	Despesas financeiras	1.884.266	1.942.052	2.002.333	2.065.260	2.130.995	(9)
(-)	Receitas financeiras	-1.225.936	-1.260.615	-1.296.274	-1.332.942	-1.370.647	(10)
(=)	**EBITDA**	**5.379.318**	**5.279.019**	**4.992.722**	**4.443.967**	**3.530.862**	
	EBITDA TOTAL	**23.625.888**					

Portanto, com base nas informações acima, os haveres do sócio retirante corresponderá a participação no capital social, multiplicado pelo valor do EBITDA total (R$ 23.625.888).

Se o sócio retirante, por exemplo, tiver uma participação no capital social de 15%, seus haveres, segundo o EBITDA, corresponderão a R$ 3.543.883.

IX – DFC – OBRIGATORIEDADE DE ELABORAÇÃO

Desde 2008 as Sociedades Anônimas de capital aberto estão obrigadas a elaborar a demonstração dos fluxos de caixa (DFC). Essa obrigatoriedade foi imposta pela Lei nº 11.638/2007, ao dar nova redação ao inc. IV do art. 176 da Lei nº 6.404/1976 que, simultaneamente desobrigou tais sociedades da elaboração da demonstração das origens e aplicações de recursos (DOAR).

No entanto, a mesma Lei nº 11.638/2007 ampliou a leque de empresas obrigadas a cumprir a obrigação de elaborar a "nova" demonstração (DFC). Isso se deu por meio do seu art. 3º que estendeu às sociedades de grande porte (SGP), ainda que não constituídas sob a forma de sociedades por ações, as disposições da Lei nº 6.404/1976 em **relação à DFC** e outras demonstrações financeiras, bem como sobre a escrituração e obrigatoriedade de auditoria independente por auditor registrado na Comissão de Valores Mobiliários.

Cabe lembrar aqui que a Lei nº 11.638/2007 ainda define a sociedade de grande porte como sendo a sociedade ou conjunto de sociedades sob controle comum que tiver, no exercício social anterior, ativo total superior a R$ 240 milhões ou receita bruta anual superior a R$ 300 milhões.

No entanto, engana-se quem pensa que essa obrigatoriedade de elaborar a DFC ficou restrita, somente, às empresas que negociam suas ações no mercado ou às "SGP". Ao disciplinar as diversas questões provenientes das novas normas contábeis, o Conselho Federal de Contabilidade (CFC) aprovou a NBC TG 1000 – Contabilidade para Pequenas e Médias Empresas (PMEs), estabelecendo, em linhas gerais, que as empresas classificadas como PMEs **deverão seguir os padrões internacionais de contabilidade (IFRS)**, elaborando, entre outras, a DFC.

De acordo com a NBC TG 1000, São consideradas PMEs, as sociedades fechadas e sociedades que não sejam requeridas a fazer prestação pública de suas contas.

Ao detalhar o assunto, a referida NBC TG vai além e esclarece quais são as empresas tidas como PMEs. São elas, **desde que não enquadradas como SGP**:

a) As sociedades por ações, fechadas (sem negociação de suas ações ou outros instrumentos patrimoniais ou de dívida no mercado e que não possuam ativos em condição fiduciária perante um amplo grupo de terceiros), mesmo que obrigadas à publicação de suas demonstrações contábeis;
b) As sociedades limitadas e demais sociedades comerciais.

Por fim, temos que somente ficam desobrigadas a elaborar a DFC, as microempresas (ME) e as empresas de pequeno porte (EPP), isto por força da ITG 1000 – Modelo Contábil para Microempresa e Empresa de Pequeno Porte que, em linhas gerais, estabelece que a entidade assim enquadrada está obrigada a elaborar o Balanço Patrimonial, a Demonstração do Resultado e as Notas Explicativas ao final de cada exercício social, **não sendo obrigatória a elaboração da DFC** e demais demonstrações.

Capítulo 2

INSTRUMENTOS FINANCEIROS E AJUSTE DE AVALIAÇÃO PATRIMONIAL

I - AJUSTE DE AVALIAÇÃO PATRIMONIAL - APLICAÇÃO

1. INTRODUÇÃO

Uma das grandes novidades trazidas pelas alterações promovidas na Lei nº 6.404/1976, pela Lei nº 11.638/2007 e legislação posterior, foi a criação da conta "ajustes de avaliação patrimonial".

Essa conta tem a função de recepcionar valores que pertencem ao patrimônio da empresa, mas que não transitaram pela conta de resultado.

Na prática, o ajuste da avaliação patrimonial pode ser considerado uma "correção" do valor apresentado no balanço patrimonial, de um ativo ou passivo, em relação ao seu valor justo.

O objetivo dessa correção é evidenciar o verdadeiro valor do ativo ou passivo em questão, o que significa dizer que esse ajuste, de acordo com o mercado, poderá ser para mais ou para menos.

Nota-se que o ajuste da avaliação patrimonial não é uma reserva. Isto porque seu valor não transitou por resultado. Tampouco referido ajuste veio substituir a extinta reavaliação de bens do ativo permanente, haja vista que referida reserva somente apresentava saldo credor. Já o Ajuste de avaliação patrimonial pode apresentar tanto saldo credor como devedor.

Neste procedimento tecemos alguns comentários sobre a aplicação desses ajustes.

2. O QUE DISPÕE A LEI SOBRE A CONTA AJUSTE DE AVALIAÇÃO PATRIMONIAL

Ao tratar da composição do patrimônio líquido, no balanço patrimonial, a Lei nº 6.404/1976, já consideradas as alterações, estabelece que:

> *"Art. 182...*
>
> *...*
>
> *§ 3º Serão classificadas como **ajustes de avaliação patrimonial**, enquanto não computadas no resultado do exercício em obediência ao regime de competência, as contrapartidas de aumentos ou diminuições de valor atribuídos a elementos do ativo e do passivo, **em decorrência da sua avaliação a valor justo, nos casos previstos nesta Lei ou, em normas expedidas pela Comissão de Valores Mobiliários**, com base na competência conferida pelo § 3º do art. 177.* (grifo nosso)
>
> *..."*

Como se observa da transcrição de dispositivo da Lei nº 6.404/1976, os ajustes de avaliação patrimonial ficam restritos aos casos previstos na lei e, também, as normas expedidas pela CVM.

De uma forma singela, pode-se dizer que o ajuste de avaliação patrimonial a valor justo aplica-se:

a) as aplicações em instrumentos financeiros (art. 183 da Lei nº 6.404/1976)
b) aos ajustes de ativos e passivos ao valor justo no caso de incorporação, fusão ou cisão (parágrafo 3º do art. 226 da Lei nº 6.404/1976 e Pronunciamento Técnico CPC-15 Combinação de negócios)
c) ajustes determinados pela CVM (ex.: Deliberação CVM 534/2008 – ajustes cambiais de investimentos no exterior)

2.1 Analisando o art. 183 da Lei nº 6.404/1976

A Lei nº 6.404/1976 (inc. I do art. 183), ao dispor sobre os critérios de avaliação do ativo, estabelece que:

> *"Art. 183. No balanço, os elementos do ativo serão avaliados segundo os seguintes critérios:*
>
> *I – as **aplicações em instrumentos financeiros**, inclusive deri-*

> *vativos, e em direitos e títulos de créditos, classificados no ativo circulante ou no realizável a longo prazo:*
>
> *a) pelo seu **valor justo**, quando se tratar de aplicações destinadas à negociação ou disponíveis para venda; e*
>
> *b) pelo valor de custo de aquisição ou valor de emissão, atualizado conforme disposições legais ou contratuais, **ajustado ao valor provável de realização, quando este for inferior**, no caso das demais aplicações e os direitos e títulos de crédito*
>
> ..." (grifo nosso)

Como se observa da transcrição acima, as alterações promovidas no art. 183 da Lei nº 6.404/1976 passam a "dividir" as aplicações em instrumentos financeiros em dois grandes grupos:

a) **Aplicações destinadas à negociação ou disponíveis para venda**: neste caso os ajustes são contabilizados no patrimônio líquido, na conta "ajustes de avaliação patrimonial.

b) **Demais instrumentos financeiros** (não destinadas à negociação/não disponíveis para venda): neste caso, não houve modificação no tratamento contábil. O registro deve ser feito pelo custo original, ajustado pelas correções e juros, conforme disposições legais e contratuais. Quando necessário, os ativos devem ser ajustados ao valor provável de realização, **quando inferior**. Portanto, neste caso, o ajuste a valor provável de realização deverá ser feito contra uma conta de resultado (perdas), em observância ao princípio contábil da prudência.

Um detalhe que vale a pena ser destacado, é que a aplicação em instrumentos financeiros, para sofrer os ajustes de avaliação patrimonial além de serem destinados à negociação ou estarem disponíveis para venda, precisam estar sujeitos à oscilação de preços. São exemplos, os derivativos, como a própria lei esclarece.

3. ALGUMAS DEFINIÇÕES

Como vimos acima, o inc. I do art. 183 da Lei nº 6.404/1976 faz referência a instrumentos financeiros para fins de avaliação pelas novas regras.

A definição de instrumentos financeiros consta do CPC 14. Segundo referido CPC:

> "*Instrumento financeiro* é qualquer contrato que origine um ativo financeiro para uma entidade e um passivo financeiro ou título patrimonial para outra entidade".

O mesmo CPC também define Ativo financeiro e passivo financeiro, conforme adiante comentado.

3.1 Ativo financeiro

Ativo financeiro foi definido como qualquer ativo que seja:

a) caixa;

b) título patrimonial de outra entidade;

c) direito contratual:

  c.1) de receber caixa ou outro ativo financeiro de outra entidade; ou

  c.2) de trocar ativos ou passivos financeiros com outra entidade sob condições potencialmente favoráveis para a entidade;

d) contrato que será ou poderá vir a ser liquidado em títulos patrimoniais da própria entidade e que seja:

  d.1) um instrumento financeiro não derivativo no qual a entidade é ou pode ser obrigada a receber um número variável dos seus próprios títulos patrimoniais; ou

  d.2) um instrumento financeiro derivativo que será ou poderá ser liquidado por outro meio que não a troca de montante fixo em caixa ou outro ativo financeiro, por número fixo de seus próprios títulos patrimoniais. Para esse propósito os títulos patrimoniais da própria entidade não incluem instrumentos que são contratos para recebimento ou entrega futura de títulos patrimoniais da própria entidade.

3.2 Passivo financeiro

Passivo financeiro foi definido como qualquer passivo que seja:

a) obrigação contratual:

a.1) de entregar caixa ou outro ativo financeiro para outra entidade; ou

a.2) de trocar ativos ou passivos financeiros com outra entidade sob condições potencialmente desfavoráveis para a entidade; ou

b) contrato que será ou poderá ser liquidado com títulos patrimoniais da própria entidade e que seja:

b.1) um não derivativo no qual a entidade é ou pode ser obrigada a entregar um número variável de seus próprios títulos patrimoniais; ou

b.2) um derivativo que será ou poderá ser liquidado por outro meio que não a troca de montante fixo de caixa ou outro ativo financeiro por número fixo de títulos patrimoniais da própria entidade. Para esse propósito os títulos patrimoniais da própria entidade não incluem instrumentos que são contratos para recebimento ou entrega futura de títulos patrimoniais da própria entidade.

3.3 Outras definições importantes

Título patrimonial: é qualquer contrato que estabeleça um interesse residual nos ativos de uma entidade após a dedução de todos os seus passivos.

Contrato de garantia financeira: é um contrato que requer que o emissor faça pagamentos pré-especificados ao detentor para reembolsá-lo de perda ocasionada pela inadimplência de credor específico de acordo com os termos do instrumento de dívida.

Derivativo: é um instrumento financeiro ou outro contrato dentro do escopo do Pronunciamento 14 que possui todas as três características seguintes:

a) seu valor se altera em resposta a mudanças na taxa de juros específica, no preço de instrumento financeiro, preço de *commodity*, taxa de câmbio, índice de preços ou de taxas, avaliação (*rating*) de crédito ou índice de crédito, ou outra variável, às vezes denominada "ativo subjacente", desde que, no caso de variável não financeira, a variável não seja específica a uma parte do contrato;

b) não é necessário qualquer desembolso inicial ou o desembolso inicial é menor do que seria exigido para outros tipos de contratos onde seria esperada resposta semelhante às mudanças nos fatores de mercado; e

c) deve ser liquidado em data futura.

4. COMO OBTER O VALOR JUSTO DE UM INSTRUMENTO FINANCEIRO?

Para fins de constituição do "ajuste de avaliação patrimonial", o valor justo dos instrumentos financeiro pode ser obtido em um mercado ativo, decorrente de transação não compulsória realizada entre partes independentes.

Na ausência de um mercado ativo para um determinado instrumento financeiro o valor justo será:

a) aquele que se pode obter em um mercado ativo com a negociação de outro instrumento financeiro de natureza, prazo e risco similares;

b) o valor presente líquido dos fluxos de caixa futuros para instrumentos financeiros de natureza, prazo e risco similares; ou

c) o valor obtido por meio de modelos matemático-estatísticos de precificação de instrumentos financeiros.

II – INVESTIMENTOS E INSTRUMENTOS FINANCEIROS ATIVOS NAS EMPRESAS

1. INTRODUÇÃO

Diversos são os investimentos (aplicações de recursos) que podem ser feitos pelas empresas.

Tendo disponibilidade de caixa, a empresa pode aplicar, entre outros:

- ✓ No mercado de capitais;
- ✓ No mercado financeiro;
- ✓ Na compra de títulos de créditos; e
- ✓ Em valores mobiliários (ver subitem 1.1, Adiante), ou particulares.

A essas aplicações, genericamente, dá-se o nome de "investimentos".

Ocorre que, com as mudanças promovidas na legislação contábil, a partir da edição da Lei nº 11.638/2007 passou a ser comum a utilização da expressão "aplicação em instrumentos financeiros".

De uma forma simplista pode-se dizer que todo instrumento financeiro ativo é um investimento. No entanto, para fins contábeis, nem todo investimento é um instrumento financeiro ativo. Desta forma, temos que o termo investimento é muito mais abrangente.

Portanto, para fins contábeis, é necessário fazermos a distinção entre investimento e instrumentos financeiros, isto porque nem todas as aplicações de recursos em investimentos são consideradas instrumentos financeiros pela lei das sociedades por ações (Lei nº 6.404/1976).

Neste procedimento discorremos sobre o tema e, também, discorremos como a empresa deve proceder para contabilizar e manter na contabilidade tais investimentos "atualizados" sejam eles instrumentos financeiros ou não, nos termos da Lei nº 6.404/1976.

1.1 Valores mobiliários

São considerados valores mobiliários, quaisquer títulos ou contratos de investimento coletivo que gerem direito de participação, de parceria ou remuneração, inclusive resultante da prestação de serviços, cujos rendimentos advêm do esforço do empreendedor ou de terceiros".

A Lei nº 10.303/2001 incorporou esse conceito ao artigo 2º da Lei 6385/1976, que atualmente vigora com a seguinte redação:

"Art. 2º São valores mobiliários sujeitos ao regime desta Lei:

I – as ações, debêntures e bônus de subscrição;

II – os cupons, direitos, recibos de subscrição e certificados de desdobramento relativos aos valores mobiliários referidos no inciso II;

III – os certificados de depósito de valores mobiliários;

IV – as cédulas de debêntures;

V – as cotas de fundos de investimento em valores mobiliários ou de clubes de investimento em quaisquer ativos;
VI – as notas comerciais;
VII – os contratos futuros, de opções e outros derivativos, cujos ativos subjacentes sejam valores mobiliários;
VIII – outros contratos derivativos, independentemente dos ativos subjacentes; e
IX – quando ofertados publicamente, quaisquer outros títulos ou contratos de investimento coletivo, que gerem direito de participação, de parceria ou de remuneração, inclusive resultante de prestação de serviços, cujos rendimentos advêm do esforço do empreendedor ou de terceiros."

2. O QUE SÃO INSTRUMENTOS FINANCEIROS PARA FINS CONTÁBEIS

Segundo o CPC 39, Instrumento financeiro é qualquer contrato que dá origem a um ativo financeiro para a entidade e a um passivo financeiro ou instrumento patrimonial para outra entidade.

O mesmo CPC ao detalhar o assunto estabelece que Ativo financeiro é qualquer ativo que seja:

a) caixa;
b) instrumento patrimonial de outra entidade[3];
c) direito contratual:
   i. de receber caixa ou outro ativo financeiro de outra entidade; ou
   ii. de troca de ativos financeiros ou passivos financeiros com outra entidade sob condições potencialmente favoráveis para a entidade;
d) um contrato que seja ou possa vir a ser liquidado por instrumentos patrimoniais da própria entidade,

Já em relação ao Passivo financeiro, o mesmo CPC estabelece que é qualquer passivo que seja:

3 Qualquer contrato que contenha uma participação residual nos ativos de uma entidade após deduzir todos os seus passivos.

a) uma obrigação contratual de:
   i. entregar caixa ou outro ativo financeiro a uma entidade; ou
   ii. trocar ativos financeiros ou passivos financeiros com outra entidade sob condições que são potencialmente desfavoráveis para a entidade; ou

b) contrato que será ou poderá ser liquidado por instrumentos patrimoniais da própria entidade.

3. O QUE SÃO INVESTIMENTOS PARA FINS CONTÁBEIS

Segundo a Lei nº 6.404/1976 (Art. 179, III) são considerados investimentos as participações permanentes em outras sociedades e os direitos de qualquer natureza, não classificáveis no ativo circulante, e que não se destinem à manutenção da atividade da companhia ou da empresa.

Lembra-se que os investimentos permanentes pertencem ao grupo do ativo Não Circulante, juntamente com o Realizável a Longo Prazo, Imobilizado e Intangível

Nota: Classificam-se no:

I – **ativo circulante**: As disponibilidades, os direitos realizáveis no curso do exercício social subsequente e as aplicações de recursos em despesas do exercício seguinte;

II – **ativo realizável a longo prazo**: Os direitos realizáveis após o término do exercício seguinte, assim como os derivados de vendas, adiantamentos ou empréstimos a sociedades coligadas ou controladas, diretores, acionistas ou participantes no lucro da companhia, que não constituírem negócios usuais na exploração do objeto da companhia.

4. INVESTIMENTOS QUE PODEM SER FEITOS PELAS EMPRESAS

Vimos acima que as empresas podem aplicar seus recursos em ativos financeiros ou em investimentos permanentes.

Portanto, podemos dizer que existem duas categorias de aplicações a serem feitas pela empresas. São elas: aplicação em ativo financeiro e em investimentos permanentes.

4.1 Exemplo de aplicações em ativo financeiro

Como exemplo de aplicações em ativo financeiro, temos:

- Investimentos em títulos de crédito ou valores mobiliários, não representativos de capital de outras sociedades.

  Tais aplicações devem ser classificada no circulante ou no realizável a longo prazo, dependendo do prazo de vencimento do título – **o que vale no momento da classificação é a intenção da empresa**.

- Investimentos em títulos representativos do capital de outras sociedades normalmente representados por ações ou quotas – para ser tratada como um ativo financeiro deve se verificar a intenção da empresa. Se a manutenção desses títulos tiver caráter especulativo registra-se tal valor no grupo do Ativo Circulante ou no grupo do Não Circulante, especificamente no Realizável a Longo Prazo. Portanto, neste caso, o investimento caracteriza-se como um **ativo financeiro.**

- **Outros exemplos de instrumentos financeiros:**

  Fundos de liquidez imediata,

  Fundos de investimento de renda fixa ou variável

  CDB

  RDB

  Aplicação em ouro

  Derivativos

  Commodities

  Aplicação em títulos representativos do capital de outras sociedades, **quando não se caracterizarem como permanente**.

4.2 Exemplo de aplicações em investimentos permanentes

Como exemplo de aplicações em investimentos permanentes, temos:

- Investimentos em títulos representativos do capital de outras sociedades normalmente representados por ações ou quotas – a classificação como investimento depende da empresa em mantê-los por definitivo, ou seja, mantê-los de forma permanente. Neste caso sua classificação será no não circulante, no grupo **Investimentos (permanente)**.

- Investimentos representativos de direitos de qualquer natureza, não classificáveis no ativo circulante ou no ativo realizável a longo prazo e que não se destinem a manutenção da atividade da empresa. Observadas essas premissas, serão registrados no não circulante, em investimento (antigo permanente). Exemplo: obra de artes, imóveis não destinados ao uso da empresa (imóveis de renda).

5. AVALIAÇÃO DOS "INVESTIMENTOS" NO BALANÇO

Segundo a Lei nº 6.404/1976, (art. 183), no balanço, os elementos do ativo, no que diz respeito aos investimentos em instrumentos financeiros ou permanentes devem ser avaliados segundo o seguinte critério:

i. as aplicações em instrumentos financeiros, inclusive derivativos, e em direitos e títulos de créditos, classificados no ativo circulante ou no realizável a longo prazo:

   a. pelo seu valor justo[4], quando se tratar de aplicações destinadas à negociação (venda imediata - circulante) ou disponíveis para venda (venda futura - realizável a longo prazo); e

   Exemplo: Ações de outras empresas, quando não adquiridas com a intenção de permanência.

   b. pelo valor de custo de aquisição ou valor de emissão, atualizado conforme disposições legais ou contratuais, ajustado ao valor provável de realização, quando este for inferior, no caso das demais aplicações e os direitos e títulos de crédito;

   Exemplo: aplicação financeira em CDB.

ii. os investimentos em participação no capital social de outras sociedades, ressalvado os investimentos avaliados pelo Método da Equivalência Patrimonial (artigos 248 a 250 da Lei nº 6.404/1976), pelo custo de aquisição, deduzido de provisão para perdas prováveis na realização do seu valor, quando essa perda estiver comprovada como permanente, e que não será modificado em razão do recebimento, sem custo para a companhia, de ações ou quotas bonificadas;

4 O valor que pode se obter pela aplicação no mercado.

iii. os demais investimentos, pelo custo de aquisição, deduzido de provisão para atender às perdas prováveis na realização do seu valor, ou para redução do custo de aquisição ao valor de mercado, quando este for inferior.

5.1 Contrapartida da avaliação

Inicialmente, é importante lembrar que o artigo 182, § 3º da Lei nº 6.404/1976 estabelece que devem ser classificadas como ajustes de avaliação patrimonial (no patrimônio líquido), enquanto não computadas no resultado do exercício em obediência ao regime de competência, **as contrapartidas de aumentos ou diminuições de valor atribuídos a elementos do ativo e do passivo, em decorrência da sua avaliação a valor justo**.

No entanto, não podemos esquecer que esses ativos financeiros podem estar registrados tanto no circulante como no não circulante, respectivamente como disponíveis para venda imediata e disponíveis para venda futura.

O entendimento dominante é que quando o ativo estiver registrado no circulante, a contrapartida do aumento deverá ser registrada como conta de resultado, pois se trata de investimento **para venda imediata**, portanto, o ganho ou perda **deve ser registrado imediatamente no resultado**.

Agora, quando se tratar de instrumentos financeiros destinados à venda futura, aplicar-se, literalmente, o § 3º do art. 183 da Lei nº 6.404/1976, ou seja, a contrapartida da avaliação a valor justo **será registrada no patrimônio líquido, como Ajuste de Avaliação Patrimonial**, pois o ganho ainda não ocorreu.

Feitos esses esclarecimentos, temos os seguintes critérios para "atualizar" os investimentos feitos pela empresa:

A. Investimentos não permanentes

1. Registrados no ativo circulante (Exemplos: ouro, moda estrangeira, ações de outras empresas, aplicações financeiras em geral): a contrapartida da atualização do ativo terá como destino uma conta de resultado.
2. Registrados no Ativo Não Circulante, no realizável a longo

prazo (Exemplos: ouro, moda estrangeira, ações de outras empresas, aplicações financeiras em geral): a contrapartida da atualização do ativo terá como destino a conta Ajuste de Avaliação Patrimonial, no Patrimônio Líquido.

B. Investimentos permanentes, registrados no Ativo Não Circulante, no subgrupo investimentos

1. Investimento em participações societárias
   a. Investimento relevante (sujeito as regras da Equivalência patrimonial): se o investimento for em sociedades controladas, coligadas ou em outras sociedades que façam parte de um mesmo grupo ou estejam sob controle comum, aplica-se o método da equivalência patrimonial. A contrapartida da "atualização" refletira no resultado do exercício.
   b. Investimento não relevante (avaliação sujeita as regras do custo de aquisição): se o investimento não for relevante, ou seja, não estiver sujeito às regras da equivalência patrimonial, sua avaliação no balanço será feita tendo como base o custo de aquisição, deduzido de provisão para perdas prováveis na realização do seu valor, quando essa perda estiver comprovada como permanente.
2. Demais investimentos permanentes (exemplos, imóveis para renda, obras de arte etc.): a avaliação deverá ser feita tendo como base o custo de aquisição, deduzido de provisão para atender às perdas prováveis na realização de seu valor, ou para redução do custo de aquisição ao valor de mercado, quando este for inferior.

6. EXEMPLOS

Consideremos que determinada empresa em 31.12.x1 tenha registrado em sua contabilidade os investimentos que se seguem, os quais devem ser avaliados na data do balanço.

1) Aplicação financeira (ativo financeiro) com juros e correção monetária pós-fixados.

- Valor da aplicação $ 300.000.
- Data da aplicação: 01.10.x1

- Data do resgate: 01.03.20x2
- Juros: 2% a.a.
- Correção monetária pós-fixada (a inflação do período foi de 3% de 01.10 a 31.12.x1

Cálculos da correção monetária:

$ 300.000*3% = $9.000

Base de cálculo dos juros

Valor aplicado:	300.000
+ correção	9.000
= Valor corrigido	309.000

Cálculo dos juros

Sabendo-se que a taxa de juros é de 2% a.a., temos que calcular a taxa proporcional de 01.10 a 31.12.x1, como segue:

2%/12 x 3 meses = 6%/12 = 0,5%

Logo: 0,5% x $ 309.000 = 1.545

Deste modo, em 31.12.x1, teremos:

D – Aplicação financeira	10.545
C – Receita de Correção monetária	9.000
C – Receita de Juros	1.545

No balanço, teremos:

Circulante

Aplicação financeira em RDB	310.545

Comentários: Por se tratar de um instrumento financeiro, sua avaliação em 31.12.x1 foi feita com base no valor justo que, neste caso, é o valor de aquisição, acrescido de correção monetária e juros, até a data do balanço. Por ser um investimento para venda imediata, registrada no circulante, a contrapartida da avaliação em 31.12.x1 deve ser registrada em conta de resultado.

2) Investimento em ações de outras empresas com fins especulativos e para venda imediata:

Operação: Aquisição de 10.000 Ações da Petrobrás a R$ 20 cada uma

Valor da aplicação: 200.000
Data da aplicação: 01.12.x1
Valor da ação em 31.12.x1: R$ 23.
Portanto, em 31.12.x1 o investimento estará assim avaliado
10.000 x R$ 23 = R$ 230.000.

O ganho, no caso foi de R$ 30.000 (R$ 230.000 – R$ 200.000)
Em 31.12.x1 teremos o seguinte lançamento:

D – Investimentos temporários em outras sociedades
C – Ganhos financeiros 30.000

Portanto, em 31.12.x1 o investimento estará avaliado no balanço, por R$ 230.000 (R$ 200.000 + R$ 30.000).

Comentários: Por se tratar de um instrumento financeiro, sua avaliação em 31.12.x1 foi feita com base no valor justo que, neste caso, é o valor da ação na bolsa de valores. Por ser um investimento para venda imediata, registrada no circulante, a contrapartida da avaliação em 31.12.x1 deve ser registrada em conta de resultado.

3) Aplicação em ouro, ativo financeiro com fins especulativos, para venda futura, ainda não definida pela administração, ou seja, a longo prazo

Data da aplicação: 01.12.x1
Valor do grama em 01.12.x1: R$ 50

Quantidade adquirida: 500 gramas
Valor aplicado em 31.12.x1e registrado na contabilidade: R$ 50 x 500 = R$ 25.000
Valor do grama em 31.12.x1: R$ 48.

Portanto, em 31.12.x1 o investimento estará assim avaliado
R$ 48 x 500 = R$ 24.000

A perda, no caso, foi de R$ 1.000 (R$ 24.000 - R$ 25.000)
Em 31.12.x1 teremos o seguinte lançamento:
D – Ajuste de Avaliação patrimonial (PL)
C – Aplicação em Ouro (RLP) 1.000

Comentários: Por se tratar de um instrumento financeiro, sua avaliação em 31.12.x1 foi feita com base no valor justo que, neste caso, é a cotação do metal no mercado. Por ser um investimento para venda futura, registrada no Realizável a Longo Prazo (RLP), a contrapartida da avaliação em 31.12.x1 deve ser registrada como Ajuste de Avaliação Patrimonial. Reitera-se que a contrapartida que poderá ser para mais ou para menos NÃO influenciará o resultado do exercício, devendo ser registrada como ajuste de avaliação patrimonial, no Patrimônio Líquido.

4. Investimento permanente em outras sociedades, não caracterizado como relevante, portanto, sujeita ao método de custo

- Investimento permanente em outra sociedade no valor de $ 120.000
- Data do investimento efetuada em 01.02.20x1

Conforme vimos anteriormente, na data do fechamento do balanço esse tipo de investimento deve ser avaliado pelo custo de aquisição, deduzido de provisão para perdas prováveis na realização do seu valor, quando essa perda estiver comprovada como permanente.

Consideremos que o investimento anteriormente feito apresentasse, em 31.12.20x1, uma perda provável e permanente de R$ 10.000.

Neste caso, teríamos:

D – Despesas com provisão para perdas nos investimentos

C – Provisão para perdas nos Investimentos

(Não circulante – Investimento). 10.000

No balanço, teremos:

Investimento 120.000

(-) Provisão Para Perdas Prováveis (10.000)

Comentários: Veja que não se trata de um instrumento financeiro, mas sim de um investimento permanente. Deste modo, a contrapartida da provisão para perdas influenciará diretamente o resultado da empresa.

Lembra-se que outros investimentos devem ser avaliados, na data do balanço, pelo custo de aquisição, deduzido de provisão para atender às perdas prováveis na realização do seu valor, ou para redução do custo de aquisição ao valor de mercado, quando este for inferior.

III – TRATAMENTO DO VALOR JUSTO DE ATIVOS FINANCEIROS

1. INTRODUÇÃO

Já há algum tempo os termos "instrumentos financeiros" e "ativo financeiro" vêm sendo amplamente utilizado no "mundo contábil". Isso se deve as alterações promovidas na Lei nº 6.404/1976 pelas Leis nºs 11.638/2007 e 11.941/2009.

O termo "instrumentos financeiro" consta explicitamente do artigo 183, I, da Lei nº 6.404/1976, nos seguintes termos:

> *"Art. 183. No balanço, os elementos do ativo serão avaliados segundo os seguintes critérios:*
>
> *I – as **aplicações em instrumentos financeiros**, inclusive derivativos, e em direitos e títulos de créditos, classificados no ativo circulante ou no realizável a longo prazo:*
>
> *a) pelo seu **valor justo**, quando se tratar de aplicações **destinadas à negociação ou disponíveis para venda**; e*
>
> *b) pelo valor de custo de aquisição ou valor de emissão, atualizado conforme disposições legais ou contratuais, **ajustado ao valor***

> ***provável de realização, quando este for inferior,*** *no caso das demais aplicações e os direitos e títulos de crédito*
>
> ..." (grifo nosso)

O que se depreende do exposto acima é que os "instrumentos financeiros", no que diz respeito à avaliação no balanço, passaram a ter um tratamento diferenciado em relação às demais aplicações, direitos e títulos de créditos.

Em relação à legislação que vigia até a entrada em vigor das referida alterações, temos que os elementos do ativo eram avaliados, segundo a seguinte regra:

> "os direitos e títulos de crédito, e quaisquer valores mobiliários não classificados como investimentos, pelo custo de aquisição ou pelo valor do mercado, se este for menor; serão excluídos os já prescritos e feitas as provisões adequadas para ajustá-lo ao valor provável de realização, e será admitido o aumento do custo de aquisição, até o limite do valor do mercado, para registro de correção monetária, variação cambial ou juros acrescidos;"

Como se observa, a mudança foi drástica. Com essa nova redação, a legislação elevou a um patamar superior os ativos financeiros, com características de instrumentos financeiros.

Na prática, ao estabelecer as novas regras para avaliação do ativo, conforme acima exposto, a Lei nº 6.404/1976, abre uma "exceção" na aplicação do princípio da prudência, segundo o qual o ativo deve ser avaliado ao menor valor. Essa exceção refere-se exclusivamente aos instrumentos financeiros classificados no circulante ou no realizável a longo prazo. Segundo essa nova regra, referidos ativos deverão ser avaliados a valor justo, o que implica reconhecer tal valor para mais ou para menos em determinada data, e não somente para menos, como tradicionalmente o princípio da prudência determina.

Neste procedimento discorremos sobre o tema, mostrando como deve ser feito o registro da contrapartida dos instrumentos financeiros registrados no ativo, seja a curto prazo; seja a longo prazo.

Notas

1) "Destinados à negociação" ou "Destinados a negociação imediata" significa que os ativos financeiros são de liquidação imediata **e são registrados no ativo circulante. A variação de preço desses ativos deve ser registrada como resultado do exercício,** conforme veremos adiante.

2) "Disponíveis para venda", "Destinados a venda futura", "destinados a venda", "disponíveis para venda futura" significa que a empresa não tem interesse em se desfazer do ativo financeiro a curto prazo. Deste modo, esse ativo deve estar registrado no realizável a longo prazo. **A variação de preço desses ativos deve ser registrada como Ajuste de Avaliação patrimonial**, também tratada e exemplificada adiante.

2. CONTAS SUJEITAS AO AJUSTE DE AVALIAÇÃO PATRIMONIAL

Sobre a conta Ajuste de avaliação patrimonial, a Lei nº 6.404/1976 (art. 182, § 3º), quando trata da composição do Patrimônio Líquido, assim se pronuncia:

> "...
>
> § 3º Serão classificadas como ajustes de avaliação patrimonial, enquanto não computadas no resultado do exercício em obediência ao regime de competência, as contrapartidas de aumentos ou diminuições de valor atribuídos a elementos do ativo e do passivo, em decorrência da sua avaliação a valor justo, nos casos previstos nesta Lei ou, em normas expedidas pela Comissão de Valores Mobiliários, com base na competência conferida pelo § 3º do art. 177 desta Lei. (Redação dada pela Lei nº 11.941, de 2009)"

Como se observa da transcrição de dispositivo da Lei nº 6.404/1976, os ajustes de avaliação patrimonial ficam restritos aos casos previstos na lei e, também, as normas expedidas pela CVM.

De uma forma singela, pode-se dizer que o ajuste de avaliação patrimonial a valor justo aplica-se:

a) as aplicações em instrumentos financeiros (art. 183 da Lei nº 6.404/1976)
b) aos ajustes de ativos e passivos ao valor justo no caso de incorporação, fusão ou cisão (parágrafo 3º do art. 226 da Lei nº 6.404/1976 e Pronunciamento Técnico CPC-15 Combinação de negócios)
c) ajustes determinados pela CVM (ex.: Deliberação CVM 534/2008 – ajustes cambiais de investimentos no exterior)

3. INSTRUMENTOS FINANCEIROS E ATIVOS FINANCEIROS

O CPC 39 define instrumento financeiro como qualquer contrato que dê origem a um ativo financeiro para uma entidade e um passivo financeiro para outra entidade.

No entanto, a classificação de instrumento financeiro não se aplica para os seguintes itens: participações em controladas, coligadas e empreendimentos conjuntos (joint venture) que são contabilizados de acordo com o CPC 18, 19, 35 e 36; direitos dos empregadores decorrentes de planos de benefícios dos empregados de acordo com o CPC 33; contrato de seguro de acordo com o CPC 11; pagamentos baseados em ações de acordo com o CPC 10.

No tocante a ativo financeiro, o CPC 39 define como sendo qualquer ativo que seja:

- ✓ caixa;
- ✓ título patrimonial de outra empresa;
- ✓ direito contratual de receber caixa ou outro ativo financeiro de outra empresa e/ou trocar ativos ou passivos financeiros com outra empresa sob condições potencialmente favoráveis para a empresa ou um contrato que será ou poderá ser liquidado/recebido com os próprios títulos patrimoniais da entidade e é um não derivativo para o qual a entidade é ou pode ser obrigada a receber um número variável dos seus próprios títulos patrimoniais e ou um derivativo que será ou poderá ser liquidado por outro meio que não a troca de um valor fixo em moeda ou outro ativo financeiro por um número fixo dos seus próprios títulos patrimoniais.

Como se observa, dinheiro, depósitos bancários, ações, aplicações financeiras são alguns dos exemplos de ativos financeiros.

4. RECONHECIMENTO DOS GANHOS E PERDAS

De acordo com o item 43 do CPC 14, os ganhos ou perdas provenientes de alterações no valor justo de ativo financeiro ou passivo financeiro devem ser reconhecidos como segue:

a) Ganho ou perda relativo a ativo ou passivo financeiro classificado pelo valor justo por meio do resultado **deve ser reconhecido no resultado do exercício**;

b) Ganho ou perda relativo a ativo financeiro **disponível para venda deve ser reconhecido em conta específica no patrimônio líquido (ajustes de avaliação patrimonial)** até o ativo ser baixado, exceto no caso de ganhos e perdas decorrentes de variação cambial e de perdas decorrentes de redução ao valor.

Um detalhe que vale a pena ser destacado é que a aplicação em instrumentos financeiros, para sofrer os ajustes de avaliação patrimonial além de serem destinados à negociação ou estarem disponíveis para venda, **precisam estar sujeitos à oscilação de preços.** A lei dá como exemplo os derivativos. No entanto, a regra se aplica a todo e qualquer ativo financeiro sujeito a oscilação de preço. Ações de outras empresas, fundos imobiliários e aplicações em papéis do governo são exemplos clássicos.

Nota-se que a conta "ajuste de avaliação patrimonial" tem a função de recepcionar valores que pertencem ao patrimônio da empresa, mas que não transitaram pela conta de resultado. Na prática, o ajuste da avaliação patrimonial pode ser considerado uma "correção" do valor apresentado no balanço patrimonial, de um ativo ou passivo, em relação ao seu valor justo.

A função dessa "correção" é evidenciar o verdadeiro valor do ativo ou passivo em questão, o que significa dizer que esse ajuste, de acordo com o mercado, poderá ser para mais ou para menos.

Nota: O ajuste da avaliação patrimonial não é uma reserva. Isto porque seu valor não transitou por resultado.

5. COMO OBTER O VALOR JUSTO DE UM INSTRUMENTO FINANCEIRO?

Para fins de constituição do "ajuste de avaliação patrimonial", o valor justo dos instrumentos financeiro pode ser obtido em um mercado ativo, decorrente de transação não compulsória realizada entre partes independentes.

Na ausência de um mercado ativo para um determinado instrumento financeiro o valor justo será:

a) aquele que se pode obter em um mercado ativo com a negociação de outro instrumento financeiro de natureza, prazo e risco similares;

b) o valor presente líquido dos fluxos de caixa futuros para instrumentos financeiros de natureza, prazo e risco similares; ou

c) o valor obtido por meio de modelos matemático-estatísticos de precificação de instrumentos financeiros.

6. EXEMPLO

Determinada empresa, durante o ano, adquiriu ativos financeiros, com as seguintes características:

- ✓ Títulos do governo (ativos financeiros): 400
- ✓ Valor dos títulos adquiridos: R$ 150,00
- ✓ Quantidade de títulos destinados a venda futura (determinação da administração): 330
- ✓ Quantidade títulos destinados a negociação imediata (determinação da administração): 70
- ✓ Esses títulos, independentemente de serem destinados a venda futura ou para venda imediata, rendem juros de: 8% a.a
- ✓ Valor justo de cada título no final do exercício: R$ 160,00

Com base nesses dados temos que determinar o valor da receita do período **a título de juros e valor da receita ou despesa com base nas regras do preço de mercado (valor justo).**

Roteiro:

O primeiro passo é registrar os títulos como sendo para venda imediata (C/P) e como sendo para venda futura (L/P). Com base nas informações fornecidas, temos:

Curto prazo:	70	x	R$	150,00	=	R$	10.500,00
Longo prazo	330	x	R$	150,00	=	R$	49.500,00

1	**-**	**Registro da aquisição dos títulos**		
D	-	Ativos financeiros – Títulos do governo – Venda Imediata (AC)	10.500,00	
D	-	Ativos financeiros – Títulos do governo – Venda futura (RLP)	49.500,00	
C	-	Caixa/Bancos		60.000,00

Caixa/Bancos

	60.000,00	1

Ativos financeiros - títulos do governo - Venda Imediata (AC)

1	10.500,00	

Ativos financeiros - Títulos do governo - Venda futura (RLP)

1	49.500	

Num segundo momento temos que reconhecer os juros incidentes sobre os títulos para venda imediata e para venda futura. Esses juros são receita do período, independentemente do ativo ser de curto ou longo prazo. Portanto, temos:

Curto prazo:	R$ 10.500,00	x	8%	=	R$	840,00
Longo prazo	R$ 49.500,00	x	8%	=	R$	3.960,00
Juros registrados como receita:					R$	4.800,00

2	**-**	**Registro do reconhecimento dos juros**		
D	-	Ativos financeiros – Títulos do governo – Venda imediata (AC)	840,00	
D	-	Ativos financeiros – Títulos do governo – Venda futura (RLP)	3.960,00	
C	-	Receita de juros (resultado)		4.800,00

Ativos financeiros - títulos do governo - Venda Imediata (AC)

s	10.500,00	
2	840,00	
	11.340,00	

Ativos financeiros - Títulos do governo - Venda futura (RLP)

s	49.500,00	
2	3.960,00	
	53.460,00	

Receita de juros (resultado)	
	4.800,00 [2]

Adotados os procedimentos acima, já temos condições de identificar o valor dos ativos, após o reconhecimento dos juros que, na contabilidade estão assim representados, conforme razão:

Curto prazo:	R$ 10.500,00	+	R$ 840,00	=	R$ 11.340,00
Longo prazo:	R$ 49.500,00	+	R$ 3.960,00	=	R$ 53.460,00

Por fim, temos que reconhecer o ajuste de avaliação patrimonial tendo como base o valor justo dos ativos.

O valor justo deverá ser aplicado para mais ou para menos sobre todos os ativos financeiros.

Lembre-se que a contrapartida do valor a curto prazo deve ser tratada como **resultado** (despesa ou receita, conforme o caso); a contrapartida do valor a longo prazo deve ser reconhecida como **ajuste de avaliação patrimonial**, no PL. Diante dessas informações, temos:

Ativo financeiro de curto prazo

Valor registrado na contabilidade após reconhecimento dos juros						R$ 11.340,00
curto prazo	(valor justo)	70	x	R$ 160,00	=	R$ 11.200,00
(=) Ganho ou Perda com o ajuste a valor de mercado (RESULTADO)						R$ 140,00

Ativo financeiro de longo prazo

Valor registrado na contabilidade após reconhecimento dos juros						R$ 53.460,00
Longo prazo	(valor justo)	330	x	R$ 160,00	=	R$ 52.800,00
(=) Ajuste de avaliação patrimonial (PL)						R$ 660,00

3	-	**Reconhecimento do valor justo a ser registrado como resultado (conta de Resultado)**	
D	-	Ativos financeiros – Títulos do governo – Venda Imediata (AC)	
C	-	Ganho/Perda Com o Ajuste a valor de mercado (Resultado)	R$ 140,00

4 -	Reconhecimento do valor justo a ser registrado como Ajuste de Avaliação Patrimonial (PL)		
D -	Ativos financeiros – Títulos do governo – Venda futura (RLP)		
C -	Ajuste de Avaliação Patrimonial (PL)	R$	660,00

Ativos financeiros - títulos do governo - Venda Imediata (AC)

	Débito	Crédito
s	11.340	
3	140	
	11.480	

Ativos financeiros - Títulos do governo - Venda futura (RLP)

	Débito	Crédito
s	53.460	
4	660	
	54.120	

Ganho/Perda Com o Ajuste a valor de mercado (Resultado)

Débito	Crédito	
	140,00	3

Ajuste de Avaliação Patrimonial (PL)

Débito	Crédito	
	660	4

Adotados os procedimentos acima, o valor dos ativos financeiros (instrumentos financeiros), a preço de mercado, estará assim representado na contabilidade:

Disponíveis para venda imediata	R$ 11.340,00	+	R$ 140,00	=	R$ 11.480,00
Disponíveis para venda futura	R$ 53.460,00	+	R$ 660,00	=	R$ 54.120,00

Importante: Os valores registrados na conta de Ajuste de Avaliação Patrimonial deverão ser transferidos para resultado a media que os ativos forem sendo realizados. Ou seja, no momento da venda do título, reconhecesse a receita mediante transferência do saldo da conta de Ajuste de Avaliação Patrimonial para o resultado.

IV – INSTRUMENTOS FINANCEIROS CLASSIFICADOS COMO "MANTIDOS ATÉ O VENCIMENTO"

1. INTRODUÇÃO

Diversos são os investimentos (aplicações de recursos) que podem ser feitos pelas empresas e diversas são as formas de classificação, dependendo da intenção da empresa.

Nesta oportunidade discorremos sobre outra forma de classificação dos instrumentos financeiros. Trata-se dos **instrumentos financeiros "mantidos até o vencimento"**.

2. DEFINIÇÃO DE INSTRUMENTOS FINANCEIROS

Segundo o CPC 39, Instrumento financeiro é qualquer contrato que dá origem a um ativo financeiro para a entidade e a um passivo financeiro ou instrumento patrimonial para outra entidade.

O mesmo CPC ao detalhar o assunto estabelece que Ativo financeiro é qualquer ativo que seja:

a) caixa;

b) instrumento patrimonial de outra entidade[5];

c) direito contratual:

  i. de receber caixa ou outro ativo financeiro de outra entidade; ou

  ii. de troca de ativos financeiros ou passivos financeiros com outra entidade sob condições potencialmente favoráveis para a entidade;

d) um contrato que seja ou possa vir a ser liquidado por instrumentos patrimoniais da própria entidade.

Já em relação ao Passivo financeiro, o mesmo CPC estabelece que é qualquer passivo que seja:

e) uma obrigação contratual de:

  i. entregar caixa ou outro ativo financeiro a uma entidade; ou

  ii. trocar ativos financeiros ou passivos financeiros com outra entidade sob condições que são potencialmente desfavoráveis para a entidade; ou

f) contrato que será ou poderá ser liquidado por instrumentos patrimoniais da própria entidade.

3. CLASSIFICAÇÃO DOS INSTRUMENTOS FINANCEIROS DE ACORDO COM O CPC 39

3.1 Aplicações destinadas à negociação – Mensurado pelo valor justo por meio do resultado

Ativo financeiro ou passivo financeiro mensurado pelo valor justo por meio do resultado é um ativo financeiro ou um passivo financeiro que satisfaz qualquer das seguintes condições:

5 Qualquer contrato que contenha uma participação residual nos ativos de uma entidade após deduzir todos os seus passivos.

a) é classificado como mantido para negociação. Um ativo financeiro ou um passivo financeiro é classificado como mantido para negociação se for:
   i. adquirido ou incorrido principalmente para a finalidade de venda ou de recompra em prazo muito curto;
   ii. no reconhecimento inicial é parte de carteira de instrumentos financeiros identificados que são gerenciados em conjunto e para os quais existe evidência de modelo real recente de tomada de lucros a curto prazo; ou
   iii. derivativo (exceto no caso de derivativo que seja contrato de garantia financeira ou instrumento de hedge designado e eficaz);
b) no momento do reconhecimento inicial ele é designado pela entidade pelo valor justo por meio do resultado. A entidade só pode usar essa designação quando previsto no subitem 3.2, adiante, ou quando tal resultar em informação mais relevante, porque:
   i. elimina ou reduz significativamente uma inconsistência na mensuração ou no reconhecimento (por vezes, denominada "inconsistência contábil") que de outra forma resultaria da mensuração de ativos ou passivos ou do reconhecimento de ganhos e perdas sobre eles em diferentes bases; ou
   ii. um grupo de ativos financeiros, passivos financeiros ou ambos é gerenciado e o seu desempenho avaliado em base de valor justo, de acordo com uma estratégia documentada de gestão do risco ou de investimento, e a informação sobre o grupo é fornecida internamente ao pessoal chave da gerência da entidade nessa base (como definido na NBC T 17 – Divulgação sobre Partes Relacionadas), por exemplo, a diretoria e o presidente executivo da entidade.

Nota

Na NBC T 19.34 – Instrumentos Financeiros: Evidenciação, os itens 9 a 11 e B4 exigem que a entidade forneça divulgação a respeito dos ativos financeiros e dos passivos financeiros por ela designados pelo valor justo por meio do resultado, incluindo a forma como satisfez essas condições. Para instrumentos que se qualificam de acordo com (ii) acima, essa divulgação inclui a descrição narrativa de como a designação pelo valor justo por meio do resultado é consistente com a estratégia documentada da entidade de gestão do risco ou de investimento.

Os investimentos em instrumentos patrimoniais que não tenham o preço de mercado cotado em mercado ativo, e cujo valor justo não possa ser confiavelmente medido, não devem ser designados pelo valor justo por meio do resultado.

3.2 Investimentos mantidos até o vencimento

Investimentos mantidos até o vencimento são ativos financeiros não derivativos com pagamentos fixos ou determináveis com vencimentos definidos para os quais a entidade tem a intenção positiva e a capacidade de manter até o vencimento, exceto:

a) os que a entidade designa no reconhecimento inicial pelo valor justo por meio do resultado;
b) os que a entidade designa como disponível para venda; e
c) os que satisfazem a definição de empréstimos e contas a receber.

A entidade não deve classificar nenhum ativo financeiro como mantido até o vencimento se a entidade tiver, durante o exercício social corrente ou durante os dois exercícios sociais precedentes, vendido ou reclassificado mais do que uma quantia insignificante de investimentos mantidos até o vencimento antes do vencimento (mais do que insignificante em relação à quantia total dos investimentos mantidos até o vencimento), que não seja por vendas ou reclassificações que:

i. estejam tão próximos do vencimento ou da data de compra do ativo financeiro (por exemplo, menos de três meses antes do vencimento) que as alterações na taxa de juro do mercado não teriam efeito significativo no valor justo do ativo financeiro;
ii. ocorram depois de a entidade ter substancialmente recebido todo o capital original do ativo financeiro por meio de pagamentos programados ou de pagamentos antecipados; ou
iii. sejam atribuíveis a um acontecimento isolado que esteja fora do controle da entidade, não seja recorrente e não tenha podido ser razoavelmente previsto pela entidade.

3.3 Empréstimos e recebíveis

Empréstimos e recebíveis são ativos financeiros não derivativos com pagamentos fixos ou determináveis que não estão cotados em mercado ativo, exceto:

a) os que a entidade tem intenção de vender imediatamente ou no curto prazo, os quais são classificados como mantidos para negociação, e os que a entidade, no reconhecimento inicial, designa pelo valor justo por meio do resultado;
b) os que a entidade, após o reconhecimento inicial, designa como disponíveis para venda; ou
c) aqueles com relação aos quais o detentor não possa recuperar substancialmente a totalidade do seu investimento inicial, que não seja devido à deterioração do crédito, que são classificados como disponíveis para a venda.

Um interesse adquirido num conjunto de ativos que não seja empréstimo nem conta a receber (por exemplo, participação em fundo mútuo ou em fundo semelhante) não é empréstimo nem recebível.

3.4 Ativos financeiros disponíveis para venda

Ativos financeiros disponíveis para venda são aqueles ativos financeiros não derivativos que são designados como disponíveis para venda ou que não são classificados como:

a) empréstimos e contas a receber;
b) investimentos mantidos até o vencimento ou
c) ativos financeiros pelo valor justo por meio do resultado.

4. TRATAMENTO DOS INSTRUMENTOS FINANCEIROS "MANTIDOS ATÉ O VENCIMENTO" SEGUNDO A LEI Nº 6.404/1976

A Lei nº 6.404/1976 assim se pronuncia sobre os instrumentos financeiros:

> "Art. 183. No balanço, os elementos do ativo serão avaliados segundo os seguintes critérios:
>
> I – as aplicações em instrumentos financeiros, inclusive derivativos, e em direitos e títulos de créditos, classificados no ativo circulante ou no realizável a longo prazo:

a) pelo seu valor justo, quando se tratar de aplicações destinadas à negociação ou disponíveis para venda; e

b) pelo valor de custo de aquisição ou valor de emissão, atualizado conforme disposições legais ou contratuais, ajustado ao valor provável de realização, quando este for inferior, no caso das demais aplicações e os direitos e títulos de crédito

...” (grifo nosso)

Em linhas gerais a lei estabelece que se os instrumentos financeiros tiverem sido adquiridos com a intenção de negociação a curto prazo (“aplicações destinadas à negociação) ou a longo prazo (“disponíveis para venda”), terão que ser avaliados pelo seu valor justo, independentemente de ser este maior ou menor do que o custo de aquisição (art. 183, I, a, da Lei nº 6.404/1976).

Agora, se a intenção da empresa for de liquidar o ativo somente na data do vencimento (ativo financeiro “mantido até vencimento”), sua avaliação se dará ao valor justo[6] de realização, quando inferior ao custo de aquisição.

Na prática para se aplicar o disposto na Lei 6.404/1976 é necessário que o custo de aquisição do ativo financeiro esteja “atualizado” conforme contrato (normalmente, remuneração de juros). Em seguida, esse “valor atualizado” deverá ser comparado com o valor de provável realização do ativo (normalmente, o valor de mercado, admitindo ser esse o valor justo, conforme definido em nota de rodapé, adiante). Se o valor de provável realização for superior ao valor contábil “atualizado” nada se faz na contabilidade. Agora, se o valor de provável realização for inferior ao valor contábil “atualizado” há a necessidade do ajuste, que deverá ser tratada como perda, em conta de resultado.

5. EXEMPLO DE CONTABILIZAÇÃO DE INSTRUMENTO FINANCEIRO “MANTIDO ATÉ O VENCIMENTO”

Determinada empresa, durante o ano, adquiriu ativos financeiros. Os ativos adquiridos têm as seguintes características:

6 De acordo com o CPC 38 – Instrumentos Financeiros: Reconhecimento e Mensuração – Valor justo é o preço que seria recebido pela venda de um ativo ou que seria pago pela transferência de um passivo em uma transação não forçada entre participantes do mercado na data de mensuração

- ✓ a intenção da empresa é a de "manter tais papéis até o vencimento", o que vai ao encontro do espírito do CPC 38[7] e da Lei nº 6.404/1976.
- ✓ Valor de emissão na data da negociação corresponde a = R$ 450.000
- ✓ Rendimento mensal a ser pago no resgate (juros compostos) = 3,5%
- ✓ Data da aplicação = 01.11.20x1
- ✓ Data do vencimento: 31.12.x6
- ✓ Referidos ativos são negociados no mercado financeiro e, portanto, de fácil identificação de seu valor justo.
- ✓ Admitamos, também, os seguintes valores justos em 20x1 para o referido Instrumento financeiro:
  a) Valor justo dos ativos financeiros em 30.11.x1 = R$ 470.000
  b) Valor justo dos ativos financeiros em 31.12.x1 = 475.000

Diante das premissas acima colocadas, teremos os seguintes registros contábeis em 20X1:

Lançamento 1 – Registro da aquisição em 01.11.x1

D	-	IF – MANTIDOS ATÉ O VENCIMENTO (L/P)	
C	-	DISPONIBILIDADES	450.000

7 Com a aprovação do CPC 48 – INSTRUMENTOS FINANCEIROS, foi revogado o documento CPC 38 – Instrumentos Financeiros: Reconhecimento e Mensuração. No entanto, o temo de aprovação do CPC 48 deixa claro que essa revogação não se aplica as entidades que utilizem o CPC PME – Contabilidade para Pequenas e Médias Empresas, de acordo com o item 11.2, alínea; para as entidades que optarem por utilizar a opção de registro de *hedge accounting* de acordo com o disposto nos itens 81A, 89 a 94 e AG114 a AG132, conforme facultam os itens 5.2.3, 5.3.2, 5.7.1, 5.7.2, 5.73 e 6.1.3 do Pronunciamento; e para as entidades seguradoras que optarem por continuar a utilizar o CPC 38 até 1º de janeiro de 2021, conforme alterações que serão feitas no CPC 11 – Contratos de Seguro.

Lançamento 2 – Reconhecimento da receita financeira em 30.11.x1

a)	Valor de face do instrumento financeiro + juros acumulados	450.000
b)	(x) coeficiente de atualização do mês	1,035
c)	(=) Valor do instrumento financeiro acrescido dos juros do mês	465.750
d)	Receita financeira do mês ("c" – "a")	

465.750 - 450.000 = 15.750

Portanto,

D	-	IF – MANTIDOS ATÉ O VENCIMENTO (L/P)	
C	-	RECEITA FINANCEIRA (CR)	15.750

Lançamento 3 – Reconhecimento do valor justo em 30.11.x1

Valor contábil do Instrumento Financeiro:			
IF – Mantidos até o vencimento (L/C)		465.750	
(-)	Perdas Estimadas com IF Mantidos até o Vencimento (L/P)	0	465.750
(-)	Valor justo do ativo financeiro		470.000
(=)	Diferença		4.250

Observa-se que como se trata de título mantido até o vencimento a atualização a valor justo (valor de mercado) somente ocorre quando este for inferior ao valor registrado na contabilidade. **No exemplo, o valor justo é superior ao valor contábil não cabendo, portanto, tal ajuste.**

Lançamento 4 – Reconhecimento da receita financeira em 31.12.x1

a)	Valor de face do instrumento financeiro + juros acumulados	465.750
b)	(x) coeficiente de atualização do mês	1,035
c)	(=) Valor do instrumento financeiro acrescido dos juros do mês	482.051
d)	Receita financeira do mês ("c" – "a")	

482.051	-	465.750	=	16.301

Portanto,

D	-	IF – MANTIDOS ATÉ O VENCIMENTO (L/C)	
C	-	RECEITA FINANCEIRA (CR)	16.301

Lançamento 5 – Reconhecimento do valor justo em 31.12.x1

Valor contábil do ativo financeiro:

IF – Mantidos até o vencimento (L/C)		482.051	
(-)	Perdas Estimadas com IF Mantidos até o Vencimento (L/P)	0	482.051
(-)	Valor justo do ativo financeiro		475.000
(=)	Diferença		7.051

Como se trata de título mantido até o vencimento a atualização a valor justo (valor de mercado) somente ocorre quando este for inferior ao valor registrado na contabilidade. No exemplo, o valor de mercado é inferior ao valor contábil, o que caracteriza a necessidade de ajuste, no caso, de R$ 7.051.

Nota: Para atender a legislação fiscal, o "ajuste" deverá ser registrado em conta redutora do ativo financeiro (saldo credor); por sua vez a contrapartida, será alocada em conta de resultado, como perda – Veja item 6, adiante.

Portanto,

D	-	AJUSTE AO VALOR REALIZÁVEL (CR)	
C	-	PERDAS ESTIMADAS COM IF MANTIDOS ATÉ O VENCIMENTO (L/P)	7.051

Os razonetes estariam assim representados:

IF – MANTIDOS ATÉ O VENCIMENTO (L/C)

	Débito	Crédito
1	450.000	
2	15.750	

CAIXA

Débito	Crédito	
	450.000	1

	Débito	Crédito	
	465.750		
4	16.301		
	482.051		

PERDAS ESTIMADAS COM IF MANTIDOS ATÉ O VENCIMENTO (L/P)

	Débito	Crédito	
		7.051	5

AJUSTE AO VALOR REALIZÁVEL (CR)

	Débito	Crédito
5	7.051	

RECEITA FINANCEIRA (CR)

Débito	Crédito	
	15.750	2
	16.301	4
	32.051	

Nomenclaturas:

IF = Instrumentos financeiros

CR = Conta de Resultado

L/P = longo prazo

5.1 Diminuição da perda

Pode ocorrer de a perda registrada em um período diminuir e, até mesmo, ser revertida. Sobre o assunto o CPC 38[8] – Instrumentos Financeiros: Reconhecimento e Mensuração trouxe alguns esclarecimentos.

Em linhas gerais o item 65 do referido CPC estabelece que se em período posterior a quantia da perda no valor recuperável diminuir e a diminuição puder ser objetivamente relacionada com um aconte-

8 Com a aprovação do CPC 48 – INSTRUMENTOS FINANCEIROS, foi revogado o documento CPC 38 – Instrumentos Financeiros: Reconhecimento e Mensuração. No entanto, o temo de aprovação do CPC 48 deixa claro que essa revogação não se aplica as entidades que utilizem o CPC PME – Contabilidade para Pequenas e Médias Empresas, de acordo com o item 11.2, alínea; para as entidades que optarem por utilizar a opção de registro de *hedge accounting* de acordo com o disposto nos itens 81A, 89 a 94 e AG114 a AG132, conforme facultam os itens 5.2.3, 5.3.2, 5.7.1, 5.7.2, 5.73 e 6.1.3 do Pronunciamento; e para as entidades seguradoras que optarem por continuar a utilizar o CPC 38 até 1º de janeiro de 2021, conforme alterações que serão feitas no CPC 11 – Contratos de Seguro.

cimento que ocorra após o reconhecimento da perda no valor recuperável, a perda por imparidade anteriormente reconhecida deve ser revertida, seja diretamente, seja ajustando por conta redutora.

Observa-se que a reversão não deve resultar na quantia escriturada do ativo financeiro que exceda o que o custo amortizado teria sido, caso a perda no valor recuperável não tivesse sido reconhecida na data em que a perda no valor recuperável foi revertida. A quantia da reversão deve ser reconhecida no resultado.

6. TRATAMENTO FISCAL DO GANHO OU PERDA NA AVALIAÇÃO A VALOR JUSTO DOS INSTRUMENTOS FINANCEIROS

Nota-se que os artigos 13 e 14 da Lei nº 12.973/2014 estabelecem o tratamento tributário aplicável aos ganhos e as perdas tidos com os ajustes a valor justo impostos pela lei comercial, exigindo a criação de subconta para recepcionar o referido ajuste, seja ele para mais ou para menos.

De uma forma sucinta, pode-se dizer que o art. 13 da referida Lei permite que o contribuinte proceda ao diferimento da tributação dos ganhos tidos na avaliação a valor justo dos instrumentos financeiros. Para tanto, referidos valores deverão ser evidenciados contabilmente em subconta vinculada ao ativo. Naturalmente, em se tratando de Instrumentos financeiros "mantidos até o vencimento" não há que se falar em ganho na avaliação a valor justo, pois quando o valor de mercado é superior ao valor contábil, não cabe ajuste.

Já o art. 14 estabelece que a dedutibilidade das perdas decorrentes de ajuste a valor justo dos instrumentos financeiros somente será admitida quando de sua realização.

Adicionalmente, o § 2º do referido artigo estabelece que na hipótese de não ser evidenciada por meio de subconta, **a perda será considerada indedutível na apuração do lucro real.**

Portanto, no exemplo do item 5, temos que a empresa obteve uma perda com o ativo financeiro no ano de 20x1, no valor de R$ 7.051. Esse valor deverá ser considerado como adição na apuração do lucro em 20x1 e o seu aproveitamento futuro como exclusão fica condicionado à manutenção da subconta criada.

Capítulo 3

AJUSTE A VALOR PRESENTE

I – AJUSTE A VALOR PRESENTE DE ELEMENTOS DO ATIVO

1. INTRODUÇÃO

Resumidamente, a Lei nº 6.404/1976 (art. 183, I, "b") estabelece, entre outros pontos, que as aplicações em direitos e títulos de créditos, classificados no ativo circulante ou no realizável a longo prazo devem ser avaliados pelo valor de custo de aquisição ou valor de emissão, atualizado conforme disposições legais ou contratuais, ajustado ao valor provável de realização.

Mais adiante, o inc. VIII do mesmo artigo estabelece que:

> *VIII – os elementos do ativo decorrentes de operações de longo prazo serão ajustados a valor presente, sendo os demais ajustados quando houver efeito relevante.*

Em decorrência de tal imposição, surge a necessidade de segregar, contabilmente, o valor dos juros embutidos nas operações contratadas com terceiros, seja proveniente da venda de mercadorias, serviços ou empréstimos, independentemente de a realização se dar em curto ou longo prazo.

Nota-se que essa obrigatoriedade existe desde as alterações promovidas na Lei nº 6.404/1976, pela Lei 11.638/2007. No entanto, para fins fiscais não havia procedimento equânime. O que havia, na verdade, eram procedimentos paliativos mediante a utilização do Regime Tributário de Transição (RTT).

No entanto, com a edição da Lei nº 12.973/2014 a legislação contábil e a legislação fiscal passaram a "falar a mesma língua".

Neste texto discorremos sobre os reflexos das alterações fiscais na contabilidade, especificamente, no que diz respeito, ao ajuste a valor presente sobre elementos do ativo.

2. CONCEITO DE RECEITA BRUTA E RECEITA LÍQUIDA

Ao promover alterações no art. 12 do Decreto-lei nº 1.598/1977, A lei nº 12.973/2014, art. 2º, teve como objetivo por fim à polêmica sobre o que compõe a receita bruta e a receita líquida da pessoa jurídica.

No quer diz respeito à receita líquida, a nova redação dada ao § 1º do artigo 12 estabelece que:

"...

> *§ 1º A receita líquida será a receita bruta diminuída de:*
>
> ...
>
> *IV - valores decorrentes do ajuste a valor presente, de que trata o inciso VIII do caput do art. 183 da Lei no 6.404, de 15 de dezembro de 1976, das operações vinculadas à receita bruta.*

..."

Como se observa do dispositivo acima reproduzido, para fins fiscais a receita bruta é composta, inclusive, pelo valor do eventual juro embutido na venda.

3. TRATAMENTO CONTÁBIL

Na data de contratação da operação deve-se segregar o valor da operação dos encargos financeiros incidentes. Na prática, devemos utilizar a seguinte fórmula:

$$VP = VF / (1+i)^n$$

Onde:

VP = Valor presente

VF = Valor futuro

i = Taxa

^{n} = Período

Ao se determinar o valor dos juros embutidos, a segregação se dará debitando-se a conta "AVP" (dedução da receita bruta) e creditando-se conta redutora do ativo correspondente "AVP".

Por sua vez, os encargos financeiros incidentes (os juros embutidos ou contratados) anteriormente segregados deverão ser reconhecidos *pro rata temporis*.

Na prática, devemos debitar a conta redutora do ativo (ajuste a valor presente) e creditar a conta de receita financeira, pelos juros incorridos.

Tal procedimento fornecerá uma informação contábil precisa, identificando o que é receita operacional da atividade e o que é receita financeira.

Já o reconhecimento dos juros se dará, normalmente, pelo período coberto pela operação. Se a operação foi contratada para ser resgatada em 6 meses, por exemplo, a cada mês pelo período de seis meses, haverá o reconhecimento *pro rata temporis* de parcela dos juros.

4. EXEMPLO

No desenvolvimento do exemplo, consideremos as seguintes informações:

- ✓ Valor da venda a prazo de mercadorias em 31 de janeiro/x1$ 100.000
- ✓ taxa de juros aplicável 3% a.m.
- ✓ Prazo para recebimento contratado 15 meses

Com base na fórmula de ajuste a valor presente anteriormente apresentada, teremos:

VP = VF / $(1+i)^n$

Portanto:

- ✓ Valor presente = $ 64.186,21
- ✓ Ajuste a Valor presente a ser feito na venda: $ 35.813,79, ou seja: ($ 100.000 – $ 64.186,21)

Com esses dados, teremos os seguintes lançamentos contábeis na data da operação de venda:

1 – Registro da venda (31.01.x1)

D – Clientes (L/P)

C – Receita bruta de vendas (Resultado) 100.000,00

2 – Registro do Ajuste a Valor Presente (AVP) (31.01.x1)

D – AVP – Dedução da Receita Bruta (Resultado)

C – AVP – Receita Financeira a apropriar (redutora do ativo) 35.813,79

3 – Reconhecimento da receita financeira em fevereiro/x1

D – AVP – Receita Financeira a apropriar (redutora do ativo)

C – Receita Financeira do período (Resultado) 1.925,59*

* 3% do valor presente do ativo em janeiro/x1. Portanto, 3% de R$ 64.186,21. Em marçox1 3% do valor presente do ativo em fevereiro/ x1. Portanto, 3% de R$ 66.111,78 e assim sucessivamente, até o décimo quinto mês.

Ao final do décimo quinto mês a conta "AVP – Receita Financeira a Apropriar (redutora do Ativo)" será zerada. Na prática, mês a mês parte do seu saldo será transferido para receita financeira, como resultado do período.

Veja tabela de reconhecimento da receita financeira a seguir:

Mês/Ano	Valor futuro do ativo	Valor presente do ativo	%	Apropriação mensal	Juros a apropriar
Jan.20X1	R$ 100.000,00	R$ 64.186,19	3,00%	R$ -	R$ 35.813,81
Fev.20X1	R$ 100.000,00	R$ 66.111,78	3,00%	R$ 1.925,59	R$ 33.888,22
Mar.20X1	R$ 100.000,00	R$ 68.095,13	3,00%	R$ 1.983,35	R$ 31.904,87
Abr.20X1	R$ 100.000,00	R$ 70.137,98	3,00%	R$ 2.042,85	R$ 29.862,02
Mai.20X1	R$ 100.000,00	R$ 72.242,12	3,00%	R$ 2.104,14	R$ 27.757,88
Jun.20X1	R$ 100.000,00	R$ 74.409,39	3,00%	R$ 2.167,26	R$ 25.590,61
Jul.20X1	R$ 100.000,00	R$ 76.641,67	3,00%	R$ 2.232,28	R$ 23.358,33
Ago.20X1	R$ 100.000,00	R$ 78.940,92	3,00%	R$ 2.299,25	R$ 21.059,08
Set.20X1	R$ 100.000,00	R$ 81.309,15	3,00%	R$ 2.368,23	R$ 18.690,85
Out.20X1	R$ 100.000,00	R$ 83.748,42	3,00%	R$ 2.439,27	R$ 16.251,58
Nov.20X1	R$ 100.000,00	R$ 86.260,87	3,00%	R$ 2.512,45	R$ 13.739,13
Dez.20X1	R$ 100.000,00	R$ 88.848,70	3,00%	R$ 2.587,83	R$ 11.151,30
Jan.20X2	R$ 100.000,00	R$ 91.514,16	3,00%	R$ 2.665,46	R$ 8.485,84
Fev.20X2	R$ 100.000,00	R$ 94.259,58	3,00%	R$ 2.745,42	R$ 5.740,42
Mar.20X2	R$ 100.000,00	R$ 97.087,37	3,00%	R$ 2.827,79	R$ 2.912,63
Abr.20X2	R$ 100.000,00	R$ 99.999,99	3,00%	R$ 2.912,63	R$ 0,00

5. TRATAMENTO FISCAL

Para evitar conflitos entre contabilidade e Fisco, a Lei nº 12.973/2014, em seu artigo 4º veio disciplinar o tratamento a ser dispensado ao referido ajuste a valor presente deduzido da receita bruta.

Como se observa ao adotar o procedimento contábil preconizado pelas novas regras contábeis o lucro da empresa passa a ser reduzido.

Para evitar a redução do lucro tributável, o referido dispositivo estabelece que:

> *Art. 4º Os valores decorrentes do ajuste a valor presente, de que trata o inciso VIII do caput do art. 183 da Lei no 6.404, de 15 de dezembro de 1976, relativos a cada operação, somente serão considerados na determinação do lucro real no mesmo período de apuração em que a receita ou resultado da operação deva ser oferecido à tributação.*

Neste caso, o valor de R$ 35.813,79 será adicionado no Lalur em janeiro/20X1, evitando conflitos entre a contabilidade e o Fisco.

Portanto a receita tributável neste mês corresponde a $ 100.000,00 ($ 64.186,21 via contabilidade; R$ 35.813,79 via Lalur).

À medida que cada parcela for vencendo, a empresa reconhecerá contabilmente a receita de juros, conforme demonstrado no lançamento 3.

Por sua vez, à medida que essa receita financeira for sendo reconhecida, a empresa poderá fazer a exclusão correspondente no Lalur, tendo em vista que a receita já foi tributada pelo valor total em janeiro/x1 (R$ 35.813,79). Ou seja, em março/x2 todo o valor terá sido excluído.

II – AJUSTE A VALOR PRESENTE DE ELEMENTOS DO PASSIVO PROVENIENTES DA AQUISIÇÃO DE MERCADORIAS PARA REVENDA

1. INTRODUÇÃO

A exemplo do que acontece com o ativo, a Lei nº 6.404/1976 também estabelece regras para a avaliação do passivo. Essas regras constam do art. 184 da referida lei é têm o seguinte teor:

> *"Art. 184. No balanço, os elementos do passivo serão avaliados de acordo com os seguintes critérios:*
>
> *I - as obrigações, encargos e riscos, conhecidos ou calculáveis, inclusive Imposto sobre a Renda a pagar com base no resultado do exercício, serão computados pelo valor atualizado até a data do balanço;*
>
> *II - as obrigações em moeda estrangeira, com cláusula de paridade cambial, serão convertidas em moeda nacional à taxa de câmbio em vigor na data do balanço;*
>
> *III - as obrigações, os encargos e os riscos classificados no passivo não circulante serão ajustados ao seu valor presente, sendo os demais ajustados quando houver efeito relevante."*

No que diz respeito ao inc. III do artigo acima reproduzido, percebemos claramente a obrigatoriedade de ajustar a valor presente os itens do passivo.

Nota-se que essa obrigatoriedade existe desde as alterações promovidas na Lei nº 6.404/1976, pela Lei 11.638/2007. No entanto, para fins fiscais não havia procedimento equânime. O que havia, na verdade, eram procedimentos paliativos mediante a utilização do Regime Tributário de Transição (RTT).

No entanto, com a edição da Lei nº 12.973/2014 a legislação contábil e a legislação fiscal passaram a "falar a mesma língua".

Portanto, a imposição para segregar contabilmente, o valor dos juros embutidos nas operações contratadas com terceiros, seja proveniente da compra de mercadorias, insumos, serviços ou bens não é só da legislação societária. Agora, a legislação fiscal também disciplina o tema.

Neste texto discorremos sobre os reflexos das alterações fiscais na contabilidade, especificamente, no que diz respeito, ao ajuste a valor presente sobre as obrigações, os encargos e os riscos classificados no passivo, seja a curto ou longo prazo **proveniente da aquisição de mercadorias para revenda**. Oportunamente, trataremos das demais situações, tendo em vista que cada uma delas observa particularidades específicas.

2. ORIENTAÇÃO CONTÁBIL (CPC 12 – AJUSTE A VALOR PRESENTE)

O Comitê de Pronunciamentos Contábeis (CPC) emitiu o Pronunciamento Técnico CPC-12 que trata do Ajuste a Valor Presente e traz as orientações para seu cálculo e reconhecimento. Essas orientações constam basicamente dos itens 21 a 23 do referido CPC, abaixo transcritos.

> *"21. Os elementos integrantes do ativo e do passivo decorrentes de operações de longo prazo, ou de curto prazo quando houver efeito relevante, devem ser ajustados a valor presente com base em taxas de desconto que reflitam as melhores avaliações do mercado quanto ao valor do dinheiro no tempo e os riscos específicos do ativo e do passivo em suas datas originais.*
>
> *22. A quantificação do ajuste a valor presente deve ser realizada em base exponencial "pro rata die", a partir da origem de cada transação, sendo os seus efeitos apropriados nas contas a que se vinculam.*
>
> *23. As reversões dos ajustes a valor presente dos ativos e passivos monetários qualificáveis devem ser apropriadas como receitas ou despesas financeiras, a não ser que a entidade possa devidamente fundamentar que o financiamento feito a seus clientes faça parte de suas atividades operacionais, quando então as reversões serão apropriadas como receita operacional. Esse é o caso, por exemplo, quando a entidade opera em dois segmentos distintos: (i) venda de produtos e serviços e (ii) financiamento das vendas a prazo, e desde que sejam relevantes esse ajuste e os efeitos de sua evidenciação."*

Pelo que se observa do exposto acima, o ajuste a valor presente, quando aplicável, será calculado e contabilizado na data inicial da sua transação e suas reversões serão registradas no decorrer dos períodos entre o reconhecimento inicial e o seu vencimento.

3. ORIENTAÇÃO FISCAL (LEI Nº 12.973/2014)

O art. 5º da Lei nº 12.973/2014 trata do ajuste a valor presente sobre elementos do passivo, estabelecendo que tais valores sejam considerados na determinação do lucro real. No que diz respeito a mercadorias para revenda, **o AVP será considerado no período de apuração em que o bem for revendido.**

Nota-se que a lei também estabelece a obrigatoriedade de se evidenciar o AVP em subconta vinculada ao ativo que lhe deu origem

Reproduzimos a seguir, em excerto, o referido dispositivo legal que traz informações adicionais sobre o assunto.

> *"Art. 5º Os valores decorrentes do ajuste a valor presente, de que trata o inciso III do caput do art. 184 da Lei no 6.404, de 15 de dezembro de 1976, relativos a cada operação, somente serão considerados na determinação do lucro real no período de apuração em que:*
>
> *I – o bem for revendido, no caso de aquisição a prazo de bem para revenda;*
>
> *...*
>
> *§ 1º Nas hipóteses previstas nos incisos I, II e III do caput, os valores decorrentes do ajuste a valor presente deverão ser evidenciados contabilmente em subconta vinculada ao ativo.*
>
> *§ 2º Os valores decorrentes de ajuste a valor presente de que trata o caput não poderão ser considerados na determinação do lucro real:*
>
> *...*
>
> *III – nas hipóteses previstas nos incisos I, II e III do caput, caso os valores decorrentes do ajuste a valor presente não tenham sido evidenciados conforme disposto no § 1º"*

4. TRATAMENTO CONTÁBIL/FISCAL-EXEMPLO

4.1 Dados do exemplo

No desenvolvimento do exemplo, consideremos as seguintes informações:

- ✓ Valor da compra a prazo de mercadorias em 31 de janeiro/x1 $ 100.000
- ✓ taxa de juros aplicável
  3% a.m.
- ✓ Prazo para recebimento contratado
  15 meses
- ✓ As mercadorias acima adquiridas foram vendidas em fevereiro/x1

Na data de contratação da operação deve-se segregar o valor da operação dos encargos financeiros incidentes. Na prática, devemos utilizar a seguinte fórmula:

$$VP = VF / (1+i)^n$$

Onde:
VP = Valor presente

VF = Valor futuro

i = Taxa

^{n} = Período

Ao se determinar o valor dos juros embutidos, a segregação se dará debitando-se a conta "Estoque", debitando-se a conta "AVP – Juros a Apropriar (subconta vinculada à conta "Estoque") e creditando-se a conta "Fornecedores", no passivo

Por sua vez, os encargos financeiros incidentes (os juros embutidos ou contratados) anteriormente segregados deverão ser reconhecidos *pro rata temporis*, tendo como base o período coberto pela operação. No nosso exemplo a operação foi contratada para ser quitada em quinze meses. Portanto, a cada mês pelo período de quinze meses, haverá o reconhecimento *pro rata temporis* de parcela dos juros.

Na prática, a cada mês, devemos debitar a conta "Despesas com Juros" (resultado) redutora do ativo (ajuste a valor presente) e creditar a conta "AVP – Juros a Apropriar" (subconta vinculada à conta "Estoque"), pelos juros incorridos.

Tal procedimento fornecerá uma informação contábil precisa, identificando o que é estoque e o que é encargo financeiro embutido no preço da mercadoria.

Portanto:

- ✓ Valor presente = $ 64.186,19
- ✓ Ajuste a Valor presente a ser feito por ocasião da compra da mercadoria: $ 35.813,81, ou seja:

($ 100.000 – $ 64.186,19)

4.2 Registro contábil da compra

Com esses dados, teremos os seguintes lançamentos contábeis na data da operação de venda:

1 - Registro da compra das mercadorias e reconhecimento do AVP (31.01.x1)

D – Estoque de Mercadorias (AC) 64.186,19
D – AVP – Juros a Apropriar (AC) 35.813,81
C – Fornecedores (PC) 100.000,00

2 - Reconhecimento da despesa financeira em fevereiro/x1

D – Despesas com Juros (resultado)
C – AVP – Juros a Apropriar (AC) 1.925,59*

* 3% do valor presente do passivo em janeiro/x1. Portanto, 3% de R$ 64.186,19. Em marçox1, 3% do valor presente do passivo em fevereiro/x1. Portanto, 3% de R$ 66.111,78 e assim sucessivamente, até o décimo quinto mês.

Ao final do décimo quinto mês a conta "AVP – Juros a Apropriar" (subconta vinculada a conta "Estoque" será zerada. Na prática, mês a mês parte do seu saldo será transferido para despesa financeira, no resultado do período.

Veja, a seguir, tabela de reconhecimento da despesa financeira:

Mês/Ano	Valor futuro do passivo	Valor presente do passivo	%	Apropriação mensal	Juros a apropriar
Jan.20X1	R$ 100.000,00	R$ 64.186,19	3,00%	R$ -	R$ 35.813,81
Fev.20X1	R$ 100.000,00	R$ 66.111,78	3,00%	R$ 1.925,59	R$ 33.888,22
Mar.20X1	R$ 100.000,00	R$ 68.095,13	3,00%	R$ 1.983,35	R$ 31.904,87
Abr.20X1	R$ 100.000,00	R$ 70.137,98	3,00%	R$ 2.042,85	R$ 29.862,02
Mai.20X1	R$ 100.000,00	R$ 72.242,12	3,00%	R$ 2.104,14	R$ 27.757,88
Jun.20X1	R$ 100.000,00	R$ 74.409,39	3,00%	R$ 2.167,26	R$ 25.590,61
Jul.20X1	R$ 100.000,00	R$ 76.641,67	3,00%	R$ 2.232,28	R$ 23.358,33
Ago.20X1	R$ 100.000,00	R$ 78.940,92	3,00%	R$ 2.299,25	R$ 21.059,08
Set.20X1	R$ 100.000,00	R$ 81.309,15	3,00%	R$ 2.368,23	R$ 18.690,85
Out.20X1	R$ 100.000,00	R$ 83.748,42	3,00%	R$ 2.439,27	R$ 16.251,58
Nov.20X1	R$ 100.000,00	R$ 86.260,87	3,00%	R$ 2.512,45	R$ 13.739,13
Dez.20X1	R$ 100.000,00	R$ 88.848,70	3,00%	R$ 2.587,83	R$ 11.151,30
Jan.20X2	R$ 100.000,00	R$ 91.514,16	3,00%	R$ 2.665,46	R$ 8.485,84
Fev.20X2	R$ 100.000,00	R$ 94.259,58	3,00%	R$ 2.745,42	R$ 5.740,42
Mar.20X2	R$ 100.000,00	R$ 97.087,37	3,00%	R$ 2.827,79	R$ 2.912,63
Abr.20X2	R$ 100.000,00	R$ 99.999,99	3,00%	R$ 2.912,63	R$ 0,00

4.3 Tratamento fiscal

Conforme vimos anteriormente, em se tratando de bem adquirido para revenda, o AVP somente será considerado na determinação do lucro real **por ocasião da revenda da mercadoria.** Na prática, o reconhecimento do "custo da mercadoria" se dará parte via contabilidade (CMV), parte via Lalur (exclusão do AVP).

Conforme consta do enunciado do exemplo, assumimos que as mercadorias adquiridas em janeiro/x1 foram revendidas em fevereiro/x1. Deste modo a empresa reconhecerá em conta de resultado, especificamente, como CMV, o valor de R$ 64.186,19. Nota-se que em fevereiro/x1 deverá ser reconhecido, como despesa financeira, a parcela dos juros a apropriar, no valor de R$ 1.925,59 (ver tabela de apropriação dos juros). Na prática, isso significa dizer que em fevereiro/x1, para fins fiscais, haverá uma exclusão líquida de R$ 33.888,22 (R$ 35.813,81 - 1.925,59), que é o saldo do AVP que consta da subconta vinculada ao ativo que lhe deu origem. Essa "exclusão líquida" se deve ao fato de que o AVP é dedutível no momento da venda da mercadoria e a despesa financeira, registrada a cada mês é indedutível na apuração do lucro tributável. Veja a demonstração a seguir.

APURAÇÃO DO LUCRO CONTÁBIL (FEVEREIRO/X1)	
Vendas	130.000,00
(-) CMV	-64.186,19
(=) Lucro Bruto	65.813,81
Despesas /Receitas operacionais	
(-) Despesas financeiras	-1.925,59
(=) Lucro contábil antes do IRPJ/CSL	63.888,22
APURAÇÃO DO LUCRO FISCAL (FEVEREIRO/X1)	
(=) Lucro contábil antes do IRPJ/CSL	63.888,22
(+) Adições	
(-) Exclusão	-33.888,22
(=) Lucro Fiscal	30.000,00

Observa-se que o custo com a mercadoria (R$ 100.000,00) foi reconhecido como despesa para fins fiscais. Parte como CMV (R$ 64.186,19), parte como despesa financeira (R$ 1.925,59) e parte como exclusão ao lucro líquido (33.888,20).

Importante: a partir de março/x1 até abril/x2, a despesa financeira oriunda da apropriação do AVP deverá ser adicionada ao Lalur, para fins de apuração do lucro fiscal, não havendo mais exclusões a serem feitas.

III – AJUSTE A VALOR PRESENTE DE ELEMENTOS DO PASSIVO PROVENIENTES DA AQUISIÇÃO DE INSUMOS UTILIZADOS NO PROCESSO PRODUTIVO

1. INTRODUÇÃO

Já tratamos anteriormente sobre o ajuste a valor presente de elementos do passivo.

Voltamos ao assunto, agora para abordar o ajuste a valor presente sobre elementos do passivo provenientes da aquisição de insumos utilizados no processo produtivo da empresa.

O que difere a aquisição de mercadorias da aquisição de insumos é que neste segundo caso, o AVP deverá ser reconhecido ao resultado, para fins fiscais, **a medida que os insumos forem utilizados no processo produtivo**, e não no momento da venda, como acontece com as mercadorias para revenda.

O procedimento aqui apresentado traz exemplos de como proceder tanto do ponto de vista contábil como do ponto de vista fiscal.

2. AJUSTE A VALOR PRESENTE DE CONTAS DO PASSIVO SEGUNDO AS REGRAS CONTÁBEIS

Segundo a Lei nº 6.404/1976:

> *"Art. 184. No balanço, os elementos do passivo serão avaliados de acordo com os seguintes critérios:*
>
> *...;*
>
> *III – as obrigações, os encargos e os riscos classificados no passivo não circulante serão ajustados ao seu valor presente, sendo os demais ajustados quando houver efeito relevante."*

Para regulamentar o tema, O Comitê de Pronunciamentos Contábeis (CPC) emitiu o Pronunciamento Técnico CPC-12 que trata do Ajuste a Valor Presente e traz as orientações para seu cálculo e reconhecimento. Essas orientações constam basicamente dos itens 21 a 23 do referido CPC, abaixo transcritos.

> *"21. Os elementos integrantes do ativo e do passivo decorrentes de operações de longo prazo, ou de curto prazo quando houver efeito relevante, devem ser ajustados a valor presente com base em taxas de desconto que reflitam as melhores avaliações do mercado quanto ao valor do dinheiro no tempo e os riscos específicos do ativo e do passivo em suas datas originais.*
>
> *22. A quantificação do ajuste a valor presente deve ser realizada em base exponencial "pro rata die", a partir da origem de cada transação, sendo os seus efeitos apropriados nas contas a que se vinculam.*
>
> *23. As reversões dos ajustes a valor presente dos ativos e passivos monetários qualificáveis devem ser apropriadas como receitas ou despesas financeiras, a não ser que a entidade possa devidamente fundamentar que o financiamento feito a seus clientes faça parte de suas atividades operacionais, quando então as reversões serão apropriadas como receita operacional. Esse é o caso, por exemplo, quando a entidade opera em dois segmentos distintos: (i) venda de produtos e serviços e (ii) financiamento das vendas a prazo, e desde que sejam relevantes esse ajuste e os efeitos de sua evidenciação."*

Pelo que se observa do exposto acima, o ajuste a valor presente, quando aplicável, será calculado e contabilizado na data inicial da sua transação e suas reversões serão registradas no decorrer dos períodos entre o reconhecimento inicial e o seu vencimento.

3. ORIENTAÇÃO FISCAL

O art. 5º da Lei nº 12.973/2014 trata do ajuste a valor presente sobre elementos do passivo, estabelecendo o momento em que tais valores devem ser considerados na determinação do lucro real. No caso de aquisição a prazo de bem a ser utilizado **como insumo, o AVP será considerado no período em que o bem for utilizado como insumo na produção de bens e serviços.**

Na prática, isso significa dizer que o aproveitamento da "despesa" não está vinculado à venda do produto final, mas sim a utilização do insumo no processo produtivo.

Nota-se que a lei também estabelece a obrigatoriedade de se evidenciar o AVP em subconta vinculada ao ativo que lhe deu origem

Reproduzimos a seguir, em excerto, o referido dispositivo legal que traz informações adicionais sobre o assunto.

> *"Art. 5º Os valores decorrentes do ajuste a valor presente, de que trata o inciso III do caput do art. 184 da Lei nº 6.404, de 15 de dezembro de 1976, relativos a cada operação, somente serão considerados na determinação do lucro real no período de apuração em que:*
>
> *...*
>
> *II – o bem for utilizado como insumo na produção de bens ou serviços, no caso de aquisição a prazo de bem a ser utilizado como insumo na produção de bens ou serviços;*
>
> *...*
>
> *§ 1º Nas hipóteses previstas nos incisos I, II e III do caput, os valores decorrentes do ajuste a valor presente deverão ser evidenciados contabilmente em subconta vinculada ao ativo.*
>
> *§ 2º Os valores decorrentes de ajuste a valor presente de que trata o caput não poderão ser considerados na determinação do lucro real:*
>
> *...*
>
> *III – nas hipóteses previstas nos incisos I, II e III do caput, caso os valores decorrentes do ajuste a valor presente não tenham sido evidenciados conforme disposto no § 1º."*

4. TRATAMENTO CONTÁBIL/FISCAL – EXEMPLO

4.1 Dados do exemplo

No desenvolvimento do exemplo, consideremos as seguintes informações:

- ✓ Valor da compra a prazo de insumos em 31 de janeiro/x1 — $ 100.000
- ✓ taxa de juros aplicável — 3% a.m.
- ✓ Prazo para recebimento contratado — 15 meses
- ✓ Os insumos acima adquiridos foram aplicados no processo produtivo em fevereiro/x1;
- ✓ Demais custos incorporados aos produtos em processo (MO, depreciação etc.) = R$ 20.000,00.
- ✓ A venda dos produtos acabados somente ocorreu em março/x1, por R$ 130.000,00.

Importante: Na data de contratação da operação deve-se segregar o valor da operação dos encargos financeiros incidentes. Na prática, devemos utilizar a seguinte fórmula:

$$VP = VF / (1+i)^n$$

Onde:
VP = Valor presente
VF = Valor futuro
i = Taxa
^{n} = Período

Ao se determinar o valor dos juros embutidos, a segregação se dará debitando-se a conta "Estoque de Insumos", debitando-se a conta "AVP – Juros a Apropriar" (subconta vinculada à conta "Estoque de Insumos") e creditando-se a conta "Fornecedores", no passivo.

Por sua vez, os encargos financeiros incidentes (os juros embutidos ou contratados) anteriormente segregados deverão ser reconhecidos *pro rata temporis*, tendo como base o período coberto pela operação. No nosso exemplo a operação foi contratada para ser quitada em quinze meses. Portanto, a cada mês pelo período de quinze meses, haverá o reconhecimento *pro rata temporis* de parcela dos juros.

Na prática, a cada mês, devemos debitar a conta "Despesas com Juros" (resultado) redutora do ativo (ajuste a valor presente) e creditar a conta "AVP – Juros a Apropriar" (subconta vinculada à conta "Estoque de Insumos"), pelos juros incorridos.

Tal procedimento fornecerá uma informação contábil precisa, identificando o que é estoque e o que é encargo financeiro embutido no preço do insumo.

Portanto:

- ✓ Valor presente = $ 64.186,21
- ✓ Ajuste a Valor presente a ser feito por ocasião da compra do insumo: $ 35.813,79, ou seja: ($ 100.000 – $ 64.186,21)

4.2 Registro contábil da operação

Com esses dados, teremos os seguintes lançamentos contábeis na data da operação de compra:

1 - Registro da compra dos insumos e reconhecimento do AVP (31.01.x1)

D – Estoque de Insumos	64.186,21
D – AVP – Juros a Apropriar	35.813,79
C – Fornecedores	100.000,00

2 - Reconhecimento da despesa financeira em fevereiro/x1

D – Despesas com Juros (resultado)	
C – AVP – Juros a apropriar (PC)	1.925,59*

* 3% do valor presente do passivo em janeiro/x1. Portanto, 3% de R$ 64.186,21. Em março/x1, 3% do valor presente do passivo em fevereiro/x1. Portanto, 3% de R$ 66.111,78 e assim sucessivamente, até o décimo quinto mês.

Ao final do décimo quinto mês a conta "AVP – Juros a Apropriar" (subconta vinculada à conta "Estoque de Insumos" será zerada). Na prática, mês a mês parte do seu saldo será transferido para despesa financeira, no resultado do período.

Veja, a seguir, tabela de reconhecimento da despesa financeira:

Mês/Ano	Valor futuro do passivo	Valor presente do passivo	%	Apropriação mensal	Juros a apropriar
Jan.20X1	R$ 100.000,00	R$ 64.186,19	3,00%	R$ -	R$ 35.813,81
Fev.20X1	R$ 100.000,00	R$ 66.111,78	3,00%	R$ 1.925,59	R$ 33.888,22
Mar.20X1	R$ 100.000,00	R$ 68.095,13	3,00%	R$ 1.983,35	R$ 31.904,87
Abr.20X1	R$ 100.000,00	R$ 70.137,98	3,00%	R$ 2.042,85	R$ 29.862,02
Mai.20X1	R$ 100.000,00	R$ 72.242,12	3,00%	R$ 2.104,14	R$ 27.757,88
Jun.20X1	R$ 100.000,00	R$ 74.409,39	3,00%	R$ 2.167,26	R$ 25.590,61
Jul.20X1	R$ 100.000,00	R$ 76.641,67	3,00%	R$ 2.232,28	R$ 23.358,33
Ago.20X1	R$ 100.000,00	R$ 78.940,92	3,00%	R$ 2.299,25	R$ 21.059,08
Set.20X1	R$ 100.000,00	R$ 81.309,15	3,00%	R$ 2.368,23	R$ 18.690,85
Out.20X1	R$ 100.000,00	R$ 83.748,42	3,00%	R$ 2.439,27	R$ 16.251,58
Nov.20X1	R$ 100.000,00	R$ 86.260,87	3,00%	R$ 2.512,45	R$ 13.739,13
Dez.20X1	R$ 100.000,00	R$ 88.848,70	3,00%	R$ 2.587,83	R$ 11.151,30
Jan.20X2	R$ 100.000,00	R$ 91.514,16	3,00%	R$ 2.665,46	R$ 8.485,84

Fev.20X2	R$ 100.000,00	R$ 94.259,58	3,00%	R$ 2.745,42	R$ 5.740,42
Mar.20X2	R$ 100.000,00	R$ 97.087,37	3,00%	R$ 2.827,79	R$ 2.912,63
Abr.20X2	R$ 100.000,00	R$ 99.999,99	3,00%	R$ 2.912,63	R$ 0,00

3 – Transferência, em fevereiro, dos insumos para o processo produtivo

D – Estoque de Produtos em Elaboração

C – Estoque de Insumos 64.186,21

Nota: É neste momento (transferência dos insumos para o processo produtivo) que o valor do AVP será considerado na determinação do lucro real. Veja detalhes no subitem 4.3, adiante.

4 – Incorporação aos produtos em elaboração de outros custos (MO, depreciação etc.)

D – Estoque de Produtos em Elaboração

C – Caixa/Depreciação Acumulada 20.000,00*

* Conforme enunciado do exemplo

5 – Transferência dos produtos em elaboração para produtos acabados pela conclusão da produção

D – Estoque de Produtos Acabados

C – Estoque de Produtos em Elaboração 84.186,21

6 – Reconhecimento do CPV pela venda dos produtos em março/x1

D – CPV

C – Estoque de Produtos Acabados 84.186,21

4.3 Tratamento fiscal

Conforme vimos anteriormente, em se tratando de bem a ser utilizado como insumo na produção de bens ou serviços, o AVP somente será considerado na determinação do lucro real **no período em que o bem for utilizado como insumo na produção de bens e serviços.** Na prática, para fins fiscais, a parcela reconhecida como AVP poderá ser considerada na determinação do lucro real antes mesmo do produto final estar pronto e ser vendido.

Conforme consta do enunciado do exemplo, assumimos que os insumos adquiridos em janeiro/x1 foram utilizados integralmente no processo produtivo em fevereiro/x1 e o produto final, vendido em março/x1.

4.3.1 Reflexo tributário em janeiro e fevereiro

Em janeiro e fevereiro não há que se falar em dedução contábil, por meio do CPV, pois o produto final não foi concluído, tampouco vendido.

No entanto, **em fevereiro, como a empresa utilizou integralmente os insumos em seu processo produtivo**, o valor do AVP poderá compor o resultado do exercício, para fins ficais, via Lalur.

O AVP que poderá ser deduzido na apuração do lucro real via Lalur, na determinação do lucro tributável, corresponde a R$ 35.813,79. Portanto, todo o valor do AVP será reconhecido no resultado tributável de fevereiro/x1.

Por sua vez, a partir de fevereiro/x1, deverá ser reconhecida, **como despesa financeira, na contabilidade**, a parcela dos juros a apropriar, no valor de R$ 1.925,59 (ver tabela de apropriação dos juros).

Na prática, isso significa dizer que em fevereiro/x1, para fins fiscais, haverá uma exclusão de R$ 35.813,81 e uma adição de R$ 1.925,59, que resultará em uma exclusão líquida de R$ 33.888,22 no referido mês.

4.3.2 Reflexo tributário em março

Já a partir de março não há que se falar em exclusão, pois a empresa já terá aproveitado integralmente o valor do AVP na apuração do lucro real, via Lalur em fevereiro/x1. No entanto, até abril/x2 a empresa estará reconhecendo como despesa, contabilmente, o AVP que consta da subconta vinculada ao ativo que lhe deu origem. Essa despesa financeira, registrada a cada mês, a exemplo do que aconteceu em fevereiro/x1, é indedutível na apuração do lucro tributável. Veja a demonstração a seguir referente ao mês de março.

APURAÇÃO DO LUCRO CONTÁBIL (MARÇO/X1)	
Vendas	130.000,00
(-) CMV	-84.186,21*
(=) Lucro Bruto	45.813,79
Despesas /Receitas operacionais	
(-) Despesas financeiras	-1.983,35**
(=) Lucro contábil antes do IRPJ/CSL	43.830,44
APURAÇÃO DO LUCRO FISCAL (FEVEREIRO/X1)	
(=) Lucro contábil antes do IRPJ/CSL	43.830,44
(+) Adições	1.983,35
(-) Exclusão	
(=) Lucro Fiscal	45.813,79

* Estoque de insumos (R$ 64.186,21) mais outros custos (R$ 20.000,00)

** Conforme tabela ao subitem 4.2. Nota-se que a despesa financeira mensal oriunda da apropriação do AVP deverá ser adicionada ao Lalur, para fins de apuração do lucro fiscal, até o abril/x2.

Observa-se que o custo com os insumos (R$ 100.000,00) foi reconhecido como despesa para fins fiscais: parte via Lalur, em fevereiro/x1, no valor de R$ 35.813,79; parte como CPV, via contabilidade (R$ 64.186,21, que integra o custo total de 84.186,21).

Capítulo 4

ESTOQUES

I - ESTOQUES - AVALIAÇÃO PELO MÉTODO DE CUSTO

1. INTRODUÇÃO

Segundo o inc. II do art. 183 da Lei nº 6.404/1976, no balanço os direitos que tiverem por objeto mercadorias e produtos do comércio da companhia, assim como matérias-primas, produtos em fabricação e bens em almoxarifado, serão avaliados *"pelo custo de aquisição ou produção, deduzido de provisão para ajustá-lo ao valor de mercado, quando este for inferior;"*

Neste procedimento discorremos sobre a avaliação segundo o método de custo, tendo como base o Pronunciamento Técnico CPC 16 - Estoques.

2. CUSTOS DO ESTOQUE

O valor de custo do estoque deve incluir todos os custos de aquisição e de transformação, bem como outros custos incorridos para trazer os estoques à sua condição e localização atuais.

Cabe aqui destacar o final do parágrafo anterior. Veja que o CPC 16 admite como custo somente os gastos tidos para trazer os estoques até a empresa. Desse modo, gastos adicionais de remanejamento ou de realocação dos mesmos deverão ser tratados como despesas. Isso se aplica, por exemplo, na hipótese de a empresa estando com seu espaço de armazenamento saturado, recorrer a espaço de terceiros para alocar seus estoques.

Por sua vez, os gastos com o transporte normal e necessário de matéria-prima entre os diversos setores produtivos da empresa compõem o custo. Exemplo: Gastos de transporte do setor de montagem para o setor de pintura.

3. CUSTOS DE AQUISIÇÃO

O custo de aquisição dos estoques compreende o preço de compra, os impostos de importação e outros tributos, bem como os custos de transporte, seguro, manuseio e outros diretamente atribuíveis à aquisição de produtos acabados, materiais e serviços. Descontos comerciais, abatimentos e outros itens semelhantes devem ser deduzidos na determinação do custo de aquisição.

4. CUSTOS DE TRANSFORMAÇÃO

Os custos de transformação de estoques incluem os custos diretamente relacionados com as unidades produzidas ou com as linhas de produção, como pode ser o caso da mão-de-obra direta.

Também incluem a alocação sistemática de custos indiretos de produção, fixos e variáveis, que sejam incorridos para transformar os materiais em produtos acabados.

Os custos indiretos de produção fixos são aqueles que permanecem relativamente constantes independentemente do volume de produção, tais como a depreciação e a manutenção de edifícios e instalações fabris, máquinas e equipamentos e os custos de administração da fábrica.

4.1 A questão da depreciação – Custo fixo ou custo variável?

Nota-se que não necessariamente as despesas com depreciação se caracterizam como despesas fixas.

Segundo o Pronunciamento CPC Nº 27 – Ativo imobilizado (item 60), o método de depreciação utilizado reflete o padrão de consumo pela entidade dos benefícios econômicos futuros.

Portanto, o método a ser utilizado é de "livre" escolha para a empresa. Portanto, se a empresa utilizar o método linear para reconhecer sua depreciação, referido valor será considerado custo fixo. Se a empresa produzir 100 ou 150 unidades no mês, o custo da depreciação será o mesmo, pois a depreciação não está atrelada a quantidade produzida.

No entanto, se o método utilizado for de unidades produzidas, referido valor será variável, pois quanto maior a produção, maior será a depreciação, pois o reconhecimento da depreciação está atrelado ao volume produzido.

4.2 Custos indiretos

Os custos indiretos de produção variáveis são aqueles que variam diretamente, ou quase diretamente, com o volume de produção, tais como materiais indiretos e certos tipos de mão de obra indireta.

4.3 Alocação de custos fixos indiretos – Critérios

A alocação de custos fixos indiretos de fabricação às unidades produzidas deve ser baseada na capacidade normal de produção.

A capacidade normal é a produção média que se espera atingir ao longo de vários períodos em circunstâncias normais. Com isso, leva-se em consideração, para a determinação dessa capacidade normal, a parcela da capacidade total não utilizada por causa de manutenção preventiva, de férias coletivas e de outros eventos semelhantes considerados normais para a entidade.

Importante: Os custos fixos não alocados aos produtos devem ser reconhecidos diretamente como despesa no período em que são incorridos.

Notas: 1) Em linhas gerais, temos que a capacidade real é sinônimo de capacidade plena, ou seja, 100%.

Já a capacidade normal, é aquilo que conseguimos produzir observadas as limitações normais de segurança ou legais. É fato que nenhuma empresa trabalha utilizando sua capacidade plena.

2) O nível real de produção pode ser usado se aproximar-se da capacidade normal. Como consequência, o valor do custo fixo alocado a cada unidade produzida não pode ser aumentado por causa de um baixo volume de produção ou ociosidade.

4.3.1 Exemplo

Para exemplificar o exposto no subitem anterior, consideremos os seguintes dados do mês de dezembro/X1:

1	Custos fixos indiretos de fabricação	R$ 2.800.000,00	
2	Nível real de produção	15.000	pç
3	Capacidade normal de produção	14.000	pç
4	Peças efetivamente produzidas	10.500	pç

Diante desses dados, teríamos:

5	Diferença por ociosidade (3 – 4)		3.500	pç
6	Custo fixo unitário (1/3)	R$	200,00	
7	Parcela a ser alocada aos estoques (4 x 6)	R$	2.100.000,00	
8	Parcela não alocada aos estoques (5 x 6)	R$	700.000,00	
*	Justificativa: Baixo volume de produção tendo em vista a retração do mercado consumidor.			

Portanto, diante dessas informações, teríamos o seguinte registro contábil em dezembro/X1.

D	-	Estoques	R$ 2.100.000,00	
D	-	Despesas por ociosidade	R$ 700.000,00	
C	-	Custos fixos indiretos de fabricação		R$ 2.800.000,00

Nota: Em períodos de anormal alto volume de produção, o montante de custo fixo alocado a cada unidade produzida deve ser diminuído, de maneira que os estoques não sejam mensurados acima do custo.

4.4 Tratamento dos custos indiretos

Segundo o CPC 16 (item 13, final), os custos indiretos de produção variáveis devem ser alocados a cada unidade produzida com base no uso real dos insumos variáveis de produção, ou seja, na capacidade real utilizada.

Para exemplificar, consideremos como produção efetiva 10.550 peças, conforme consta do exemplo anterior. Já o custo variável, consideremos que seja da ordem de R$ 3.000.000

Custos indiretos variáveis	
Gastos gerais de fabricação variáveis	R$ 3.307.500,00
Peças efetivamente produzidas	10.500
Custo variável indireto de fabricação	R$ 315,00

Contabilmente, teremos:

D	-	Estoques	R$ 3.307.500,00	
C	-	Custo variável indireto de fabricação		R$ 3.307.500,00

Veja que em se tratando de custos indiretos não há que se falar em parcela a ser alocada como despesa.

4.5 Processo de produção que resulte em mais de um produto fabricado simultaneamente

Um processo de produção pode resultar em mais de um produto fabricado simultaneamente.

Este é, por exemplo, o caso quando se fabricam produtos em conjunto ou quando há um produto principal e um ou mais subprodutos.

Quando os custos de transformação de cada produto não são separadamente identificáveis, eles devem ser atribuídos aos produtos em base racional e consistente.

Essa alocação pode ser baseada, por exemplo, no valor relativo da receita de venda de cada produto, seja na fase do processo de produção em que os produtos se tornam separadamente identificáveis, seja no final da produção, conforme o caso.

Exemplificando: No desenvolvimento do exemplo, consideremos três produtos (A, B e C), conforme quadro abaixo, a um custo total de produção de R$ 5.407.500,00. Utilizando o parâmetro constante do CPC 16 (o valor relativo da receita de venda de cada produto), teremos:

Apropriação de custos

PRODUTOS	PREÇO DE VENDA	QUANT PRODUZ	TOTAL	PART %	APROPRIAÇÃO DOS CUSTOS
A	R$ 2.300,00	300	690.000,00	33,01%	1.785.251,20
B	R$ 2.400,00	400	960.000,00	45,93%	2.483.827,75
C	R$ 2.200,00	200	440.000,00	21,05%	1.138.421,05
Totais		900	2.090.000,00	100%	5.407.500,00

A apropriação dos custos acima foi obtida mediante a aplicação da seguinte fórmula:

$$\frac{\text{Preço de venda total de cada produto}}{\text{Preço de venda total}} = \text{Participação percentual} \times \text{custo total} = \text{custo atribuído}$$

Nota: A maior parte dos subprodutos, em razão de sua natureza, geralmente é imaterial. Quando for esse o caso, eles são muitas vezes mensurados pelo valor realizável líquido e este valor é deduzido do custo do produto principal. Como resultado, o valor contábil do produto principal não deve ser materialmente diferente do seu custo.

5. OUTROS CUSTOS

Outros custos que não de aquisição nem de transformação devem ser incluídos nos custos dos estoques somente na medida em que sejam incorridos para colocar os estoques no seu local e na sua condição atuais.

O CPC 16 cita como exemplo (item 15, final) gastos gerais que não sejam de produção ou os custos de desenho de produtos para clientes específicos.

Mais adiante, o mesmo CPC nos fornece outro exemplo (item 38, final). Segundo esse item, as circunstâncias da entidade também podem admitir a inclusão de outros valores aos estoques, tais como custos de distribuição, se eles adicionarem valor aos produtos. Por exemplo: uma mercadoria tem valor de venda maior na prateleira do supermercado do que no depósito de distribuição dessa entidade; assim, o custo do transporte do centro de distribuição à loja de venda deve ser considerado como parte integrante do custo de colocar o estoque em condições de venda; consequentemente, deve afetar o custo da mercadoria.

6. ITENS QUE NÃO DEVEM SER INCLUÍDOS NO CUSTO DOS ESTOQUES

O CPC 16 (item 16) exemplifica itens que não devem ser incluídos no custo dos estoques, mas sim reconhecidos como despesa do período em que são incorridos.

Os exemplos são:

(a) valor anormal de desperdício de materiais, mão-de-obra ou outros insumos de produção;

(b) gastos com armazenamento, a menos que sejam necessários ao processo produtivo entre uma e outra fase de produção;

(c) despesas administrativas que não contribuem para trazer o estoque ao seu local e condição atuais; e

(d) despesas de comercialização, incluindo a venda e a entrega dos bens e serviços aos clientes.

6.1 Elementos financeiros constantes nas compras a prazo

A entidade geralmente compra estoques com condição para pagamento a prazo.

A negociação pode efetivamente conter um elemento de financiamento, como, por exemplo, uma diferença entre o preço de aquisição em condição normal de pagamento e o valor pago. **Essa diferença deve ser reconhecida como despesa de juros durante o período do financiamento.**

Exemplo:

	Valor da mercadoria	750.000,00	
	IPI	52.500,00	
	ICMS	135.000,00	
	PIS	12.375,00	
	Cofins	57.000,00	
	Total da NF	802.500,00	*
	Outras informações:		
*	Juros financeiros cobrados:	21.825,00	

Diante dessas informações, teríamos o seguinte lançamento, considerando-se o método tradicional de registro de compra, onde os encargos financeiros compunham o estoque:

D	Estoque	545.625,00	
D	IPI	52.500,00	
D	ICMS	135.000,00	
D	PIS	12.375,00	
D	Cofins	57.000,00	
C	Fornecedores		802.500,00

Agora, segundo o CPC 16 (item 18), teremos o seguinte lançamento:

D	Estoque	523.800,00	
D	IPI	52.500,00	
D	ICMS	135.000,00	
D	PIS	12.375,00	
D	Cofins	57.000,00	
D	Juros financeiros a apropriar	21.825,00	
C	Fornecedores		802.500,00

Veja que a novidade aqui refere-se a conta Juros a apropriar. Essa conta compõe o passivo como conta redutora de fornecedores. À medida que forem sendo feitos os pagamentos ao fornecedor, efetua-se a transferência do encargo financeiro corresponde para resultado.

7. CUSTOS DE ESTOQUE DE PRESTADOR DE SERVIÇOS

Na medida em que os prestadores de serviços tenham estoques de serviços em andamento, devem mensurá-los pelos custos da sua produção.

Esses custos consistem principalmente em mão-de-obra e outros custos com o pessoal diretamente envolvido na prestação dos serviços, incluindo o pessoal de supervisão, o material utilizado e os custos indiretos atribuíveis.

Os salários e os outros gastos relacionados com as vendas e com o pessoal geral administrativo não devem ser incluídos no custo, mas reconhecidos como despesa do período em que são incorridos.

O custo dos estoques de prestador de serviços não inclui as margens de lucro nem os gastos gerais não atribuíveis que são frequentemente incluídos nos preços cobrados pelos prestadores de serviços.

8. CUSTO DO PRODUTO AGRÍCOLA COLHIDO PROVENIENTE DE ATIVO BIOLÓGICO

Segundo o Pronunciamento Técnico CPC 29 – Ativo Biológico e Produto Agrícola, os estoques que compreendam o produto agrícola que a entidade tenha colhido, proveniente dos seus ativos biológicos, devem ser mensurados no reconhecimento inicial pelo seu valor justo deduzido dos gastos estimados no ponto de venda no momento da colheita. Esse passa a ser o custo dos estoques naquela data.

9. OUTRAS FORMAS PARA MENSURAÇÃO DO CUSTO

Outras formas para mensuração do custo de estoque, tais como o custo-padrão ou o método de varejo, podem ser usadas por conveniência se os resultados se aproximarem do custo.

O custo-padrão leva em consideração os níveis normais de utilização dos materiais e bens de consumo, da mão-de-obra e da eficiência na utilização da capacidade produtiva. Ele deve ser regularmente revisto à luz das condições correntes.

As variações relevantes do custo-padrão em relação ao custo devem ser alocadas nas contas e nos períodos adequados de forma a se ter os estoques de volta a seu custo.

O método de varejo é muitas vezes usado no setor de varejo para mensurar estoques de grande quantidade de itens que mudam rapidamente, itens que têm margens semelhantes e para os quais não é praticável usar outros métodos de custeio.

O custo do estoque deve ser determinado pela redução do seu preço de venda na percentagem apropriada da margem bruta. A percentagem usada deve levar em consideração o estoque que tenha tido seu preço de venda reduzido abaixo do preço de venda original. É usada muitas vezes uma percentagem média para cada departamento de varejo.

II – ESTOQUES DE MERCADORIAS PARA REVENDA – VALORAÇÃO

1. CRITÉRIOS DE VALORAÇÃO DE ESTOQUE

Segundo o CPC 16, o custo dos estoques, de uma forma geral (exceto o referido no item 4, adiante), deve ser atribuído pelo uso de um dos seguintes critérios: Primeiro a Entrar, Primeiro a Sair (PEPS) ou pelo custo médio ponderado.

> Observa-se que o CPC 16 não recepcionou a utilização do método UEPS (último a entrar, primeiro a sair). Portanto, sua utilização que era vedada para fins fiscais, agora é vedada, também, para fins contábeis.

O critério de custeio deve ser o mesmo para todos os estoques que tenham natureza e uso semelhantes para a entidade. Para os estoques que tenham outra natureza ou uso, podem justificar-se diferentes critérios de valoração.

Por exemplo, os estoques usados em um segmento de negócio podem ter um uso para a entidade diferente do mesmo tipo de estoques usados em outro segmento de negócio. Porém, uma diferença na localização geográfica dos estoques (ou nas respectivas normas fiscais), por si só, não é suficiente para justificar o uso de diferentes critérios de valoração do estoque.

Nota: Um exemplo mais comum diz respeito ao estoque de mercadorias para revenda e ao estoque de material de expediente. O primeiro pode ser valorado pelo custo médio; o segundo, pode ser valorado pelo PEPS.

2. PEPS (PRIMEIRO A ENTRAR, PRIMEIRO A SAIR)

O critério PEPS (Primeiro a Entrar, Primeiro a Sair) pressupõe que os itens de estoque que foram comprados ou produzidos primeiro sejam vendidos em primeiro lugar e, consequentemente, os itens que permanecerem em estoque no fim do período sejam os mais recentemente comprados ou produzidos.

No desenvolvimento do exemplo, consideremos os seguintes dados referentes ao mês de dezembro/X1.

Data	Operação	Quant	Total
01/dez	EI	35	1.400,00
02/dez	Compra	12	504,00
07/dez	Venda	5	
15/dez	Venda	31	
16/dez	Compra	5	230,00
17/dez	Venda	12	

Diante desses dados, Temos:

Método PEPS

mercadoria: Calculadora modelo PQX2

DATA	Operação	ENTRADA			SAÍDA			SALDO		
		QUANT	V.UNIT	V. TOTAL	QUANT	V.UNIT	V. TOTAL	QUANT	V.UNIT	V. TOTAL
01/dez	EI							35	40,00	1.400,00
	Saldo							35	40,00	1.400,00
02/dez	Compra	12	42,00	504,00				12	42,00	504,00
	Saldo							35	40,00	1.400,00
								12	42,00	504,00
07/dez	Venda				5	40,00	200,00	30	40,00	1.200,00
	Saldo							12	42,00	504,00
15/dez	Venda				30	40,00	1.200,00			
					1	42,00	42,00	11	42,00	462,00
	Saldo							11	42,00	462,00
16/dez	Saldo							11	42,00	462,00
	Compra	5	46,00	230,00				5	46,00	230,00
	Saldo							11	42,00	462,00
								5	46,00	230,00
17/dez	Venda				11	42,00	462,00			
					1	46,00	46,00	4	46,00	184,00
	Saldo							4	46,00	184,00
Totais							**1.950,00**			**184,00**
							CMV			EF

3. CUSTO MÉDIO PONDERADO

Pelo critério do custo médio ponderado, o custo de cada item é determinado a partir da média ponderada do custo de itens semelhantes no começo de um período e do custo dos mesmos itens comprados ou produzidos durante o período. A média pode ser determinada em base periódica ou à medida que cada lote seja recebido, dependendo das circunstâncias da entidade.

No desenvolvimento do exemplo, consideremos os seguintes dados referentes ao mês de dezembro/X1.

Data	Operação	Quant	Total
01/dez	EI	35	1.400,00
02/dez	Compra	12	504,00
07/dez	Venda	5	
15/dez	Venda	31	
16/dez	Compra	5	230,00
17/dez	Venda	12	

MÉTODO CUSTO MÉDIO

Mercadoria: Calculadora modelo PQX2

DATA	Operação	ENTRADA			SAÍDA			SALDO		
		QUANT	V.UNIT	V. TOTAL	QUANT	V.UNIT	V. TOTAL	QUANT	V.UNIT	V. TOTAL
01/dez	EI							35	40,00	1.400,00
02/dez	Compra	12	42,00	504,00				47	40,51	1.904,00
07/dez	Venda				5	40,51	202,55	42	40,51	1.701,45
15/dez	Venda				31	40,51	1.255,83	11	40,51	445,62
16/dez	Compra	5	46,00	230,00				16	42,23	675,62
06.09	Venda				12	42,23	506,71	4	42,23	168,90
			Saldo				**1.965,10**			**168,90**
							CMV			**EF**

4. ESTOQUE DE BENS E SERVIÇOS PARA PROJETOS ESPECÍFICOS

De acordo com o CPC 16, o custo dos estoques de itens que não são normalmente intercambiáveis e de bens ou serviços produzidos e segregados para projetos específicos deve ser atribuído pelo uso da identificação específica dos seus custos individuais.

A identificação específica do custo significa que são atribuídos custos específicos a itens identificados do estoque. Como exemplo, temos as empresas que comercializam veículos usados.

Este é o tratamento apropriado para itens que sejam segregados para um projeto específico, independentemente de eles terem sido comprados ou produzidos. Porém, quando há grandes quantidades de itens de estoque que sejam geralmente intercambiáveis, a identificação específica de custos não é apropriada. Em tais circunstâncias, um critério de valoração dos itens que permanecem nos estoques deve ser usado.

III – ESTOQUES DE MERCADORIAS – AVALIAÇÃO PELO VALOR DE MERCADO (VALOR REALIZÁVEL LÍQUIDO)

1. INTRODUÇÃO

Segundo o inc. II do art. 183 da Lei nº 6.404/1976, no balanço os direitos que tiverem por objeto mercadorias e produtos do comércio da companhia, assim como matérias-primas, produtos em fabricação e bens em almoxarifado, serão avaliados:

> *"pelo custo de aquisição ou produção, deduzido de provisão para ajustá-lo ao valor de mercado, quando este for inferior;"*

Mais adiante, no parágrafo 1º do mesmo artigo, a Lei 6.404/1976 veio definir valor justo. Segundo esse dispositivo, considera-se valor justo:

> *"...*
>
> *§ 1º ...*
>
> *a) das matérias-primas e dos bens em almoxarifado, o preço pelo qual possam ser repostos, mediante compra no mercado;*
>
> *b) dos bens ou direitos destinados à venda, o preço líquido de realização mediante venda no mercado, deduzidos os impostos e demais despesas necessárias para a venda, e a margem de lucro;*
>
> *..."*

Neste procedimento discorremos sobre a avaliação de mercadorias para revenda segundo o método de mercado (valor realizável líquido), tendo como base o Pronunciamento Técnico CPC 16 – Estoques.

2. CONSIDERAÇÕES SOBRE VALOR DE MERCADO, VALOR REALIZÁVEL LÍQUIDO E VALOR JUSTO

Ao tratar do assunto, o CPC 16 estabeleceu que os estoques devem ser mensurados pelo valor de custo ou pelo valor realizável líquido, dos dois o menor.

Como se observa, ao determinar a adoção do menor valor para o estoque, o CPC observou em sua plenitude o princípio da prudência.

Grosso modo, pode-se dizer que o termo "valor realizável líquido" veio substituir o termo "valor de mercado", em se tratando de mensuração dos estoques de produtos acabados e de mercadorias para revenda.

Contudo, o conceito de "valor realizável líquido" é muito mais abrangente do que o tradicional "valor de mercado", até então utilizado.

De uma forma simplista, tínhamos que "valor de mercado", até as alterações promovidas na Lei nº 6.404/1976, pela Lei nº 11.638/2009, era o preço praticado pelo mercado relativamente a determinado produto/mercadoria.

Portanto, se tínhamos uma quantidade de um produto X em nossos estoques avaliados por R$ 100.000 e, na data do balanço esse produto atingiu um preço de venda de R$ 95.000 (líquido dos impostos), teríamos que constituir uma provisão de R$ 5.000,00, pois o preço de mercado era inferior ao de custo, e reconhecíamos a perda.

Agora, de acordo com a nova sistemática, temos que adotar o valor de custo ou "valor realizável líquido/valor justo", dos dois o menor.

O CPC 16 define "valor realizável líquido" como:

> "o preço de venda estimado no curso normal dos negócios deduzido dos custos estimados para sua conclusão e dos gastos estimados necessários para se concretizar a venda."

Esse conceito (valor realizável líquido), conforme se depreende da leitura do inc. II e do parágrafo 1º, alínea "b" do art. 183 da Lei nº 6.404/1976, será utilizado para determinarmos o "valor de mercado", relativamente dos estoques, dos produtos acabados e das mercadorias para revenda.

O mesmo CPC também traz definição para valor justo. De acordo com o referido pronunciamento, valor justo é:

> "aquele pelo qual um ativo pode ser trocado ou um passivo liquidado entre partes interessadas, conhecedoras do negócio e independentes entre si, com ausência de fatores que pressionem para a liquidação da transação ou que caracterizem uma transação compulsória."

Esse conceito (valor justo), conforme se depreende da leitura do inc. II e do parágrafo 1º, alínea "a" do art. 183 da Lei nº 6.404/1976, será utilizado para determinarmos o "valor de mercado", relativamente dos estoques, das matérias-primas e dos bens em almoxarifado em geral, não avaliado pelo "valor Realizável líquido".

3. REGRAS GERAIS PARA APLICAÇÃO DO VALOR REALIZÁVEL LÍQUIDO

O custo dos estoques pode não ser recuperável se esses estoques estiverem danificados, se se tornarem total ou parcialmente obsoletos ou se os seus preços de venda tiverem diminuído.

O custo dos estoques pode também não ser recuperável se os custos estimados de acabamento ou os custos estimados a serem incorridos para realizar a venda tiverem aumentado.

A prática de reduzir o valor de custo dos estoques (*write down*) para o valor realizável líquido é consistente com o ponto de vista de que os ativos não devem ser escriturados por quantias superiores àquelas que se espera que sejam realizadas com a sua venda ou uso.

3.1 Critérios para redução dos estoques ao valor realizável líquido

Os estoques devem ser geralmente reduzidos para o seu valor realizável líquido item a item.

Em algumas circunstâncias, porém, pode ser apropriado agrupar unidades semelhantes ou relacionadas. Pode ser o caso dos itens de estoque relacionados com a mesma linha de produtos que tenham finalidades ou usos finais semelhantes, que sejam produzidos e comercializados na mesma área geográfica e não possam ser avaliados separadamente de outros itens dessa linha de produtos.

Não é apropriado reduzir o valor do estoque com base em uma classificação de estoque, como, por exemplo, bens acabados, ou em todo estoque de determinado setor ou segmento operacional.

Os prestadores de serviços normalmente acumulam custos relacionados a cada serviço para o qual será cobrado um preço de venda específico. Portanto, cada um desses serviços deve ser tratado como um item em separado.

3.1.1 Estimativas do valor realizável líquido

As estimativas do valor realizável líquido devem ser baseadas nas evidências mais confiáveis disponíveis no momento em que são feitas as estimativas do valor dos estoques que se espera realizar.

Essas estimativas devem levar em consideração variações nos preços e nos custos diretamente relacionados com eventos que ocorram após o fim do período, à medida que tais eventos confirmem as condições existentes no fim do período.

As estimativas do valor realizável líquido também devem levar em consideração a finalidade para a qual o estoque é mantido. Por exemplo, o valor realizável líquido da quantidade de estoque mantido para atender contratos de venda ou de prestação de serviços deve ser baseado no preço do contrato. Se os contratos de venda dizem respeito a quantidades inferiores às quantidades de estoque possuídas, o valor realizável líquido do excesso deve basear-se em preços gerais de venda.

3.1.2 Provisões

Podem surgir provisões resultantes de contratos firmes de venda superiores às quantidades de estoques existentes ou de contratos firmes de compra em andamento se as aquisições adicionais a serem feitas para atender a esses contratos de venda forem previstas com base em valores estimados que levem à situação de prejuízo no atendimento desses contratos de venda. Tais provisões devem ser tratadas de acordo com o Pronunciamento Técnico CPC 25 – Provisão e Passivo e Ativo Contingentes.

3.1.3 Materiais e outros bens de consumo

Os materiais e os outros bens de consumo mantidos para uso na produção de estoques ou na prestação de serviços não serão reduzidos abaixo do custo se for previsível que os produtos acabados em que eles devem ser incorporados ou os serviços em que serão utilizados sejam vendidos pelo custo ou acima do custo.

Porém, quando a diminuição no preço dos produtos acabados ou no preço dos serviços prestados indicar que o custo de elaboração desses produtos ou serviços excederá seu valor realizável líquido, os materiais e os outros bens de consumo devem ser reduzidos ao valor realizável líquido. Em tais circunstâncias, o custo de reposição dos materiais pode ser a melhor medida disponível do seu valor realizável líquido.

4. EXEMPLO

Conforme vimos anteriormente, o CPC 16 define "valor realizável líquido" como sendo o preço de venda estimado no curso normal dos negócios deduzido dos custos estimados para sua conclusão e dos gastos estimados necessários para se concretizar a venda.

Deste modo, consideremos determinada empresa comercial, com os seguintes dados:

	Custo de aquisição				Custo para vender/receber					
Mercadorias em estoque	Quant.	Custo Unitário	Total	Preço de Venda estimado	Embalagem	Frete	Comissão	Cobrança	Total	Custo unitário para vender
A	80	43	3.440,00	50	300	350	600	500	1.750,00	21,88
B	120	105	12.600,00	120	250	450	200	300	1.200,00	10
C	140	100	14.000,00	190	750	1.300,00	1.500,00	1.400,00	4.950,00	35,36

Diante dessas informações, o valor líquido realizável seria:

Item		Produto		
		A	B	C
1	Preço de Venda estimado	**50,00**	**120,00**	**190,00**
2	Custo unitário para vender	**21,88**	**10,00**	**35,36**
3	Valor Líquido realizável (1-2)	**28,13**	**110,00**	**154,64**
4	Custo de aquisição	43,00	105,00	100,00
5	Custo de aquisição abaixo do mercado (3-4)	-14,88	5,00	54,64

Portanto, como se observa, a provisão deve ser efetuada somente para a mercadoria "A" e corresponde a R$ 1.190,00 (80 unidades x R$ 14,88)

Contabilmente, teremos o seguinte registro:

D - Perdas em Estoques - Valor Realizável Líquido (Contas de Resultado)	
C - Provisão para Perdas em Estoques - Valor Realizável Líquido (Redutora do Ativo Circulante)	1.190,00

5. VALOR REALIZÁVEL LÍQUIDO – NOVA AVALIAÇÃO NOS PERÍODOS SUBSEQUENTES

Em cada período subsequente deve ser feita uma nova avaliação do valor realizável líquido.

Quando as circunstâncias que anteriormente provocaram a redução dos estoques abaixo do custo deixarem de existir ou quando houver uma clara evidência de um aumento no valor realizável líquido devido à alteração nas circunstâncias econômicas, a quantia da redução deve ser revertida (a reversão é limitada à quantia da redução original) de modo a que o novo montante registrado do estoque seja o menor valor entre o custo e o valor realizável líquido revisto. Isso ocorre, por exemplo, com um item de estoque registrado pelo valor realizável líquido quando o seu preço de venda tiver sido reduzido e, enquanto ainda mantido em período posterior, tiver o seu preço de venda aumentado.

Capítulo 5

INVESTIMENTOS EM OUTRAS SOCIEDADES

I – INVESTIMENTOS AVALIADOS PELO MEP E A QUESTÃO DA MAIS-VALIA, MENOS-VALIA E *GOODWILL*

1. INTRODUÇÃO

Com a implantação das novas normas contábeis, o ágio e o deságio na aquisição de investimentos permanentes passaram a ter tratamento diferente do que até então ocorria. O ágio passou a ser dividido em "ágio por expectativa de lucros futuros" e "ágio sobre Ativos identificados". Por sua vez, o que no passado convencionou-se chamar de deságio, hoje, as novas normas contábeis passaram a denominar de "ganho por compra vantajosa", o qual é registrado diretamente como resultado, e não mais como ativo.

Nesse diapasão, a legislação fiscal precisou disciplinar a questão tributária. Isso se deu por meio da Lei nº 12.973/2014 que, paralelamente, pôs fim ao Regime Tributário de Transição (RTT).

Nesse procedimento, discorremos sobre essa nova visão contábil e seus reflexos tributários.

2. DESDOBRAMENTO DO CUSTO DE AQUISIÇÃO

2.1 O que dispõe as normas contábeis (CPC 18)

O item 32 do CPC 18 (R2) (Investimento em Coligada, em Controlada e em Empreendimento Controlado em Conjunto), já em consonância com as novas normas contábeis assim dispõem:

> *"32. O investimento em coligada, em controlada e em empreendimento controlado em conjunto deve ser contabilizado pelo método*

da equivalência patrimonial a partir da data em que o investimento se tornar sua coligada, controlada ou empreendimento controlado em conjunto.

Na aquisição do investimento, quaisquer diferenças entre o custo do investimento e a participação do investidor no valor justo líquido dos ativos e passivos identificáveis da investida devem ser contabilizadas como segue:

(a) o ágio fundamentado em rentabilidade futura (goodwill) relativo a uma coligada, a uma controlada ou a um empreendimento controlado em conjunto (neste caso, no balanço individual da controladora) deve ser incluído no valor contábil do investimento e sua amortização não é permitida;

(b) qualquer excedente da participação do investidor no valor justo líquido dos ativos e passivos identificáveis da investida sobre o custo do investimento (ganho por compra vantajosa) deve ser incluído como receita na determinação da participação do investidor nos resultados da investida no período em que o investimento for adquirido."

2.2 O que dispõe as normas fiscais

De acordo com o artigo 20 do Decreto lei nº 1.598/1977, com a nova redação dada pelo art. 2º da Lei nº 12.973/2014:

"Art. 20. O contribuinte que avaliar investimento pelo valor de patrimônio líquido deverá, por ocasião da aquisição da participação, desdobrar o custo de aquisição em:

I – valor de patrimônio líquido na época da aquisição, determinado de acordo com o disposto no artigo 21[*]; e

II – mais ou menos-valia, que corresponde à diferença entre o valor justo dos ativos líquidos da investida, na proporção da porcentagem da participação adquirida, e o valor de que trata o inciso I do *caput*; e

III – ágio por rentabilidade futura (*goodwill*), que corresponde à diferença entre o custo de aquisição do investimento e o somatório dos valores de que tratam os incisos I e II do *caput*.

§ 1º Os valores de que tratam os incisos I a III do *caput* serão registrados em subcontas distintas.

...

§ 3º O valor de que trata o inciso II do *caput* deverá ser baseado em laudo elaborado por perito independente que deverá ser protocolado na Secretaria da Receita Federal do Brasil ou cujo sumário deverá ser registrado em Cartório de Registro de Títulos e Documentos, até o último dia útil do 13º (décimo terceiro) mês subsequente ao da aquisição da participação.

....

§ 5º A aquisição de participação societária sujeita à avaliação pelo valor do patrimônio líquido exige o reconhecimento e a mensuração:

I – primeiramente, dos ativos identificáveis adquiridos e dos passivos assumidos a valor justo; e

II – posteriormente, do ágio por rentabilidade futura (*goodwill*) ou do ganho proveniente de compra vantajosa.

§ 6º O ganho proveniente de compra vantajosa de que trata o § 5º, que corresponde ao excesso do valor justo dos ativos líquidos da investida, na proporção da participação adquirida, em relação ao custo de aquisição do investimento, será computado na determinação do lucro real no período de apuração da alienação ou baixa do investimento.

§ 7º A Secretaria da Receita Federal do Brasil disciplinará o disposto neste artigo, podendo estabelecer formas alternativas de registro e de apresentação do laudo previsto no § 3º." (NR)"

* Com base no PL da investida

2.2.1 Objetivo da alteração

A leitura das regras fiscais deixa claro os objetivos das alterações promovidas na legislação. Entre elas pode-se destacar os seguintes:

1) alinhar a legislação fiscal ao critério contábil (CPC 18) de avaliação dos investimentos pela equivalência patrimonial;
2) determinar que o registro separadamente do valor do investimento, do valor justo dos ativos líquidos da investida (mais-valia) e da diferença decorrente de rentabilidade futura (*goodwill*). No passado, esses dois últimos valores recebiam o nome de ágio/deságio;
3) determinar que os valores registrados a título de mais-valia devem ser comprovados mediante laudo elaborado por perito independente que deverá ser protocolado na RFB ou cujo sumário deve ser registrado em Cartório de Registro de Títulos e Documentos até o último dia útil do décimo terceiro mês subsequente ao da aquisição da participação.
4) Estabelecer a tributação do ganho por compra vantajosa no período de apuração da alienação ou baixa do investimento.

Do exposto acima, observa-se que a empresa que tiver investimento em coligada ou controlada deverá, por ocasião da aquisição do investimento, classificar o custo de aquisição em contas distinta, conforme segue:

- Valor do investimento corresponde a participação societária aplicada sobre o patrimônio líquido da investida;
- Valor da mais-valia ou menos-valia, que corresponde à diferença entre o valor de custo e o valor justo dos ativos identificados que deram origem a mais ou menos-valia;
- Valor do *goodwill* (expectativa de lucro futuro), oriundo da diferença para mais entre o valor patrimonial do investimento mais o ágio sobre ativos identificados e o custo de aquisição do investimento.
- Caso haja "ganho" na operação, esse ganho representado pela diferença para menos entre o valor registrado em investimento e o custo de aquisição desse mesmo investimento será registrado em conta de resultado, como resultado do MEP.

3. EXEMPLO

Para exemplificar esse novo tratamento contábil e fiscal no que diz respeito à aquisição de Investimentos permanentes avaliados pelo método da equivalência patrimonial, consideremos os dados a seguir:

Balanço da investida Sena em 31.12.x1			
Ativo		Passivo	
Caixa	100	Fornecedores	800
Duplicatas a receber	1.000	Financiamentos	1.300
Estoque	3.000	Impostos a pagar	900
Imobilizado	4.000	Patrimônio Líquido	**5.100**
		Capital	3.000
		Lucros	1.500
		Reservas	600
Total	8.100	Total	8.100

Investidora Delta adquire participação no capital de Sena de	70%
Valor pago pelo investimento	10.000
Bens da investida a valor justo (para fins de equivalência) – Fundamento econômico para a mais-valia:	
Imobilizado	6.000

Como na contabilidade da investida o bem está registrado por R$ 4.000, temos aí a ocorrência da mais-valia no valor de R$ 2.000 (R$ 6.000 – R$ 4.000).

Nota: Antes das alterações promovidas na legislação comercial e fiscal, o investimento seria assim contabilizado:

Lançamento 1

D – Investimento	3.570	
D – Ágio	6.430	
C – Caixa/Bancos		10.000

Com as alterações promovidas, vimos que há a necessidade de se evidenciar e destacar a mais-valia e o *goodwill*. Ambos os valores comporão o grupo investimento. Em relação a mais-valia é importante que se crie uma conta para o fundamento econômico que o originou. No nosso exemplo, o fundamento econômico foi o imobilizado. Deste modo, a conta deverá trazer essa referencia. Como sugestão poderá ser denominada "Mais-valia – Imobilizado – DL 1598, art. 20, II". Isso é importante no momento do reconhecimento da mais-valia como resultado, conforme destacado mais adiante, em item próprio.

Diante do exposto, o registro contábil deverá se apresentar da seguinte forma, observados os dados do exemplo:

Lançamento 2

D – Investimentos em controladas – DL 1598, art. 20, I	3.570	
D – Mais-valia – Imobilizado – DL 1598, art. 20, II	1.400	
D – *Goodwill* – DL 1598, art. 20, III	5.030	
C – Caixa/Bancos		10.000

Origem dos valores acima:

a) Participação na Cia investida (DL 1598, art. 20, I)
R$ 3.570 (70% do PL de R$ 5.100)

b) Mais-Valia (DL 1598, art. 20, II)
R$ 1.400 (70% da Mais-Valia de R$ 2.000)

c) Ágio por Rentabilidade Futura - *goodwill* (DL 1598, art. 20, III)
R$ 5.030, assim apurado: $ 10.000 -($ 3.570 + $ 1.400)

4. TRATAMENTO CONTÁBIL

4.1 Mais-valia

A Mais-Valia será "transferida" para resultado quando os bens que lhe deram origem forem baixados na investida, seja por depreciação, amortização ou alienação.

A contrapartida será a conta de resultado de equivalência patrimonial e não despesa de amortização de ágio, como era antes.

Na prática, a mais-valia será "baixada" ou "transferida" para o resultado proporcionalmente a baixa do ativo que a gerou. No nosso exemplo, o ativo que gerou a mais-valia foi um imobilizado. Neste caso, a baixa da mais-valia se dará proporcionalmente à depreciação do bem na investida.

Se o ativo que tivesse gerado a mais-valia fosse o estoque, a baixa se daria a medida da venda desse estoque.

Dando continuidade ao exemplo, consideremos que o bem da investida tenha sido depreciado em 10%. A investidora deverá fazer o seguinte registro em sua contabilidade

Lançamento 3

D - Resultado com MEP (Resultado)

C - Mais-valia - Imobilizado - DL 1598, art. 20, II 140

4.2. *Goodwill*

Já o *goodwill* não será "amortizado", sendo apenas submetido periodicamente ao teste de *impairment* (valor de recuperação), que analisará sua capacidade de contribuir para a produção de resultados futuros.

Se o teste de *impairment* revelar aumento no valor do *goodwill*, nada será feito na contabilidade.

Agora, se o teste revelar perda de valor, essa perda deverá ser reconhecida. Neste caso, teremos o seguinte registro:

Lançamento 4

D – Despesa com *impairment* (resultado)

C – Perda por desvalorização – *Goodwill* (redutora do investimento)

Nota: O *goodwill* é compilação dos "intangíveis" formados ao longo dos anos de existência da investida. São exemplos de intangíveis: ponto comercial, carteira de clientes, capital intelectual. São esses intangíveis, entre outros, que criam a expectativa de rentabilidade futura.

5. TRATAMENTO FISCAL DA MAIS-VALIA E DO GOODWILL

5.1 Não tributação da redução da mais-valia e do goodwill

Como regra, o art. 25 do DL 1.598/1977, na redação dada pela lei nº 12.973/2014, estabelece que a contrapartida da redução dos valores referentes a mais-valia e do *goodwill* (incisos II e III do *caput* do art. 20 do DL 1.598/1977) não será computada na determinação do lucro real.

Portanto, diante do exposto acima, o valor reconhecido como despesa (Resultado com MEP – lançamento nº 3) deverá ser adicionado no Lalur. Essa adição correrá sempre que houver redução na mais-valia ocasionada pela realização do ativo da investida, seja por depreciação ou alienação. Por tanto, no exemplo, deverá ser feita uma adição ao lucro líquido, no valor de R$ 140.

Nota: É importante esclarecer que os demais valores eventualmente incluídos nesta conta ("Resultado com MEP") também não devem influenciar o resultado tributável, a exemplo da equivalência patrimonial, propriamente dita, seja ele positivo ou negativo. Possivelmente, a adição ou exclusão para fins de apuração do lucro tributável será feita pelo valor líquido dessa conta.

5.2 Momento da tributação do eventual ganho

A mesma Lei nº 12.973/2014, ao dar nova redação ao art. 33 do DL 1.598/1977, estabelece que o valor contábil, para efeito de determinar o ganho ou perda de capital na alienação ou liquidação do investimento avaliado pelo valor de patrimônio líquido (art. 20), será a soma algébrica dos seguintes valores:

I. patrimônio líquido pelo qual o investimento estiver registrado na contabilidade do contribuinte (inc. I do *caput* do art. 20 do DL 1.598/1977);

II. mais-valia e *goodwill* (incisos II e III do *caput* do art. 20 do DL 1.598/1977), ainda que tenham sido realizados na escrituração comercial do contribuinte, conforme comentado acima.

Nota: Se não houver controle e possível que, com o passar do tempo, o valor da mais-valia se "dilua" na contabilidade, tendo em vista o seu remanejamento para resultado a medida da realização do bem que deu origem a mais-valia na investida. Deste modo, recomenda-se o controle do valor da mais-valia na parte A do Lalur, pois trata-se de valor que, no futuro, influenciará a apuração do resultado fiscal. Aguardam-se por parte dos órgãos competentes esclarecimentos mais precisos sobre a questão.

Como se observa, o objetivo dos arts. 25 e 33 do DL 1.598/1977 foi o de manter o tratamento tributário vigente, anulando os efeitos decorrentes da realização da mais ou menos-valia e do *goodwill* na apuração do lucro real.

Na prática esses valores somente poderão ser computados no resultado para fins tributários por ocasião da alienação ou baixa do investimento.

6. OCORRÊNCIA DE MENOS-VALIA – TRATAMENTO CONTÁBIL E FISCAL

Caso a avaliação dos ativos e passivos a valor justo, conforme definido no inciso II do art. 20 do Decreto-Lei nº 1.598/77, aponte deságio em vez de ágio (menos-valia), tal valor será caracterizado como ganho em compra vantajosa **sendo tratado na contabilidade diretamente em receita (CPC 18 (R2), 32, B).**

Sob a ótica fiscal, o DL 1.598/77, art. 20, § 6º estabelece que essa receita somente será tributada no lucro real por ocasião da venda do investimento.

Portanto, na ocorrência de menos-valia, o ganho em compra vantajosa não será tributado quando da sua ocorrência.

Exemplo: consideremos os mesmos dados do exemplo do item 3. No entanto, estamos considerando que o valor justo do imobilizado da investida seja R$ 3.000. Lembra-se que o patrimônio líquido da investida corresponde a R$ 5.100

Diante desses dados, temos:

Investidora Delta adquire participação no capital de Sena de	70%
Valor pago pelo investimento	10.000
Bens da investida a valor justo (para fins de equivalência) – Fundamento econômico para a menos-valia:	
Imobilizado	3.000

Como na contabilidade da investida o bem está registrado por R$ 4.000, temos aí a ocorrência da menos-valia no valor de R$ 1.000 (R$ 4.000 - R$ 3.000).

Diante do exposto, o registro contábil deverá se apresentar da seguinte forma, observados os dados do exemplo:

Lançamento 5

D – Investimentos em controladas – DL 1598, art. 20, I	3.570	
D - *Goodwill* - DL 1598, art. 20, III	7.130	
C – Ganho por compra vantajosa (menos-valia) – DL 1598, art. 20, II		700
C - Caixa/Bancos		10.000

Origem dos valores acima:

a) Participação na Cia. investida (DL 1598, art. 20, I)
R$ 3.570 (70% do PL de R$ 5.100)

b) Ganho por compra vantajosa – Menos-Valia (DL 1598, art. 20, II)
R$ 700 (70% da menos-valia de R$ 1.000)

c) Ágio por Rentabilidade Futura – *goodwill* (DL 1598, art. 20, III)
R$ 7.130, assim apurado: $ 10.000 –[$ 3.570 + (-$ 700)]

Conforme vimos acima, o ganho por compra vantajosa não será tributado quando da sua ocorrência, mas sim por ocasião da venda do investimento. Portanto, o valor de R$ 700 deverá ser excluído na apuração do lucro real.

II – AJUSTES DE EXERCÍCIOS ANTERIORES EFETUADOS PELA INVESTIDA E SEUS REFLEXOS NA INVESTIDORA

Como regra, o investimento em coligada ou controlada (neste caso, no balanço individual) deve ser inicialmente reconhecido pelo custo e o seu valor contábil será aumentado ou diminuído pelo reconhecimento da participação do investidor **nos lucros ou prejuízos do período, gerados pela investida após a aquisição**.

No entanto, pode ocorrer de a investida proceder, em sua contabilidade, a ajustes de exercícios anteriores que, como regra, **não transitam por resultado**, mas são registrados diretamente no patrimônio líquido.

Neste caso, como fica o reconhecimento da equivalência patrimonial pela investidora?

A análise precisa ser bem objetiva. Veja que os valores que compõem a conta "Ajustes de Exercícios Anteriores" **não transitaram por resultado**. Isso significa dizer que tal movimentação **não afeta o resultado com o MEP na investidora**, mas afeta a conta "Investimento", no ativo.

Logo, a contrapartida do ajuste da conta de investimento na investidora, em relação ao ajuste de exercícios anteriores **não pode ser uma conta de resultado**, mas sim uma conta também do patrimônio líquido, o que torna a operação reflexa.

Para exemplificar, consideremos as seguintes informações da investida e da investidora referentes a determinado encerramento de período:

Estrutura do patrimônio líquido da investida:

Capital social:	20.000
Lucro/Prejuízo acumulado	60.000
Ajuste de Exercícios Anteriores	-24.000
Total do Patrimônio Líquido	56.000

Participação da investidora no patrimônio líquido da investida: 50%.

Com base nessas informações, a investidora, por ocasião do reconhecimento da equivalência patrimonial, deverá fazer dois lançamentos:

a) um reconhecendo o reflexo da mutação do PL da investida em função do Ajuste de Exercícios Anteriores (conta do PL);
b) outro reconhecendo o lucro/prejuízo do período (conta de resultado). Neste caso, o resultado com o MEP, propriamente dito.

Os lançamentos na investidora são os seguintes:

1. Reconhecimento reflexo na investidora do ajuste de exercícios anteriores efetuado na investida

D – Ajuste de Exercícios Anteriores – Reflexo coligada (PL)
C – Investimento em Coligada (ativo) 12.000

Histórico: Reconhecimento reflexo no investimento de mutações do PL da investida oriunda de ajuste de exercícios anteriores (50% de R$ 24.000).

2. Reconhecimento do MEP na Investidora

C – Investimento em Coligada (ativo)
D – Resultado com MEP (Resultado) 30.000

Histórico: Resultado com o MEP no período (50% de R$ 60.000)
Fundamentação: CPC 18.

III – INVESTIMENTOS NO EXTERIOR – CONVERSÃO DAS DEMONSTRAÇÕES CONTÁBEIS DE MOEDA ESTRANGEIRA PARA REAIS

1. INTRODUÇÃO

Tem sido cada vez mais crescente os investimentos permanentes de empresas brasileiras no exterior, o que tem ocasionado alguns questionamentos de cunho prático, sobretudo no que diz respeito à conversão das demonstrações contábeis de moeda estrangeira para reais.

No passado, a CVM já havia se manifestado sobre o tema por meio da Deliberação nº 28/96. Referidas normas perduraram até a entrada em vigor da Deliberação CVM Nº 534/2008, que aprovou o Pronunciamento Técnico CPC 02 do Comitê de Pronunciamentos Contábeis, que trata dos Efeitos nas Mudanças nas Taxas de Câmbio e Conversão de Demonstrações Contábeis.

Neste procedimento discorremos sobre o tema acima, tendo como base os referidos diplomas legais.

2. ALGUMAS DEFINIÇÕES IMPORTANTES

No decorrer deste procedimento nos depararemos com uma série de conceitos fundamentais no entendimento do tema, tais como:

> **Taxa de fechamento**: é a taxa de câmbio vigente na data do balanço para operações a vista.
>
> **Variação cambial:** é a diferença resultante da conversão de um valor em uma moeda para um valor em outra moeda, a diferentes taxas cambiais.
>
> **Moeda estrangeira:** é uma moeda diferente da moeda funcional de uma entidade.
>
> **Moeda funcional:** é a moeda do ambiente econômico principal no qual a entidade opera.
>
> **Investimento líquido em uma entidade no exterior:** é o valor da participação detida pela entidade investidora no patrimônio líquido da entidade investida, adicionado (ou diminuído) de crédito ou (débito) junto a essa investida que tenha natureza de investimento.
>
> **Moeda de apresentação:** é a moeda na qual as demonstrações contábeis são apresentadas.

Taxa de câmbio a vista: é a taxa normalmente utilizada para liquidação imediata das operações de câmbio; no Brasil, a taxa a ser utilizada é a divulgada pelo Banco Central do Brasil.

3. DETERMINAÇÃO DA MOEDA FUNCIONAL

O ambiente econômico principal no qual uma entidade opera é, em geral, e com raras exceções, aquele em que ela fundamentalmente gera e desembolsa caixa. Uma entidade deve considerar os seguintes fatores na determinação de sua moeda funcional:

a) a moeda:
   i. que mais influencia os preços de bens e serviços (geralmente, será a moeda na qual o preço de venda de seus produtos e serviços está expresso e acertado); e
   ii. do país cujas forças competitivas e regulamentos mais influenciam na determinação do preço de venda de seus produtos ou serviços.

b) a moeda que mais influencia mão de obra, material e outros custos para o fornecimento de produtos ou serviços (geralmente será a moeda na qual tais custos estão expressos e são liquidados).

Os seguintes fatores podem também proporcionar evidências para determinar a moeda funcional de uma entidade:

c) a moeda na qual são obtidos, substancialmente, os recursos das atividades financeiras;

d) a moeda na qual são normalmente acumulados valores recebidos de atividades operacionais.

3.1 Fatores adicionais que devem ser considerados na determinação da moeda funcional

Os seguintes fatores adicionais podem ainda proporcionar evidências que ajudem na determinação da moeda funcional de uma entidade no exterior e se a moeda funcional é a mesma que a da entidade que reporta (a entidade que reporta, neste contexto, é aquela entidade que possui operação no exterior por meio de controladas, filiais, coligadas ou *joint ventures*):

a) se as atividades da entidade no exterior são desenvolvidas como uma extensão da entidade que reporta e não com um grau significativo de autonomia.

Nota: Um exemplo da extensão é quando uma entidade no exterior que vende somente produtos importados da entidade que reporta e remete para esta o resultado das transações. Um exemplo de uma entidade no exterior autônoma é quando esta acumula caixa e outros itens monetários, incorre em despesas, gera receitas e obtêm empréstimos, todos substancialmente na moeda local do país onde ela opera.

b) se as transações com a entidade que reporta são uma proporção alta ou baixa das atividades da entidade no exterior.

c) se fluxos de caixa das atividades da entidade no exterior afetam diretamente os fluxos de caixa da entidade que reporta e se estão prontamente disponíveis para remessa para esta.

d) se fluxos de caixa das atividades da entidade no exterior são suficientes para cobrir dívidas existentes e esperadas sem necessidade de aporte de recursos pela entidade que reporta.

Quando os indicadores acima estão presentes e a moeda funcional não é evidente, a administração usa seu julgamento para determinar a moeda funcional que represente de forma mais fiel os efeitos econômicos das transações, dos eventos e das condições correspondentes.

3.2 Mudança na moeda funcional

A moeda funcional de uma entidade reflete as transações, os eventos e as condições relevantes relacionados a ela.

Portanto, uma vez determinada, a moeda funcional não deve ser alterada a não ser que haja mudança nas transações, nos eventos e nas condições correspondentes. Por exemplo, uma mudança na moeda que influencia fortemente os preços de venda de bens e serviços poderá causar uma alteração na moeda funcional da entidade.

Se a moeda funcional da entidade no exterior for de uma economia hiperinflacionária, suas demonstrações contábeis devem ser monetariamente atualizadas.

As práticas contábeis adotadas no Brasil, nesse tocante, baseadas na correção integral, estão alinhadas com a norma internacional que trata de economias hiperinflacionárias. Essa atualização não pode ser evitada, por exemplo, adotando como sua moeda funcional uma moeda diferente da moeda funcional.

4. CONVERSÃO DAS DEMONSTRAÇÕES CONTÁBEIS DE MOEDA ESTRANGEIRA PARA REAIS

São vários os métodos que podem ser utilizados na conversão das demonstrações contábeis em moeda estrangeira para reais. No entanto, hoje vige a método da taxa corrente, imposto pelo CPC 2. Segundo esse método, a conversão das demonstrações contábeis se dá da seguinte forma:

a) Ativos e passivos: deve ser utilizada a taxa corrente do cambio, na data do balanço.
b) Patrimônio líquido: deve ser utilizada a taxa histórica de cada operação
c) Contas de resultado (despesas e receitas): devem ser utilizadas as taxas cambiais em vigor nas datas das transações, ou, quando possível pela taxa média do período.

4.1 Tratamento das variações cambiais

As variações cambiais não devem ser reconhecidas na demonstração do resultado porque as mudanças nas taxas de câmbio têm pouco ou nenhum efeito direto sobre os fluxos de caixa atuais e futuros advindos das operações.

O montante acumulado das variações cambiais deve ser apresentado em conta específica separada do patrimônio líquido até que ocorra a baixa da entidade no exterior.

Recomenda-se a utilização sob a rubrica: "Ajuste de Conversão"

4.2 Exemplo de conversão de balanço

No desenvolvimento do exemplo, consideremos os seguintes dados:

I – Balanço da controlada no exterior, em dólar.

ATIVO	EM DÓLAR
CIRCULANTE	
Caixa e equivalente	$ 200.000,00
NÃO CIRCULANTE	
Realizável a longo prazo	$ 80.000,00
Imobilizado	$ 100.000,00
TOTAL DO ATIVO	**$ 380.000,00**
PASSIVO	**EM DÓLAR**
CIRCULANTE	
Obrigações	$ 40.000,00
NÃO CIRCCULANTE	
Exigível a longo prazo	$ 50.000,00
PATRIMÔNIO LÍQUIDO	
Capital social	$ 260.000,00
Lucros acumulados	$ 30.000,00
Total do PL	**$ 290.000,00**
TOTAL	**$ 380.000,00**

II – DRE da controlada no exterior em dólar

	CONTAS	EM DÓLAR
	Receitas	$ 140.000,00
(-)	Custos	$ -75.000,00
(=)	Lucro bruto	$ 65.000,00
(-)	Despesas operacionais	$ -21.000,00
(=)	Lucros antes dos tributos	$ 44.000,00
(-)	Tributos sobre os lucros	$ -14.000,00
(=)	Lucro Líquido	$ 30.000,00

III – Detalhamento das contas de resultado, por mês

MÊS	RECEITAS	CUSTO	DESPESAS
	EM DÓLAR	EM DÓLAR	EM DÓLAR
Janeiro	$ 10.000,00	$ 5.000,00	$ 1.000,00
Fevereiro	$ 12.000,00	$ 9.000,00	$ 1.000,00
Março	$ 13.000,00	$ 7.000,00	$ 1.400,00
Abril	$ 15.000,00	$ 8.000,00	$ 2.000,00
Maio	$ 15.000,00	$ 6.000,00	$ 1.600,00
Junho	$ 13.000,00	$ 7.000,00	$ 1.700,00
Julho	$ 11.000,00	$ 4.000,00	$ 1.600,00
Agosto	$ 10.000,00	$ 5.000,00	$ 2.100,00
Setembro	$ 10.000,00	$ 5.000,00	$ 2.200,00
Outubro	$ 11.000,00	$ 6.000,00	$ 2.300,00
Novembro	$ 10.000,00	$ 7.000,00	$ 2.100,00
Dezembro	$ 10.000,00	$ 6.000,00	$ 2.000,00
TOTAL	**$ 140.000,00**	**$ 75.000,00**	**$ 21.000,00**

IV – Dólar para o período

TAXAS DO DÓLAR		
MÊS	**Valor**	
Janeiro	R$	2,45
Fevereiro	R$	2,45
Março	R$	2,60
Abril	R$	2,62
Maio	R$	2,65
Junho	R$	2,64
Julho	R$	2,66
Agosto	R$	2,70
Setembro	R$	2,78
Outubro	R$	2,79
Novembro	R$	2,80
Dezembro	R$	2,85
Taxa média anual	**R$**	**2,67**
Taxa de fechamento (taxa corrente em dezembro)	**R$**	**2,90**
Taxa histórica (taxa quando da constituição do capital)	**R$**	**2,40**

V – Conversão dos itens das receitas, custo e despesas em reais.

RECEITAS/CUSTOS/DESPESAS MENSAIS EM REAIS				
MÊS	TAXA DO DÓLAR	VALORES EM REAIS		
		RECEITA	CUSTO	DESPESA
Janeiro	2,45	24.500,00	12.250,00	2.450,00
Fevereiro	2,45	29.400,00	22.050,00	2.450,00
Março	2,60	33.800,00	18.200,00	3.640,00
Abril	2,62	39.300,00	20.960,00	5.240,00
Maio	2,65	39.750,00	15.900,00	4.240,00
Junho	2,64	34.320,00	18.480,00	4.488,00
Julho	2,66	29.260,00	10.640,00	4.256,00
Agosto	2,70	27.000,00	13.500,00	5.670,00
Setembro	2,78	27.800,00	13.900,00	6.116,00
Outubro	2,79	30.690,00	16.740,00	6.417,00
Novembro	2,80	28.000,00	19.600,00	5.880,00
Dezembro	2,85	28.500,00	17.100,00	5.700,00
TOTAL		**372.320,00**	**199.320,00**	**56.547,00**

Os valores em reais acima foram obtidos multiplicando-se a taxa do dólar pelo item mensal em dólar. Exemplo: a receita em reais acima, no mês de janeiro foi obtida multiplicando-se a taxa do dólar do mês de janeiro R$ 2,45 pelo valor da receita em dólar conforme tabela do Tópico III (R$ 2,45 x $ 10,000.00 = R$ 24.500,00)

VI – DRE em reais

DRE		
	CONTAS	EM REAIS
	Receitas	$ 372.320,00
(-)	Custos	$ -199.320,00
(=)	Lucro bruto	$ 173.000,00
(-)	Despesas operacionais	$ -56.547,00
(=)	Lucros antes dos tributos	$ 116.453,00
(-)	Impostos sobre o lucro	$ -37.380,00
(=)	Lucro Líquido	$ 79.073,00

Os valores acima foram transportados do total da tabela constante do tópico V. A exceção fica por conta dos impostos sobre o lucro. Neste caso, o valor é obtido multiplicando-se a taxa média anual (R$ 2,67) pelo respectivo valor em dólar ($ 14.000,00). Portanto, R$ 2,67 x $ 14.000,00 = **R$ 37.380,00.** Essa forma de cálculo e faz necessária, pois o resultado tributável se dá ao longo do período anual.

VII - Balanço patrimonial em reais

BALANÇO DA CONTROLADA EM DÓLAR			
ATIVO	**EM DÓLAR**	**COTAÇÃO**	**EM REAIS**
CIRCULANTE			
Caixa e equivalente	$ 200.000,00	R$ 2,90	R$ 580.000,00
NÃO CIRCULANTE			
Realizável a longo prazo	$ 80.000,00	R$ 2,90	R$ 232.000,00
Imobilizado	$ 100.000,00	R$ 2,90	R$ 290.000,00
TOTAL DO ATIVO	**$ 380.000,00**		**R$ 1.102.000,00**
PASSIVO	**EM DÓLAR**	**COTAÇÃO**	**EM REAIS**
CIRCULANTE			
Obrigações	$ 40.000,00	R$ 2,90	R$ 116.000,00
NÃO CIRCCULANTE			
Exigível a longo prazo	$ 50.000,00	R$ 2,90	R$ 145.000,00
PATRIMÔNIO LÍQUIDO			
Capital social	$ 260.000,00	R$ 2,40	R$ 624.000,00
Lucros acumulados	$ 30.000,00		R$ 79.073,00
PL antes do ajuste de conversão			**R$ 703.073,00**
Ajuste de conversão			R$ 137.927,00
Total do PL	**$ 290.000,00**		**R$ 841.000,00**
TOTAL	**$ 380.000,00**		**R$ 1.102.000,00**

Como se observa, a conversão do balanço se dá, em relação ao ativo e ao passivo pela taxa corrente. Já o capital social deve ser convertido para reais pela taxa histórica do dólar. Por fim, temos os lucros acumulados. Este é obtido na DRE convertida.

VIII - Determinação do "ajuste de Conversão" (R$ 137.927,00)

Temos duas formas de apurar o ajuste de conversão, no nosso exemplo, no valor de R$ 137.927,00. A forma "tecnicamente correta", onde se apura a variação cambial tanto do capital quanto dos lucros acumulados e a forma simplista, obtida por "diferença".

Na forma "tecnicamente correta" temos que apurar a variação cambial do capital e dos lucros acumulados, a soma da variação cambial desses dois itens resultará no "ajuste de conversão".

Com base nos dados do exemplo, temos:

VARIAÇÃO CAMBIAL DO CAPITAL

	$	260.000,00	x	R$	2,90	=	R$	754.000,00
(-)	Capital da investida na data da constituição							
	$	260.000,00	x	R$	2,40	=	R$	624.000,00
(=)	Variação cambial sobre o capital						R$	130.000,00

VARIAÇÃO CAMBIAL DOS LUCROS ACUMULADOS

	$	30.000,00	x	R$	2,90	=	R$	87.000,00
(-)	Lucro conforme DRE						R$	79.073,00
(=)	Variação cambial sobre o lucro acumulado						R$	7.927,00

Portanto, a variação cambial do período, a ser registrada como "ajuste de conversão" corresponde ao somatório da variação cambial do capital e dos lucros acumulados. Portanto:

R$	130.000,00	+	R$	7.927,00	=	**R$**	**137.927,00**

Na forma chamada "simplista" o "ajuste de conversão" é obtido pela diferença entre o total do ativo e os grupos do passivo/PL. Com base nos dados do balanço, temos:

FORMA ALTERNATIVA DE SE CALCULAR O AJUSTE DE CONVERSÃO			
DETERMINAÇÃO DO AJUSTE DE CONVERSÃO			
	TOTAL DO ATIVO	$	1.102.000,00
(-)	PASSIVO CIRCULANTE	$	-116.000,00
(-)	PASSIVO NÃO CIRCULANTE	$	-145.000,00
(-)	PL ANTES DO AJUSTE DE CONVERSÃO	$	-703.073,00
(=)	AJUSTE DE CONVERSÃO	$	137.927,00

Observa-se que o valor do ajuste de conversão, por ambos os métodos, é o mesmo: **R$ 137.927,00.**

IV – INVESTIMENTOS NO EXTERIOR – EQUIVALÊNCIA PATRIMONIAL

1. INTRODUÇÃO

No procedimento anterior tratamos da conversão das demonstrações contábeis em moeda estrangeira para reais. Em continuidade àquele procedimento trataremos, agora, da equivalência patrimonial em coligada ou controlada no exterior. O tema, no passado, também já havia sido obtido de disciplinamento pela CVM, por meio da Deliberação nº 28/96. Referidas normas perduraram até a entrada em vigor da Deliberação CVM Nº 534/2008, que aprovou o Pronunciamento Técnico CPC 02 do Comitê de Pronunciamentos Contábeis, que trata dos Efeitos nas Mudanças nas Taxas de Câmbio e Conversão de Demonstrações Contábeis.

Neste procedimento discorremos sobre o tema acima, tendo como base os referidos diplomas legais.

2. EQUIVALÊNCIA PATRIMONIAL

Pela legislação societária e pelos princípios de contabilidade, os investimentos permanentes no exterior em outras sociedades devem ser ajustados ao valor do patrimônio líquido na contabilidade da empresa investidora no Brasil, de forma que se reconheça sua participação nos resultados dessas empresas no Exterior à medida que são gerados, no regime de competência, similarmente ao que ocorre com investimentos em outras empresas sediadas no próprio País.

O grande problema com que se depara é exatamente a necessidade de se dispor das demonstrações contábeis dessas coligadas e controladas no Exterior expressas em reais e elaboradas segundo critérios contábeis que guardem uniformidade com os praticados no Brasil. De fato, tais coligadas e controladas terão sua contabilidade e demonstrações contábeis oficiais desenvolvidas e aplicadas, atendendo as normas e à legislação do país onde operam e, logicamente, expressas na respectiva moeda. Naturalmente, com a internacionalização da contabilidade a partir de 2008 muitos dos problemas foram solucionados, restando-nos tratar dos reflexos na contabilidade da investidora.

3. FILIAIS, AGÊNCIAS, SUCURSAIS OU DEPENDÊNCIAS NO EXTERIOR

As filiais, agências, sucursais ou dependências e mesmo uma controlada no exterior que não se caracterizam como entidades independentes mantidas por investidoras brasileiras no exterior, por não possuírem, por exemplo, corpo gerencial próprio, autonomia administrativa, não contratarem operações próprias, utilizarem a moeda da investidora como sua moeda funcional e funcionarem, na essência, como extensão das atividades da matriz, devem normalmente ser consideradas para fins do reconhecimento das variações cambiais de um investimento no exterior.

Quando, todavia, tais filiais, agências, sucursais ou dependências se caracterizarem na essência, como um investimento no exterior por possuírem, por exemplo, suficiente corpo gerencial próprio, autonomia administrativa, contratarem operações próprias, inclusive financeiras, caracterizando-se, assim, como entidade autônoma, a matriz, no Brasil, deve reconhecer os resultados apurados, observando os critérios contábeis de conversão das demonstrações contábeis, reconhecendo as variações cambiais como um investimento no exterior.

4. REGISTROS CONTÁBEIS

Os registros contábeis de investimentos permanentes em empresas sediadas no exterior devem observar as mesmas normas dos investimentos feitos no País. Naturalmente, o investimento no exterior é feito em moeda estrangeira. Deste modo, deverá ser utilizada a taxa de cambio corrente na data da remessa que corresponda às ações ou quotas subscritas.

No desenvolvimento do exemplo, consideremos as seguintes informações extraídas do balanço da controlada:

Capital total da investida na data da constituição		R$ 260.000,00
Investimento:		R$ 234.000,00
Data:		02.01.x1
Investida:	Localizada nos estados Unidos	
Participação societária		90%
Dólar na data do investimento:		R$ 2,40
Lucro obtido pela investida no final do exercício em Dólar		R$ 30.000,00
Lucro obtido pela investida no final do exercício em reais		R$ 79.073,00
Data de encerramento do período contábil		31.12.20x1

Dólar na data do Encerramento do período contábil:	R$	2,90
Dólar médio do período	R$	2,67
Patrimônio Líquido da investida, em reais	R$	841.000,00

Portanto, em 02.01.20x1, teremos o seguinte registro contábil:

$	234.000,00	x	R$	2,40	=	R$	561.600,00

Lançamento 1 – Aquisição do investimento

D - INVESTIMENTO NO EXTERIOR

C - DISPONÍVEL R$ 561.600,00

Nota: Por critério de simplificação não estamos aqui entrando no mérito da divisão do "investimento" em mais-valia e *goodwill*, pois o tema é objeto de procedimento específico neste capítulo.

4.1 Reconhecimento da variação cambial

Em 31.12.20x1, a investidora deverá atualizar o saldo do investimento no exterior, tendo como base a variação cambial.

Considerando as informações acima, teremos:

VARIAÇÃO CAMBIAL DO CAPITAL

	$ 260.000,00	x	R$	2,90	=	R$	754.000,00
(-)	Capital da investida na data da constituição						
	$ 260.000,00	x	R$	2,40	=	R$	624.000,00
(=)	Variação cambial sobre o capital					R$	130.000,00

VARIAÇÃO CAMBIAL DOS LUCROS ACUMULADOS

	$ 30.000,00	x	R$	2,90	=	R$	87.000,00
(-)	Lucro conforme DRE					R$	79.073,00
(=)	Variação cambial sobre o lucro acumulado					R$	7.927,00

Portanto, a variação cambial do período, reconhecida pela investida corresponde ao somatório da variação cambial do capital e dos lucros acumulados, conforme acima calculado. Deste modo, temos:

R$	130.000,00	+	R$	7.927,00	=	**R$**	**137.927,00**

Como visto anteriormente, a participação da investidora no PL da investida é de 90%.

Logo, o valor do registro, na investidora, da variação cambial será assim determinado:

	Variação cambial do período	R$	137.927,00
(x)	Participação societária da investida		90%
(=)	Variação cambial do investimento	R$	124.134,30

Essa variação cambial não afetará o resultado. Na contabilidade deverá ser registra no patrimônio líquido, em conta específica, no grupo de ajuste de avaliação patrimonial.

Portanto, em 31.12.20x1, teremos o seguinte registro contábil:

Lançamento 2 – Reconhecimento da variação cambial

D - INVESTIMENTO NO EXTERIOR

C - AAP – AJUSTE DE CONVERSÃO (PL) R$ 124.134,30

4.2 Ajuste ao valor da equivalência patrimonial

É fato que a investidora deverá reconhecer o resultado da investida tendo como base o método da equivalência patrimonial, portanto, em conta de resultado (normalmente, "Resultado com o MEP").

No nosso exemplo, a investidora detém 90% do capital da investida, sendo que o resultado com o MEP é proporcional ao investimento, já convertido para reais. Portanto, temos:

AJUSTE DO VALOR DA EQUIVALÊNCIA PATRIMONIAL

Lucro obtido pela investida no final do exercício	R$ 79.073,00
(x) participação societária	90%
(=) Resultado com o MEP	R$ 71.165,70

Lançamento 3 – Reconhecimento do MEP

D - INVESTIMENTO NO EXTERIOR

C - RESULTADO COM O MEP (RESULTADO) R$ 71.165,70

Após os lançamentos acima, a conta de investimento, na investidora apresentará a seguinte composição em 31.12.20X1:

INVESTIMENTO NO EXTERIOR

	Débito	Crédito
1	R$ 561.600,00	
2	R$ 124.134,30	
3	R$ 71.165,70	
31.12.20x1	**R$ 756.900,00**	

(1) Integralização do capital

(2) Ajuste de conversão

(3) Resultado com o MEP

O saldo da conta (R$ 756.900,00) representa 90% do PL da investida, em reais.

5. DIVIDENDOS RECEBIDOS

No tocante aos dividendos recebidos, o CPC nº 2 elenca os procedimentos a serem adotados pela empresa investidora, esclarecendo que tais fatores devem ser considerados na determinação do tratamento contábil aplicável a tal ônus, o qual deve ser divulgado nas notas explicativas.

5.1 Avaliação pelo MEP

Os dividendos de investimentos no exterior reconhecidos pelo método de equivalência patrimonial devem ser registrados como redução da conta de investimento pelo valor recebido em moeda estrangeira convertido para reais à taxa de câmbio vigente na data do recebimento.

Se o registro do dividendo se der, antes do recebimento, por declaração de dividendo pela entidade no exterior, a taxa de câmbio será, inicialmente, a da data do registro, com as atualizações periódicas necessárias até o seu recebimento reconhecidas tão somente na conta relativa ao valor a receber utilizada e na conta de equivalência patrimonial, não podendo ser reconhecidas no resultado ou diretamente no patrimônio líquido.

5.2 Avaliação pelo método de custo

Os dividendos de investimentos no exterior reconhecidos pelo método do custo devem ser registrados como receita pelo valor recebido em moeda estrangeira convertido para reais à taxa de câmbio vigente na data do recebimento, a não ser quando relativos a lucros na pré-aquisição do investimento, quando devem ser registrados como redução do custo de aquisição do investimento pelo valor recebido em moeda estrangeira convertido para reais à taxa de câmbio vigente na data do recebimento.

Os dividendos de investimentos no exterior reconhecidos pelo valor de mercado devem ser registrados como receita pelo valor recebido em moeda estrangeira convertido para reais à taxa de câmbio vigente na data do recebimento.

5.3 Tributação dos dividendos por impostos no País de origem

Na hipótese de os dividendos estarem sujeitos à tributação por impostos no país de origem, a contabilização deverá ser a seguinte:

a) se tais impostos forem recuperáveis, constituirão créditos;

b) se tais impostos não forem recuperáveis, representarão um ônus da entidade investidora, devendo ser registrados como despesas.

Dever-se-á analisar cada caso em particular quanto à incidência de impostos sobre dividendos remetidos à entidade no Brasil, verificando se os mesmos são ou não recuperáveis.

Nessa análise deve-se considerar que, pelo regime de competência, tal ônus e consequente despesa estarão mais bem refletidos se registrados no mesmo período em que for reconhecido o resultado da equivalência patrimonial relativo aos lucros que dão origem aos dividendos, e não ao período em que dividendos são efetivamente remetidos, gerando tais impostos.

Todavia, há que se analisar que nem todo o resultado apurado se converterá em dividendos, não havendo a correspondente incidência do imposto de renda na fonte, se for essa a legislação do País.

Assim, tais impostos não devem ser reconhecidos quando relativos a lucros que se pretenda manter na entidade no exterior, por capitalização mediante reinvestimento ou manutenção em reservas.

Nessa hipótese, se houver mudança posterior de decisão e forem distribuídos dividendos relativos a tais lucros passados, o imposto deverá ser registrado quando os dividendos forem declarados. Por outro lado, quando houver prévio conhecimento de dividendos futuros relativos a lucros apurados no exercício presente, em face da determinação estatutária legal, ou por deliberação da entidade, o imposto de renda correspondente deve ser reconhecido no mesmo exercício. Ou seja, o princípio é o de que sempre se constitua imposto, a menos que num futuro previsível, e de acordo com a política de distribuição de dividendos, seja muito provável que tais lucros não serão distribuídos.

V – CONSOLIDAÇÃO DAS DEMONSTRAÇÕES CONTÁBEIS – ASPECTOS BÁSICOS

1. INTRODUÇÃO

A consolidação das demonstrações contábeis é uma exigência societária que não causa qualquer influência fiscal. Na prática, isso significa dizer que se uma das empresas tiver prejuízo, este não poderá ser compensado com o lucro da outra empresa do grupo. Adicionalmente, é importante lembrar que os dividendos são calculados/determinados tendo como base o lucro de cada empresa e não sobre o lucro consolidado das empresas do grupo.

No que diz respeito aos aspectos legais, a controladora deve apresentar as demonstrações contábeis consolidadas nas quais os investimentos em controladas estejam consolidados, sendo que as demonstrações contábeis consolidadas devem incluir todas as controladas da controladora.

Observa-se que, legalmente, a consolidação aplica-se somente as companhias abertas e, também, para os grupos de sociedades.

Portanto, em princípio, as companhias fechadas ou grupos de empresas não formalizadas como grupos de sociedades estariam dispensadas dessa obrigação. No entanto, é importante lembrar que a consolidação é imposta pelo CPC 36, o qual foi acatado pela CVM e pelo Conselho Federal de Contabilidade.

2. OBRIGATORIEDADE

A exigência de elaboração das demonstrações consolidadas é imposta pela Lei nº 6.404/1976. O art. 275 do referido diploma legal assim estabelece:

> *"Art. 275. O grupo de sociedades publicará, além das demonstrações financeiras referentes a cada uma das companhias que o compõem, demonstrações consolidadas, compreendendo todas as sociedades do grupo, elaboradas com observância do disposto no artigo 250.*
>
> *§ 1º As demonstrações consolidadas do grupo serão publicadas juntamente com as da sociedade de comando.*
>
> *§ 2º A sociedade de comando deverá publicar demonstrações financeiras nos termos desta Lei, ainda que não tenha a forma de companhia.*
>
> *§ 3º As companhias filiadas indicarão, em nota às suas demonstrações financeiras publicadas, o órgão que publicou a última demonstração consolidada do grupo a que pertencer.*
>
> *§ 4º As demonstrações consolidadas de grupo de sociedades que inclua companhia aberta serão obrigatoriamente auditadas por auditores independentes registrados na Comissão de Valores Mobiliários, e observarão as normas expedidas por essa comissão."*

Por sua vez, o artigo 249 da mesma Lei estabelece os limites a serem observados. O referido art. 249 assim estabelece:

> *"Art. 249. A companhia aberta que tiver mais de 30% (trinta por cento) do valor do seu patrimônio líquido representado por investimentos em sociedades controladas deverá elaborar e divulgar, juntamente com suas demonstrações financeiras, demonstrações consolidadas nos termos do artigo 250.*
>
> *Parágrafo único. A Comissão de Valores Mobiliários poderá expedir normas sobre as sociedades cujas demonstrações devam ser abrangidas na consolidação, e:*
>
> *a) determinar a inclusão de sociedades que, embora não controladas, sejam financeira ou administrativamente dependentes da companhia;*
>
> *b) autorizar, em casos especiais, a exclusão de uma ou mais sociedades controladas."*

Exemplificando, uma controladora que tiver patrimônio líquido de \$ 100 fica obrigada a consolidação de balanço se o valor dos investimentos feitos em sociedades controladas for superior a \$ 30.

Observe-se, porém, que o CPC 36 é mais incisivo e generalista no que diz respeito à obrigatoriedade de elaboração das demonstrações consolidadas. Referido CPC estabelece que a entidade que seja controladora deve apresentar demonstrações consolidadas.

2.1 Exceções de acordo com o CPC 36

As situações a seguir expressam ocorrências que se caracterizam como exceções às regras de consolidação, segundo o CPC 36:

a) a controladora pode deixar de apresentar as demonstrações consolidadas somente se satisfizer todas as condições a seguir, além do permitido legalmente:

   i. a controladora é ela própria uma controlada (integral ou parcial) de outra entidade, a qual, em conjunto com os demais proprietários, incluindo aqueles sem direito a voto, foram consultados e não fizeram objeção quanto à não apresentação das demonstrações consolidadas pela controladora;

   ii. seus instrumentos de dívida ou patrimoniais não são negociados publicamente (bolsa de valores nacional ou estrangeira ou mercado de balcão, incluindo mercados locais e regionais);

   iii. ela não tiver arquivado nem estiver em processo de arquivamento de suas demonstrações contábeis junto a uma Comissão de Valores Mobiliários ou outro órgão regulador, visando à distribuição pública de qualquer tipo ou classe de instrumento no mercado de capitais; e

   iv. a controladora final, ou qualquer controladora intermediária da controladora, disponibiliza ao público suas demonstrações consolidadas em conformidade com os Pronunciamentos do CPC.

b) planos de benefícios pós-emprego ou outros planos de benefícios de longo prazo a empregados aos quais seja aplicável o Pronunciamento Técnico CPC 33 – Benefícios a Empregados.

Notas: 1) Se a controladora final, ou qualquer controladora intermediária da controladora, disponibilizar demonstrações consolidadas em IFRS, como editadas pelo IASB, atende a condição prevista em "a.iv".

2) A isenção a que se refere o "a.iv" somente pode ser obtida se a controladora final, ou qualquer controladora intermediária da controladora, estiver sujeita a regulamentação brasileira e disponibilizar demonstrações consolidadas no Brasil.

2.2 Extensão da consolidação às sociedades de grande porte

A obrigatoriedade de consolidação das demonstrações contábeis e extensiva às empresas de grande porte, conforme definidas na Lei nº 11.638/2007. Essa obrigatoriedade se aplica, naturalmente, se a empresa se enquadrar nas regras referidas no item 2, acima.

Segundo referida Lei (11.638/2007), considera-se de grande porte para fins exclusivos da lei, a sociedade ou conjunto de sociedade sob controle comum que tiver, no exercício social anterior:

- Ativo total superior a R$ 240.000.000,00; ou
- Receita bruta anual superior a R$ 300.000.000,00

Desta forma, as sociedades limitadas ou sociedades por ações de capital fechado que estiverem dentro dos parâmetros acima referidos (enquadradas como sociedades de "grande porte") devem elaborar demonstrações contábeis consolidadas.

3. CONSOLIDAÇÃO INTEGRAL (TOTAL) OU PARCIAL

A consolidação pode ser integral (total) ou parcial.

A consolidação integral, objeto deste texto, se dá pela controladora, em relação ao total de ativos e passivos e do resultado das controladas, segregando as participações de acionistas não controladores ou não controladores.

Já a consolidação proporcional ocorre quando o controle de uma empresa investida é compartilhado com outra empresa, que é o caso das joint ventures.

Neste caso, a investidora deve reconhecer apenas a sua parte proporcional no balanço e no Resultado da empresa investida.

Resumidamente, temos que:

a) o item 40 A do CPC 19 exige que, em suas demonstrações contábeis individuais, o empreendedor apresente e avalie sua participação em joint ventures usando o método da equivalência patrimonial em conformidade;

b) a consolidação proporcional e o método de contabilização pelo qual a participação do empreendedor nos ativos, passivos, receitas e despesas da entidade controlada em conjunto são combinadas, linha a linha, com itens similares nas demonstrações contábeis do empreendedor, ou em linhas separadas nessas demonstrações;

c) um empreendedor esta dispensado da consolidação proporcional quando a participação for classificada como mantida para venda (CPC 31), ou o empreendedor também possuir investimentos em controladas e estiver dispensado de apresentar as demonstrações consolidadas.

Oportunamente, trataremos da consolidação proporcional.

4. POR QUE FAZER A CONSOLIDAÇÃO?

Além dos aspectos legais, existem outras situações que recomendam a elaboração de demonstrações consolidadas.

Em linhas gerais, temos que empresas pertencentes a um mesmo grupo formam um conjunto de atividades econômicas complementares.

Considerando-se que as demonstrações contábeis individuais fornecem uma ideia da situação econômico-financeira de cada empresa, se as demonstrações não forem consolidadas, não fornecem uma ideia completa das atividades do conjunto.

Um exemplo clássico diz respeito à análise econômico financeira. Consideremos os balanços individuais e consolidados adiante:

ATIVO	CONTROLADORA	CONTROLADA	CONSOLIDADO
CIRCULANTE	9.000	3.000	12.000
NÃO CIRCULANTE	18.000	15.000	33.000
TOTAL	**27.000**	**18.000**	**45.000**
PASSIVO	**CONTROLADORA**	**CONTROLADA**	**CONSOLIDADO**
CIRCULANTE	3.000	9.000	12.000
NÃO CIRCULANTE	2.000	1.000	3.000
PL	22.000	8.000	30.000
TOTAL	**27.000**	**18.000**	**45.000**

Se fizermos uma análise financeira simplista, considerando apenas o índice de liquidez corrente e o índice de endividamento chegaremos à conclusão de que, a controlada tem "puxado" para baixo a liquidez da empresa e elevado o endividamento. Veja que no balanço individual a liquidez da controladora é excelente (3,0) e o endividamento razoável (18,52%). Agora, quando a análise é feita em relação ao grupo, percebemos que a liquidez fica perto daquilo que se convencionou chamar de ideal (1,0). Já o endividamento passa a comprometer 1/3 do ativo, chegando a 33,33%. Esse declínio no consolidado deve-se a situação precária da controlada.

Veja os números a seguir.

Índice de liquidez corrente	CONTROLADORA	CONTROLADA	CONSOLIDADO
$\frac{AC}{PC}$ =	3,00	0,33	1,00
Índice de endividamento	**CONTROLADORA**	**CONTROLADA**	**CONSOLIDADO**
$\frac{\text{Passivo}}{\text{Ativo total}}$ =	18,52%	55,56%	33,33%

5. DATA DAS DEMONSTRAÇÕES CONTÁBEIS PARA FINS DE CONSOLIDAÇÃO

As demonstrações contábeis da controladora e de suas controladas utilizadas na elaboração das demonstrações consolidadas devem ter a mesma data-base.

Quando o final do período das demonstrações contábeis da controladora for diferente do da controlada, a controlada deve elaborar, para fins de consolidação, informações contábeis adicionais de mesma data que as demonstrações contábeis da controladora para permitir que esta consolide as informações contábeis da controlada, a menos que seja impraticável fazê-lo.

Se for impraticável fazê-lo, a controladora deve consolidar as informações contábeis da controlada usando as demonstrações contábeis mais recentes da controlada, ajustadas para refletir os efeitos de transações ou eventos significativos ocorridos entre a data dessas demonstrações contábeis e a data das demonstrações consolidadas.

Em qualquer caso, a diferença entre a data das demonstrações contábeis da controlada e a das demonstrações consolidadas não deve ser superior a dois meses, e a duração dos períodos das demonstrações contábeis e qualquer diferença entre as datas das demonstrações contábeis devem ser as mesmas de período para período.

VI – CONSOLIDAÇÃO DAS DEMONSTRAÇÕES CONTÁBEIS E A ELIMINAÇÃO DE SALDOS PATRIMONIAIS

1. EXIGÊNCIA DE APRESENTAÇÃO DAS DEMONSTRAÇÕES CONTÁBEIS CONSOLIDADAS

Segundo o pronunciamento CPC 36, a controladora deve apresentar as demonstrações contábeis consolidadas nas quais os investimentos em controladas estejam consolidados.

Nota-se que as demonstrações contábeis consolidadas devem incluir todas as controladas da controladora.

Observa-se que, legalmente, a consolidação aplica-se somente as companhias abertas e, também, para os grupos de sociedades.

Portanto, em princípio, as companhias fechadas ou grupos de empresas não formalizadas como grupos de sociedades estariam dispensada dessa obrigação. No entanto, é importante lembrar que a consolidação é imposta pelo referido CPC 36, o qual foi acatado pelo CVM e pelo Conselho Federal de Contabilidade.

Neste procedimento, discorremos sobre a prática da consolidação, partindo de um exemplo singelo, o qual tem o objetivo:

a) de tornar o tema "familiar" ao leitor;
b) enfatizar a forma como devem ser feitas as eliminações de investimentos de uma empresa em outra e dos saldos patrimoniais provenientes das operações entre a investidora e a investida;
c) evidenciar os efeitos das operações no resultado.

2. PRESUNÇÃO DE CONTROLE

Presume-se que exista controle quando a controladora possui, direta ou indiretamente por meio de suas controladas, mais da metade do poder de voto da entidade, a menos que, em circunstâncias excepcionais, possa ficar claramente demonstrado que tal relação de propriedade não constitui controle.

O controle também pode existir no caso de a controladora possuir metade ou menos da metade do poder de voto da entidade, quando houver:

a) poder sobre mais da metade dos direitos de voto por meio de acordo com outros investidores;
b) poder para governar as políticas financeiras e operacionais da entidade conforme especificado em estatuto ou acordo;
c) poder para nomear ou destituir a maioria dos membros da diretoria ou do conselho de administração ou de órgão de administração equivalente, quando o controle da entidade é exercido por esses órgãos;
d) poder para mobilizar a maioria dos votos nas reuniões da diretoria ou do conselho de administração ou de órgão de administração equivalente, quando o controle da entidade é exercido por essa diretoria ou conselho.

3. PROCEDIMENTOS DE CONSOLIDAÇÃO

Segundo o CPC 36, na elaboração de demonstrações contábeis consolidadas, a entidade controladora combina suas demonstrações contábeis com as de suas controladas, linha a linha, ou seja, somando os saldos de itens de mesma natureza: ativos, passivos, receitas e despesas.

Para que as demonstrações contábeis consolidadas apresentem informações sobre o grupo econômico como uma única entidade econômica, os seguintes procedimentos devem ser adotados:

a) o valor contábil do investimento da controladora em cada controlada e a parte dessa controladora no patrimônio líquido das controladas devem ser eliminados. (ver a NBC TG 15 – Combinação de Negócios, o qual descreve o tratamento do ágio pago por expectativa de rentabilidade futura (*goodwill*) resultante);
b) identificar a participação dos não controladores no resultado das controladas consolidadas para o período de apresentação das demonstrações contábeis; e

c) identificar a participação dos não controladores nos ativos líquidos das controladas consolidadas, separadamente da parte pertencente à controladora. A participação dos não controladores nos ativos líquidos é composta:

i. do montante da participação dos não controladores na data da combinação inicial, calculada em conformidade com a NBC TG 15 – Combinação de Negócios; e

ii. da participação dos não controladores nas variações patrimoniais das controladas consolidadas desde a data da combinação.

4. EXEMPLO

Consideremos no desenvolvimento, uma sociedade empresária (controladora) que constitua uma subsidiária integral (controlada), cujo capital corresponda a R$ 150.000,00. Portanto, a controladora detém 100% do capital da controlada.

Na data da constituição da subsidiária integral, tínhamos a seguinte configuração no balanço patrimonial de ambas:

ATIVO	CONTROLADORA	SUBSIDIÁRIA
CIRCULANTE	**470.000**	**150.000**
Caixa	90.000	150.000
Clientes (terceiros)	130.000	
Estoques	250.000	
ATIVO NÃO CIRCULANTE	**380.000**	**0**
Investimento em Controlada	150.000	
Imobilizado	230.000	
TOTAL DO ATIVO	**850.000**	**150.000**
PASSIVO		
CIRCULANTE	**400.000**	**0**
Fornecedores (terceiros)	400.000	
PASSIVO NÃO CIRCULANTE		
PATRIMÔNIO LÍQUIDO	**450.000**	**150.000**
Capital Social	450.000	150.000
TOTAL DO PASSIVO	**850.000**	**150.000**

Após a constituição da subsidiária integral, a controladora efetuou uma venda de mercadorias a controlada, pelo preço de custo, no valor de R$ 65.000,00.

Portanto, temos os seguintes lançamentos:

Na controladora

Lançamento 1 – Registro da Venda

D - Clientes (Controlada) 65.000
C - Vendas 65.000

Lançamento 2 – Registro da baixa dos estoques

D - CMV 65.000
C - Estoques 65.000

Na controlada

Lançamento 3 – Registro da obrigação/entrada nos estoques

D - Estoques 65.000
C - Fornecedores 65.000

Nota: No desenvolvimento do exemplo, estamos considerando, para fins de simplificação, a inexistência de lucros não realizados decorrentes de transações entre as companhias.

Considerando-se que até a data de fechamento do balanço em 31.12.X1, não tenha ocorrido mais nenhuma operação entre controladora e controlada e com terceiros, os balanços patrimoniais de ambas apresentar-se-ão da seguinte forma:

ATIVO	CONTROLADORA	SUBSIDIÁRIA
CIRCULANTE	**470.000**	**215.000**
Caixa	90.000	150.000
Clientes (Terceiros)	130.000	
Clientes (Controlada)	65.000	
Estoques	185.000	65.000
ATIVO NÃO CIRCULANTE	**380.000**	**0**
Investimento em Controlada	150.000	
Imobilizado	230.000	
TOTAL DO ATIVO	**850.000**	**215.000**
PASSIVO		
CIRCULANTE	**400.000**	**65.000**
Fornecedores (Terceiros)	400.000	
Fornecedores (Controladora)		65.000
PASSIVO NÃO CIRCULANTE		
PATRIMÔNIO LÍQUIDO	**450.000**	**150.000**
Capital Social	450.000	150.000
TOTAL DO PASSIVO	**850.000**	**215.000**

4.1 Balanço consolidado

O próximo passo diz respeito à consolidação das demonstrações propriamente dita. Para tanto, poderá ser utilizado o seguinte mapa:

ATIVO	CONTROLADORA	SUBSIDIÁRIA	AJUSTES PARA CONSOLIDAÇÃO		SALDOS CONSOLIDADO
			DÉBITO	CRÉDITO	
CIRCULANTE	**470.000**	**215.000**			**620.000**
Caixa	90.000	150.000			240.000
Clientes (Terceiros)	130.000				130.000
Clientes (Controlada)	65.000			65.000	0
Estoques	185.000	65.000			250.000
ATIVO NÃO CIRCULANTE	**380.000**	**0**			**230.000**
Investimento em Controlada	150.000			150.000	0
Imobilizado	230.000				230.000
TOTAL DO ATIVO	**850.000**	**215.000**			**850.000**
PASSIVO					0
CIRCULANTE	**400.000**	**65.000**			**400.000**
Fornecedores (Terceiros)	400.000				400.000
Fornecedores (Controladora)		65.000	65.000		0
PASSIVO NÃO CIRCULANTE					0
PATRIMÔNIO LÍQUIDO	**450.000**	**150.000**			**450.000**
Capital social	450.000	150.000	150.000		450.000
TOTAL DO PASSIVO	**850.000**	**215.000**			**850.000**

4.2 DRE consolidada

Com dados e valores meramente ilustrativos, no que diz respeito ao total de receita, custos e despesas, a DRE, consolidada apresentar-se-á, da seguinte forma:

	Contas	Controladora	Controlada	Ajustes para consolidação		Saldos consolidados
				D	C	
	Vendas	**1.000.000**		65.000		935.000
(-)	**Custo**	-550.000			65.000	-485.000
(=)	**LUCRO BRUTO**	**450.000**	**0**			450.000
(-)	**DESPESAS**	-400.000				-400.000
(=)	**RESULTADO**	**50.000**	**0**			50.000

VII – CONSOLIDAÇÃO DO BP E DA DRE: REQUISITOS CONTÁBEIS, PARTICIPAÇÃO DE NÃO CONTROLADORES, EXCLUSÕES E PAPÉIS DE TRABALHO

1. INTRODUÇÃO

Neste procedimento discorremos sobre os requisitos contábeis, a participação de não controladores, exclusões que devem ser feitas para fins de consolidação e aspectos práticos da consolidação do balanço patrimonial e da demonstração do resultado do exercício, com exemplo de papéis de trabalho.

Nota: É importante lembrar que a consolidação é imposta pelo CPC 36, o qual foi acatado pela CVM e pelo Conselho Federal de Contabilidade.

2. REQUISITOS CONTÁBEIS

A controladora deve elaborar demonstrações consolidadas utilizando políticas contábeis uniformes para transações similares e outros eventos em circunstâncias similares.

A consolidação da investida se inicia a partir da data em que o investidor obtiver o controle da investida e cessa quando o investidor perder o controle da investida.

2.1 Procedimentos de consolidação

Demonstrações consolidadas devem:

a) combinar itens similares de ativos, passivos, patrimônio líquido, receitas, despesas e fluxos de caixa da controladora com os de suas controladas;

b) compensar (eliminar) o valor contábil do investimento da controladora em cada controlada e a parcela da controladora no patrimônio líquido de cada controlada (o Pronunciamento Técnico CPC 15 explica como contabilizar qualquer ágio correspondente);

c) eliminar integralmente ativos e passivos, patrimônio líquido, receitas, despesas e fluxos de caixa intragrupo relacionados a transações entre entidades do grupo (resultados decorrentes de transações intragrupo que sejam reconhecidos em ativos, tais como estoques e ativos fixos, são eliminados integralmente). Os prejuízos intragrupo podem indicar uma redução no valor recuperável de ativos, que exige o seu reconhecimento nas demonstrações consolidadas. O Pronunciamento Técnico CPC 32 - Tributos sobre o Lucro se aplica a diferenças temporárias, que surgem da eliminação de lucros e prejuízos resultantes de transações intragrupo.

2.2 Políticas contábeis uniformes

Se um membro do grupo utilizar políticas contábeis diferentes daquelas adotadas nas demonstrações consolidadas para transações similares e eventos em circunstâncias similares, devem ser feitos ajustes apropriados às demonstrações contábeis desse membro do grupo na elaboração das demonstrações consolidadas para garantir a conformidade com as políticas contábeis do grupo.

2.3 Mensuração

A entidade deve incluir as receitas e as despesas de controlada nas demonstrações consolidadas desde a data em que adquire o controle até a data em que deixa de controlar a controlada.

As receitas e as despesas da controlada se baseiam nos valores dos ativos e passivos reconhecidos nas demonstrações consolidadas na data de aquisição. Por exemplo, a despesa de depreciação reconhecida na demonstração consolidada do resultado abrangente após a data de aquisição se baseia nos valores justos dos respectivos ativos depreciáveis correspondentes reconhecidos nas demonstrações consolidadas na data de aquisição.

3. PARTICIPAÇÃO DE NÃO CONTROLADORES

Uma controladora deve apresentar as participações de não controladores no balanço patrimonial consolidado, dentro do patrimônio líquido, separadamente do patrimônio líquido dos proprietários da controladora.

Mudanças na participação societária detida por controladores de controladora na controlada que não resultam na perda de controle da controlada pela controladora constituem transações patrimoniais (ou seja, transações com os sócios, tais quais operações de aquisição de suas próprias ações para manutenção em tesouraria).

3.1 Atribuição de lucros e prejuízos

A entidade deve atribuir os lucros e os prejuízos e cada componente de outros resultados abrangentes aos proprietários da controladora e às participações de não controladores. A entidade deve atribuir também o resultado abrangente total aos proprietários da controladora e às participações de não controladores, ainda que isto resulte em que as participações de não controladores tenham saldo deficitário.

Se a controlada tiver ações preferenciais em circulação com direito a dividendos cumulativos, que sejam classificadas como patrimônio líquido, e sejam detidas por acionistas não controladores, a entidade deve calcular sua parcela de lucros e prejuízos após efetuar ajuste para refletir os dividendos sobre essas ações, tenham ou não esses dividendos sido declarados.

3.2 Mudança na proporção detida por participações de não controladores

Quando a proporção do patrimônio líquido detida por participações de não controladores sofrer modificações, a entidade deve ajustar os valores contábeis das participações de controladoras e de não controladores para refletir as mudanças em suas participações relativas na controlada.

A entidade deve reconhecer diretamente no patrimônio líquido qualquer diferença entre o valor pelo qual são ajustadas as participações de não controladores e o valor justo da contrapartida paga ou recebida e deve atribuir essa diferença aos proprietários da controladora.

4. EXCLUSÕES DAS DEMONSTRAÇÕES CONSOLIDADAS

A Lei nº 6.404/1976 também estabelece as regras de consolidação. Essas regras constam do art. 250, adiante reproduzido:

> *"Art. 250. Das demonstrações financeiras consolidadas serão excluídas:*
>
> *I – as participações de uma sociedade em outra;*
>
> *II – os saldos de quaisquer contas entre as sociedades;*

III – as parcelas dos resultados do exercício, dos lucros ou prejuízos acumulados e do custo de estoques ou do ativo não circulante que corresponderem a resultados, ainda não realizados, de negócios entre as sociedades.

§ 1º A participação dos acionistas não controladores no patrimônio líquido e no lucro do exercício será destacada, respectivamente, no balanço patrimonial e na demonstração do resultado do exercício.

§ 2º A parcela do custo de aquisição do investimento em controlada, que não for absorvida na consolidação, deverá ser mantida no ativo não circulante, com dedução da provisão adequada para perdas já comprovadas, e será objeto de nota explicativa.

§ 3º O valor da participação que exceder do custo de aquisição constituirá parcela destacada dos resultados de exercícios futuros até que fique comprovada a existência de ganho efetivo.

§ 4º Para fins deste artigo, as sociedades controladas, cujo exercício social termine mais de 60 (sessenta) dias antes da data do encerramento do exercício da companhia, elaborarão, com observância das normas desta Lei, demonstrações financeiras extraordinárias em data compreendida nesse prazo."

5. PAPÉIS DE TRABALHO

Na consolidação das demonstraçoes contábeis é recomendável a utilização e manutenção de papéis de trabalho, hoje eletrônicos.

Nesses papéis são trasncritos, primeiramente, todos os saldos das contas de cada uma das empresas objeto da consolidação nas suas respectivas colunas. Esses saldos, naturalmente, são extraidos das demonstrações contabeis finais de cada empresa, normalmente, em uma mesma data.

Em seguida é feita a totalização dos saldos. Soma horizontal pra totalizar os saldos e soma vertical para confirmar se a soma foi feita corretamente.

O próximo passo e proceder ao registro dos lançamentos de eliminações/ajustes (exclusivamente para fins de consolidação – não há efeito fiscal ou societário em relação a esses lançamentos).

Por fim, ao se fazer a soma algébrica da coluna total com a coluna de eliminações/ajustes, chegamos ao valor das demonstrações consolidadas (coluna "consolidado"). O total do ativo e do passivo dessa coluna, naturalmente, devem ser iguais. Em relação a demonstração do resultado do exercício, a linha lucro líquido do exercício (consolidado), deve coincidir com o lucro do exercício corrente, no patrimônio líquido do balanço consolidado (veja exemplo adiante).

Exemplo de papéis de trabalho

CONTAS	CONTROLADORA	CONTROLADA	TOTAL	AJUSTE			CONSOLIDADO
				DÉBITO	Nº	CRÉDITO	
CIRCULANTE							
Total do Circulante							
NÃO CIRCULANTE							
Total do não circulante							
TOTAL DO ATIVO							
PASSIVO	CONTROLADORA	CONTROLADA	TOTAL	AJUSTE			CONSOLIDADO
				DÉBITO	Nº	CRÉDITO	
CIRCULANTE							
Total do Circulante							
NÃO CIRCULANTE							
Total do Passivo não Circulante							
Patrimônio Líquido							
Participação de minoritários							
Total do PL							
TOTAL DO PASSIVO							
DRE	CONTROLADORA	CONTROLADA	TOTAL	AJUSTE			CONSOLIDADO
				DÉBITO	Nº	CRÉDITO	
Vendas							
(-) CMV/CPV							
(=) Lucro bruto							
Despesas operacionais							

Administrativas							
Com vendas							
Financeiras							
Outras							
Resultado com MEP							
(=) SUB TOTAL							
Outras receitas e desp. não operacionais							
(=)Lucro antes do IRPJ/CSL							
(-)IRPJ/CSL							
(=) Lucro do exercício							
Participação de não controladores							
Subtotal/lucro líquido do exercício							
Resultado do exercício (AJUSTE)							
Total							

VIII – CONSOLIDAÇÃO: EXEMPLOS PRÁTICOS DO BP E DA DRE

A seguir apresentamos exemplo de consolidação do balanço patrimonial e da demonstração do resultado do exercício das empresas MEGA e SENA (controladora e controlada), em continuação aos trabalhos publicados anteriormente. Para tanto, são apresentados o balanço e a DRE individuais das duas empresas, os quais serão utilizados para simularmos dois exemplos de consolidação:

- o primeiro, uma consolidação simples, na qual a empresa MEGA apresenta balanço consolidado em relação a sua controlada SENA. Embora tenha havido operações de mercadorias entre as empresas, **não há lucros não realizados**;
- no segundo, como diferencial em relação ao exemplo anterior, a ocorrência de operações de mercadorias entre as empresas, **com a existência de lucros não realizados integralmente**. Na prática, isso significa dizer que em relação às vendas efetuadas entre as companhias, o lucro encontra-se "parado" no estoque da adquirente, pois não houve venda dessas mercadorias para terceiros.

No desenvolvimento dos exemplos fornecemos o balanço da controladora e da controlada já devidamente ajustados; em seguida somamos os valores na coluna denominada "total"; a consolidação propriamente dita passa, necessariamente, pelo reconhecimento dos ajustes/eliminações propostos e totalização dos valores na coluna "consolidado".

Exemplo 1 - Operações entre companhias, sem lucros não realizados

No desenvolvimento do exemplo 1, considere as premissas abaixo:

Premissas Básicas

1)	Controladora:	Cia MEGA	
	Controlada:	Cia. SENA	
2)	MEGA participa no capital de SENA com:		80%
	Participação de não controladores:		20%
3)	**Operações com mercadorias**		
	SENA adquiriu mercadorias de terceiros por	80.000	
3.1)	**Venda de mercadorias para MEGA**		
	SENA vende parte dos estoques para MEGA		
	Valor da venda	60.000	
	Quantidade vendida dos estoques	50%	
	Portanto, custo de SENA foi de:		

80.000 x 50% = 40.000

Em 31 de dezembro, data da consolidação, MEGA já tinha vendido toda a mercadoria adquirida de SENA. Isso significa dizer que todo o lucro na operação foi **REALIZADO**.

3.2)	**Venda de mercadorias para terceiros**	
	SENA vende parte dos estoques para terceiros	
	Valor da venda	100.000
	Quantidade vendida dos estoques	35,00%
	Portanto, custo de SENA na operação com terceiros foi de:	

80.000 x 35,00% = 28.000

4) Lucros nos estoques com empresas ligadas

Margem de lucro de SENA

Lucro bruto/vendas 33,33%

A margem de lucro foi assim determinada:

$$\frac{\text{Lucro bruto}}{\text{Vendas}} = \frac{20.000^*}{60.000} = 33,33\%$$

* $ 60.000 – $ 40.000

Saldo em estoque

Em relação às compras junto a SENA, o inventário mostrou que MEGA tem em seus estoques (conforme vimos acima, MEGA, na data da consolidação havia vendido toda a mercadoria): 0

Portanto:

Saldo em estoque	0
Margem de lucro de SENA	33,333%
Lucros nos estoques (não realizado)	0
CMV que deve ser eliminado na consolidação	
Vendas realizadas para MEGA	60.000
(-) Lucros nos estoques de MEGA	0
(=) CMV a ser eliminado	60.000

5) Em 31 de dezembro, data da consolidação e encerramento do exercício, a controladora teve que proceder a equivalência patrimonial. Com base nas informações que constam do balanço da controlada e das premissas apresentadas, o resultado com o MEP foi assim determinado:

MEGA	SENA	
	PL	Lucro do Exercício Corrente
	135.800	42.800
Participação	80%	80%
(=) Investimento/MEP	108.640	34.240

Veja que no balanço apresentado, o valor de $ 108.640 consta da conta investimento, da investidora; já o valor de $ 34.240 consta da DRE, como resultado com o MEP.

Com base nas premissas acima, devem ser elaborados os seguintes lançamentos de eliminações:

ELIMINAÇÕES

Eliminação do saldo de contas a receber e contas a pagar entre empresas ligadas

(1)	D – CONTAS A PAGAR (CONSOLIDADO)	80.000	
	C – CONTAS A RECEBER (CONSOLIDADO)		80.000

Eliminação de venda e lucros não realizados entre empresas ligadas

(2)	D – VENDAS (CONSOLIDADO)	60.000	
	C – CMV (CONSOLIDADO)		60.000

	Eliminação da participação societária		
(3)	D – CAPITAL (CONSOLIDADO)	40.000	
	D – RESERVAS (CONSOLIDADO)	16.000	
	D – RESULTADO DO EXERCÍCIO (MEP) (CONSOLIDADO)	34.240	
	D – LUCROS DE ANOS ANTERIORES (PL) (CONSOLIDADO)	18.400	
	C – INVESTIMENTO (CONSOLIDADO)		108.640

	Eliminação da Participação de não controladores		
(4)	D – CAPITAL (CONSOLIDADO)	10.000	
	D – RESERVAS (CONSOLIDADO)	4.000	
	D – RESULTADO DO EXERCÍCIO (NÃO CONTROLADORES) (CONSOLIDADO)	8.560	
	D – LUCRO DE ANOS ANTERIORES (CONSOLIDADO)	4.600	
	C – PARTICIPAÇÃO DE NÃO CONTROLADORES (CONSOLIDADO)		27.160

	Encerramento dos lançamentos efetuados em resultado		
(5)	D – LUCRO DO EXERCÍCIO CORRENTE (PL) (CONSOLIDADO)	42.800	
	C – RESULTADO DO EXERCÍCIO (RESULTADO) (CONSOLIDADO)		42.800

Feitos os lançamentos de ajustes/eliminações, os balanços individuais da controladora e controlada e o balanço consolidado estarão assim representados:

CONTAS	MEGA	SENA	TOTAL	ELIMINAÇÕES			CONSOLIDADO
				DÉBITO		CRÉDITO	
CIRCULANTE							
Caixa e equivalentes	15.000	1.300	16.300				16.300
Contas a Receber terceiros	160.000	25.000	185.000				185.000
Contas a Receber – empresa ligada		80.000	80.000		(1)	80.000	0
Estoques	126.000	17.000	143.000		(2)	0	143.000
Total do Circulante	**301.000**	**123.300**	**424.300**	**0**		**80.000**	**344.300**
NÃO CIRCULANTE							
Investimento	108.640		108.640		(3)	108.640	0
Imobilizado	300.000	25.000	325.000				325.000
Total do não circulante	**408.640**	**25.000**	**433.640**	**0**		**108.640**	**325.000**
TOTAL DO ATIVO	**709.640**	**148.300**	**857.940**	**0**		**188.640**	**669.300**

PASSIVO	MEGA	SENA	TOTAL	ELIMINAÇÕES			CONSO-LIDADO
				DÉBITO		CRÉDITO	
CIRCULANTE							
Fornecedores	60.000	6.000	66.000				66.000
Obrigações trabalhistas	23.000	1.500	24.500				24.500
Obrigações tributárias	30.000	2.000	32.000				32.000
Total do Circulante	**113.000**	**9.500**	**122.500**				**122.500**
NÃO CIRCULANTE							
Empréstimos a pagar	210.000	3.000	213.000				213.000
Contas a pagar – Empresa ligada	80.000		80.000	80.000	(1)		0
Total do Passivo não Circulante	**290.000**	**3.000**	**293.000**	**80.000**		**0**	**213.000**
Patrimônio Líquido							
Capital	120.000	50.000	170.000	40.000	(3)		120.000
			0	10.000	(4)		
Reservas	32.000	20.000	52.000	16.000	(3)		32.000
			0	4.000	(4)		
Lucros acumulados							
Lucro de Anos Anteriores	45.000	23.000	68.000	18.400	(3)		45.000
				4.600	(4)		
Lucro do Exercício Corrente	109.640	42.800	152.440	42.800	(5)		109.640
Participação de não controladores					(4)	27.160	27.160
Total do PL	306.640	135.800	442.440	135.800		0	333.800
TOTAL DO PASSIVO	**709.640**	**148.300**	**857.940**	**215.800**	**0**	**27.160**	**669.300**

DRE	MEGA	SENA	TOTAL	ELIMINAÇÕES			CONSO-LIDADO
				DÉBITO		CRÉDITO	
Vendas	1.400.000	160.000	1.560.000	60.000	(2)		1.500.000
(-) CMV/CPV	-800.000	-68.000	-868.000		(2)	60.000	-808.000
(=) Lucro bruto	**600.000**	**92.000**	**692.000**	**60.000**		**60.000**	**692.000**
Despesas operacionais							
Administrativas	-230.000	-10.000	-240.000				-240.000
Com vendas	-130.000	-4.000	-134.000				-134.000
Financeiras	-85.600	-800	-86.400				-86.400
Outras	-25.000	-400	-25.400				-25.400
Resultado com MEP	34.240		34.240	34.240	(3)		0
(=) Total das despesas operacionais	**-436.360**	**-15.200**	**-451.560**	**34.240**		**0**	**-485.800**
Outras receitas e desp. não operac.	26.000	-16.000	10.000				10.000

(=)Lucro antes do IRPJ/ CSL	189.640	60.800	250.440	94.240		60.000	216.200
(-)IRPJ/CSL	-80.000	-18.000	-98.000			0	-98.000
(=) Lucro do exercício	**109.640**	**42.800**	**152.440**	**94.240**		**60.000**	**118.200**
Participação de não controladores				**8.560**	(4)		**-8.560**
Subtotal/Lucro líquido do exercício				**102.800**		**60.000**	**109.640**
Resultado do exercício					**(5)**	**42.800**	
Total				**102.800**		**102.800**	

Exemplo 2 – Operações entre companhias, com lucros não realizados integrais

No desenvolvimento do exemplo 2, considere as premissas abaixo:

Premissas básicas

1) Controladora: Cia. MEGA

Controlada: Cia. SENA

2) MEGA participa no capital de SENA com: 80%

Participação de não controladores: 20%

3) Operações com mercadorias

SENA adquiriu mercadorias de terceiros por 80.000

3.1) Venda de mercadorias para MEGA

SENA vende parte dos estoques para MEGA

Valor da venda 60.000

Quantidade vendida dos estoques 50%

Portanto, custo de SENA foi de:

80.000 x 50% = 40.000

Em 31 de dezembro MEGA mantém todas as mercadorias em estoque. Isso significa dizer que todo o lucro na operação deve ser considerado como **NÃO REALIZADO**. Ver premissa “4”, adiante.

3.2) Venda de mercadorias para terceiros

SENA vende parte dos estoques para terceiros

Valor da venda 100.000

Quantidade vendida dos estoques 35,00%

Portanto, custo de SENA na operação com terceiros foi de:

80.000 x 35,00% = 28.000

4) Lucros nos estoques com empresas ligadas

Margem de lucro de SENA

A margem de lucro foi assim determinada:

$$\frac{\text{Lucro bruto}}{\text{Vendas}} = \frac{20.000}{60.000} = 33{,}33\%$$

Saldo em estoque

Em relação às compras junto a SENA, o inventário mostrou que MEGA tem em seus estoques:	60.000

Portanto:	
Saldo em estoque	60.000
Margem de lucro de SENA	33,33%
Lucros nos estoques (não realizado)	20.000

CMV que deve ser eliminado na consolidação

Vendas realizadas para MEGA	60.000
(-) Lucros nos estoques de MEGA	-20.000
(=) CMV a ser eliminado	40.000

5) Em 31 de dezembro, data da consolidação e encerramento do exercício, a controladora teve que proceder a equivalência patrimonial. Com base nas informações que constam do balanço da controlada e das premissas apresentadas, o resultado com o MEP foi assim determinado:

MEGA	SENA	
	PL	Lucro do Exercício corrente
	135.800	42.800
Participação	80%	80%
(=) Subtotal	108.640	34.240
(-) Lucro nos estoques	20.000	20.000
(=) Investimento/MEP	88.640	14.240

Importante: Lembra-se que na existência de lucros não realizados decorrente de operações entre empresas, a controladora deve eliminar de sua demonstração individual referido valor. O balanço individual da controladora MEGA adiante reproduzido já contempla esse lançamento.

Deste modo, no balanço individual da investidora (MEGA) apresentado consta o valor de $ 88.640 da conta investimento, já o valor de $ 14.240 consta da DRE, como resultado com o MEP.

Com base nas premissas acima, devem ser elaborados os seguintes lançamentos de eliminações:

Eliminações

(1) **Eliminação do saldo de contas a receber e contas a pagar entre empresas ligadas**

D – CONTAS A PAGAR (CONSOLIDADO)	80.000	
C – CONTAS A RECEBER (CONSOLIDADO)		80.000

(2)	**Eliminação de venda e lucros não realizados entre empresas ligadas**		
	D – VENDAS (CONSOLIDADO)	60.000	
	C – CMV (CONSOLIDADO)		40.000
	C – ESTOQUES (CONSOLIDADO)		20.000
(3)	**Eliminação da participação societária**		
	D – CAPITAL (CONSOLIDADO)	40.000	
	D – RESERVAS (CONSOLIDADO)	16.000	
	D – RESULTADO DO EXERCÍCIO (MEP) (CONSOLIDADO)	14.240	
	D – LUCROS DE ANOS ANTERIORES (PL) (CONSOLIDADO)	18.400	
	C – INVESTIMENTO (CONSOLIDADO)		88.640
	Eliminação da participação de não controladores		
(4)	D – CAPITAL (CONSOLIDADO)	10.000	
	D – RESERVAS (CONSOLIDADO)	4.000	
	D – RESULTADO DO EXERCÍCIO (NÃO CONTROLADORES) (CONSOLIDADO)	8.560	
	D – LUCRO DE ANOS ANTERIORES (CONSOLIDADO)	4.600	
	C – PARTICIPAÇÃO DE NÃO CONTROLADORES (CONSOLIDADO)		27.160
(5)	**Encerramento dos lançamentos efetuados em resultado**		
	D – LUCRO DO EXERCÍCIO CORRENTE (PL) (CONSOLIDADO)	42.800	
	C – RESULTADO DO EXERCÍCIO (RESULTADO) (CONSOLIDADO)		42.800

Feitos os lançamentos de ajustes/eliminações, os balanços individuais da controladora e controlada e o balanço consolidado estarão assim representados:

ATIVO	MEGA	SENA	TOTAL	ELIMINAÇÕES			CONSOLIDADO
				DÉBITO		CRÉDITO	
CIRCULANTE							
Caixa e equivalentes	15.000	1.300	16.300				16.300
Contas a Receber terceiros	160.000	25.000	185.000				185.000
Contas a Receber – empresa ligada		80.000	80.000		(1)	80.000	0
Estoques	126.000	17.000	143.000		(2)	20.000	123.000
Outras contas a receber			0				0
Total do Circulante	**301.000**	**123.300**	**424.300**	**0**		**100.000**	**324.300**

NÃO CIRCULANTE							
Investimento	88.640		88.640		(3)	88.640	0
Imobilizado	300.000	25.000	325.000				325.000
Total do não circulante	**388.640**	**25.000**	**413.640**	**0**		**88.640**	**325.000**
TOTAL DO ATIVO	**689.640**	**148.300**	**837.940**	**0**		**188.640**	**649.300**

PASSIVO	**MEGA**	**SENA**	**TOTAL**	**ELIMINAÇÕES**			**CONSO-LIDADO**
				DÉBITO		**CRÉDITO**	
CIRCULANTE							
Fornecedores	60.000	6.000	66.000				66.000
Outras obrigações	53.000	3.500	56.500				56.500
Total do Circulante	**113.000**	**9.500**	**122.500**				**122.500**
NÃO CIRCULANTE							
Empréstimos a pagar	210.000	3.000	213.000				213.000
Contas a pagar – Empresa ligada	80.000		80.000	80.000	(1)		0
Total do Passivo não Circulante	**290.000**	**3.000**	**293.000**	**80.000**		**0**	**213.000**
Patrimônio Líquido							
Capital	120.000	50.000	170.000	40.000	(3)		120.000
			0	10.000	(4)		
Reservas	32.000	20.000	52.000	16.000	(3)		32.000
			0	4.000	(4)		
Lucros acumulados							
Lucro de Anos Anteriores	45.000	23.000	68.000	18.400	(3)		45.000
				4.600	(4)		
Lucro do Exercício Corrente	89.640	42.800	132.440	42.800	(5)		89.640
Participação de não controladores					(4)	27.160	27.160
Total do PL	286.640	135.800	422.440	135.800		0	313.800
TOTAL DO PASSIVO	**689.640**	**148.300**	**837.940**	**215.800**	**0**	**27.160**	**649.300**

DRE	**MEGA**	**SENA**	**TOTAL**	**ELIMINAÇÕES**			**CONSO-LIDADO**
				DÉBITO		**CRÉDITO**	
Vendas	1.400.000	160.000	1.560.000	60.000	(2)		1.500.000
(-) CMV/CPV	-800.000	-68.000	-868.000		(2)	40.000	-828.000
(=) Lucro bruto	**600.000**	**92.000**	**692.000**	**60.000**		**40.000**	**672.000**
Despesas operacionais							
Administrativas	-230.000	-10.000	-240.000				-240.000
Com vendas	-130.000	-4.000	-134.000				-134.000
Financeiras	-85.600	-800	-86.400				-86.400

Outras	-25.000	-400	-25.400				-25.400
Resultado com MEP	14.240		14.240	14.240	(3)		0
(=) Total das desp. operacionais	**-456.360**	**-15.200**	**-471.560**	**14.240**		**0**	**-485.800**
Outras receitas e despesas não operacionais	26.000	-16.000	10.000				10.000
(=) Lucro antes do IRPJ/CSL	169.640	60.800	230.440	74.240		40.000	196.200
(-) IRPJ/CSL	-80.000	-18.000	-98.000			0	-98.000
(=) Lucro do exercício	**89.640**	**42.800**	**132.440**	**74.240**		**40.000**	**98.200**
Participação de não controladores				**8.560**	(4)		**-8.560**
Subtotal/Lucro líquido				**82.800**		**40.000**	**89.640**
Resultado do exercício					**(5)**	**42.800**	
Total				**82.800**		**82.800**	

IX – CONSOLIDAÇÃO: EXEMPLO PRÁTICO DO BP E DA DRE, COM TRIBUTOS DIFERIDOS

A seguir apresentamos mais um exemplo de consolidação do balanço patrimonial e da demonstração do resultado do exercício das empresas MEGA e SENA (controladora e controlada), em conclusão aos procedimentos anteriormente. Para tanto, são apresentados o balanço e a DRE individuais das duas empresas, os quais serão utilizados para simularmos o exemplo de consolidação na qual a empresa MEGA apresenta balanço consolidado em relação a sua controlada SENA. Neste exemplo admitimos a existência de operações de mercadorias entre as empresas, com a existência de **lucros não realizados parcialmente.** Na prática, isso significa dizer que em relação às vendas efetuadas entre as companhias, somente **parte** do lucro encontra-se "parado" no estoque da adquirente, pois houve venda parcial de mercadorias para terceiros. Adicionalmente, evidenciamos o tratamento a ser dado ao IRPJ e a CSL diferidos no balanço consolidado, tendo em vista a operação ter resultado em lucro não realizado.

No desenvolvimento do exemplo fornecemos o balanço da controladora e da controlada já devidamente ajustados; em seguida somamos os valores na coluna denominada "total"; a consolidação propriamente dita passa, necessariamente, pelo reconhecimento dos ajustes/eliminações propostos e totalização dos valores na coluna "consolidado".

Exemplo 3 – Operações entre companhias, com lucros não realizados parciais e tributos diferidos

No desenvolvimento do exemplo, considere as premissas abaixo:

Premissas Básicas

a)	Controladora:		Cia MEGA				
	Controlada:		Cia. SENA				
b)	MEGA participa no capital de SENA com:						80%
	Participação de não controladores:						20%

c) **Operações com mercadorias**

SENA adquire mercadorias de terceiros por 80.000

c.1) **SENA vende mercadorias para MEGA**

SENA vende parte dos estoques para MEGA

Valor da venda	60.000
Quantidade vendida dos estoques	50%

Portanto, custo de SENA foi de:

80.000 x 50% = 40.000

Em 31 de dezembro MEGA mantém parte das mercadorias em estoque. Isso significa dizer que parte do lucro na operação deve ser considerada como **NÃO REALIZADO**. Ver premissas "3.3" e "4", adiante.

c.2) **SENA vende mercadorias para terceiros**

SENA vende parte dos estoques para terceiros

Valor da venda	100.000
Quantidade vendida dos estoques	35,00%

Portanto, custo de SENA na operação com terceiros foi de:

80.000 x 35,00% = 28.000

c.3) **MEGA vende parte das mercadorias para terceiros**

Quantidade vendida dos estoques adquiridos de SENA 50%

60.000 X 50% = 30.000

d) **Lucros nos estoques com empresas ligadas**

Margem de lucro de SENA

A margem de lucro foi assim determinada:

$$\frac{\text{Lucro bruto}}{\text{Vendas}} = \frac{20.000}{60.000} = 33,33\%$$

Saldo em estoque	
Em relação às compras junto a SENA, o inventário mostrou que MEGA tem em seus estoques:	30.000
Portanto:	
Saldo em estoque	30.000
Margem de lucro de SENA	33,33%
Lucros nos estoques (não realizado)	10.000

CMV que deve ser eliminado na consolidação

Vendas realizadas para MEGA	60.000
(-) Lucros nos estoques de MEGA	-10.000
(=) CMV a ser eliminado	50.000

e) Em 31 de dezembro, data da consolidação e encerramento do exercício, a controladora teve que proceder a equivalência patrimonial. Com base nas informações que constam do balanço da controlada e das premissas apresentadas, o resultado com o MEP foi assim determinado:

MEGA	SENA	
	PL	Lucro do Exercício Corrente
	135.800	42.800
Participação	80%	80%
(=) Subtotal	108.640	34.240
(-) Lucro nos estoques	10.000	10.000
(=) Investimento/MEP	98.640	24.240

Importante: Lembra-se que na existência de lucros não realizados decorrente de operações entre empresas, a controladora deve eliminar de sua demonstração individual referido valor. O balanço individual da controladora MEGA adiante reproduzido já contempla esse lançamento.

Deste modo, no balanço individual da investidora (MEGA) apresentado consta o valor de $ 98.640 da conta investimento, já o valor de $ 24.240 consta da DRE, como resultado com o MEP.

Com base nas premissas acima, devem ser elaborados os seguintes lançamentos de eliminações:

f) Imposto de Renda e CSL Diferidos

Lucro nos estoques	10.000
Alíquota	34%
(=) Tributos diferidos	3.400

ELIMINAÇÕES

Eliminação do saldo de contas a receber e contas a pagar entre empresas ligadas

		Débito	Crédito
(1)	D – CONTAS A PAGAR (CONSOLIDADO)	80.000	
	C – CONTAS A RECEBER (CONSOLIDADO)		80.000

Eliminação de venda e lucros não realizados entre empresas ligadas

		Débito	Crédito
(2)	D – VENDAS (CONSOLIDADO)	60.000	
	C – CMV (CONSOLIDADO)		50.000
	C – ESTOQUES (CONSOLIDADO)		10.000

Eliminação da participação societária

		Débito	Crédito
(3)	D – CAPITAL (CONSOLIDADO)	40.000	
	D – RESERVAS (CONSOLIDADO)	16.000	
	D – RESULTADO DO EXERCÍCIO (MEP) (CONSOLIDADO)	24.240	
	D – LUCROS DE ANOS ANTERIORES (PL) (CONSOLIDADO)	18.400	
	C – INVESTIMENTO (CONSOLIDADO)		98.640

Eliminação da participação de não controladores

		Débito	Crédito
(4)	D – CAPITAL (CONSOLIDADO)	10.000	
	D – RESERVAS (CONSOLIDADO)	4.000	
	D – RESULTADO DO EXERCÍCIO (NÃO CONTROLADORES) (CONSOLIDADO)	8.560	
	D – LUCRO DE ANOS ANTERIORES (CONSOLIDADO)	4.600	
	C – PARTICIPAÇÃO DE NÃO CONTROLADORES (CONSOLIDADO)		27.160

Imposto de Renda diferido

		Débito	Crédito
(5)	D – IR/CSL DIFERIDOS (CONSOLIDADO)	3.400	
	C – DESPESAS COM IR (RESULTADO) (CONSOLIDADO)		3.400

Encerramento dos lançamentos efetuados em resultado

		Débito	Crédito
(6)	D – LUCRO DO EXERCÍCIO CORRENTE (PL) (CONSOLIDADO)	39.400	
	C – RESULTADO DO EXERCÍCIO (RESULTADO) (CONSOLIDADO)		39.400

Feitos os lançamentos de ajustes/eliminações, os balanços individuais da controladora e controlada e o balanço consolidado estarão assim representados:

ATIVO	MEGA	SENA	TOTAL	ELIMINAÇÕES			CONSO-LIDADO
				DÉBITO		CRÉDITO	
CIRCULANTE							
Caixa e equivalentes	15.000	1.300	16.300				16.300
Contas a Receber terceiros	160.000	25.000	185.000				185.000
Contas a Receber – empresa ligada		80.000	80.000		(1)	80.000	0
Estoques	126.000	17.000	143.000		(2)	10.000	133.000
IR/CSL diferidos				3.400	(5)		3.400
Total do Circulante	**301.000**	**123.300**	**424.300**	**3.400**		**90.000**	**337.700**
NÃO CIRCULANTE							
Investimento	98.640		98.640		(3)	98.640	0
Imobilizado	300.000	25.000	325.000				325.000
Total do não circulante	**398.640**	**25.000**	**423.640**	**0**		**98.640**	**325.000**
TOTAL DO ATIVO	**699.640**	**148.300**	**847.940**	**3.400**		**188.640**	**662.700**

PASSIVO	MEGA	SENA	TOTAL	ELIMINAÇÕES			CONSO-LIDADO
				DÉBITO		CRÉDITO	
CIRCULANTE							
Fornecedores	60.000	6.000	66.000				66.000
Outras contas a pagar	53.000	3.500	56.500				56.500
Total do Circulante	**113.000**	**9.500**	**122.500**				**122.500**
NÃO CIRCULANTE							
Empréstimos a pagar	210.000	3.000	213.000				213.000
Contas a pagar – Empresa ligada	80.000		80.000	80.000	(1)		0
Total do Passivo não Circulante	**290.000**	**3.000**	**293.000**	**80.000**		**0**	**213.000**
Patrimônio Líquido							
Capital	120.000	50.000	170.000	40.000	(3)		120.000
			0	10.000	(4)		
Reservas	32.000	20.000	52.000	16.000	(3)		32.000
			0	4.000	(4)		
Lucros acumulados							
Lucro de Anos Anteriores	45.000	23.000	68.000	18.400	(3)		45.000
				4.600	(4)		
Lucro do Exercício Corrente	99.640	42.800	142.440	39.400	(6)		103.040
Participação de não controladores					(4)	27.160	27.160
Total do PL	296.640	135.800	432.440	132.400		0	327.200
TOTAL DO PASSIVO	**699.640**	**148.300**	**847.940**	**212.400**	**0**	**27.160**	**662.700**

DRE	MEGA	SENA	TOTAL	ELIMINAÇÕES			CONSO-LIDADO
				DÉBITO		CRÉDITO	
Vendas	1.400.000	160.000	1.560.000	60.000	(2)		1.500.000
(-) CMV/CPV	-800.000	-68.000	-868.000		(2)	50.000	-818.000
(=) Lucro bruto	**600.000**	**92.000**	**692.000**	**60.000**		**50.000**	**682.000**
Despesas operacionais							
Administrativas	-230.000	-10.000	-240.000				-240.000
Com vendas	-130.000	-4.000	-134.000				-134.000
Financeiras	-85.600	-800	-86.400				-86.400
Outras	-25.000	-400	-25.400				-25.400
Resultado com MEP	24.240		24.240	24.240	(3)		0
(=) Total das despesas operacionais	**-446.360**	**-15.200**	**-461.560**	**24.240**		**0**	**-485.800**
Outras receitas e desp. não operac.	26.000	-16.000	10.000				10.000
(=)Lucro antes do IRPJ/CSL	179.640	60.800	240.440	84.240		50.000	206.200
(-)IRPJ/CSL	-80.000	-18.000	-98.000		(5)	3.400	-94.600
(=) Lucro do exercício	**99.640**	**42.800**	**142.440**	**84.240**		**53.400**	**111.600**
Participação de não controladores				**8.560**	(4)		**-8.560**
Subtotal/lucro líquido do exercício				**92.800**		**53.400**	**103.040**
Resultado do exercício					**(6)**	**39.400**	
Total				**92.800**		**92.800**	

X – INCORPORAÇÃO REVERSA

1. INTRODUÇÃO

Pode-se dizer que a incorporação reversa, como a conhecemos hoje, surgiu por "iniciativa" governamental. Isso se deu na segunda metade da década de noventa, quando da criação da Lei nº 9.532/1997.

É notório que o objetivo da referida lei, à época, foi o de incentivar e dar robustez ao processo de privatização das companhias estatais, o que parece coerente, pois, naquele momento, essa era a principal bandeira do governo. Deste modo, havia a necessidade de se oferecer "incentivos" que atraíssem a iniciativa privada.

Tais incentivos baseavam-se, fundamentalmente, na permissão de dedutibilidade na base de cálculo do IRPJ e da CSL, do ágio proveniente de reestruturação societária, por meio de incorporação, fusão e cisão.

A chamada "incorporação reversa" fica evidente ao analisarmos os arts. 7º e 8º da referida lei nº 9.532/1997, mais especificamente, o art. 8º, alínea "b", a seguir reproduzido:

> *"Art. 8º O disposto no artigo anterior aplica-se, inclusive, quando:*
>
> *a) ...;*
>
> *b) a empresa incorporada, fusionada ou cindida for aquela que detinha a propriedade da participação societária."*

Na prática, o referido diploma legal permite que uma empresa controlada incorpore a controladora.

Embora o tema comporte aspectos tributários, neste procedimento abordaremos os aspectos contábeis básicos que envolvem a incorporação reversa, tendo em vista que as operações de reorganização societária, originalmente, foram criadas como instrumentos de gestão empresarial.

Recomenda-se que o planejamento tributário tendo como alicerce a incorporação reversa seja acompanhado de perto por contadores e advogados, tendo em vista os conflitos existentes sobre a correta interpretação do tema entre Contribuintes e o Fisco.

Lembra-se que o Fisco tem glosado a dedutibilidade da amortização do ágio quando fica evidenciado que o objetivo da reestruturação societária foi o de se buscar a "chamada economia tributária", em detrimento do propósito negocial.

Esse embate tem sido arduamente travado no Conselho Administrativo de Recursos Fiscais (CARF), o qual tem emitido decisões conflitantes.

2. AQUISIÇÃO REVERSA VS. INCORPORAÇÃO REVERSA

Esclareça-se que aquisição reversa e incorporação reversa são coisas distintas. De acordo com o CPC 15, item B19:

> *"a aquisição reversa ocorre quando a entidade que emite os títulos (o adquirente legal) é identificada como a adquirida para fins contábeis, conforme orientações constantes nos itens B13 a B18. A entidade, cuja participação societária tiver sido adquirida (a adquirida legal) para fins contábeis, deve ser considerada como a adquirente e a operação deve ser considerada como aquisição reversa. Por exemplo, às vezes, a aquisição reversa ocorre quan-*

do a entidade fechada (sem ações listadas em bolsa de valores) quer tornar-se uma empresa listada, mas sem fazer o processo de abertura de seu capital, ou seja, sem o registro de suas ações como companhia aberta.

Para esse fim, a entidade fechada faz um acordo com uma companhia aberta para que esta adquira parte de seu capital (ações, por exemplo) e em troca a entidade fechada recebe uma participação de capital na entidade aberta. Nesse exemplo, a entidade aberta é o adquirente legal porque ela emitiu instrumentos de participação societária e a entidade fechada é a adquirida legal porque seus instrumentos de capital foram adquiridos. Contudo, pela aplicação das orientações contidas nos itens B13 a B18, o resultado da identificação do adquirente revela que:

(a) a entidade aberta é a adquirida para fins contábeis (adquirida contábil); e

(b) a entidade fechada é o adquirente para fins contábeis (adquirente contábil).

Na operação, a adquirida contábil deve atender à definição de um negócio para ser contabilizada como aquisição reversa, bem como são aplicáveis todos os princípios de reconhecimento e mensuração previstos neste Pronunciamento, incluindo as exigências para reconhecimento do ágio por rentabilidade futura (goodwill)."

Já na operação de incorporação reversa normalmente surge a figura da "empresa veículo" que, na prática, é o instrumento facilitador da operação. No jargão popular, a "empresa veículo" pode ser encarada como a "empresa laranja", naturalmente, desconsiderando-se a associação pejorativa que normalmente acompanha o termo.

De uma forma sucinta pode-se dizer que a incorporação reversa consiste em operação na qual a controladora, que possui participação acionária adquirida com ágio, tem seu patrimônio incorporado pela controlada.

Como regra, essa operação proporciona a dedutibilidade desse ágio na apuração do Imposto de Renda da Pessoa Jurídica e da contribuição social.

Em outras palavras, tal incentivo foi criado com o objetivo de proporcionar a recuperação do custo de aquisição, por meio de renuncia fiscal proporcionada pela amortização, o que significa dizer que o ágio gerado em operações de privatização poderia ser aproveitado nas próprias empresas privatizadas, com o lucro por elas gerado.

3. EXEMPLO PRÁTICO

Consideremos que a empresa Andorinha adquira 70% das ações da Empresa Beija-flor por R$ 10.000

Pelas novas normas contábeis o registro dessa operação deverá ser feito tendo como base o valor justo dos ativos líquidos.

Para exemplificar consideremos os dados a seguir:

Balanço da investida Beija-flor em 31.12.x1							
Ativo				Passivo			
Contas	Valor Contábil	Valor justo	Diferença	Contas	Valor Contábil	Valor Justo	Diferença
Caixa	100	100	0	Fornecedores	800	800	0
Duplicatas a receber	1.000	1.000	0	Financiamentos	1.300	1.300	0
Estoque	3.000	3.000	0	Impostos a pagar	900	900	0
Total do Circulante	**4.100**	**4.100**	**0**	**Total do Circulante**	**3.000**	**3.000**	**0**
Imobilizado	**4.000**	**6.000**	**2.000**	**Patrimônio Líquido**			
				Capital	3.000	3.000	0
				Lucros	1.500	1.500	0
				Reservas	600	600	0
				Ajuste de Avaliação Patrimonial		2.000	2.000
				Total do PL	**5.100**	**7.100**	**2.000**
Total	**8.100**	**10.100**	**2.000**	**Total**	**8.100**	**10.100**	**2.000**

Outras informações

Investidora Andorinha adquiriu participação no capital da Cia. Beija-flor de:	70%
Valor pago pelo investimento	10.000
Participação de minoritários	30%

Como se observa, o valor justo dos ativos líquidos a valor justo (bens e direitos menos obrigações) na data da operação corresponde a R$ 7.100. No entanto, a base fiscal da Cia. Beija-flor corresponde a R$ 5.100. Diante de tal fato, o CPC 15, em seus itens 24 e 25 estabelece que devem ser reconhecidos os tributos sobre o lucro diferido proveniente dos ativos adquiridos e passivos assumidos, conforme adiante reproduzidos.

> "24. O adquirente deve reconhecer e mensurar ativos e passivos fiscais diferidos, advindos dos ativos adquiridos e dos passivos assumidos em uma combinação de negócios, de acordo com o Pronunciamento Técnico CPC 32 – Tributos sobre o Lucro.
>
> 25. O adquirente deve contabilizar os potenciais efeitos fiscais de diferenças temporárias e de prejuízos fiscais (ou bases negativas de contribuição social sobre o lucro líquido) da adquirida

existentes na data da aquisição ou originados da aquisição, de acordo com o Pronunciamento Técnico CPC 32 – Tributos sobre o Lucro.".

Deste modo, a adquirente (Cia. Andorinha) deve reconhecer os tributos sobre o lucro diferido proveniente dos ativos adquiridos e passivos assumidos.

No nosso exemplo, se considerarmos uma alíquota de 34% (25% de IRPJ e 9% de CSL), a adquirente assumirá um passivo tributário diferido calculado sobre o excesso entre o valor justo e o valor contábil dos ativos, no caso, R$ 2.000. Portanto, o passivo fiscal diferido corresponderá a R$ 680 (34% de R$ 2.000).

Tal reconhecimento proporcionará um passivo total de R$ 3.680 (R$ 3.000 + R$ 680) que deverá ser explicitado no balanço consolidado.

3.1. Determinação do *goodwill*

O adquirente deve reconhecer o ágio por expectativa de rentabilidade futura (*goodwill*), na data da aquisição, tendo como base o excedente entre "a" e "b" adiante (Tal cálculo é exigido pelo item 32 do CPC 15):

a) a soma:
   i. da contraprestação transferida em troca do controle da adquirida, para a qual geralmente se exige o valor justo na data da aquisição;
   ii. do montante de quaisquer participações de não controladores na adquirida; e
b) o valor líquido, na data da aquisição, dos ativos identificáveis adquiridos e dos passivos assumidos.

Observa-se que nesse momento há a necessidade de se mensurar a participação dos não controladores. Para tanto, temos que utilizar as regras de mensuração impostas pelo CPC 15. Segundo o item 19 do referido CPC:

> "19. Em cada combinação de negócios, o adquirente deve mensurar, na data da aquisição, os componentes da participação de não controladores na adquirida que representem nessa data efetivamente instrumentos patrimoniais e confiram a seus de-

tentores uma participação proporcional nos ativos líquidos da adquirida em caso de sua liquidação, por um dos seguintes critérios:

(a) pelo valor justo, ou

(b) pela participação proporcional atual conferida pelos instrumentos patrimoniais nos montantes reconhecidos dos ativos líquidos identificáveis da adquirida.

Todos os demais componentes da participação de não controladores devem ser mensurados ao valor justo na data da aquisição, a menos que outra base de mensuração seja requerida pelos Pronunciamentos, Interpretações e Orientações do CPC."

O mais comum, é a utilização do estabelecido na letra "a", ou seja, a mensuração de participação de não controladores é feita tendo como base o valor justo dos ativos líquidos. Portanto, neste caso, temos:

Total dos ativos	10.100
(-) Passivo originalmente assumido	3.000
(-) Passivo proveniente do Passivo fiscal diferido	680
(=) Valor justo dos ativos identificáveis	6.420

Deste modo, a participação de não controladores será assim determinada:

Valor justo dos ativos identificáveis	6.420
(x) Percentual de participação de não controladores	30%
(=) Participação de não controladores	1.926

Feito isso, procedesse à apuração do ágio por rentabilidade futura (*goodwill*). Com base nos dados apresentados, temos:

Contraprestação transferida – valor pago ("a.i" acima)	10.000
(+) Participação de não controladores ("a.ii" acima)	1.926
(=) Subtotal	11.926
(-) Valor justo dos ativos identificáveis ("b" acima)	6.420
(=) *Goodwill*	5.506

3.2. Consolidação das demonstrações contábeis

Após a aquisição, o balanço consolidado deverá ser assim apresentado:

Balanço consolidado em 31.12.x1 (Andorinha mais Beija-Flor)											
Ativo						Passivo					
Contas	Cia Andorinha	Cia Beija-flor	Ajustes/eliminações		Consolidação	Contas	Cia Andorinha	Cia Beija-flor	Ajustes/eliminações		Consolidação
			Devedor	Credor					Devedor	Credor	
Caixa	500	100			600	Fornecedores	4.000	800			4.800
Duplicatas a receber	1.500	1.000			2.500	Financiamentos	3.000	1.300			4.300
Estoque	5.000	3.000			8.000	Impostos a pagar	2.000	900			2.900
Total do Circulante	**7.000**	**4.100**			**11.100**	**Total do Circulante**	**9.000**	**3.000**			**12.000**
						IR/CSL diferidos				**680**	**680**
						Part. de não controladores				**1.926**	**1.926**
Não Circulante					0	Patrimônio Líquido					0
Imobilizado	7.000	4.000	2.000		13.000	Capital	8.000	3.000	3.000		8.000
Investimento Cia Beija-flor	10.000			10.000	0	Lucros	4.000	1.500	1.500		4.000
Goodwill			5.506		5.506						0
Total do Não circulante	**17.000**	**4.000**			**18.506**	Reservas	3.000	600	600		3.000
						Total do PL	**15.000**	**5.100**	**5.100**		15.000
Total	**24.000**	**8.100**			**29.606**	**Total**	**24.000**	**8.100**			**29.606**

3.3. Criação da empresa "veículo"

O passo seguinte à incorporação reversa consiste na criação da empresa "veículo". No nosso exemplo, faz-se necessária a cisão parcial da Cia. Andorinha. Para tanto, consideremos que dessa cisão parcial surgiu a Cia. Canarinho, constituída exclusivamente com a participação da Cia. Andorinha na controlada Beija-Flor.

Após a criação da Cia. Canarinho o grupo passa ater a seguinte configuração:

Balanço consolidado em 31.12.x1, após criação da entidade "veículo" (Cia. Canarinho)													
Ativo							Passivo						
Contas	Cia Andorinha	Cia Beija-flor	Cia Canarinho	Ajustes/eliminações		Consolidação	Contas	Cia Andorinha	Cia Beija-flor	Cia Canarinho	Ajustes/eliminações		Consolidação
				Devedor	Credor						Devedor	Credor	
Caixa	500	100				600	Fornecedores	4.000	800				4.800
Duplicatas a receber	1.500	1.000				2.500	Financiamentos	3.000	1.300				4.300
Estoque	5.000	3.000				8.000	Impostos a pagar	2.000	900				2.900
Total do Circulante	**7.000**	**4.100**				**11.100**	**Total do Circulante**	**9.000**	**3.000**				**12.000**
							IR/CSL diferidos					**680**	**680**
							Part. de não controladores					**1.926**	**1.926**
Não Circulante						0	Patrimônio Líquido						0
Imobilizado	7.000	4.000		2.000		13.000	Capital	8.000	3.000	10.000	13.000		8.000
Investimento Cia Beija-flor	10.000				10.000	0	Lucros	4.000	1.500		1.500		4.000
Investimento Cia Canarinho			10.000		10.000	0							
Goodwill				5.506		5.506							0
Total do Não circulante	**17.000**	**4.000**				**18.506**	Reservas	3.000	600		600		3.000
							Total do PL	**15.000**	**5.100**				**15.000**
Total	**24.000**	**8.100**				**29.606**	**Total**	**24.000**	**8.100**				**29.606**

4. INCORPORAÇÃO DA EMPRESA VEÍCULO PELA CONTROLADA

Para concluir o processo de incorporação reversa é necessário que haja a incorporação da empresa veículo (no nosso exemplo, a Cia. Canarinho) pela Cia Beija-flor. Naturalmente, todo esse processo deverá estar amparado pelo protocolo de incorporação.

Consideremos que referido protocolo estabeleça que o benefício fiscal decorrente da amortização do ágio por rentabilidade futura terá como beneficiário exclusivamente o controlador. Tal benefício em favor do acionista controlador encontra respaldo no art. 7º da Instrução CVM nº 319/1999 que assim dispõe:

> *"Art. 7º O protocolo de incorporação de controladora por companhia aberta controlada poderá prever que, nos casos em que a companhia vier a auferir benefício fiscal, em decorrência da amortização do ágio referido no inciso III do art. 6º desta Instrução, a parcela da reserva especial de ágio na incorporação correspondente a tal benefício poderá ser objeto de capitalização em proveito do acionista controlador.*
>
> *..."*

5. TRATAMENTO CONTÁBIL EM FACE DA ELIMINAÇÃO DAS REGRAS CONSTANTES DO ICPC 09

Sobre o ponto de vista contábil, o tema estava disciplinado pelo ICPC 09 – Demonstrações contábeis individuais, Demonstrações Separadas, Demonstrações Consolidadas e aplicação de Método de Equivalência Patrimonial, especificamente os itens 44 a 46. Referidos itens foram eliminados recentemente, por ocasião da revisão do referido ICPC.

Observa-se, porém, que do relatório de audiência pública relativa à revisão do referido ICPC constam algumas orientações interessantes. Reproduzimos adiante o item "3.a" desse documento.

> *"3. As sugestões não acatadas e os motivos da não aceitação por parte do CPC estão a seguir apresentados:*
>
> *(a) Discordância quanto à eliminação dos itens 44 a 47 da Interpretação, que regula para fins contábeis o tratamento do ágio em incorporação de entidades, quando houver ágio já existente antes dessa incorporação.*
>
> *Razão: Na opinião de alguns respondentes a eliminação dos itens pode ensejar a falta de orientação a respeito desse tipo de transação, bem como no risco de adoção de diferentes práticas entre as empresas. Houve também sugestão de se incluir referência alternativa quanto à necessidade de se avaliar, em cada transação, se há fundamento econômico para o estabelecimento de uma nova base contábil de ativos e passivos e/ou registro de intangíveis. O CPC, considerando (i) o resul-*

> *tado da atual audiência e da audiência anterior realizada em 2013; e (ii) que está previsto em seu plano de trabalho analisar a emissão de Pronunciamento, Interpretação ou Orientação abrangente disciplinando a forma pela qual as transações entre entidades sob controle comum devem ser tratadas, decidiu confirmar a eliminação dos itens 44 a 47* ***e manter o item das disposições transitórias (item 77) que disciplina a tratamento do tema quando da existência de regulação por órgão regulador da entidade, adicionando o item 78 que determina que, no caso de a entidade não estar no alcance do item 77, deve ser desenvolvida política contábil específica para tratamento das transações entre entidades sob controle comum, tomando por base a prevalência da substância econômica sobre a forma jurídica."*** (grifo nosso)

Os itens 77 e 78 acima citados, do ICPC 09 têm a seguinte redação:

> *"77. Enquanto o Comitê de Pronunciamentos Contábeis não emitir um Pronunciamento Técnico ou Interpretação abrangente que discipline a forma pela qual as transações entre entidades sob controle comum devem ser tratadas (razão pela qual foram suprimidos os itens 44 a 47), deve ser aplicada a regulação existente por órgão regulador da entidade.*
>
> *78. Para as companhias não abrangidas no item anterior, quer pela inexistência de órgão regulador, norma específica ou ambos, deve ser desenvolvida política contábil específica para tratamento das transações entre entidades sob controle comum, tomando por base a prevalência da substância econômica sobre a forma jurídica."*

Do exposto acima, conclui-se que:

a) O Comitê de pronunciamentos Contábeis (CPC) deverá muito em breve regular as transações entre entidades sob controle comum;

b) Enquanto isso não ocorre e havendo a necessidade, deverá a entidade recorrer ao seu órgão regulador;

c) Quando não houver órgão regulador a entidade deverá dar preferência a substância econômica sobre a forma jurídica. Na prática, a entidade deverá utilizar do bom senso para registrar as transações entre entidades sob controle comum.

Em relação às conclusões acima, especificamente em relação à Letra "b", é interessante esclarecer que, sob o ponto de vista fiscal, a Instrução Normativa SRF nº 11/99, art. 1º, e a Instrução normativa nº 390/04, art. 75 estabelecem que o *goodwill* deve ser considerado como um ativo da incorporadora.

Já a CVM, por meio da instrução CVM nº 319/1999 e 349/2001 exige que sejam feitos ajustes nas rubricas de ativos. A seguir reproduzimos os arts. 6º, 7º e 8º da referida Instrução 319/1999 (já alterada pela Instrução CVM 349/2001) que disciplinam o tratamento do ágio e do deságio resultante do controle da companhia aberta que vier a incorporar sua controladora.

Como se trata de uma legislação antiga pode haver descompasso em alguns pontos (veja, por exemplo, que em alguns trechos, a instrução faz referencia ao ativo diferido). Deste modo, é prudente, em se tratando de entidade não sujeita a órgão regulador, a observância da conclusão referida na letra "c".

Naturalmente, o melhor dos mundos seria o aguardo de orientação do CPC, conforme previsão do referido órgão e registrada na letra "a" da conclusão acima.

Segue teor dos referidos dispositivos.

> *"Art. 6º O montante do ágio ou do deságio, conforme o caso, resultante da aquisição do controle da companhia aberta que vier a incorporar sua controladora será contabilizado, na incorporadora, da seguinte forma:*
>
> *I – nas contas representativas dos bens que lhes deram origem – quando o fundamento econômico tiver sido a diferença entre o valor de mercado dos bens e o seu valor contábil (Instrução CVM nº 247/96, art. 14, § 1º);*
>
> *II – em conta específica do ativo imobilizado (ágio) – quando o fundamento econômico tiver sido a aquisição do direito de exploração, concessão ou permissão delegadas pelo Poder Público (Instrução CVM nº 247/96, art. 14, § 2º, alínea b); e*
>
> *III – em conta específica do ativo diferido (ágio) ou em conta específica de resultado de exercício futuro (deságio) – quando o fundamento econômico tiver sido a expectativa de resultado futuro (Instrução CVM nº 247/96, art. 14, § 2º, alínea a).*
>
> *§ 1º O ágio referido no caput deste artigo terá como contrapartida reserva especial de ágio na incorporação, constante do patrimônio líquido.*

§ 1º O registro do ágio referido no inciso I deste artigo terá como contrapartida reserva especial de ágio na incorporação, constante do patrimônio líquido, devendo a companhia observar, relativamente aos registros referidos nos incisos II e III, o seguinte tratamento:

a) constituir provisão, na incorporada, no mínimo, no montante da diferença entre o valor do ágio e do benefício fiscal decorrente da sua amortização, que será apresentada como redução da conta em que o ágio foi registrado;

b) registrar o valor líquido (ágio menos provisão) em contrapartida da conta de reserva referida neste parágrafo;

~~*c) reverter a provisão referida na letra "a" acima para o resultado do período, proporcionalmente à amortização do ágio; e*~~

d) apresentar, para fins de divulgação das demonstrações contábeis, o valor líquido referido na letra "a" no ativo circulante e/ou realizável a longo prazo, conforme a expectativa da sua realização.

§ 2º A reserva referida no parágrafo anterior somente poderá ser incorporada ao capital social, na medida da amortização do ágio que lhe deu origem, em proveito de todos os acionistas, excetuado o disposto no art. 7º desta Instrução.

§ 3º Após a incorporação, o ágio ou o deságio continuará sendo amortizado observando-se, no que couber, as disposições das Instruções CVM nº 247, de 27 de março de 1996, e nº 285, de 31 de julho de 1998.

Art. 7º O protocolo de incorporação de controladora por companhia aberta controlada poderá prever que, nos casos em que a companhia vier a auferir benefício fiscal, em decorrência da amortização do ágio referido no inciso III do art. 6º desta Instrução, a parcela da reserva especial de ágio na incorporação correspondente a tal benefício poderá ser objeto de capitalização em proveito do acionista controlador.

§ 1º Na hipótese prevista no caput deste artigo, observado o disposto no art. 170 da Lei nº 6.404/76, será sempre assegurado aos demais acionistas o direito de preferência e, se for o caso, as importâncias por eles pagas serão entregues ao controlador.

§ 2º A capitalização da parcela da reserva especial referida no caput deste artigo, correspondente ao benefício fiscal, somente poderá ser realizada ao término de cada exercício social e na medida em que esse benefício represente uma efetiva diminuição dos tributos pagos pela companhia.

Art. 8º A companhia deverá efetuar e divulgar, ao término de cada exercício social, análise sobre a recuperação do valor do ágio, ainda que registrado na forma dos incisos II e III do art. 6º desta Instrução, a fim de que sejam:

a) registradas as perdas de valor do capital aplicado quando evidenciado que não haverá resultados suficientes para recuperação desse valor; ou

b) revisados e ajustados os critérios utilizados para a determinação da sua vida útil econômica e para o cálculo e prazo da sua amortização."

Capítulo 6

IMOBILIZADO

I – AQUISIÇÃO DE IMOBILIZADO POR MEIO DE OPERAÇÕES DE ARRENDAMENTO MERCANTIL (*LEASING*)

1. INTRODUÇÃO

Em sintonia com o propósito de harmonização contábil preconizado pela Lei nº 11.638/2007, foi baixado, pelo Comitê de Pronunciamentos Contábeis (CPC), o Pronunciamento Técnico CPC 06 – Operações de Arrendamento Mercantil.

Referido Pronunciamento foi revisado em 2010 e acatado pela CVM, por meio da Deliberação CVM nº 645/2010. O objetivo principal do referido pronunciamento é regular, para arrendatários e arrendadores, a contabilização das operações de arrendamento mercantil, principalmente a partir da aprovação da Lei nº 11.638/2007, que deu nova redação ao art. 179 da Lei das S/A. Referido dispositivo legal assim estabelece:

> "Art. 179. As contas serão classificadas do seguinte modo:
>
> ...
>
> IV – no ativo imobilizado: os direitos que tenham por objeto bens corpóreos destinados à manutenção das atividades da companhia ou da empresa ou exercidos com essa finalidade, inclusive os decorrentes de operações que transfiram à companhia os benefícios, riscos e controle desses bens;"

Neste procedimento, são abordados os aspectos gerais que norteiam o tema, tais como alcance das regras, definições importantes e, basicamente, a classificação das operações de arrendamento mercantil em operacional e financeiro, tendo como base o Pronunciamento CPC 06 Revisado (r1).

2. ALCANCE DAS REGRAS E EXCEÇÕES

As regras aqui tratadas devem ser aplicadas na contabilização de todas as operações de arrendamento mercantil (*leasing*) que não sejam:

a) arrendamentos mercantis para explorar ou usar minério, petróleo, gás natural e recursos similares não regeneráveis; e

b) acordos de licenciamento para itens como fitas cinematográficas, registros de vídeo, peças de teatro, manuscritos, patentes e direitos autorais (*copyrights*).

2.1 Alguns cuidados

Observa-se, ainda, que referidas normas não devem ser aplicadas como base de mensuração para:

a) propriedade detida por arrendatário que seja contabilizada como propriedade de investimento;

b) propriedade de investimento fornecida pelos arrendadores sob a forma de arrendamentos mercantis operacionais;

c) ativos biológicos detidos por arrendatários segundo arrendamentos mercantis financeiros;

d) ativos biológicos fornecidos por arrendadores sob a forma de arrendamentos mercantis operacionais;

As normas aqui tratadas aplicam-se a acordos que transfiram o direito de usar ativos mesmo que existam serviços substanciais relativos ao funcionamento ou à manutenção de tais ativos prestados pelos arrendadores. Contudo, não se aplicam a acordos que sejam contratos de serviço que não transfiram o direito de usar os ativos de uma parte contratante para a outra.

3. ALGUMAS DEFINIÇÕES IMPORTANTES

Os seguintes termos são usados neste procedimento, com os significados especificados:

a) arrendamento mercantil é um acordo pelo qual o arrendador transmite ao arrendatário, em troca de um pagamento ou série de pagamentos, o direito de usar um ativo por um período de tempo cordado;

Nota: A definição de arrendamento mercantil inclui contratos para o aluguel de ativo que contenham condição dando ao arrendatário a opção de adquirir o ativo após o cumprimento das condições acordadas. Esses contratos são por vezes conhecidos por contratos de aluguel-compra.

b) arrendamento mercantil financeiro é aquele em que há transferência substancial dos riscos e benefícios inerentes à propriedade de um ativo. O título de propriedade pode ou não vir a ser transferido;

c) arrendamento mercantil operacional é diferente de um arrendamento mercantil financeiro;

d) arrendamento mercantil não cancelável é aquele que é cancelável apenas:

   d.1) após a ocorrência de alguma contingência remota;

   d.2) com a permissão do arrendador;

   d.3) se o arrendatário contratar um novo arrendamento mercantil para o mesmo ativo ou para um ativo equivalente com o mesmo arrendador; ou

   d.4) após o pagamento pelo arrendatário de uma quantia adicional tal que, no início do arrendamento mercantil, a continuação deste seja razoavelmente certa;

e) início do arrendamento mercantil é a mais antiga entre a data do acordo de arrendamento mercantil e a data de um compromisso assumido pelas partes quanto às principais disposições do arrendamento mercantil. Nessa data:

   e.1) um arrendamento mercantil é classificado como financeiro ou operacional; e

   e.2) no caso de financeiro, as quantias a reconhecer no começo do prazo do arrendamento mercantil são determinadas;

f) *Começo do prazo do arrendamento mercantil* é a data a partir da qual o arrendatário passa a poder exercer o seu direito de usar o ativo arrendado. É a data do reconhecimento inicial do arrendamento mercantil (isto é, o reconhecimento dos ativos, passivos, receita ou despesas resultantes do arrendamento mercantil, conforme for apropriado);

g) prazo do arrendamento mercantil é o período não cancelável pelo qual o arrendatário contratou o arrendamento mercantil do ativo juntamente com quaisquer prazos adicionais pelos quais o arrendatário tem a opção de continuar a arrendar o ativo, com ou sem pagamento adicional, quando no início do arrendamento mercantil for razoavelmente certo que o arrendatário exercerá a opção;

h) *Pagamentos mínimos do arrendamento mercantil* são os pagamentos durante o prazo do arrendamento mercantil que o arrendatário está ou possa vir a ser obrigado a fazer, excluindo pagamento contingente, custos relativos a serviços e impostos a serem pagos pelo arrendador e a ele serem reembolsados, juntamente com:

h.1) para arrendatário, quaisquer quantias garantidas pelo arrendatário ou por parte relacionada a ele; ou

h.2) para arrendador, qualquer valor residual garantido ao arrendador:

h.2.1) pelo arrendatário;

h.2.2) por parte relacionada com o arrendatário; ou

h.2.3) por terceiro não relacionado com o arrendador que seja financeiramente capaz de dar cumprimento às obrigações segundo a garantia;

Nota: Contudo, se o arrendatário tiver a opção de comprar o ativo por um preço que se espera seja suficientemente mais baixo do que o valor justo na data em que a opção se torne exercível para que, no início do arrendamento mercantil, seja razoavelmente certo que a opção será exercida, os pagamentos mínimos do arrendamento mercantil compreendem os pagamentos mínimos a serem feitos durante o prazo do arrendamento mercantil até a data esperada do exercício dessa opção de compra e o pagamento necessário para exercê-la.

i) valor justo é o valor pelo qual um ativo pode ser negociado ou um passivo liquidado ou transferido entre partes interessadas, conhecedoras do negócio e independentes entre si, com a ausência de fatores que pressionem para a liquidação da transação ou que caracterizem transação compulsória;

j) vida econômica é:

j.1) o período durante o qual se espera que um ativo seja economicamente utilizável por um ou mais usuários; ou

j.2) o número de unidades de produção ou de unidades semelhantes que um ou mais usuários esperam obter do ativo;

k) vida útil é o período remanescente estimado, a partir do começo do prazo do arrendamento mercantil, sem limitação pelo prazo deste, durante o qual se espera que os benefícios econômicos incorporados no ativo sejam consumidos pela entidade;

l) valor residual garantido é:

l.1) para um arrendatário, a parte do valor residual que seja garantida por ele ou por parte a ele relacionada (sendo o valor da garantia o valor máximo que possa, em qualquer caso, tornar-se pagável); e

l.2) para um arrendador, a parte do valor residual que seja garantida pelo arrendatário ou por terceiro não relacionado com o arrendador que seja financeiramente capaz de satisfazer as obrigações cobertas pela garantia;

m) valor residual não garantido é a parte do valor residual do ativo arrendado, cuja realização pelo arrendador não esteja assegurada ou esteja unicamente garantida por uma parte relacionada com o arrendador;

n) custos diretos iniciais são custos incrementais que são diretamente atribuíveis à negociação e estruturação de um arrendamento mercantil, exceto os custos incorridos pelos arrendadores fabricantes ou comerciantes;

o) investimento bruto no arrendamento mercantil é a soma:

o.1) dos pagamentos mínimos do arrendamento mercantil a receber pelo arrendador segundo um arrendamento mercantil financeiro; e

o.2) de qualquer valor residual não garantido atribuído ao arrendador;

p) investimento líquido no arrendamento mercantil é o investimento bruto neste descontado à taxa de juros implícita no arrendamento mercantil;

q) receita financeira não realizada é a diferença entre:

  q.1) o investimento bruto no arrendamento mercantil; e

  q.2) o investimento líquido no arrendamento mercantil;

r) taxa de juros implícita no arrendamento mercantil é a taxa de desconto que, no início, faz com que o valor presente agregado dos pagamentos mínimos do arrendamento mercantil e do valor residual não garantido seja igual à soma:

  r.2.1) do valor justo do ativo arrendado; e

  r.2.2) de quaisquer custos diretos iniciais do arrendador;

s) taxa de juros incremental de financiamento do arrendatário é aquela em que o arrendatário teria que pagar num arrendamento mercantil semelhante ou, se isso não for determinável, aquela que, no início do arrendamento mercantil, o arrendatário incorreria ao pedir emprestado, por prazo semelhante e com segurança semelhante, os fundos necessários para comprar o ativo;

t) pagamento contingente é a parcela dos pagamentos do arrendamento mercantil que não seja de quantia fixada, e sim com base na quantia futura de um fator que se altera sem ser pela passagem do tempo (por exemplo, percentual de vendas futuras, quantidade de uso futuro, índices de preços futuros, taxas futuras de juros do mercado).

Nota: Um acordo ou compromisso de arrendamento mercantil pode incluir uma disposição para ajustar os pagamentos do arrendamento mercantil devido a alterações do custo de construção ou aquisição da propriedade arrendada ou devido a alterações em outra mensuração de custo ou valor, tais como níveis gerais de preços, ou nos custos de financiamento do arrendamento mercantil por parte do arrendador, durante o período entre o início e o começo do prazo do arrendamento mercantil. Se isso ocorrer, o efeito de tais alterações deve ser considerado como tendo ocorrido no início do arrendamento mercantil.

4. CLASSIFICAÇÃO DO ARRENDAMENTO MERCANTIL EM FINANCEIRO OU OPERACIONAL

A classificação de arrendamentos mercantis aqui tratada baseia-se na extensão em que os riscos e benefícios inerentes à propriedade de ativo arrendado permanecem no arrendador ou no arrendatário.

Os riscos incluem as possibilidades de perdas devidas à capacidade ociosa ou obsolescência tecnológica e de variações no retorno em função de alterações nas condições econômicas.

Os benefícios podem ser representados pela expectativa de operações lucrativas durante a vida econômica do ativo e de ganhos derivados de aumentos de valor ou de realização do valor residual.

Um arrendamento mercantil deve ser classificado como financeiro se ele transferir substancialmente todos os riscos e benefícios inerentes à propriedade. Um arrendamento mercantil é classificado como operacional se ele não transferir substancialmente todos os riscos e benefícios inerentes à propriedade.

4.1 Classificação no arrendador e no arrendatário

Dado que a transação entre o arrendador e o arrendatário baseia-se em um acordo de arrendamento mercantil entre eles, é apropriado usar definições consistentes.

A aplicação dessas definições em diferentes circunstâncias do arrendador e do arrendatário pode ocasionar situação em que o mesmo arrendamento mercantil seja classificado diferentemente por ambos. Por exemplo, esse pode ser o caso se o arrendador se beneficiar de uma garantia de valor residual proporcionada por uma parte não relacionada ao arrendatário.

A classificação de um arrendamento mercantil como financeiro ou como operacional depende da essência da transação e não da forma do contrato.

4.1.1 Arrendamento mercantil financeiro

Exemplos de situações que individual ou em conjunto levariam normalmente a que um arrendamento mercantil fosse classificado como arrendamento mercantil financeiro são:

a) o arrendamento mercantil transfere a propriedade do ativo para o arrendatário no fim do prazo do arrendamento mercantil;

b) o arrendatário tem a opção de comprar o ativo por um preço que se espera seja suficientemente mais baixo do que o valor justo à data em que a opção se torne exercível de forma que, no início do arrendamento mercantil, seja razoavelmente certo que a opção será exercida;

c) o prazo do arrendamento mercantil refere-se à maior parte da vida econômica do ativo mesmo que a propriedade não seja transferida;

d) no início do arrendamento mercantil, o valor presente dos pagamentos mínimos do arrendamento mercantil totaliza, pelo menos substancialmente, todo o valor justo do ativo arrendado; e

e) os ativos arrendados são de natureza especializada de tal forma que apenas o arrendatário pode usá-los sem grandes modificações.

4.1.1.1 Indicadores que possibilitam a classificação do arrendamento como financeiro

Os indicadores de situações que individualmente ou em combinação também podem levar a que um arrendamento mercantil seja classificado como financeiro são:

a) se o arrendatário puder cancelar o arrendamento mercantil, as perdas do arrendador associadas ao cancelamento são suportadas pelo arrendatário;

b) os ganhos ou as perdas da flutuação no valor justo do valor residual são atribuídos ao arrendatário (por exemplo, na forma de abatimento que equalize a maior parte do valor da venda no fim do arrendamento mercantil); e

c) o arrendatário tem a capacidade de continuar o arrendamento mercantil por um período adicional com pagamentos que sejam substancialmente inferiores ao valor de mercado.

4.1.2 Arrendamento mercantil operacional

Os exemplos e indicadores enunciados nos subtópicos 4.1.1 e 4.1.1.1 nem sempre são conclusivos.

Se for claro, com base em outras características, que o arrendamento mercantil não transfere substancialmente todos os riscos e benefícios inerentes à propriedade, ele será classificado como operacional.

Isso pode acontecer se, por exemplo, a propriedade do ativo se transferir ao final do arrendamento mercantil mediante um pagamento variável igual ao valor justo no momento, ou se há pagamentos contingentes, como resultado dos quais o arrendatário não tem substancialmente todos os riscos e benefícios.

4.2 Quando deve ser feita a classificação do arrendamento?

A classificação do arrendamento mercantil é feita no início dele.

Se, em qualquer momento, o arrendatário e o arrendador concordarem em modificar as disposições do arrendamento mercantil (exceto por renovação do contrato) de tal maneira que resulte numa classificação diferente caso os termos alterados tivessem estado em vigor no início do arrendamento mercantil, o acordo revisto é considerado como um novo acordo durante o seu prazo.

Contudo, as alterações nas estimativas (por exemplo, alterações nas estimativas relativas à vida econômica ou ao valor residual da propriedade arrendada) ou as alterações nas circunstâncias (por exemplo, inadimplência por parte do arrendatário) não originam uma nova classificação de um arrendamento mercantil para fins contábeis.

4.3 Terrenos e edifícios

Quando o arrendamento mercantil contempla tanto terreno quanto edifícios, a entidade deve avaliar individualmente cada elemento objeto do contrato de arrendamento para fins de classificação e enquadramento como arrendamento operacional ou financeiro. Para tanto deverão ser observadas as regras dos subitens que se seguem

Lembra-se que ao julgar se um dos elementos objeto do contrato é um arrendamento operacional ou financeiro, um aspecto importante a ser considerado é o fato de que o terreno, via de regra, apresenta uma vida útil econômica indefinida.

4.3.1 Classificação e contabilização

Para classificar e contabilizar um arrendamento mercantil de terreno e edifícios, os pagamentos mínimos do arrendamento mercantil (incluindo qualquer pagamento inicial, antecipado), sempre que for necessário, devem ser alocados no início do período do arrendamento mercantil entre os elementos terreno e edifícios na proporção dos valores justos relativos das participações no terreno e nas edificações objeto do arrendamento no início do arrendamento mercantil.

Se os pagamentos do arrendamento mercantil não puderem ser alocados com confiabilidade entre esses dois elementos, a totalidade do arrendamento mercantil deve ser classificada como arrendamento mercantil financeiro, a não ser que esteja claro que ambos os elementos são arrendamentos mercantis operacionais, em cujo caso a totalidade do arrendamento mercantil deve ser classificada como arrendamento mercantil operacional.

4.3.1.1 Quando um dos elementos tiver valor imaterial

Para um arrendamento mercantil de terreno e edifícios no qual a quantia que seria inicialmente reconhecida para o elemento terreno, de acordo com o que vimos, seja imaterial, o terreno e os edifícios podem ser tratados como uma única unidade para a finalidade da classificação do arrendamento mercantil e classificados como financeiro ou operacional.

Em tal caso, a vida econômica dos edifícios é considerada como a vida econômica da totalidade do ativo arrendado.

4.3.1.2 Mensuração separada – Situações possíveis

A mensuração separada dos elementos terreno e edifícios não é exigida quando os interesses do arrendatário tanto com o terreno quanto com os edifícios forem classificados como propriedade de investimento, de acordo com o Pronunciamento Técnico CPC 28 – Propriedade para Investimento, e for adotado o modelo do valor justo.

São necessários cálculos pormenorizados para essa avaliação apenas se a classificação de um ou de ambos os elementos for incerta.

4.3.1.3 Arrendamento mercantil operacional – Classificação como propriedade de investimento – Hipóteses e procedimentos

De acordo com o Pronunciamento Técnico CPC 28 – Propriedade para Investimento é possível a um arrendatário classificar uma propriedade detida mediante um arrendamento mercantil operacional como propriedade para investimento.

Se assim fizer, a propriedade deve ser contabilizada como se fosse um arrendamento mercantil financeiro e, além disso, o modelo do valor justo deve ser aplicado ao ativo reconhecido.

O arrendatário deve continuar a contabilizar o arrendamento mercantil como arrendamento mercantil financeiro, mesmo que um evento posterior altere a natureza do interesse na propriedade do arrendatário que já não esteja mais classificada como propriedade para investimento. Esse é o caso se, por exemplo, o arrendatário:

a) ocupar a propriedade que venha a ser depois transferida para ocupação pelo proprietário por um custo considerado igual ao seu valor justo à data da alteração no uso; ou
b) conceder um subarrendamento mercantil (*sublease*) que transfira substancialmente todos os riscos e benefícios inerentes à propriedade para parte não relacionada. Um subarrendamento mercantil deve ser contabilizado pelo arrendatário como arrendamento mercantil financeiro a um terceiro, embora possa ser contabilizado como operacional pelo terceiro.

5. EXEMPLOS DE CONTABILIZAÇÃO

Para se efetuar a contabilização de uma operação de *leasing*, e fundamental identificá-la como financeiro ou operacional, lembrando que quando houver a transferência de propriedade do bem para a arrendatária, o arrendamento é financeiro, caso contrário, operacional.

Resumidamente, temos:

a) ***Leasing* financeiro**: trata-se, na essência, como uma compra financiada. Assim, no início do leasing, a arrendatária deve reconhecer um ativo e um passivo ao valor justo do ativo arrendado, ou, se menor, ao valor presente dos pagamentos mínimos da operação de *leasing*. Na prática, isso significa dizer que o ativo e o passivo são reconhecidos ao menor valor entre o valor justo do ativo e o valor presente das parcelas a serem pagas. Observar ainda que:

i. a taxa de desconto a ser utilizada no cálculo do valor presente é a taxa implícita no *leasing* financeiro.

ii. Após o reconhecimento inicial, os pagamentos realizados são apropriados entre a quitação do passivo e o encargo financeiro.

iii. O reconhecimento da depreciação se dá tendo como base a vida útil do bem. As taxas são as mesmas para bens similares. Caso não haja certeza razoável de que a arrendatária obterá a propriedade efetiva ao final do contrato, o cálculo da depreciação será determinado tendo como base o menor entre o prazo do leasing e a vida útil do bem.

b) **Leasing operacional:** de uma forma simplista trata-se de um aluguel. Portanto, uma despesa. O item 33 do CPC 06 estabelece que os pagamentos da prestação do arrendamento mercantil segundo um arrendamento mercantil operacional devem ser reconhecidos como despesa na base da linha reta durante o prazo do arrendamento mercantil, exceto se outra base sistemática for mais representativa do padrão temporal do benefício do usuário. Na prática, o passivo não é reconhecido na sua totalidade, tampouco o ativo. Deste modo, temos que o registro será feito a débito de uma despesa e a crédito de disponibilidade ou de um exigível, no que diz respeito à parcela a ser paga.

5.1 Contabilização do leasing financeiro

No desenvolvimento do exemplo, consideremos os seguintes dados:

Valor do contrato:	180.000,00	
Valor de cada prestação:	5.000,00	
Prazo do arrendamento:	36	meses
Valor residual a ser pago ao final do 6º mês:	1.000,00	
Juros composto embutido em cada prestação	3%	a.m.
Valor justo do bem na data da aquisição (valor de mercado)	150.000,00	

Diante dessas informações temos a seguinte tabela:

Parcela	Data do vencimento	Pagamento mensal	Juros a vencer	Valor presente da dívida
1	31.08.X1	5.000,00	3.274,84	1.725,16
2	30.09.X1	5.000,00	3.223,08	1.776,92
3	31.10.X1	5.000,00	3.169,78	1.830,22
4	30.11.X1	5.000,00	3.114,87	1.885,13
5	31.12.X1	5.000,00	3.058,31	1.941,69
6	31.01.X2	5.000,00	3.000,06	1.999,94
7	28.02.X2	5.000,00	2.940,07	2.059,93
8	31.03.X2	5.000,00	2.878,27	2.121,73
9	30.04.X2	5.000,00	2.814,62	2.185,38
10	31.05.X2	5.000,00	2.749,05	2.250,95
11	30.06.X2	5.000,00	2.681,53	2.318,47
12	31.07.X2	5.000,00	2.611,97	2.388,03
13	31.08.X2	5.000,00	2.540,33	2.459,67
14	30.09.X2	5.000,00	2.466,54	2.533,46
15	31.10.X2	5.000,00	2.390,54	2.609,46
16	30.11.X2	5.000,00	2.312,25	2.687,75
17	31.12.X2	5.000,00	2.231,62	2.768,38
Total de curto prazo (PC)			**47.457,73**	**37.542,27**
18	31.01.X3	5.000,00	2.148,57	2.851,43
19	28.02.X3	5.000,00	2.063,03	2.936,97
20	31.03.X3	5.000,00	1.974,92	3.025,08
21	30.04.X3	5.000,00	1.884,17	3.115,83
22	31.05.X3	5.000,00	1.790,69	3.209,31
23	30.06.X3	5.000,00	1.694,41	3.305,59
24	31.07.X3	5.000,00	1.595,24	3.404,76
25	31.08.X3	5.000,00	1.493,10	3.506,90
26	30.09.X3	5.000,00	1.387,89	3.612,11
27	31.10.X3	5.000,00	1.279,53	3.720,47
28	30.11.X3	5.000,00	1.167,92	3.832,08
29	31.12.X3	5.000,00	1.052,95	3.947,05
30	31.01.X4	5.000,00	934,54	4.065,46
31	28.02.X4	5.000,00	812,58	4.187,42

32	31.03.X4	5.000,00	686,96	4.313,04
33	30.04.X4	5.000,00	557,56	4.442,44
34	31.05.X4	5.000,00	424,29	4.575,71
35	30.06.X4	5.000,00	287,02	4.712,98
36	31.07.X4	5.000,00	145,63	4.854,37
Valor Residual		1.000,00	0,00	1.000,00
Total de longo prazo (PNC)			**23.381,00**	**72.619,00**
Total		181.000,00	141.677,48	147.703,53
Valor justo do bem		150.000,00		

Nota: Lembre-se que o ativo deverá ser reconhecido pelo menor valor entre o valor justo do bem e o valor presente das parcelas a serem pagas.

Com base nessas informações, temos os seguintes registros contábeis:

1) Pela contratação do *leasing*

D	- Imobilizado (ativo)	147.703,53	
D	- Juros a vencer (PC)	47.457,73	
D	- Juros a Vencer (PNC)	23.381,00	
C	- Financiamento por arrendamento (PC)		37.542,27
C	- Financiamento por arrendamento (PNC)		72.619,00

2) Pelo pagamento da primeira parcela do *leasing*

D	- Financiamento por arrendamento (PC)		
C	- Caixa ou equivalente de caixa	5.000,00	

3) Pelo reconhecimento dos juros no pagamento da primeira parcela

D	- Despesas com juros		
C	- Juros a vencer (PC)	3.274,84	

5.2 Contabilização do leasing operacional

Agora, caso a operação de *leasing* caracteriza-se como **operacional** (resumidamente, aquela em que não ocorre a transferência de propriedade do bem para a arrendatária), o valor de cada parcela seria registrado como despesa. Deste modo, considerando-se as mesmas informações do subitem 5.1 (exceto quanto ao valor residual) a cada mês teremos o seguinte registro contábil:

4) Pelo reconhecimento da despesa de aluguel

D - Despesas com aluguel (resultado)

C - Caixa ou equivalente de caixa (AC) 5.000,00

II – ATIVO NÃO CIRCULANTE MANTIDO PARA VENDA

1. INTRODUÇÃO

Neste procedimento trataremos dos procedimentos a serem adotados pela empresa quando um bem do ativo imobilizado é colocado à venda, o que caracteriza o interessa da empresa em não mais mantê-lo produzindo.

O procedimento tem como base o Pronunciamento Técnico CPC 31, emitido pelo Comitê de Pronunciamentos Contábeis - CPC, que trata de ativo não circulante mantido para venda e operação descontinuada.

O objetivo do referido CPC é o de estabelecer a contabilização de ativos não circulantes mantidos para venda (colocados à venda) e a apresentação e a divulgação de operações descontinuadas.

Em particular, é exigido que os ativos que satisfazem aos critérios de classificação como mantidos para venda sejam:

a) mensurados pelo menor entre o valor contábil até então registrado e o valor justo menos as despesas de venda, e que a depreciação ou a amortização desses ativos cesse;
b) apresentados separadamente no balanço patrimonial e que os resultados das operações descontinuadas sejam apresentados separadamente na demonstração do resultado.

2. APLICAÇÃO

Os requisitos de classificação e de apresentação aqui tratados aplicam-se a todos os ativos não circulantes reconhecidos e a todos os grupos de ativos mantidos para venda da entidade.

Os requisitos de mensuração aqui tratados aplicam-se a todos os ativos não circulantes reconhecidos e aos grupos de ativos mantidos para venda (tal como definido no subitem 2.1), com exceção dos ativos listados no subitem 2.2, que devem continuar a ser mensurados de acordo com os pronunciamentos específicos aplicáveis.

Nota-se que os ativos classificados como não circulantes, de acordo com o Pronunciamento Técnico CPC 26 – Apresentação das Demonstrações Contábeis, não devem ser reclassificados para ativos circulantes enquanto não satisfizerem aos critérios de classificação como mantidos para venda.

Os ativos de uma classe que a entidade normalmente consideraria como não circulante, e que sejam adquiridos para revenda, não devem ser classificados como circulantes, a não ser que satisfaçam aos critérios de classificação como mantidos para venda.

2.1 Grupos de ativos à venda

Por vezes, a entidade coloca à venda um grupo de ativos, possivelmente com alguns passivos diretamente associados, em conjunto numa única transação.

Um grupo de ativos mantido para venda pode ser um grupo de unidades geradoras de caixa, uma única unidade geradora de caixa ou parte de uma unidade geradora de caixa.

Nota-se que o grupo de ativos pode incluir quaisquer ativos e quaisquer passivos da entidade, incluindo ativos circulantes, passivos circulantes e ativos excluídos pelo subitem 2.2 dos requisitos de mensuração deste procedimento.

Se um ativo não circulante dentro do alcance dos requisitos de mensuração do Pronunciamento CPC 31, objeto deste texto, fizer parte do grupo de ativos mantido para venda, os requisitos de mensuração aplicam-se ao grupo de ativos como um todo, de forma que o grupo de ativos seja mensurado pelo menor entre o seu valor contábil e o valor justo menos a despesa de venda.

Os requisitos para mensuração de ativos e passivos individuais dentro do grupo de ativos mantido para venda estão definidos nos subitens 5.3 e 6.2.

Nota: Contudo, uma vez que se espera que os fluxos de caixa do ativo ou grupo de ativos resultem principalmente da venda e, não, do uso contínuo, estes se tornam menos dependentes dos fluxos de caixa resultantes de outros ativos, e o grupo de ativos mantido para venda que fez parte da unidade geradora de caixa torna-se uma unidade geradora de caixa individual.

2.2 Ativos aos quais não se aplicam as regras de mensuração

As regras de mensuração não se aplicam aos ativos listados a seguir, os quais são abrangidos pelos Pronunciamentos Técnicos indicados, sejam como ativos individuais, sejam como parte de grupo de ativos mantido para venda:

a) imposto de renda diferido ativo (Pronunciamento Técnico CPC 32 – Tributos sobre o Lucro);
b) ativos provenientes de benefícios a empregados (Pronunciamento Técnico CPC 33 – Benefícios a Empregados);
c) ativos financeiros no alcance do Pronunciamento Técnico CPC 38 – Instrumentos Financeiros: Reconhecimento e Mensuração[9];
d) ativos não circulantes que sejam contabilizados de acordo com o valor justo nos termos do Pronunciamento Técnico CPC 28 – Propriedade para Investimento;
e) ativos não circulantes que sejam mensurados pelo valor justo menos as despesas estimadas no ponto de venda, de acordo com o Pronunciamento Técnico CPC 29 – Ativo Biológico e Produto Agrícola;
f) direitos contratuais de acordo com contratos de seguro tal como definido no Pronunciamento Técnico CPC 11 – Contratos de Seguro.

9 Com a aprovação do CPC 48 – INSTRUMENTOS FINANCEIROS, foi revogado o documento CPC 38 – Instrumentos Financeiros: Reconhecimento e Mensuração. No entanto, o temo de aprovação do CPC 48 deixa claro que essa revogação não se aplica as entidades que utilizem o CPC PME – Contabilidade para Pequenas e Médias Empresas, de acordo com o item 11.2, alínea; para as entidades que optarem por utilizar a opção de registro de *hedge accounting* de acordo com o disposto nos itens 81A, 89 a 94 e AG114 a AG132, conforme facultam os itens 5.2.3, 5.3.2, 5.7.1, 5.7.2, 5.73 e 6.1.3 do Pronunciamento; e para as entidades seguradoras que optarem por continuar a utilizar o CPC 38 até 1º de janeiro de 2021, conforme alterações que serão feitas no CPC 11 – Contratos de Seguro.

Nota: Aos ativos listados acima aplica-se o exposto no subitem 5.3, o qual exige que os ativos em questão sejam mensurados de acordo com Pronunciamentos Técnicos específicos.

2.2.1 Extensão da classificação, da apresentação e da mensuração requeridas a outros ativos não circulantes

A classificação, a apresentação e a mensuração requeridas neste Pronunciamento Técnico aplicáveis a ativo não circulante (ou grupo de ativos) classificado como mantido para venda também se aplicam a ativo não circulante (ou grupo de ativos) que seja classificado como destinado a ser distribuído aos sócios na sua condição de proprietários (mantido para distribuição aos proprietários).

3. CLASSIFICAÇÃO DE ATIVO NÃO CIRCULANTE COMO MANTIDO PARA VENDA

A entidade deve classificar um ativo não circulante como mantido para venda se o seu valor contábil vai ser recuperado, principalmente, por meio de transação de venda em vez do uso contínuo.

Para que esse seja o caso, o ativo ou o grupo de ativos mantido para venda deve estar disponível para venda imediata em suas condições atuais, sujeito apenas aos termos que sejam habituais e costumeiros para venda de tais ativos mantidos para venda. Com isso, a sua venda deve ser altamente provável.

3.1 Venda altamente provável – condição

Para que a venda seja altamente provável, o nível hierárquico de gestão apropriado deve estar comprometido com o plano de venda do ativo, e deve ter sido iniciado um programa firme para localizar um comprador e concluir o plano. Além disso, o ativo mantido para venda deve ser efetivamente colocado à venda por preço que seja razoável em relação ao seu valor justo corrente.

Ainda, deve-se esperar que a venda se qualifique como concluída em até um ano a partir da data da classificação, com exceção do que é permitido pelo subitem 3.3, e as ações necessárias para concluir o plano devem indicar que é improvável que possa haver alterações significativas no plano ou que o plano possa ser abandonado.

3.2 Plano de venda para a alienação de controlada

A entidade que estiver compromissada com um plano de venda para a alienação de controlada deve classificar todos os ativos e passivos dessa controlada (no balanço consolidado) como mantidos para venda quando os critérios estabelecidos no item 3 e no subitem 3.1 estiverem presentes, independentemente de a entidade passar a deter uma participação na investida como não controladora após a venda dessa controlada.

3.3 Extensão do período de conclusão da venda para além de um ano

Acontecimentos ou circunstâncias podem estender o período de conclusão da venda para além de um ano.

A extensão do período durante o qual se exige que a venda seja concluída não impede que o ativo seja classificado como mantido para venda se o atraso for causado por acontecimentos ou circunstâncias fora do controle da entidade e se houver evidência suficiente de que a entidade continua comprometida com o seu plano de venda do ativo. Esse é o caso quando os critérios do Apêndice B forem satisfeitos. Veja o referido apêndice ao final deste texto.

3.4 Trocas de ativos

As transações de venda incluem trocas de ativos não circulantes por outros ativos não circulantes quando a troca tiver substância comercial de acordo com o Pronunciamento Técnico CPC 27 ⊠ Ativo Imobilizado.

3.5 Aquisição de ativo não circulante ou um grupo de ativos para posterior alienação

Quando a entidade adquire um ativo não circulante ou um grupo de ativos exclusivamente com vistas à sua posterior alienação (inclusive no caso de ativo recebido em troca de outro, como na dação em pagamento), só deve classificá-lo como mantido para venda na data de aquisição. Isso ocorrerá se o requisito de um ano previsto no subitem 3.1 for satisfeito (com exceção do que é permitido pelo subitem 3.3) e se for altamente provável que qualquer outro critério do item 3 e do subitem 3.1, o qual não esteja satisfeito nessa data, estará satisfeito em curto prazo após a aquisição (normalmente, no prazo de três meses).

Se os critérios do item 3 e do subitem 3.1 forem satisfeitos após a data do balanço, a entidade não deve classificar o ativo não circulante ou o grupo de ativos mantido para venda como tais nessas demonstrações contábeis quando forem divulgadas.

3.6 Ativo não circulante (ou grupo de ativos) classificado como mantido para distribuição aos sócios

O ativo não circulante (ou grupo de ativos) é classificado como mantido para distribuição aos sócios quando a entidade está comprometida para distribuir esse ativo (ou grupo de ativos) aos proprietários. Para isso é necessário que os ativos estejam disponíveis para imediata distribuição na sua condição atual e que a distribuição seja altamente provável.

Para essa distribuição ser altamente provável, ações para completar a distribuição devem já ter sido iniciadas e deve estar presente a expectativa de serem completadas dentro de um ano a partir da classificação.

Ações requeridas para completar a distribuição devem indicar não ser provável que mudanças significativas na distribuição sejam feitas ou que a distribuição virá a não ser feita. A probabilidade da aprovação dos sócios (se requerida legal ou estatutariamente) deve ser considerada como fator na verificação de ser a distribuição classificável como altamente provável.

4. ATIVO NÃO CIRCULANTE A SER BAIXADO

A entidade não deve classificar como mantido para venda o ativo não circulante ou o grupo de ativos destinado a ser baixado. Isso se deve ao fato de o seu valor contábil ser recuperado principalmente por meio do uso contínuo.

A entidade não deve contabilizar o ativo não circulante que tenha sido temporariamente retirado de serviço como se tivesse sido baixado.

5. MENSURAÇÃO DE ATIVO NÃO CIRCULANTE MANTIDO PARA VENDA

A entidade deve mensurar o ativo ou o grupo de ativos não circulantes classificado como mantido para venda pelo menor entre o seu valor contábil e o valor justo menos as despesas de venda.

A entidade deve mensurar o ativo não circulante (ou grupo de ativos) mantido para distribuição aos sócios pelo menor entre seu valor contábil e seu valor justo diminuído das despesas de distribuição. Lembre-se que as despesas de distribuição são as despesas incrementais diretamente atribuíveis à distribuição, excluídos as financeiras e os tributos sobre o lucro.

5.1 Mensuração: ativos que satisfizem aos critérios de classificação como mantido para venda vs. ativos adquiridos como parte de combinação de negócios

Se o ativo ou o grupo de ativos recém-adquiridos satisfizer aos critérios de classificação como mantido para venda (ver subitem 3.5), a aplicação do item 5 resultará em que o ativo ou o grupo de ativos seja mensurado no reconhecimento inicial pelo valor mais baixo entre o que seria seu valor contábil, caso não tivesse sido assim classificado (por exemplo, o custo), e o valor justo menos as despesas de venda.

Se o ativo ou o grupo de ativos for adquirido como parte de combinação de negócios, ele deve ser mensurado pelo valor justo menos as despesas de venda.

5.2 Venda após um ano

Quando se espera que a venda ocorra após um ano, a entidade deve mensurar as despesas de venda pelo valor presente.

Qualquer aumento no valor presente das despesas de venda que resulte da passagem do tempo deve ser apresentado nos resultados como despesa financeira, aplicando-se no que couber as disposições do Pronunciamento Técnico CPC 12 ⊠ Ajuste a Valor Presente.

5.3 Procedimentos antes da classificação inicial do ativo

Imediatamente antes da classificação inicial do ativo ou do grupo de ativos como mantido para venda, os valores contábeis do ativo (ou de todos os ativos e passivos do grupo de ativos) devem ser mensurados de acordo com os Pronunciamentos Técnicos aplicáveis.

Na mensuração subsequente de grupo de ativos mantido para venda, os valores contábeis de quaisquer ativos e passivos que não estejam no âmbito dos requisitos de mensuração tratadas neste texto, mas que estejam incluídos em grupo de ativos classificado como mantido para venda, devem ser remensurados de acordo com os Pronunciamentos Técnicos aplicáveis antes de o valor justo menos as despesas de venda do grupo de ativos mantido para venda ser remensurado.

6. RECONHECIMENTO DE PERDA POR REDUÇÃO AO VALOR RECUPERÁVEL E REVERSÃO

A entidade deve reconhecer, nos termos do Pronunciamento Técnico CPC 01 – Redução ao Valor Recuperável de Ativos, a perda por redução ao valor recuperável relativamente a qualquer redução inicial ou posterior do ativo ou do grupo de ativo mantido para venda ao valor justo menos as despesas de venda, além de qualquer outra perda que tenha sido reconhecida de acordo com o subitem 5.3.

6.1 Reconhecimento do ganho

A entidade deve reconhecer o ganho para qualquer aumento posterior no valor justo menos as despesas de venda de um ativo, limitado à perda por redução ao valor recuperável acumulada que tenha sido reconhecida, seja de acordo com este Pronunciamento, seja anteriormente, de acordo com o Pronunciamento Técnico CPC 01 – Redução ao Valor Recuperável de Ativos.

A entidade deve reconhecer o ganho para qualquer aumento posterior no valor justo menos as despesas de venda de grupo de ativos mantido para venda:

a) na medida em que não tenha sido reconhecido de acordo com o subitem 5.3; mas
b) não além da perda por redução ao valor recuperável acumulada que tenha sido reconhecida, seja de acordo com este Pronunciamento Técnico ou anteriormente de acordo com o Pronunciamento Técnico CPC 01 – Redução ao Valor Recuperável de Ativos, nos ativos não circulantes que estejam

dentro do âmbito dos requisitos de mensuração do Pronunciamento CPC 31.

6.2 Perda ou ganho – Reconhecimento

A perda por redução ao valor recuperável (ou qualquer ganho posterior) reconhecida para um grupo de ativos mantido para venda deve reduzir (ou aumentar) o valor contábil dos ativos não circulantes do grupo de ativos que esteja dentro do escopo dos requisitos de mensuração do Pronunciamento Técnico CPC 31 pela ordem de alocação definida nos itens 99(a) e (b) e 117 do Pronunciamento Técnico CPC 01 – Redução ao Valor Recuperável de Ativos.

O ganho ou a perda que não tenha sido reconhecido anteriormente à data da venda de ativo não circulante ou de grupo de ativos mantido para venda deve ser reconhecido à data da baixa. Os requisitos relacionados à baixa estão definidos:

a) nos itens 67 a 72 do Pronunciamento Técnico CPC 27 - Ativo Imobilizado; e
b) nos itens 112 a 117 do Pronunciamento Técnico CPC 04 - Ativo Intangível, relacionados a ativos intangíveis.

A entidade não deve depreciar (ou amortizar) o ativo não circulante enquanto estiver classificado como mantido para venda ou enquanto fizer parte de grupo de ativos classificado como mantido para venda. Os juros e os outros gastos atribuíveis aos passivos de grupo de ativos classificado como mantido para venda devem continuar a ser reconhecidos.

7. ALTERAÇÃO EM PLANO DE VENDA

Se a entidade tiver classificado um ativo como mantido para venda, mas os critérios do item 3 e subitens 3.1 e 3.3 já não estiverem mais satisfeitos, a entidade deve deixar de classificar o ativo como mantido para venda.

A entidade deve mensurar o ativo não circulante que deixa de ser classificado como mantido para venda (ou deixa de ser incluído em grupo de ativos classificado como mantido para venda) pelo valor mais baixo entre:

a) o seu valor contábil antes de o ativo ou o grupo de ativos ser classificado como mantido para venda, ajustado por qualquer depreciação, amortização ou reavaliação (se permitida legalmente) que teria sido reconhecida se o ativo ou o grupo de ativos não estivesse classificado como mantido para venda; e

b) o seu montante recuperável à data da decisão posterior de não vender.

Nota: Se o ativo não circulante fizer parte de unidade geradora de caixa, o seu montante recuperável é o valor contábil que teria sido reconhecido após a alocação de qualquer perda por redução ao valor recuperável resultante dessa unidade geradora de caixa de acordo com o Pronunciamento Técnico CPC 01 – Redução ao Valor Recuperável de Ativos.

7.1 Ajustes

A entidade deve incluir qualquer ajuste exigido no valor contábil de ativo não circulante que deixe de ser classificado como mantido para venda no resultado de operações em continuidade no período em que os critérios do item 3 e subitens 3.1 e 3.3 já não estiverem mais satisfeitos.

7.2 Ativos e passivos remanescentes

Se a entidade remover um ativo ou um passivo individual de um grupo de ativos classificado como mantido para venda, os ativos e os passivos restantes do grupo de ativos a ser vendido devem continuar a ser mensurados como um grupo de ativos apenas se o grupo satisfizer aos critérios do item 3 e subitens 3.1 e 3.3.

De outro modo, os ativos não circulantes restantes do grupo de ativos que satisfizerem individualmente aos critérios de classificação como mantidos para venda devem ser mensurados individualmente pelo menor valor entre os seus valores contábeis e os valores justos menos as despesas de venda nessa data. Quaisquer ativos não circulantes que não satisfaçam aos critérios devem deixar de ser classificados como mantidos para venda de acordo com o item 7.

8. EXEMPLOS

A seguir apresentamos dois exemplos de ativo não circulante mantido par venda. O primeiro com valor líquido contábil do bem maior que o valor justo de venda o segundo com valor líquido contábil do bem maior que o valor justo de venda.

Os dois exemplos se justificam porquanto o tratamento é diferente. Só para lembrar:

a) Se o valor líquido contábil do bem for maior que o valor justo de venda, a diferença deverá ser reconhecida como perda no resultado. Por sua vez, o ativo circulante deve ser reconhecido pelo valor justo de venda;

b) Agora, se o valor líquido contábil do bem for menor do que o valor justo de venda, simplesmente transfere-se o valor contábil líquido do imobilizado para o ativo circulante. Importante: o valor do ganho não será reconhecido nesse momento, somente quando for efetiva a venda.

Dados básicos dos exemplos:

Determinada empresa possuir em seu ativo um trator que não deseja mais usar em suas atividades operacionais e, portanto, decide vendê-lo e de imediato toma as providências para iniciar o processo de venda.

Em relação ao bem:

- Não há parcelas de financiamento a serem pagas. Portanto, não há passivo vinculado a esse ativo;
- a empresa incorreu em alguns gastos para deixar o bem em condições de venda, sobretudo serviços de manutenção;
- os gastos com esses serviços totalizaram R$ 60.000;
- estima-se que o valor de venda desse bem é de R$ 600.000;
- por ocasião da venda a estimativa é que a empresa incorrerá em despesas de comissão, entre outras, no valor de R$ 15.000.

8.1 Valor líquido contábil do bem maior que o valor justo de venda

Para desenvolvermos o exemplo 1, precisamos do **valor líquido contábil.** Consideremos para tanto que esse valor corresponda a **R$ 550.000.**

Portanto, com base nessas informações, já temos condições de efetuar a transferência do bem para o circulante (bem disponível a venda).

O valor do trator deve ser reconhecido no ativo circulante destinado à venda dependerá agora do valor contábil líquido pelo qual o bem encontra-se registrado no imobilizado.

Deste modo temos que o valor justo de venda, diminuído das despesas de prepará-los para venda e vendê-lo é de R$ 525.000.

O valor acima foi assim determinado:

600.000 - 60.000 - 15.000 = 525.000

Como se observa do exposto, o valor líquido contábil do bem é maior que o valor justo de venda, o que requer o reconhecimento da perda. Vejamos:

	Valor líquido contábil do bem	550.000
(-)	Valor justo do bem	525.000
(=)	Perda (deve ser reconhecido no Resultado)	25.000

Contabilmente, teremos:

1) Registro da transferência do bem

D	-	BENS DISPONÍVEIS PARA VENDA (A/C)	
C	-	IMOBILIZADO (AI)	550.000

2) Registro do reconhecimento da perda (controle em conta específica do ativo

D	-	PERDAS COM BENS DISPONÍVEIS PARA VENDA – VJ (CR)	
C	-	PERDAS COM BENS DISPONÍVEIS PARA VENDA – VL (AC)	25.000

Veja que o registro acima atende a exigência da Lei nº 12.973/2014, que estabelece o controle da perda em subconta vinculada ao ativo. O tema foi disciplinado pela IN RFB nº 1700/2017. Veja que o controle em subconta específica é importante para que a perda seja considerada dedutível quando da realização da venda do bem.

Nota-se que o valor da perda acima apurada deverá ser adicionado no Lalur. A sua exclusão somente poderá se efetuada quando da venda do bem.

8.2 Valor líquido contábil do bem menor que o valor justo de venda

Para desenvolvermos desse exemplo 2, consideremos que o **valor líquido contábil seja de R$ 480.000. Portanto, menor que o valor justo de venda.**

Com base nessas informações, já temos condições de efetuar a transferência do bem para o circulante (bem disponível à venda).

Temos que o valor justo de venda, diminuído das despesas de prepará-los para venda e vendê-lo é de R$ 525.000. O valor acima foi assim determinado:

600.000 - 60.000 - 15.000 = 525.000

Diante do exposto, temos que o valor líquido contábil do bem é menor que o valor justo de venda. Vejamos:

	Valor líquido contábil do bem	480.000
(-)	Valor justo do bem	525.000
(=)	Ganho (não deve ser reconhecido no Resultado)	-45.000

Como se observa do exposto, o valor líquido contábil do bem é menor que o valor justo de venda. Portanto, existe um ganho implícito, o qual não será reconhecido neste momento (somente quando for efetivada a venda). Neste caso, basta transferir o valor do bem registrado no imobilizado para o circulante.

Contabilmente, teremos:

1) Registro da transferência do bem

D - BENS DISPONÍVEIS PARA VENDA (A/C)

C - IMOBILIZADO (AI) 480.000

8.3 Ativo não circulante mantido para venda com valor contábil zero

De acordo com o item 15 do CPC 31 a entidade deve mensurar o ativo ou o grupo de ativos não circulantes classificado como mantido para venda pelo **menor** entre o seu valor contábil e o valor justo menos as despesas de venda.

O que se questiona em relação a esse dispositivo diz respeito ao valor de transferência para o ativo circulante **quando o bem tiver valor contábil zero**. Pela letra do CPC 31, item 15, temos que o valor da transferência seria zero. Isso normalmente acontece quando o bem está totalmente depreciado e sem que se tenha, previamente, estabelecido valor residual para ele.

Cabe lembrar, porém, que a "nova contabilidade" não prevê valor zero para bens do imobilizado. Nessa situação, a empresa estaria em desacordo com as "novas normas contábeis". Isso fica claro ao analisarmos o CPC 27 (IMOBILIZADO), item 53, segundo o qual:

> *"53. O valor depreciável de um ativo é determinado após a dedução de seu valor 'residual..."*

O que ocorre é que muitas empresas têm em sua contabilidade bens registrados sem considerar o devido valor residual. Nessa situação, o que fazer?

Neste caso, se o bem estiver disponível para venda e o seu valor contábil for zero, entende-se que deverá ser transferido para o Circulante o valor de aquisição do bem, seguido do valor da depreciação, em contas específicas, da forma como está registrado no imobilizado, da seguinte forma:

Bem disponível para venda (valor de aquisição)	R$ 100.000
(-) Depreciação acumulada de bem disponível para venda	R$ 100.000

Lembra-se que não existe a possibilidade de ajustar o valor contábil do bem ao seu valor de mercado (valor justo), quando superior ao valor contábil.

Em relação às novas aquisições, obrigatoriamente, as empresas precisam atribuir um valor residual ao bem, valor esse que normalmente é o possível valor de venda do bem, conforme estabelece o próprio CPC 27 em seu item 5, quando define alguns termos. Segue definição:

> *"Valor residual de um ativo é o valor estimado que a entidade obteria com a venda do ativo, após deduzir as despesas estimadas de venda, caso o ativo já tivesse a idade e a condição esperadas para o fim de sua vida útil."*

III – ATIVO NÃO CIRCULANTE MANTIDO PARA VENDA COM VALOR CONTÁBIL ZERO

De acordo com o item 15 do CPC 31 a entidade deve mensurar o ativo ou o grupo de ativos não circulantes classificado como mantido para venda pelo **menor** entre o seu valor contábil e o valor justo menos as despesas de venda.

O que se questiona em relação a esse dispositivo diz respeito ao valor de transferência para o ativo circulante **quando o bem tiver valor contábil zero**. Pela letra do CPC 31, item 15, temos que o valor da transferência seria zero. Isso normalmente acontece quando o bem está totalmente depreciado e sem que se tenha, previamente, estabelecido valor residual para ele.

Cabe lembrar, porém, que a "nova contabilidade" não prevê valor zero para bens do imobilizado. Nessa situação, a empresa estaria em desacordo com as "novas normas contábeis". Isso fica claro ao analisarmos o CPC 27 (IMOBILIZADO), item 53, segundo o qual:

> *"53. O valor depreciável de um ativo é determinado após a dedução de seu valor 'residual..."*

O que ocorre é que muitas empresas têm em sua contabilidade bens registrados sem considerar o devido valor residual. Nessa situação, o que fazer?

Neste caso, se o bem estiver disponível para venda e o seu valor contábil for zero, entende-se que deverá ser transferido para o Circulante o valor de aquisição do bem, seguido do valor da depreciação, em contas específicas, da forma como está registrado no imobilizado.

Lembra-se que não existe a possibilidade de ajustar o valor contábil do bem ao seu valor de mercado (valor justo), quando superior ao valor contábil.

Em relação às novas aquisições, obrigatoriamente, as empresas precisam atribuir um valor residual ao bem, valor esse que normalmente é o possível valor de venda do bem, conforme estabelece o próprio CPC 27 em seu item 5, quando define alguns termos. Segue definição:

> *"Valor residual de um ativo é o valor estimado que a entidade obteria com a venda do ativo, após deduzir as despesas estimadas de venda, caso o ativo já tivesse a idade e a condição esperadas para o fim de sua vida útil."*

IV – CUSTO DE DESMONTAGEM DE BENS DO ATIVO IMOBILIZADO

1. INTRODUÇÃO

De Acordo com o item 16 do CPC 27 (ativo Imobilizado), o custo de um item do ativo imobilizado compreende:

a) seu preço de aquisição, acrescido de impostos de importação e impostos não recuperáveis sobre a compra, depois de deduzidos os descontos comerciais e abatimentos;

b) quaisquer custos diretamente atribuíveis para colocar o ativo no local e condição necessárias para o mesmo ser capaz de funcionar da forma pretendida pela administração;

c) a estimativa inicial dos custos de desmontagem e remoção do item e de restauração do local (sítio) no qual este está localizado.

Neste procedimento discorremos especificamente sobre a contabilização dos custos referidos na letra "c" acima, e seus reflexos fiscais, tendo em vista as regras impostas pela Lei nº 12.973/2014.

Mais do que uma obrigação contábil, pois o registro com a desmontagem de bens do imobilizado evidencia os gastos que a empresa terá no futuro para desativar seus ativos, tal procedimento cumpre outro papel importante: informar a sociedade dos danos causados ao meio ambiente e as medidas adotadas para repará-los.

2. O QUE SÃO CUSTOS DE DESMONTAGEM E REMOÇÃO DE ATIVOS

O CPC 27 estabelece claramente que custos de desmontagem e remoção e de restauração do local no qual este está localizado representam a obrigação em que a entidade incorre quando o item é adquirido ou como consequência de usá-lo durante determinado período para finalidades diferentes da produção de estoque durante esse período.

3. ABRANGÊNCIA DO REGISTRO DO CUSTO

As regras de registro do custo de desmontagem e remoção de ativos aplicam-se, potencialmente a todo e qualquer ativo, sendo mais comum nas grandes empresas que atuam nos segmentos de mineração, petrolífero, reflorestamento e outros. Isto porque a atividade de tais segmentos, invariavelmente, exige a reparação do ambiente após o fim da operação do equipamento.

No entanto, as demais empresas industriais de uma forma geral podem estar sujeitas a registrar tais custos. Basta que haja a necessidade de reparo do local onde o equipamento a ser descontinuado esteja instalado.

De uma forma singela, pode-se dizer que tais custos representam o montante necessário para reparar o local e deixa-lo em condições normais para uso futuro.

4. CUSTO DE DESMONTAGEM E REMOÇÃO VS. DANOS CAUSADOS AO MEIO AMBIENTE

É importante lembrar que o custo de desmontagem e remoção não se confunde com eventuais danos causados ao meio ambiente pelo uso indevido ou abusivo do ativo.

O primeiro é plenamente previsível; já o segundo tem uma característica contingencial e, normalmente, refletem uma ilegal ou prejudicial à natureza, pois vão contra a legislação ambiental.

5. COMO PROCEDER PARA RECONHECER OS CUSTOS DE DESMONTAGEM E REMOÇÃO?

Para reconhecermos os custos de desmontagem e remoção temos que recorrer às regras impostas pelo CPC 25 (provisões, passivos contingentes e ativos contingentes).

O item 19 do referido CPC assim se pronuncia:

"19. São reconhecidas como provisão apenas as obrigações que surgem de eventos passados que existam independentemente de ações futuras da entidade (isto é, a conduta futura dos seus negócios). São exemplos de tais obrigações as penalidades ou os custos de limpeza de danos ambientais ilegais, que em ambos os casos dariam origem na liquidação a uma saída de recursos que incorporam benefícios econômicos independentemente das ações futuras da entidade. ***De forma similar, a entidade reconhece uma provisão para os custos de descontinuidade de poço de petróleo ou de central elétrica nuclear na medida em que a entidade é obrigada a retificar danos já causados.*** *Por outro lado, devido a pressões comerciais ou exigências legais, a entidade pode pretender ou precisar efetuar gastos para operar de forma particular no futuro (por exemplo, montando filtros de fumaça em certo tipo de fábrica). Dado que a entidade pode evitar os gastos futuros pelas suas próprias ações, por exemplo, alterando o seu modo de operar, ela não tem nenhuma obrigação presente relativamente a esse gasto futuro e nenhuma provisão é reconhecida." (grifo do autor)*

Como se observa do item acima reproduzido, o CPC 25, item 19 (trecho grifado), determina a criação de uma provisão que cubra os custos de descontinuidade do ativo.

Exemplo:

Consideremos que determinada empresa industrial instale em sua fábrica um forno cujo prazo de utilização esteja estimado em 10 anos. Findo esse prazo, o forno deverá ser desativado e desmontado e o terreno reparado para que possa ser novamente utilizado.

Imaginemos que o custo total de instalação do forno seja de R$ 1.200.000 e o custo de desmontagem e remoção ao fim do décimo ano seja estimado em R$ 90.000. O ativo entrou em funcionamento em 01.01.x0 e não há valor residual para o bem.

Portanto, na data de entrada em funcionamento, teremos:

Lançamento 1

D – Imobilizado	1.290.000
C – Caixa/Bancos	1.200.000
C – Obrigações por Desativação	90.000

6. RECONHECIMENTO DA DESPESA COM DEPRECIAÇÃO

Por se tratar de um bem depreciável, a despesa deverá ser reconhecida (preferencialmente, mensalmente).

Deste modo, a cada mês até dezembro de 20x9 a empresa deverá reconhecer a despesa com depreciação, no valor de R$ 10.750. Tal despesa será assim registrada:

Lançamento 2

D – Despesa com Depreciação	10.750
C – Depreciação Acumulada	10.750

Nota: Ao final do ano a empresa terá reconhecido como depreciação contábil o valor de R$ 129.000 (R$ 10.750 x 12 meses).

7. TRATAMENTO FISCAL

Para evitar conflitos entre contabilidade e Fisco, a Lei nº 12.973/2014, em seu artigo 45 veio estabelecer que a dedução dos custos estimados de desmontagem e remoção de ativos somente podem ser aproveitadas como dedução do lucro para fins fiscais quando tais custos tiverem sido realizados. Na prática, a legislação veda a dedução de tal despesa embutida na despesa de depreciação mensal.

Para melhor entendimento, segue teor do referido dispositivo legal:

> *"Art. 45. Os gastos de desmontagem e retirada de item de ativo imobilizado ou restauração do local em que está situado somente serão dedutíveis quando efetivamente incorridos.*
>
> *§ 1º Caso constitua provisão para gastos de desmontagem e retirada de item de ativo imobilizado ou restauração do local em que está situada, a pessoa jurídica deverá proceder ao ajuste no lucro líquido para fins de apuração do lucro real, no período de apuração em que o imobilizado for realizado, inclusive por depreciação, amortização, exaustão, alienação ou baixa.*
>
> *§ 2º Eventuais efeitos contabilizados no resultado, provenientes de ajustes na provisão de que trata o § 1º ou de atualização de seu valor, não serão computados na determinação do lucro real."*

A análise do art. 45 da lei acima citada deixa claro que a empresa deverá, por ocasião da apuração do IRPJ e da CSL devidos adicionar ao lucro líquido do exercício o valor da despesa com depreciação referente à "provisão" constituída, pois a dedutibilidade de tal provisão está condicionada a ocorrência "efetiva" da despesa, conforme se depreende do *caput*.

Veja que no nosso exemplo foi constituída uma "provisão" (Obrigações por desativação) no valor de R$ 90.000. Como tal valor será registrado como despesa paulatinamente (em 120 meses), na medida em que a despesa com depreciação for sendo registrada, a empresa deverá proceder, no Lalur, a uma adição ao lucro líquido de R$ 750 (R$ 90.000/120), multiplicado pelo número de meses do período de apuração.

Considerando no desenvolvimento do exemplo que a empresa apure seu lucro real anualmente, em 31 de dezembro de 20x0 (12 meses de período de apuração), a empresa deverá adicionar no Lalur o valor de R$ 9.000 (R$ 750 x 12).

Se admitirmos que o lucro líquido (antes do IRPJ/CSL) seja de R$ R$ 150.000, teremos o seguinte registro fiscal em 31.12.x0:

APURAÇÃO DO LUCRO FISCAL (20x0)	
(=) Lucro contábil antes do IRPJ/CSL	150.000,00
(+) Adição temporária	9.000,00
(-) Exclusão	
(=) Lucro Fiscal	159.000,00

Após o décimo ano toda a "provisão" com desmontagem terá sido registrada como despesa, mas não terá causado qualquer efeito fiscal, pois terá sido adicionada no Lalur, conforme acima demonstrado.

Por fim se considerarmos que ao final de 20x9 a empresa realmente desative e desmonte o forno, o valor de R$ 90.000 poderá ser excluído integralmente na apuração da base de calculo do IRPJ e da CSL.

8. MUDANÇAS NA MENSURAÇÃO EM PASSIVOS POR DESATIVAÇÃO

É fato que ao longo dos anos podem ocorrer mudanças na mensuração de passivos. Tendo em vista a possibilidade de tal ocorrência, o Comitê de Pronunciamentos Contábeis, por meio da Interpretação Técnica ICPC 12 – Mudanças em Passivos por Desativação, Restauração e Outros Passivos Similares, disciplinou o tema.

A referida IT trata sobre como o efeito dos seguintes eventos que mudam a mensuração de passivo por desativação, restauração ou outro passivo similar deve ser contabilizado para:

a) mudança no fluxo de saída estimado de recursos que incorporam benefícios econômicos (por exemplo, fluxos de caixa) necessários para liquidar a obrigação;
b) mudança na taxa de desconto corrente baseada em mercado, conforme definida no item 47 da NBC TG 25 – Provisões, Passivos Contingentes e Ativos Contingentes (isso inclui mudanças no valor temporal do dinheiro e os riscos específicos do passivo); e
c) aumento que reflete a passagem do tempo (também referido como a reversão do desconto).

Ao tratar do assunto, estabelece as seguintes regras de contabilização:

1. *Se o respectivo ativo for mensurado utilizando o método de custo:*
   a) sujeitas ao item (b), as mudanças no passivo serão adicionadas ao/deduzidas do custo do respectivo ativo no período corrente;
   b) o valor deduzido do custo do ativo não excederá o seu valor contábil. Se a redução no passivo exceder o valor contábil do ativo, o excedente é reconhecido imediatamente no resultado;
   c) se o ajuste resultar na adição ao custo do ativo, a entidade considera se essa é uma indicação de que o novo valor contábil do ativo pode não ser plenamente recuperável.

Nota: Se houver tal indicação, a entidade testa o ativo quanto à redução no valor recuperável estimando o seu valor recuperável e contabiliza qualquer perda por redução ao valor recuperável, de acordo com a NBC TG 01 – Redução ao Valor Recuperável de Ativos.

2. *Se o respectivo ativo tiver sido mensurado utilizando o método de reavaliação (**quando legalmente possível**):*
   a) as mudanças no passivo alteram a reserva de reavaliação anteriormente reconhecida desse ativo, de modo que:
      i. a redução no passivo é (sujeita ao item (b)) reconhecida em outros resultados abrangentes e aumenta a reserva de reavaliação no patrimônio líquido, mas é reconhecida no resultado na medida em que reverter a redução da reavaliação no ativo que tenha sido previamente reconhecida no resultado;
      ii. o aumento no passivo é reconhecido no resultado, exceto aquele reconhecido em outros resultados abrangentes e reduzir a reserva de reavaliação no patrimônio líquido até o limite de qualquer saldo credor existente na reserva em relação a esse ativo;
   b) caso uma redução no passivo exceda o valor contábil que teria sido reconhecido caso o ativo tivesse sido registrado de acordo com o método do custo, o excedente será reconhecido imediatamente no resultado;
   c) uma mudança no passivo é uma indicação de que o ativo pode ter que ser reavaliado (se for permitido legalmente) para garantir que o valor contábil não difira significativamente daquele que seria determinado utilizando o valor justo no final do período de relatório;

Nota: Qualquer reavaliação será levada em consideração na determinação dos valores a serem reconhecidos no resultado ou em outros resultados abrangentes de acordo com a alínea (a). Se a reavaliação for necessária, todos os ativos dessa classe serão reavaliados.

   d) a NBC TG 26 – Apresentação das Demonstrações Contábeis exige a divulgação na demonstração do resultado abrangente de cada componente de outra receita ou despesa abrangente.

Nota: Ao cumprir esse requisito, a mudança na reserva de reavaliação resultante de mudança no passivo será identificada e divulgada separadamente como tal.

Por fim, esclareça-se que:

- O valor depreciável ajustado do ativo é depreciado ao longo de sua vida útil. Portanto, uma vez que o respectivo ativo tenha chegado ao fim de sua vida útil, todas as mudanças subsequentes no passivo são reconhecidas no resultado à medida que ocorrerem. Isso é aplicável tanto no método de custo quanto no método de reavaliação.

- A reversão periódica do desconto deverá ser reconhecida no resultado como custo de financiamento à medida que ocorrer. A capitalização prevista na NBC TG 20 – Custos de Empréstimos não é permitida.

V – DESPESAS COM DEPRECIAÇÃO E DEPRECIAÇÃO ACUMULADA

1. INTRODUÇÃO

A Lei nº 12.973/2014 (oriunda da conversão, com alterações da MP 627/2013) estabeleceu o fim do Regime Tributário de transição (RTT) que, ao longo de mais de seis anos, fez a "ligação" entre o lucro contábil e o lucro fiscal naturalmente, sem negligenciar o Lalur que continuou a ser utilizado.

Nota: Não é demais lembrar que a extinção do RTT se dará já em 2014, caso a empresa opte pelas normas da Lei nº 12.973/2014. Caso não seja feita a opção, adoção das novas normas será compulsória a partir de 2015.

Paralelamente, a referida lei também veio "disciplinar" a relação entre contabilidade é fisco no que diz respeito às questões conflitantes que até então o RTT tratava.

Uma dessas questões conflitantes diz respeito à despesa de depreciação. Não é demais lembrar que as novas regras contábeis determinam que a empresa faça uma análise criteriosa do imobilizado e, a partir daí, estime a vida útil dos bens. Portanto, na maioria dos casos a despesa de depreciação a ser aproveitada pelas empresas é diferente daquela imposta pelo Fisco.

Com a extinção do RTT foram necessárias alterações na legislação que permitissem a observância da legislação comercial, sem prejuízo para o Fisco.

2. O QUE MUDOU COM A LEI Nº 12.973/2013

O art. 40 da Lei nº 12.973/2014 deu nova redação ao § 1º do art. 57 da Lei nº 4.506/64, com o objetivo de eliminar da legislação tributária regras sobre contabilização da depreciação.

§ 1º do art. 57 da Lei nº 4.506/64 passou a ter a seguinte redação:

> "...
>
> *§ 1º A quota de depreciação dedutível na apuração do imposto será determinada mediante a aplicação da taxa anual de depreciação sobre o custo de aquisição do ativo.*
>
> ..."

Anteriormente, o dispositivo legal referia-se **a quota de depreciação registrável**. Hoje, o dispositivo refere-se **a quota de depreciação dedutível**. Portanto, percebe-se claramente que o Fisco, no tocante às despesas de depreciação, não mais interfere no processo contábil limitando, apenas, a estabelecer regras de dedutibilidade da despesa.

Além disso, houve a introdução dos §§ 15 e 16 para autorizar a exclusão em livro fiscal da diferença de depreciação registrada na escrituração do contribuinte, o que não era permitido anteriormente. Referidos dispositivos têm a seguinte redação:

> "...
>
> *[§ 3º A administração do Imposto de Renda publicará periodicamente o prazo de vida útil admissível a partir de 1º de janeiro de 1965, em condições normais ou médias, para cada espécie de bem, ficando assegurado ao contribuinte o direito de computar a quota efetivamente adequada às condições de depreciação dos seus bens, desde que faça a prova dessa adequação, quando adotar taxa diferente.*
>
> ...
>
> *§ 6º Em qualquer hipótese, o montante acumulado, das cotas de depreciação não poderá ultrapassar o custo de aquisição do bem, atualizado monetariamente.]*
>
> ...
>
> *§ 15. Caso a quota de depreciação registrada na contabilidade do contribuinte seja menor do que aquela calculada com base no § 3º, a diferença poderá ser excluída do lucro líquido na apuração do lucro real, observando-se o disposto no § 6º.*
>
> *§ 16. Para fins do disposto no § 15, a partir do período de apuração em que o montante acumulado das quotas de depreciação computado na determinação do lucro real atingir o limite previsto no § 6º, o valor da depreciação, registrado na escrituração comercial, deverá ser adicionado ao lucro líquido para efeito de determinação do lucro real." (NR)*

3. COMO PROCEDER FISCALMENTE

Os critérios contábeis não influenciarão a depreciação para efeitos fiscais. Para fins fiscais as empresas deverão utilizar as taxas anuais de depreciação permitidas pelo Fisco. Essas taxas são aquelas constantes da Instrução Normativa SRF nº 162/1998 e 130/1999.

Resumidamente, as taxas admitidas pelo Fisco são:

Bem	Taxa de Depreciação	Prazo
Veículos	20% ao ano	5 anos
Motociclos	25% ao ano	4 anos
Tratores	25% ao ano	4 anos
Máquinas e equipamentos	10% ao ano	10 anos
Edificações	4% ao ano	25 anos
Instalações	10% ao ano	10 anos
Móveis e utensílios	10% ao ano	10 anos

3.1 Adoção de taxas "aceleradas"

A legislação do Imposto de Renda permite que a empresa reconheça a depreciação que vai afetar o resultado com base em percentuais majorados. Trata-se da depreciação acelerada em função do uso "anormal" do bem.

Como regra, se a empresa utiliza o bem 8 horas no dia a depreciação observará a taxa normal, conforme IN 162/1998 e 130/1999. Agora, se a atividade se estender por dois turnos (16 horas) a taxa de depreciação a ser aplicada será majorada em 50%; Se a atividade se estender por 3 turnos a majoração será de 100%.

Portanto, máquinas e equipamentos, por exemplo, sofrem depreciação fiscal normal de 10%. Se o bem for utilizado por dois turnos a depreciação será de 15%. Agora, se o trabalho se estender por 3 turnos a depreciação será de 20%.

4. COMO PROCEDER CONTABILMENTE

A Lei nº 6.404/1976, em seu art. 183, § 2º, alínea "a" estabelece que "a diminuição do valor dos elementos do ativo imobilizado será registrada periodicamente nas contas de depreciação, quando corresponder à perda do valor dos direitos que têm por objeto bens físicos sujeitos a desgaste ou perda de utilidade por uso, ação da natureza ou obsolescência".

Portanto, para fins contábeis, a empresa deverá reconhecer como despesa com depreciação **o valor do desgaste efetivo do bem**. Na prática, isso significa dizer que a empresa não deve observar ou aceitar as taxas de depreciação fixadas pelo Fisco.

A depreciação a ser utilizada pela empresa terá como base uma criteriosa análise dos bens que forma o imobilizado, estimando-se sua vida útil econômica e seu valor residual.

Deste modo, na prática, os bens da empresa normalmente terão vida útil diferente daqueles fixados pelo fisco. Essa diferença, para mais ou para menos, deverá ser ajustada na Lalur.

5. EXEMPLO DE DEPRECIAÇÃO CONTÁBIL MENOR DO QUE AQUELA EXIGIDA PELO FISCO

Vimos anteriormente, que a empresa deverá reconhecer como despesa com depreciação o valor do desgaste efetivo do bem.

Também vimos que a Lei nº 12.973/2014 veio disciplinar a forma como a empresa deverá agir caso a depreciação a ser reconhecida contabilmente seja menor do que aquela aceita pelo fisco.

Resumidamente, se a depreciação registrada pela contabilidade for menor do que aquela imposta pelo fisco, a empresa poderá adicionar a diferença (entre a contábil e a fiscal) no Lalur. Deste modo, ela estará atendendo as novas normas contábeis e não vai ser prejudicada do ponto de vista fiscal, pois o aproveitamento da depreciação se dará parte via contabilidade, parte via Lalur.

No entanto, a partir do período em que a contabilidade contábil mais a fiscal atingir 100% do bem, a depreciação que for registrada contabilmente passa a ser excluída no Lalur, na apuração do lucro tributável.

No desenvolvimento do exemplo, consideremos os dados a seguir.

Em 02.01.x1 determinada empresa adquiri um trator, com as seguintes premissas:

- ✓ Valor de aquisição: R$ 300.000
- ✓ Prazo de vida útil estimado (contábil): 5 anos;
- ✓ Valor residual: de R$ 35.000.
- ✓ Depreciação fiscal: 4 anos: R$ 75.000 ($ 300.000/4 anos)

Com base nessas informações, na contabilidade teremos depreciação de R$ 53.000 ao ano (R$ 265.000/5 anos).

Já no e-LALUR deverão ser feitos os seguintes registros:

- ✓ Exclusão de R$ 22.000 (R$ 75.000 menos R$ 53.000) nos anos X1, X2, X3 e X4.
- ✓ Adição de R$ 53.000 em X5.

Com isso, ao final do quarto ano teríamos a exclusão total de R$ 88.000 (R$ 22.000 vezes 4 anos). Esse valor (R$ 88.000) somado a depreciação contábil dos quatro primeiros períodos (R$ 212.000, ou seja, R$ 53.000 x 4 anos) totalizam R$ 300.000, que é o valor total do bem sujeito a depreciação.

Não podemos esquecer, no entanto, que no quinto ano, a empresa ainda faz o registro contábil de uma parcela da depreciação no valor de R$ 53.000. Esse valor deverá ser adicionado ao Lalur, isto porque, para fins fiscais, o bem estará totalmente depreciado ao final de 20x4. A depreciação feita em 20x5 atende, exclusivamente, a contabilidade e não pode ser aproveitada para fins fiscais.

A tabela a seguir resume o exposto acima.

Período	Depreciação contábil	Depreciação fiscal	Tratamento no Lalur		Depreciação acumulada
			Exclusão	Adição	
ano 1	53.000	75.000	22.000		75.000
ano 2	53.000	75.000	22.000		150.000
ano 3	53.000	75.000	22.000		225.000
ano 4	53.000	75.000	22.000		300.000
ano 5	53.000			53.000	300.000
Total	265.000	300.000	88.000	53.000	300.000

Lembra-se que a empresa assumiu um valor residual para o bem, ao final do período de depreciação, de R$ 35.000. Isso significa dizer que ao final do quinto ano a conta que registra o bem apresentará um saldo de R$ 35.000 (valor de possível venda). Já a conta de depreciação acumulada, o valor de R$ 265.000. No entanto, para fins fiscais, o bem terá sido totalmente depreciado.

6. ADOÇÃO INICIAL DA LEI Nº 12.973/2014

Já há algum tempo tem-se questionado posição da Receita Federal do Brasil sobre a forma de como deve ser tratado o ajuste das diferenças de taxas de depreciação fiscal e societária para o ativo imobilizado, no momento da adoção inicial da Lei nº 12.973/ 2014.

Uma análise fria da lei estabelece que os ajustes dessas diferenças, que são adicionados à base tributária, só devem ocorrer após o aproveitamento integral da depreciação fiscal.

Já a visão da Receita Federal e outra. Esse entendimento constou do anexo à Instrução Normativa nº 1515, de 2014.

Segundo essa interpretação, em se tratando de adoção inicial, as adições têm seu início em janeiro/2015, mesmo que a empresa não tenha aproveitado integralmente a depreciação fiscal.

O quer se percebe com isso, é que tal procedimento posterga o aproveitamento integral da dedução fiscal no prazo previsto na legislação. Lembra-se que hoje vige a IN RFB nº 1700/2017.

Capítulo 7

IMPAIRMENT

I - IMPAIRMENT (AJUSTE PARA PERDAS POR DESVALORIZAÇÃO) - APLICAÇÃO

1. INTRODUÇÃO

O princípio contábil da prudência, essencialmente, determina a adoção do menor valor para os componentes do Ativo e do maior para os do Passivo, sempre que se apresentem alternativas igualmente válidas para o registro contábil.

O objetivo primário desse princípio é o de não registrar antecipadamente nenhum lucro e, de outro lado, registrar todas as despesas e perdas que forem possíveis, ou seja: nunca permitir que a contabilidade da empresa indique a existência de lucros que possam estar superestimados pela adoção de um critério, entre dois ou mais possíveis, que eventualmente venha a não corresponder à realidade.

Como se observa esse princípio é extremamente simplista.

A contabilidade tem evoluído e pronunciamentos mais contundentes das entidades de classe e de órgãos regulamentadores sobre o assunto tornaram-se imperativos.

Nessa linha, o Comitê de Pronunciamentos Contábeis emitiu o Pronunciamento Técnico CPC 01, que trata sobre Redução ao Valor Recuperável dos Ativos. Posteriormente, esse pronunciamento foi revisado (CPC 01 - R1).

1.1 Conceito de Impairment

Tecnicamente trata-se da redução do valor recuperável de um bem ativo. Na prática, quer dizer que as companhias terão que avaliar, periodicamente, os ativos que geram resultados antes de contabilizá-

-los no balanço. Cada vez que se verificar que um ativo esteja avaliado por valor não recuperável no futuro, ou seja, toda vez que houver uma projeção de geração de caixa em valor inferior ao montante pelo qual o ativo está registrado, a companhia terá que fazer a baixa contábil da diferença.

2. OBJETIVO

Em linhas gerais, o objetivo do CPC 01 (R1) é o de estabelecer procedimentos que a entidade deve aplicar para assegurar que seus ativos estejam registrados contabilmente por valor que não exceda seus valores de recuperação.

Um ativo está registrado contabilmente por valor que excede seu valor de recuperação se o seu valor contábil exceder o montante a ser recuperado pelo uso ou pela venda do ativo. Se esse for o caso, o ativo é caracterizado como sujeito ao reconhecimento de perdas.

Nessa linha a norma contábil estabelecida pelo CPC 01 (R1) requer que a entidade reconheça um ajuste para perdas por desvalorização. A referida norma também especifica quando a entidade deve reverter um ajuste para perdas por desvalorização e estabelece as divulgações requeridas.

3. ALCANCE E EXCEÇÕES

O CPC 01 (R1) deve ser aplicado na contabilização de ajuste para perdas por desvalorização de todos os ativos, exceto:

a) estoques (ver CPC 16 – Estoques);
b) ativos advindos de contratos de construção (CPC 17 - Contratos de Construção[10]);
c) ativos fiscais diferidos (CPC 32 – Tributos sobre o Lucro);
d) ativos advindos de planos de benefícios a empregados (CPC 33 – Benefícios a Empregados);
e) ativos financeiros que estejam dentro do alcance das normas do CFC que disciplinam instrumentos financeiros;
f) propriedade para investimento que seja mensurada ao valor justo (CPC 28 – Propriedade para Investimento);

10 O Pronunciamento CPC 47 – Receita de Contrato com Cliente substituiu e revogou o CPC 17.

g) ativos biológicos relacionados à atividade agrícola que sejam mensurados ao valor justo líquido de despesas de venda (CPC 29 – Ativo Biológico e Produto Agrícola);

h) custos de aquisição diferidos e ativos intangíveis advindos de direitos contratuais de companhia de seguros contidos em contrato de seguro dentro do alcance da CPC 11 - Contratos de Seguro; e

i) ativos não circulantes (ou grupos de ativos disponíveis para venda) classificados como mantidos para venda em consonância com o CPC 31 – Ativo Não Circulante Mantido para Venda e Operação Descontinuada.

3.1 Outras exceções

O CPC 01 (R1), objeto deste texto, não se aplica a estoques, ativos advindos de contratos de construção, ativos fiscais diferidos, ativos advindos de planos de benefícios a empregados ou ativos classificados como mantidos para venda (ou incluídos em grupo de ativos que seja classificado como disponível para venda) em decorrência de as normas vigentes aplicáveis a esses ativos conterem disposições orientadoras para reconhecimento e mensuração desses ativos.

3.2 Ativos financeiros

As normas trazidas pelo CPC 01 (R1) são aplicadas a ativos financeiros classificados como:

a) controladas, conforme definido no CPC 36 – Demonstrações Consolidadas e no CPC 35 – Demonstrações Separadas;

b) coligadas, conforme definido no CPC 18 – Investimento em Coligada e em Controlada; e

c) empreendimento controlado em conjunto, conforme definido no CPC 19 – Investimento em Empreendimento Controlado em Conjunto (Joint Venture).

Para perdas por desvalorização com outros ativos financeiros, devem ser aplicadas o CPC 38[11] – Instrumentos Financeiros: Reco-

11 Com a aprovação do CPC 48 – INSTRUMENTOS FINANCEIROS, foi revogado o documento CPC 38 – Instrumentos Financeiros: Reconhecimento e Men-

nhecimento e Mensuração e o CTG 03 – Instrumentos Financeiros: Reconhecimento, Mensuração e Evidenciação.

3.2.1 Ativos financeiros excluídos

As regras estabelecidas pelo CPC 01 (R1) não se aplicam a ativos financeiros dentro do alcance do CPC 38 – Instrumentos Financeiros: Reconhecimento e Mensuração, propriedades para investimento mensuradas ao valor justo, de acordo com O CPC 28 – Propriedade para Investimento ou ativos biológicos relacionados à atividade agrícola mensurados ao valor justo líquido de despesas de vendas de acordo com o CPC 29 – Ativo Biológico e Produto Agrícola.

Entretanto, as regras aqui tratadas aplicam-se a ativos que são registrados pelo valor reavaliado (valor justo) em consonância com outras normas, conforme modelo de reavaliação previsto no CPC 27 – Ativo Imobilizado.

A identificação de como um ativo reavaliado pode estar com parcela não recuperável depende da base utilizada para determinar esse valor:

a) se o valor reavaliado do ativo é seu valor de mercado, a única diferença entre seu valor reavaliado e seu valor justo líquido de despesas com vendas é a despesa direta incremental incorrida para se desfazer do ativo:
   i. se as despesas para a baixa são insignificantes, o valor recuperável do ativo reavaliado está necessariamente próximo a (ou pouco maior do que) seu valor reavaliado (valor justo). Nesse caso, depois de serem aplicadas as determinações para contabilizar a reavaliação, é improvável que o ativo reavaliado não seja recuperável e, portanto, o valor recuperável não precisa ser estimado;
   ii. se as despesas para a baixa não são insignificantes, o valor justo líquido de despesas de vendas do ativo reavaliado é

---

suração. No entanto, o temo de aprovação do CPC 48 deixa claro que essa revogação não se aplica as entidades que utilizem o CPC PME – Contabilidade para Pequenas e Médias Empresas, de acordo com o item 11.2, alínea; para as entidades que optarem por utilizar a opção de registro de *hedge accounting* de acordo com o disposto nos itens 81A, 89 a 94 e AG114 a AG132, conforme facultam os itens 5.2.3, 5.3.2, 5.7.1, 5.7.2, 5.73 e 6.1.3 do Pronunciamento; e para as entidades seguradoras que optarem por continuar a utilizar o CPC 38 até 1º de janeiro de 2021, conforme alterações que serão feitas no CPC 11 – Contratos de Seguro.

necessariamente menor do que seu valor reavaliado. Portanto, o valor reavaliado conterá parcela não recuperável se seu valor em uso for menor do que seu valor reavaliado (valor justo). Nesse caso, depois de serem aplicadas as determinações relativas à reavaliação, a entidade deve utilizar as normas baixadas pelo CPC 01 (R1) para determinar se o ativo apresenta parcela não recuperável;

b) se o valor reavaliado do ativo for determinado em base que não seja a de valor de mercado, seu valor reavaliado pode ser maior ou menor do que seu valor recuperável. Então, depois que as exigências de reavaliação forem aplicadas, a entidade deve utilizar as regras estabelecidas pelo pronunciamento CPC 01 (R1) para verificar se o ativo sofreu desvalorização.

4. ALGUMAS DEFINIÇÕES IMPORTANTES

Ao longo desse procedimento, e da série que se inicia, serão utilizados alguns termos com os significados específicos conforme se seguem:

Mercado ativo é um mercado no qual todas as seguintes condições existem:

a) os itens transacionados no mercado são homogêneos;
b) vendedores e compradores com disposição para negociar podem ser encontrados a qualquer momento para efetuar a transação; e
c) os preços estão disponíveis para o público.

Valor contábil é o montante pelo qual o ativo está reconhecido no balanço depois da dedução de toda respectiva depreciação, amortização ou exaustão acumulada e ajuste para perdas.

Unidade geradora de caixa é o menor grupo identificável de ativos que gera entradas de caixa, entradas essas que são em grande parte independentes das entradas de caixa de outros ativos ou outros grupos de ativos.

Ativos corporativos são ativos, exceto ágio por expectativa de rentabilidade futura (*goodwill*), que contribuem, mesmo que indiretamente, para os fluxos de caixa futuros tanto da unidade geradora de caixa sob revisão quanto de outras unidades geradoras de caixa.

Despesas de venda ou de baixa são despesas incrementais diretamente atribuíveis à venda ou à baixa de um ativo ou de uma unidade geradora de caixa, excluindo as despesas financeiras e de impostos sobre o resultado gerado.

Valor depreciável, amortizável e exaurível é o custo de um ativo, ou outra base que substitua o custo nas demonstrações contábeis, menos seu valor residual.

Depreciação, amortização e exaustão é a alocação sistemática do valor depreciável, amortizável e exaurível de ativos durante sua vida útil.

Valor justo líquido de despesa de venda é o montante a ser obtido pela venda de um ativo ou de unidade geradora de caixa em transações em bases comutativas, entre partes conhecedoras e interessadas, menos as despesas estimadas de venda.

Perda por desvalorização é o montante pelo qual o valor contábil de um ativo ou de unidade geradora de caixa excede seu valor recuperável.

Valor recuperável de um ativo ou de unidade geradora de caixa é o maior montante entre o seu valor justo líquido de despesa de venda e o seu valor em uso.

Vida útil é:

a) o período de tempo durante o qual a entidade espera utilizar um ativo; ou

b) o número de unidades de produção ou de unidades semelhantes que a entidade espera obter do ativo.

Valor em uso é o valor presente de fluxos de caixa futuros esperados que devem advir de um ativo ou de unidade geradora de caixa.

Valor residual é o valor estimado que a entidade obteria com a venda do ativo, após deduzir as despesas estimadas de venda, caso o ativo já tivesse a idade e a condição esperadas para o fim de sua vida útil.

5. EXEMPLO

A seguir é oferecido um exemplo simples de aplicação do *impairment*. Recomenda-se, para um melhor entendimento do tema, a leitura dos procedimentos que se seguem a este.

Exemplo.

Vamos considerar uma máquina que gera fluxo de caixa dentro de uma linha de produção.

Valor contábil ao final do exercício de 20x1:

Máquinas	R$ 250.000
(-) Depreciação acumulada	R$ 50.000
(=) Valor contábil	R$ 200.000

Foi constatado que o valor de mercado desse ativo diminuiu mais do que seria esperado. Também foi detectado que o desempenho econômico desse bem tem piorado.

Em face de tais ocorrências a empresa decidiu estimar o valor recuperável desse imobilizado para constatar se deveria ser reconhecida alguma perda por desvalorização (*impairment*). Para tanto foram levantadas as seguintes mensurações (teste de valor recuperável pelo uso no processo produtivo):

ANO	ENTRADA DE CAIXA	SAÍDA DE CAIXA	ENTRADA LÍQUIDA
1	100.000,00	20.000,00	80.000,00
2	90.000,00	18.000,00	72.000,00
3	80.000,00	16.000,00	64.000,00
4	70.000,00	14.000,00	56.000,00
5	60.000,00	12.000,00	48.000,00
Total	400.000,00	80.000,00	320.000,00

Dados adicionais:

Tempo de vida útil restante da máquina: 5 anos

Valor justo, líquido de despesas com vendas: R$ 175.000

Taxa de desconto a ser aplicada: 25% a.a.

Com base nessas informações, temos que:

a) determinar o valor recuperável da máquina, pelo uso no processo produtivo;

b) comparar o valor apurado em "a" com o valor justo, líquido de despesas com vendas;

c) o maior valor entre o valor recuperável da máquina pelo uso no processo produtivo e o seu valor justo, líquido de despesa deverá ser comparado com o valor contábil do bem.

d) se o maior valor referido em "c" for inferior ao valor contábil do bem a perda por desvalorização está caracterizada, devendo ser efetuado o registro contábil.

Com base nessas informações, temos:

Determinando o valor recuperável da máquina (letra "a")

"Trazer" o fluxo de caixa líquido ao valor presente.

ANO	ENTRADA LÍQUIDA	Taxa de desconto	Valor descontado
1	R$ 80.000	1,25	R$ 64.000
2	R$ 72.000	1,5625	R$ 46.080
3	R$ 64.000	1,953125	R$ 32.768
4	R$ 56.000	2,441406	R$ 22.938
5	R$ 48.000	3,051758	R$ 15.729
Total	**R$ 320.000**		**R$ 181.514**

Determinar o maior valor entre "o fluxo de caixa líquido ao valor presente" e o valor justo do bem, líquido das despesas com vendas (letra "b")

Fluxo de caixa líquido ao valor presente	181.514
Valor justo do bem, líquido das despesas com vendas	175.000

Maior valor

Comparar o maior valor determinado acima com o valor contábil do bem (letra "c")

Fluxo de caixa líquido ao valor presente	R$ 181.514
Valor contábil do bem	R$ 200.000

Como se observa, o fluxo de caixa líquido a valor presente é inferior ao valor contábil do bem. A diferença é de R$ 18.486.

Registro contábil da perda por desvalorização (*impairment*) (letra "d")

D - Perdas por *Impairment* (resultado)

C - Perdas prováveis com imobilizado (redutora do bem) 18.486

II - IMPAIRMENT - IDENTIFICAÇÃO DE ATIVO DESVALORIZADO

1. INTRODUÇÃO

Segundo o Pronunciamento Técnico CPC 01 - R1, que trata sobre Redução ao Valor Recuperável dos Ativos, O ativo está desvalorizado quando seu valor contábil excede seu valor recuperável.

Ao longo deste procedimento são descritas algumas indicações de que alguma perda pode ter ocorrido em relação a um ativo. Se qualquer dessas situações estiver presente, a entidade deve fazer uma estimativa formal do valor recuperável. Além, disso, também é especificado quando um valor recuperável deve ser determinado.

2. AVALIAÇÃO PERIÓDICA DA DESVALORIZAÇÃO

A entidade deve avaliar ao fim de cada período de reporte, se há alguma indicação de que um ativo possa ter sofrido desvalorização. Se houver alguma indicação, a entidade deve estimar o valor recuperável do ativo.

3. TESTE PERIÓDICO DA REDUÇÃO AO VALOR RECUPERÁVEL

Independentemente de existir, ou não, qualquer indicação de redução ao valor recuperável, a entidade deve:

a) testar, no mínimo anualmente, a redução ao valor recuperável de um ativo intangível com vida útil indefinida ou de um ativo intangível ainda não disponível para uso, comparando o seu valor contábil com seu valor recuperável. Esse teste de redução ao valor recuperável pode ser executado a qualquer momento no período de um ano, desde que seja executado, todo ano, no mesmo período. Ativos intangíveis diferentes podem ter o valor recuperável testado em períodos diferentes. Entretanto, se tais ativos intangíveis foram inicialmente reconhecidos durante o ano corrente, devem ter a redução ao valor recuperável testada antes do fim do ano corrente; e

b) testar, anualmente, o ágio pago por expectativa de rentabilidade futura (*goodwill*) em combinação de negócios.

3.1 Necessidade de se estimar o valor recuperável – a questão da materialidade

Conforme indicado no item 3 acima, é requerido que um ativo intangível, com vida útil indefinida, ou ainda não disponível para uso, e o ágio por expectativa de rentabilidade futura (goodwill) sejam testados com relação à redução ao valor recuperável, pelo menos uma vez ao ano.

Independentemente do momento em que as exigências do referidas no item 3 sejam aplicadas, o conceito de materialidade se aplica na identificação e verificação da necessidade de se estimar o valor recuperável de um ativo. Por exemplo, se cálculos prévios indicam que o valor recuperável de um ativo é significativamente maior do que seu valor contábil, a entidade não necessita estimar novamente o valor recuperável do ativo, desde que não tenham ocorrido eventos que eliminariam essa diferença.

Do mesmo modo, a análise prévia pode indicar que o valor recuperável de um ativo não é sensível a uma ou mais das indicações relacionadas no item 5.

3.1.1 Exemplo

Para ilustrar o exposto no subitem 3.1, se as taxas de juros de mercado ou outras taxas de mercado de retorno sobre investimentos aumentarem no período, a entidade não precisa fazer uma estimativa formal do valor recuperável de um ativo nos seguintes casos:

a) se for improvável que a taxa de desconto utilizada no cálculo do valor em uso do ativo tenha sido afetada pelo aumento nessas taxas de mercado. Por exemplo, os aumentos nas taxas de juros de curto prazo podem não ter efeito material sobre a taxa de desconto utilizada para um ativo que tenha vida útil remanescente longa;

b) se for provável que a taxa de desconto utilizada no cálculo do valor em uso do ativo tenha sido afetada pelo aumento nessas taxas de mercado, porém a análise prévia de sensibilidade do valor recuperável indique que:

i. é improvável que haja diminuição significativa no valor recuperável, porque os fluxos de caixa futuros provavelmente também aumentarão (exemplo: em alguns casos, a entidade pode ser capaz de demonstrar que ajusta suas receitas para compensar qualquer aumento nas taxas de mercado); ou

ii. é improvável que a diminuição no valor recuperável resulte em perda material por desvalorização.

4. ATIVO NÃO DISPONÍVEL PARA USO E ATIVO DISPONÍVEL PARA USO

A capacidade de um ativo intangível gerar benefícios econômicos futuros suficientes para recuperar seu valor contábil é usualmente sujeita a maior incerteza na fase em que o ativo ainda não está disponível para uso do que na fase em que ele já se encontra disponível para uso.

Isso posto, temos que a entidade deve proceder ao teste por desvalorização, no mínimo anualmente, de ativo intangível que ainda não esteja disponível para uso.

5. INDICADORES DE QUE O ATIVO SOFREU DESVALORIZAÇÃO

Ao avaliar se há alguma indicação de que um ativo possa ter sofrido desvalorização, a entidade deve considerar, no mínimo, as seguintes indicações:

Fontes externas de informação

a) durante o período, o valor de mercado do ativo diminuiu significativamente, mais do que seria de se esperar como resultado da passagem do tempo ou do uso normal;

b) mudanças significativas com efeito adverso sobre a entidade ocorreram durante o período, ou ocorrerão em futuro próximo, no ambiente tecnológico, de mercado, econômico ou legal, no qual a entidade opera ou no mercado para o qual o ativo é utilizado;

c) as taxas de juros de mercado ou outras taxas de mercado de retorno sobre investimentos aumentaram durante o período, e esses aumentos provavelmente afetarão a taxa de desconto utilizada no cálculo do valor em uso de um ativo e diminuirão materialmente o valor recuperável do ativo;

d) o valor contábil do patrimônio líquido da entidade é maior do que o valor de suas ações no mercado;

Fontes internas de informação

e) evidência disponível de obsolescência ou de dano físico de um ativo;

f) mudanças significativas, com efeito adverso sobre a entidade, ocorreram durante o período, ou devem ocorrer em futuro próximo, na extensão pela qual, ou na maneira na qual, um ativo é ou será utilizado. Essas mudanças incluem o ativo que se torna inativo ou ocioso, planos para descontinuidade ou reestruturação da operação à qual um ativo pertence, planos para baixa de ativo antes da data anteriormente esperada e reavaliação da vida útil de ativo como finita ao invés de indefinida;

g) evidência disponível, proveniente de relatório interno, que indique que o desempenho econômico de um ativo é ou será pior que o esperado;

Dividendo de controlada, empreendimento controlado em conjunto ou coligada

h) para um investimento em controlada, empreendimento controlado em conjunto ou coligada, a investidora reconhece dividendo advindo desse investimento e existe evidência disponível de que:

   i. o valor contábil do investimento nas demonstrações contábeis separadas excede os valores contábeis dos ativos líquidos da investida reconhecidos nas demonstrações consolidadas, incluindo eventual ágio por expectativa de rentabilidade futura (*goodwill*); ou

   ii. o dividendo excede o total de lucro abrangente da controlada, empreendimento controlado em conjunto ou coligada no período em que o dividendo é declarado.

A relação acima não é exaustiva. A entidade pode identificar outras indicações ou fontes de informação de que um ativo pode ter se desvalorizado, exigindo que a entidade determine o seu valor recuperável ou, no caso do ágio pago por expectativa de rentabilidade futura (*goodwill*), proceda ao teste de recuperação.

5.1 Evidência proveniente de relatório interno

Evidência proveniente de relatório interno que indique que um ativo pode ter se desvalorizado inclui a existência de:

a) fluxos de caixa para adquirir o ativo ou necessidades de caixa subsequentes para operar ou mantê-lo, que sejam significativamente mais elevadas do que originalmente orçadas;
b) fluxos de caixa líquidos realizados ou lucros ou prejuízos operacionais gerados pelo ativo, que são significativamente piores do que aqueles orçados;
c) queda significativa nos fluxos de caixa líquidos orçados ou no lucro operacional, ou aumento significativo no prejuízo orçado, gerados pelo ativo; ou
d) prejuízos operacionais ou saídas de caixa líquidas advindos do ativo, quando os números do período atual são agregados com números orçados para o futuro.

6. REVISÃO DA VIDA ÚTIL REMANESCENTE, DO MÉTODO DE DEPRECIAÇÃO, AMORTIZAÇÃO E EXAUSTÃO E DO VALOR RESIDUAL DE ATIVO

Se houver indicação de que um ativo possa ter sofrido desvalorização, isso pode indicar que a vida útil remanescente, o método de depreciação, amortização e exaustão ou o valor residual para o ativo necessitem ser revisados e ajustados em consonância com as normas aplicáveis ao ativo, mesmo que nenhuma perda por desvalorização seja reconhecida para o ativo.

III – *IMPAIRMENT* – VALOR JUSTO, VALOR RECUPERÁVEL E VALOR EM USO DE ATIVOS

1. DETERMINAÇÃO DO VALOR JUSTO

Nem sempre é necessário determinar o valor justo líquido de despesas de venda de um ativo e seu valor em uso. Se qualquer um desses montantes exceder o valor contábil do ativo, este não tem desvalorização e, portanto, não é necessário estimar o outro valor.

É possível determinar o valor justo líquido de despesas de venda, mesmo que um ativo não seja negociado em mercado ativo. Entretanto, algumas vezes não será possível determinar o valor justo líquido de despesas de venda porque não haverá base para se fazer estimativa confiável do valor a ser obtido pela venda do ativo em transação em bases comutativas, entre partes conhecedoras e interessadas. Nesse caso, o valor em uso pode ser utilizado como seu valor recuperável.

Se não há razão para acreditar que o valor em uso de um ativo exceda materialmente seu valor justo líquido de despesas de venda, o valor justo líquido de despesas de venda do ativo pode ser considerado como seu valor recuperável.

Esse será frequentemente o caso para um ativo que é mantido para alienação. Isso ocorre porque o valor em uso de ativo mantido para alienação corresponderá principalmente às receitas líquidas da baixa, uma vez que os futuros fluxos de caixa do uso contínuo do ativo, até sua baixa, provavelmente serão irrisórios.

Nota: *Valor em uso* é o valor presente de fluxos de caixa futuros esperados que devem advir de um ativo ou de unidade geradora de caixa.

Valor recuperável de um ativo ou de unidade geradora de caixa é o maior montante entre o seu valor justo líquido de despesa de venda e o seu valor em uso.

Valor justo líquido de despesa de venda é o montante a ser obtido pela venda de um ativo ou de unidade geradora de caixa em transações em bases comutativas, entre partes conhecedoras e interessadas, menos as despesas estimadas de venda.

Valor contábil é o montante pelo qual o ativo está reconhecido no balanço depois da dedução de toda respectiva depreciação, amortização ou exaustão acumulada e ajuste para perdas.

2. DETERMINAÇÃO DO VALOR RECUPERÁVEL

O valor recuperável é determinado para um ativo individual, a menos que o ativo não gere entradas de caixa provenientes de seu uso contínuo, que são, em grande parte, independentes daquelas provenientes de outros ativos ou de grupos de ativos.

Se esse for o caso, o valor recuperável é determinado para a unidade geradora de caixa à qual o ativo pertence, a menos que:

a) o valor justo líquido de despesas de venda do ativo seja maior do que seu valor contábil; ou
b) o valor em uso do ativo possa ser estimado como sendo próximo do valor justo líquido de despesas de venda e este possa ser determinado.

Em alguns casos, estimativas, médias e cálculos sintéticos podem oferecer uma aproximação razoável dos cálculos detalhados para determinar o valor justo líquido de despesas de venda ou o valor em uso.

3. MENSURAÇÃO DO VALOR RECUPERÁVEL DE ATIVO INTANGÍVEL COM VIDA ÚTIL INDEFINIDA

Um ativo intangível com vida útil indefinida deve ser testado, no mínimo, anualmente com relação à redução ao valor recuperável, comparando o seu valor contábil com seu valor recuperável, independentemente de haver, ou não, alguma indicação de que possa existir redução ao valor recuperável.

Entretanto, o mais recente cálculo detalhado do valor recuperável de tal ativo, efetuado em período anterior, pode ser utilizado no teste do valor recuperável para esse ativo no período corrente, desde que todos os seguintes critérios sejam atendidos:

a) se o ativo intangível não gerar entradas de caixa decorrentes do uso contínuo, que são, em grande parte, independentes daquelas decorrentes de outros ativos ou de grupo de ativos, sendo o ativo, portanto, testado para fins de valor recuperável como parte de unidade geradora de caixa à qual pertence, e os ativos e passivos que compõem essa unidade não tiverem sofrido alteração significativa desde o cálculo mais recente do valor recuperável;
b) o cálculo mais recente do valor recuperável tiver resultado em valor que excede o valor contábil do ativo com uma margem substancial; e
c) baseado em análise de eventos que ocorreram e em circunstâncias que mudaram desde o cálculo mais recente do valor recuperável, for remota a probabilidade de que a determinação do valor recuperável corrente seja menor do que o valor contábil do ativo.

4. VALOR JUSTO LÍQUIDO DE DESPESA DE VENDA

A melhor evidência do valor justo líquido de despesas de venda de um ativo é o preço de contrato de venda firme em transação em bases comutativas, entre partes conhecedoras e interessadas, ajustado por despesas adicionais que seriam diretamente atribuíveis à venda do ativo.

4.1 Ausência contrato de venda firme

Se não houver contrato de venda firme, mas se o ativo for negociado em mercado ativo, o valor justo líquido de despesas de venda é o preço de mercado do ativo menos as despesas com a baixa.

O preço de mercado apropriado é normalmente a oferta de compra corrente (*bid price*). Quando as ofertas de compra não estiverem disponíveis, o preço da transação mais recente pode oferecer base a partir da qual se possa estimar o valor justo líquido de despesas de venda, contanto que não tenha havido mudança significativa nas circunstâncias econômicas entre a data da transação e a data na qual a estimativa é feita.

Se não houver contrato de venda firme ou mercado ativo para um ativo, o valor justo líquido de despesas de venda deve ser baseado na melhor informação disponível para refletir o valor que a entidade pode obter, ao término do período de reporte, para a baixa do ativo em transação em bases comutativas, entre partes conhecedoras e interessadas, após deduzir as despesas com a baixa. Ao determinar esse valor, a entidade deve considerar o resultado de transações recentes para ativos semelhantes, dentro do mesmo setor industrial.

O valor justo líquido de despesas de venda não deve refletir uma venda forçada, a menos que a administração seja compelida a vender imediatamente.

4.2 Despesas com a baixa

As despesas com a baixa, exceto as que já foram reconhecidas como passivo, devem ser deduzidas ao se determinar o valor justo líquido de despesas de venda. Exemplos desses tipos de despesas são as despesas legais, tributos, despesas com a remoção do ativo e gastos diretos incrementais para deixar o ativo em condição de venda. Entretanto, as despesas com demissão de empregados e as associadas à redução ou reorganização de um negócio em seguida à baixa de um ativo não são despesas incrementais para baixa do ativo.

Em alguns momentos, a baixa de um ativo poderia exigir que o comprador assumisse um passivo e somente um único valor justo líquido de despesas de venda, contemplando o ativo e o passivo imputado ao comprador, estaria disponível.

5. VALOR EM USO

Os seguintes elementos devem ser refletidos no cálculo do valor em uso do ativo:

a) estimativa dos fluxos de caixa futuros que a entidade espera obter com esse ativo;
b) expectativas acerca de possíveis variações no montante ou no período de ocorrência desses fluxos de caixa futuros;
c) valor do dinheiro no tempo, representado pela atual taxa de juros livre de risco;
d) preço pela assunção da incerteza inerente ao ativo (prêmio); e
e) outros fatores, tais como falta de liquidez, que participantes do mercado iriam considerar ao precificar os fluxos de caixa futuros esperados da entidade, advindos do ativo.

5.1 Estimativa do valor em uso

A estimativa do valor em uso de um ativo envolve os seguintes passos:

a) estimar futuras entradas e saídas de caixa derivadas do uso contínuo do ativo e de sua baixa final; e
b) aplicar a taxa de desconto apropriada a esses fluxos de caixa futuros.

Os elementos identificados em "b", "d" e "e" do item 6 podem estar refletidos como ajustes dos fluxos de caixa futuros ou como ajustes da taxa de desconto. Qualquer que seja a abordagem que a entidade adote para refletir expectativas acerca de possíveis variações no montante ou no período de ocorrência de fluxos de caixa futuros, o resultado deve refletir o valor presente esperado dos fluxos de caixa futuros, ou seja, a média ponderada de todos os resultados possíveis. O Apêndice A oferece orientações adicionais acerca da utilização de técnicas de valor presente para a mensuração do valor em uso de um ativo.

6. BASE PARA ESTIMATIVAS DE FLUXOS DE CAIXA FUTUROS

Ao mensurar o valor em uso a entidade deve:

a) basear as projeções de fluxo de caixa em premissas razoáveis e fundamentadas que representem a melhor estimativa, por parte da administração, do conjunto (*range*) de condições econômicas que existirão ao longo da vida útil remanescente do ativo. Peso maior deve ser dado às evidências externas;

b) basear as projeções de fluxo de caixa nas previsões ou nos orçamentos financeiros mais recentes aprovados pela administração que, porém, devem excluir qualquer estimativa de fluxo de caixa que se espera surgir das reestruturações futuras ou da melhoria ou aprimoramento do desempenho do ativo. As projeções baseadas nessas previsões ou orçamentos devem abranger, como regra geral, o período máximo de cinco anos, a menos que se justifique, fundamentadamente, um período mais longo;

c) estimar as projeções de fluxo de caixa para além do período abrangido pelas previsões ou orçamentos mais recentes pela extrapolação das projeções baseadas em orçamentos ou previsões usando uma taxa de crescimento estável ou decrescente para anos subsequentes, a menos que uma taxa crescente possa ser devidamente justificada. Essa taxa de crescimento não deve exceder a taxa média de crescimento, de longo prazo, para os produtos, setores de indústria ou país ou países nos quais a entidade opera ou para o mercado no qual o ativo é utilizado, a menos que se justifique, fundamentadamente, uma taxa mais elevada.

6.1 Papel da administração

A administração deve avaliar a razoabilidade das premissas sobre as quais as atuais projeções de fluxos de caixa se baseiam, examinando as causas das diferenças entre as projeções passadas de fluxos de caixa e os fluxos de caixa atuais observados.

A administração deve certificar-se de que as premissas sobre as quais suas projeções atuais de fluxos de caixa estão baseadas são consistentes com os resultados observados no passado, garantindo que os efeitos de eventos ou circunstâncias subsequentes, que não foram previstos quando os fluxos de caixa atuais observados foram estimados, tornem isso adequado.

Geralmente, orçamentos e previsões financeiras de fluxos de caixa futuros para períodos superiores a cinco anos, detalhados, explícitos e confiáveis, não estão disponíveis. Por essa razão, as estimativas da administração de fluxos de caixa futuros devem ser baseadas nos mais recentes orçamentos e previsões para um período máximo de cinco anos.

A administração pode utilizar projeções de fluxo de caixa baseadas em orçamentos e previsões financeiras para um período superior a cinco anos se estiver convicta de que essas projeções são confiáveis e se puder demonstrar sua capacidade, baseada na experiência passada, de fazer previsão acurada de fluxo de caixa para esse período mais longo.

6.1.1 Projeções de fluxo de caixa baseadas em orçamentos e previsões financeiras

As projeções de fluxo de caixa até o fim da vida útil de um ativo devem ser estimadas pela extrapolação das projeções de fluxo de caixa baseadas em orçamentos e previsões financeiras, usando uma taxa de crescimento para anos subsequentes. Essa taxa deve ser estável ou decrescente, a menos que um aumento na taxa seja condizente com informações objetivas acerca dos padrões de ciclo de vida do produto ou setor econômico. Se apropriada, a taxa de crescimento deve ser zero ou negativa.

Quando as condições estiverem favoráveis e atrativas, possivelmente concorrentes entrarão no mercado e restringirão o crescimento. Portanto, as entidades têm dificuldade em exceder a taxa média de crescimento histórico a longo prazo, por exemplo, vinte anos, para os produtos, setores econômicos ou país ou países nos quais a entidade opera ou no mercado no qual o ativo é utilizado.

Ao utilizar informações de orçamentos e previsões financeiras, a entidade deve considerar se as informações refletem premissas razoáveis e fundamentadas, e se representam a melhor estimativa, por parte da administração, quanto ao conjunto de condições econômicas que existirão durante a vida útil remanescente do ativo.

IV – IMPAIRMENT – COMPOSIÇÃO DOS FLUXOS DE CAIXA FUTUROS PARA FINS DE MENSURAÇÃO DO VALOR RECUPERÁVEL DE ATIVO

1. COMPOSIÇÃO DAS ESTIMATIVAS DE FLUXOS DE CAIXA FUTUROS

As estimativas de fluxos de caixa futuros devem incluir:

a) projeções de entradas de caixa advindas do uso contínuo do ativo;

b) projeções de saídas de caixa que são necessariamente incorridas para gerar as entradas de caixa advindas do uso contínuo do ativo (incluindo as saídas de caixa para preparar o ativo para uso) e que podem ser diretamente atribuídas ou alocadas, em base consistente e razoável, ao ativo; e

c) se houver, fluxos de caixa líquidos a serem recebidos (ou pagos) quando da baixa do ativo ao término de sua vida útil.

2. O QUE DEVEM REFLETIR AS ESTIMATIVAS DE FLUXOS DE CAIXA FUTUROS E A TAXA DE DESCONTO

As estimativas de fluxos de caixa futuros e a taxa de desconto devem refletir premissas consistentes sobre aumentos de preço devido à inflação (aumento generalizado de preços). Portanto, se a taxa de desconto incluir o efeito dos aumentos de preço devido à inflação, os fluxos de caixa futuros devem ser estimados em termos nominais.

Se a taxa de desconto excluir o efeito de aumentos de preço devido à inflação, os fluxos de caixa futuros devem ser estimados em termos reais (porém, devem incluir aumentos ou futuras reduções específicas de preços).

2.1 Projeções de saídas de caixa

As projeções de saídas de caixa devem incluir aquelas necessárias à utilização e manutenção habituais do ativo, bem como os custos indiretos futuros (overheads) que podem ser atribuídos diretamente ao uso do ativo, ou a ele alocados, em base razoável e consistente.

Quando o valor contábil de um ativo não incluir ainda todas as saídas de caixa a serem incorridas antes de estar pronto para uso ou venda, a previsão de saídas de fluxos de caixa futuros deve incluir uma previsão de qualquer saída de caixa adicional que se espera incorrer antes que o ativo esteja pronto para uso ou venda. Por exemplo, esse é o caso de edifício em construção ou de projeto em desenvolvimento que ainda não foi concluído.

3. O QUE NÃO DEVE CONSTAR DAS ESTIMATIVAS DE FLUXOS DE CAIXA FUTUROS

Para evitar dupla contagem, as estimativas de fluxos de caixa futuros não devem incluir:

a) entradas de caixa advindas de ativos que geram outras entradas de caixa que são, em grande parte, independentes das entradas de caixa do ativo sob revisão (por exemplo, ativos financeiros como contas a receber); e

b) saídas de caixa que se referem a obrigações que já foram reconhecidas como passivos (por exemplo, contas a pagar, passivos de planos de pensão e provisões).

3.1 Entradas ou saídas de caixa que não devem fazer parte das estimativas de fluxos de caixa futuros

Fluxos de caixa futuros devem ser estimados para o ativo em sua condição atual. As estimativas de fluxos de caixa futuros não devem incluir futuras entradas ou saídas de caixa previstas para as quais se tenha expectativa de advir de:

a) futura reestruturação com a qual a entidade ainda não está compromissada; ou

b) melhoria ou aprimoramento do desempenho do ativo.

3.2 Valor em uso

Em função de os fluxos de caixa futuros serem estimados para o ativo em sua condição atual, o valor em uso não deve refletir:

a) futuras saídas de caixa ou redução de gastos relacionados (por exemplo, reduções nos gastos com pessoal) ou benefícios que se tenha a expectativa de advir de futura reestruturação com a qual a entidade ainda não está comprometida; ou

b) futuras saídas de caixa que melhorarão ou aprimorarão o desempenho do ativo ou as entradas de caixa relacionadas para as quais se tenha a expectativa que advenham dessas saídas de caixa.

4. DEFINIÇÃO DE REESTRUTURAÇÃO

Uma reestruturação é um programa que é planejado e controlado pela administração e muda significativamente o alcance do negócio levado a efeito por uma entidade ou a maneira sob a qual o negócio é conduzido. A NBC TG 25 – Provisões, Passivos Contingentes e Ativos Contingentes contém orientação, elucidando quando a entidade está comprometida com uma reestruturação.

Quando a entidade se torna comprometida com uma reestruturação, alguns ativos possivelmente serão afetados por essa reestruturação. Uma vez que a entidade esteja comprometida com a reestruturação:

a) sua estimativa de entradas e saídas futuras de caixa, com o objetivo de determinar o valor em uso, deve refletir a economia de custos e outros benefícios provenientes da reestruturação (com base nas mais recentes previsões financeiras ou orçamentos aprovados pela administração); e

b) sua estimativa de futuras saídas de caixa para a reestruturação é computada na provisão para reestruturação de acordo com a NBC TG 25.

5. IMPEDIMENTOS À INCLUSÃO DE ENTRADAS FUTURAS ESTIMADAS DE CAIXA

Até que a entidade incorra em saídas de caixa que melhorem ou aprimorem o desempenho do ativo, as estimativas de fluxos de caixa futuros não devem incluir as entradas futuras estimadas de caixa para as quais se tenha a expectativa de advir do aumento de benefícios econômicos associados com as saídas de caixa.

Estimativas de fluxos de caixa futuros incluem as saídas de caixa futuras necessárias para manter o nível de benefícios econômicos esperados gerados pelo ativo em sua condição atual.

Quando a unidade geradora de caixa é composta por ativos com diferentes vidas úteis estimadas, sendo todos essenciais para a continuidade da operação da unidade, a reposição de ativos com vida útil mais curta é considerada como integrante do gasto relacionado à utilização e manutenção da unidade quando da estimativa dos fluxos de caixa futuros associados a essa unidade.

De modo similar, quando um ativo individual é composto por itens com diferentes vidas úteis estimadas, a reposição de itens com vida mais curta é considerada como integrante do gasto relacionado à utilização e manutenção do ativo quando da estimativa dos fluxos de caixa futuros gerados por esse ativo.

5.1 O que não deve compor as Estimativas de fluxos de caixa futuros

Estimativas de fluxos de caixa futuros não devem incluir:

a) entradas ou saídas de caixa provenientes de atividades de financiamento; ou

b) recebimentos ou pagamentos de tributos sobre a renda.

6. ESTIMATIVAS DOS FLUXOS DE CAIXA ANTES DOS IMPOSTOS

Fluxos de caixa futuros estimados refletem premissas que são consistentes com a maneira pela qual a taxa de desconto é determinada. De outro modo, o efeito de algumas premissas será contado duas vezes ou ignorado.

Em decorrência de o valor do dinheiro no tempo ser considerado no desconto de fluxos de caixa futuros estimados, esses fluxos de caixa excluem as entradas ou saídas de caixa provenientes das atividades de financiamento. Similarmente, uma vez que a taxa de desconto é determinada antes dos impostos, os fluxos de caixa futuros são também estimados antes de impostos.

7. ESTIMATIVAS DE FLUXOS DE CAIXA LÍQUIDOS

A estimativa de fluxos de caixa líquidos a serem recebidos (ou pagos) pela baixa de um ativo ao término de sua vida útil deve ser o montante que a entidade espera obter da baixa do ativo em transação com isenção de interesses entre partes conhecedoras e interessadas, após deduzir as despesas estimadas com a baixa.

A estimativa de fluxos de caixa líquidos a serem recebidos (ou pagos) pela baixa de um ativo ao término de sua vida útil é determinada de modo semelhante para o valor justo líquido de despesas de venda do ativo, exceto que, ao estimar esses fluxos de caixa líquidos:

a) a entidade deve usar preços em vigor na data da estimativa para ativos semelhantes que atingiram o fim de sua vida útil e que operaram em condições semelhantes àquelas nas quais o ativo será utilizado;

b) a entidade deve ajustar esses preços tanto pelo efeito de aumentos futuros de preços devidos à inflação (aumento generalizado de preços), quanto para futuros aumentos ou diminuições específicas de preços. Entretanto, se as estimativas de fluxos de caixa futuros provenientes do uso contínuo do ativo e a taxa de desconto excluírem o efeito da inflação, a entidade também deve excluir esse efeito da estimativa de fluxos de caixa líquidos advindos da baixa.

8. FLUXOS DE CAIXA FUTUROS EM MOEDA ESTRANGEIRA

Os fluxos de caixa futuros são estimados na moeda em que eles são gerados e, em seguida, descontados, usando-se uma taxa de desconto adequada para essa moeda. A entidade deve traduzir o valor presente usando a taxa de câmbio à vista na data do cálculo do valor em uso.

9. TAXA DE DESCONTO

A taxa de desconto deve ser a taxa antes dos impostos, que reflita as avaliações atuais de mercado acerca:

a) do valor do dinheiro no tempo; e

b) dos riscos específicos do ativo para os quais as estimativas de fluxos de caixa futuros não tenham sido ajustadas.

Uma taxa que reflita avaliações atuais de mercado do valor do dinheiro no tempo e dos riscos específicos do ativo é o retorno que os investidores exigiriam se eles tivessem que escolher um investimento que gerasse fluxos de caixa de montantes, tempo de ocorrência e perfil de risco equivalentes àqueles que a entidade espera que advenham do ativo.

Essa taxa é estimada a partir de taxas implícitas em transações correntes de mercado para ativos semelhantes, ou ainda do custo médio ponderado de capital de companhia aberta listada em bolsa que tenha um ativo único (ou carteira de ativos) semelhante em termos de potencial de serviço e riscos do ativo sob revisão.

Entretanto, a taxa de desconto (ou taxas) utilizada para mensurar o valor em uso do ativo não deve refletir os riscos para os quais os fluxos de caixa futuros estimados tenham sido ajustados. De outro modo, o efeito de algumas premissas será levado em consideração em duplicidade.

Quando uma taxa específica de um ativo não estiver diretamente disponível no mercado, a entidade deve usar substitutos para estimar a taxa de desconto. O Apêndice A dispõe sobre informações adicionais quanto à estimativa de taxas de desconto em tais circunstâncias.

10. RECONHECIMENTO E MENSURAÇÃO DE PERDA POR DESVALORIZAÇÃO

Se, e somente se, o valor recuperável de um ativo for inferior ao seu valor contábil, o valor contábil do ativo deve ser reduzido ao seu valor recuperável. Essa redução representa uma perda por desvalorização do ativo.

A perda por desvalorização do ativo deve ser reconhecida imediatamente na demonstração do resultado, a menos que o ativo tenha sido reavaliado. Qualquer desvalorização de ativo reavaliado deve ser tratada como diminuição do saldo da reavaliação.

10.1 Reconhecimento da perda na DRE

A perda por desvalorização de ativo não reavaliado deve ser reconhecida na demonstração do resultado do exercício. Entretanto, a perda por desvalorização de ativo reavaliado deve ser reconhecida em outros resultados abrangentes (na reserva de reavaliação) na extensão em que a perda por desvalorização não exceder o saldo da reavaliação reconhecida para o mesmo ativo. Essa perda por desvalorização sobre o ativo reavaliado reduz a reavaliação reconhecida para o ativo.

10.2 Montante estimado da perda por desvalorização for maior do que o valor contábil do ativo

Quando o montante estimado da perda por desvalorização for maior do que o valor contábil do ativo ao qual se relaciona, a entidade deve reconhecer um passivo se, e somente se, isso for exigido por norma contábil.

Depois do reconhecimento da perda por desvalorização, a despesa de depreciação, amortização ou exaustão do ativo deve ser ajustada em períodos futuros para alocar o valor contábil revisado do ativo, menos seu valor residual (se houver), em base sistemática ao longo de sua vida útil remanescente.

Se a perda por desvalorização for reconhecida, quaisquer ativos ou passivos fiscais diferidos relacionados devem ser reconhecidos em consonância com a NBC TG 32 – Tributos sobre o Lucro, comparando-se o valor contábil revisado do ativo com sua base fiscal.

V – *IMPAIRMENT* – IDENTIFICAÇÃO, VALOR RECUPERÁVEL E VALOR CONTÁBIL DE UNIDADE GERADORA DE CAIXA

1. IDENTIFICAÇÃO DA UNIDADE GERADORA DE CAIXA À QUAL UM ATIVO PERTENCE

De acordo com o pronunciamento Técnico CPC nº 01, se houver qualquer indicação de que um ativo possa estar desvalorizado, o valor recuperável deve ser estimado para o ativo individual. Se não for possível estimar o valor recuperável para o ativo individual, a entidade deve determinar o valor recuperável da unidade geradora de caixa à qual o ativo pertence (unidade geradora de caixa do ativo).

1.1 Situações para as quais um ativo individual não pode ser determinado

O valor recuperável de um ativo individual não pode ser determinado se:

a) o valor em uso do ativo não puder ser estimado como sendo próximo de seu valor justo líquido de despesas de venda (por exemplo, quando os fluxos de caixa futuros advindos do uso contínuo do ativo não puderem ser estimados como sendo insignificantes); e

b) o ativo não gerar entradas de caixa que são em grande parte independentes daquelas provenientes de outros ativos.

Nesses casos, o valor em uso e, portanto, o valor recuperável, somente pode ser determinado para a unidade geradora de caixa do ativo.

Exemplo

Uma entidade de mineração tem uma estrada de ferro particular para dar suporte às suas atividades de mineração. Essa estrada pode ser vendida somente pelo valor de sucata e ela não gera entradas de caixa que são, em grande parte, independentes das entradas de caixa provenientes de outros ativos da mina.

Não é possível estimar o valor recuperável da estrada de ferro privada porque seu valor em uso não pode ser determinado e é provavelmente diferente do valor de sucata. Portanto, a entidade deve estimar o valor recuperável da unidade geradora de caixa à qual a estrada de ferro particular pertence, isto é, a mina como um todo.

1.2 Como proceder quando o valor recuperável não puder ser determinado

Já vimos em outras oportunidades que uma unidade geradora de caixa de um ativo é o menor grupo de ativos que inclui esse ativo e gera entradas de caixa que são em grande parte independentes das entradas de caixa provenientes de outros ativos ou grupos de ativos. A identificação de uma unidade geradora de caixa do ativo envolve julgamento. Se o valor recuperável não puder ser determinado para um ativo individual, a entidade identifica o menor agregado de ativos que gera entradas de caixa em grande parte independentes.

Exemplo

Uma empresa de ônibus fornece serviços, sob contrato, a um município que requer a prestação de serviços mínima em cada uma das cinco linhas operadas. Os ativos alocados a cada linha e os fluxos de caixa provenientes de cada linha podem ser identificados separadamente. Uma das linhas opera com prejuízo significativo.

Como a entidade não tem a opção de eliminar nenhuma das linhas operadas, o nível mais baixo de entradas de caixa identificáveis que são substancialmente independentes das entradas de caixa provenientes de outros ativos ou grupos de ativos são as entradas de caixa geradas pelas cinco linhas em conjunto. A unidade geradora de caixa para cada linha é a empresa de ônibus como um todo.

2. ORIGEM DAS ENTRADAS DE CAIXA

As entradas de caixa são entradas de caixa e equivalentes de caixa recebidos de terceiros independentes da entidade.

Ao identificar se as entradas de caixa provenientes de um ativo (ou grupo de ativos) são, em grande parte, independentes das entradas de caixa provenientes de outros ativos (ou grupos de ativos), a entidade deve considerar vários fatores, incluindo a maneira como a administração monitora as operações da entidade (tais como: por linhas de produto, linhas de negócios, localidades individuais, áreas distritais ou regionais) ou a maneira como a administração toma decisões sobre a continuidade ou a baixa dos ativos e operações da entidade.

2.1 Existência de mercado ativo

Se existir mercado ativo para o produto gerado por um ativo ou grupo de ativos, esse ativo ou grupo de ativos deve ser identificado como unidade geradora de caixa, mesmo que alguns ou todos os produtos sejam utilizados internamente.

Se as entradas de caixa geradas por qualquer ativo ou unidade geradora de caixa forem afetadas por preço de transferência interno, a entidade deve usar a melhor estimativa da administração em relação aos preços futuros que poderiam ser obtidos em transação entre partes independentes, levando em consideração:

a) as entradas futuras de caixa utilizadas para determinar o valor em uso do ativo ou da unidade geradora de caixa; e
b) as saídas futuras de caixa utilizadas para determinar o valor em uso de quaisquer outros ativos ou unidades geradoras de caixa que são afetados pelo preço de transferência interno.

Mesmo se parte ou toda a produção de um ativo ou de grupo de ativos for utilizada por outras unidades da entidade (por exemplo, produtos em estágio intermediário de processo de produção), esse ativo ou grupo de ativos forma uma unidade geradora de caixa separada se a entidade puder vender a produção desse ativo em mercado ativo. Isso acontece porque esse ativo ou grupo de ativos poderia gerar entradas de caixa que seriam em grande parte independentes das entradas de caixa provenientes de outros ativos ou grupos de ativos. Ao usar informações baseadas em orçamentos e previsões financeiras que estão relacionadas a essa unidade geradora de caixa, ou a qualquer outro ativo ou unidade geradora de caixa afetada pelo preço de transferência interno, a entidade deve ajustar essa informação se os preços de transferência internos não refletirem a melhor estimativa, por parte da administração, dos preços que seriam conseguidos em transação entre partes independentes, sem favorecimentos e dentro da relação de comutatividade.

3. IDENTIFICAÇÃO DAS UNIDADES GERADORAS DE CAIXA

As unidades geradoras de caixa devem ser identificadas de maneira consistente de período para período para o mesmo ativo ou tipos de ativos, a menos que haja justificativa para mudança.

Se a entidade determinar que um ativo pertence a uma unidade geradora de caixa diferente da que pertencia em períodos anteriores, ou que os tipos de ativos agrupados na unidade geradora de caixa tenham mudado, serão requeridas divulgações acerca da unidade geradora de caixa se uma perda por desvalorização for reconhecida ou revertida para essa unidade geradora de caixa.

4. VALOR RECUPERÁVEL E VALOR CONTÁBIL DE UNIDADE GERADORA DE CAIXA

O valor recuperável de uma unidade geradora de caixa é o maior valor entre o valor justo líquido de despesas de venda e o valor em uso. Para o propósito de determinar o montante recuperável de uma unidade geradora de caixa, qualquer referência a "um ativo" deve ser lida como referência a "uma unidade geradora de caixa".

O valor contábil de uma unidade geradora de caixa deve ser determinado de maneira consistente com o modo pelo qual é determinado o montante recuperável da unidade geradora de caixa.

5. COMPOSIÇÃO DE UMA UNIDADE GERADORA DE CAIXA

O valor contábil de uma unidade geradora de caixa:

a) deve incluir somente o valor contábil daqueles ativos que podem ser atribuídos diretamente ou alocados em base razoável e consistente à unidade geradora de caixa, e que gerarão as futuras entradas de caixa utilizadas para determinar o valor em uso da unidade geradora de caixa; e

b) não deve incluir o valor contábil de qualquer passivo reconhecido, a menos que o valor recuperável da unidade geradora de caixa não possa ser determinado sem se considerar esse passivo.

Isso ocorre porque o valor justo líquido de despesas de venda e o valor em uso de uma unidade geradora de caixa devem ser determinados excluindo-se os fluxos de caixa que estão relacionados a ativos que não fazem parte da unidade geradora de caixa e passivos que tenham sido reconhecidos nas demonstrações contábeis.

6. PROVIDÊNCIAS A SEREM TOMADAS QUANDO ATIVOS FOREM AGREGADOS PARA FINS DE AVALIAÇÃO DO MONTANTE DE RECUPERAÇÃO

Quando os ativos são agregados para fins de avaliação do montante de recuperação, é importante incluir na unidade geradora de caixa todos os ativos que geram ou são utilizados para gerar fluxos relevantes de entradas de caixa.

De outra forma, a unidade geradora de caixa pode parecer ser totalmente recuperável quando, de fato, ocorreu uma perda por desvalorização. Em alguns casos, mesmo que alguns ativos contribuam para os fluxos de caixa futuros estimados de uma unidade geradora de caixa, eles não podem ser alocados à unidade geradora de caixa em base razoável e consistente. Esse poderia ser o caso do ágio pago por expectativa de rentabilidade futura (*goodwill*) ou dos ativos corporativos, tais como ativos do escritório central.

7. UTILIZAÇÃO DE PASSIVOS RECONHECIDOS PARA DETERMINAR O VALOR RECUPERÁVEL DA UNIDADE GERADORA DE CAIXA

Pode ser necessário considerar alguns passivos reconhecidos para determinar o valor recuperável da unidade geradora de caixa. Isso pode ocorrer se na baixa de uma unidade geradora de caixa houver a exigência de que o comprador assuma um passivo.

Nesse caso, o valor justo líquido de despesas de venda (ou o fluxo de caixa estimado advindo da baixa final) da unidade geradora de caixa é o preço de venda estimado para os ativos da unidade geradora de caixa e o passivo em conjunto, menos as despesas a serem incorridas com a baixa.

A fim de levar a efeito uma comparação que faça sentido entre o valor contábil da unidade geradora de caixa e o seu valor recuperável, o valor contábil do passivo deve ser deduzido ao se determinar tanto o valor em uso da unidade geradora de caixa quanto seu valor contábil.

Exemplo

Uma entidade opera uma mina em um país cuja legislação exige que o proprietário restaure o local em que é desenvolvida a atividade exploratória, quando do término das atividades. O custo de restauração inclui a reposição da superfície ambiental que precisou ser removida antes que as operações da mina se iniciassem. A provisão para os custos de reposição da superfície ambiental foi reconhecida assim que ela foi removida. Esse valor foi reconhecido como parte do custo da mina e está sendo exaurido ao longo da sua vida útil. O valor contábil da provisão para os custos de restauração é de $ 500, que é igual ao valor presente desses custos de restauração.

A entidade está testando a mina para fins de perda por desvalorização. A unidade geradora de caixa da mina é ela como um todo. A entidade recebeu várias ofertas de compra da mina a um preço em torno de $ 800. Esse preço considera o fato de que o comprador assumirá a obrigação de restaurar o que for necessário. As despesas de venda da mina são desprezíveis. O valor em uso da mina é de aproximadamente $ 1.200, excluindo os custos de restauração. O valor contábil da mina é $ 1.000.

O valor justo líquido de despesas de venda da unidade geradora de caixa é de $ 800. Esse valor considera os custos de restauração que já foram provisionados. Como consequência, o valor em uso da unidade geradora de caixa é determinado depois de considerar os custos de restauração, e é estimado em $ 700 ($ 1.200 menos $ 500). O valor contábil da unidade geradora de caixa é de $ 500, que é o valor contábil da mina ($ 1.000) menos o valor contábil da provisão para custos de restauração ($ 500). Portanto, o valor recuperável da unidade geradora de caixa supera seu valor contábi

Nota: Por razões práticas, o valor recuperável de uma unidade geradora de caixa é algumas vezes determinado depois de se considerarem os ativos que não são parte da unidade geradora de caixa (por exemplo, contas a receber ou outros ativos financeiros) ou passivos que tenham sido reconhecidos (como, por exemplo, contas a pagar, pensões e outras provisões). Nesses casos, o valor contábil da unidade geradora de caixa deve ser aumentado pelo valor contábil desses ativos e diminuído pelo valor contábil desses passivos.

VI – IMPAIRMENT – REVERSÃO DE PERDA POR DESVALORIZAÇÃO

1. INTRODUÇÃO

Nos termos do Pronunciamento Técnico CPC 01, que trata sobre Redução ao Valor Recuperável dos Ativos (CPC 01 – R1), a entidade deve avaliar, ao término de cada período de reporte, se há alguma indicação de que a perda por desvalorização reconhecida em períodos anteriores para um ativo, exceto o ágio por expectativa de rentabilidade futura (*goodwill*), possa não mais existir ou ter diminuído.

Se existir alguma indicação, a entidade deve estimar o valor recuperável desse ativo.

2. INDICADORES DE QUE HOUVE DIMINUIÇÃO DE PERDA POR DESVALORIZAÇÃO

Ao avaliar se há alguma indicação de que perda por desvalorização reconhecida em períodos anteriores para um ativo, exceto o ágio por expectativa de rentabilidade futura (*goodwill*), possa ter diminuído ou possa não mais existir, a entidade deve considerar, no mínimo, as seguintes indicações:

Fontes externas de informação

a) o valor de mercado do ativo tenha aumentado significativamente durante o período;

b) mudanças significativas, com efeito favorável sobre a entidade, tenham ocorrido durante o período, ou ocorrerão em futuro próximo, no ambiente tecnológico, de mercado, econômico ou legal no qual ela opera ou no mercado para o qual o ativo é destinado;

c) as taxas de juros de mercado ou outras taxas de mercado de retorno sobre investimentos tenham diminuído durante o período, e essas diminuições possivelmente tenham afetado a taxa de desconto utilizada no cálculo do valor em uso do ativo e aumentado seu valor recuperável materialmente;

Fontes internas de informação

d) mudanças significativas, com efeito favorável sobre a entidade, tenham ocorrido durante o período, ou se espera que ocorram em futuro próximo, na extensão ou na maneira por meio da qual o ativo é utilizado ou se espera que seja utilizado. Essas mudanças incluem custos incorridos durante o período para melhorar ou aprimorar o desempenho do ativo ou para reestruturar a operação à qual o ativo pertence;

e) há evidência disponível advinda dos relatórios internos que indica que o desempenho econômico do ativo é ou será melhor do que o esperado.

3. REVISÃO DO MÉTODO DE DEPRECIAÇÃO, AMORTIZAÇÃO OU EXAUSTÃO OU REVISÃO DO VALOR RESIDUAL

Se houver indicação de que a perda por desvalorização reconhecida para um ativo, exceto o ágio por expectativa de rentabilidade futura (*goodwill*), pode vir a não mais existir ou tenha diminuído, isso pode ser uma evidência de que a vida útil remanescente, o método de depreciação, amortização ou exaustão ou o valor residual necessitem ser revisados ou ajustados conforme normas aplicáveis ao ativo, mesmo se nenhuma perda por desvalorização for revertida para o ativo.

4. HIPÓTESE EM QUE DEVE SER REVERTIDA A PERDA POR DESVALORIZAÇÃO RECONHECIDA EM PERÍODOS ANTERIORES

Uma perda por desvalorização reconhecida em períodos anteriores para um ativo, exceto o ágio por expectativa de rentabilidade futura (*goodwill*), deve ser revertida se, e somente se, tiver havido mudança nas estimativas utilizadas para determinar o valor recuperável do ativo desde a última perda por desvalorização que foi reconhecida.

Se esse for o caso, o valor contábil do ativo deve ser aumentado, com plena observância do descrito no item 6, para seu valor recuperável. Esse aumento ocorre pela reversão da perda por desvalorização.

5. EXEMPLOS DE SITUAÇÕES QUE CAUSAM MUDANÇAS NAS ESTIMATIVAS

A reversão de perda por desvalorização reflete um aumento no potencial de serviços estimados de um ativo, ou pelo uso ou pela venda, desde a data em que a entidade reconheceu pela última vez uma perda por desvalorização para o ativo. É requerido que a entidade identifique a mudança nas estimativas que causam o aumento no potencial de serviços estimados.

Exemplos de mudanças nas estimativas incluem:

a) mudança na base do valor recuperável (exemplo, se o valor recuperável é baseado no valor justo líquido de despesas de venda ou no valor em uso);

b) se o valor recuperável foi baseado no valor em uso, mudança no montante ou no período previsto de ocorrência de fluxos de caixa futuros estimados ou na taxa de desconto; ou

c) se o valor recuperável foi baseado no valor justo líquido de despesas de venda, mudança na estimativa dos componentes do valor justo líquido de despesas de venda.

O valor em uso de um ativo pode se tornar maior do que seu valor contábil simplesmente porque o valor presente de futuras entradas de caixa aumenta na medida em que essas entradas se tornam mais próximas da data atual. Entretanto, o potencial de serviços do ativo não aumentou. Portanto, a perda por desvalorização não deve ser revertida simplesmente por causa da passagem do tempo (algumas vezes reconhecida pelo termo "fluência" do desconto – *unwinding of discount*), mesmo que o valor recuperável do ativo se torne maior do que seu valor contábil.

6. REVERSÃO DE PERDA POR DESVALORIZAÇÃO PARA ATIVO INDIVIDUAL

O aumento do valor contábil de um ativo, exceto o ágio por expectativa de rentabilidade futura (*goodwill*), atribuível à reversão de perda por desvalorização não deve exceder o valor contábil que teria sido determinado (líquido de depreciação, amortização ou exaustão), caso nenhuma perda por desvalorização tivesse sido reconhecida para o ativo em anos anteriores.

6.1 Tratamento como reavaliação de aumento do valor contábil de ativo

Qualquer aumento no valor contábil de um ativo, exceto o ágio por expectativa de rentabilidade futura (*goodwill*), acima do seu valor contábil que teria sido determinado (líquido de depreciação, amortização ou exaustão), caso a perda por desvalorização para o ativo não tivesse sido reconhecida em anos anteriores é considerado uma reavaliação. Se e nas situações em que a legislação brasileira permitir, a entidade deve aplicar as normas específicas voltadas à matéria.

6.2 Momento do reconhecimento da reversão de perda por desvalorização

A reversão de perda por desvalorização de um ativo, exceto o ágio por expectativa de rentabilidade futura (*goodwill*), deve ser reconhecida imediatamente no resultado do período, a menos que o ativo esteja registrado por valor reavaliado de acordo com norma contábil.

Qualquer reversão de perda por desvalorização sobre ativo reavaliado deve ser tratada como aumento de reavaliação conforme tal norma.

6.3 Reconhecimento da reversão de perda por desvalorização sobre ativo reavaliado

A reversão de perda por desvalorização sobre ativo reavaliado deve ser reconhecida em outros resultados abrangentes sob o título de reserva de reavaliação. Entretanto, na extensão em que a perda por desvalorização para o mesmo ativo reavaliado tenha sido anteriormente reconhecida no resultado do período, a reversão dessa desvalorização deve ser também reconhecida no resultado do período.

6.4 Ajuste a despesa de depreciação, amortização ou exaustão

Depois que a reversão de perda por desvalorização é reconhecida, a despesa de depreciação, amortização ou exaustão para o ativo deve ser ajustada em períodos futuros para alocar o valor contábil revisado do ativo menos seu valor residual (se houver) em base sistemática sobre sua vida útil remanescente.

7. REVERSÃO DE PERDA POR DESVALORIZAÇÃO PARA UMA UNIDADE GERADORA DE CAIXA

A reversão de perda por desvalorização para uma unidade geradora de caixa deve ser alocada aos ativos da unidade, exceto o ágio por expectativa de rentabilidade futura (*goodwill*), proporcionalmente ao valor contábil desses ativos. Esses aumentos em valores contábeis devem ser tratados como reversão de perdas por desvalorização de ativos individuais e reconhecidos de acordo com o subitem 6.2.

7.1 Parâmetro para reconhecimento da reversão

Ao alocar a reversão de perda por desvalorização para uma unidade geradora de caixa, de acordo com o item 7 acima, o valor contábil de um ativo não deve ser aumentado acima do menor dos parâmetros a seguir:

a) seu valor recuperável (se este puder ser determinado); e
b) o valor contábil que teria sido determinado (líquido de depreciação, amortização ou exaustão), se a perda por desvalorização não tivesse sido reconhecida em anos anteriores.

O valor da reversão da perda por desvalorização, que seria de outra forma alocado ao ativo, deve ser alocado de forma proporcional aos outros ativos da unidade, exceto para o ágio por expectativa de rentabilidade futura (*goodwill*).

8. REVERSÃO DE PERDA POR DESVALORIZAÇÃO DO ÁGIO POR EXPECTATIVA DE RENTABILIDADE FUTURA (*GOODWILL*)

A perda por desvalorização reconhecida para o ágio por expectativa de rentabilidade futura (*goodwill*) não deve ser revertida em período subsequente.

A NBC TG 04 – Ativo Intangível proíbe o reconhecimento de ágio por expectativa de rentabilidade futura (*goodwill*) gerado internamente.

Qualquer aumento no valor recuperável do ágio pago por expectativa de rentabilidade futura (*goodwill*) nos períodos subsequentes ao reconhecimento de perda por desvalorização para esse ativo é equivalente ao reconhecimento de ágio por expectativa de rentabilidade futura gerado internamente (*goodwill* gerado internamente) e não reversão de perda por desvalorização reconhecida para o ágio pago por expectativa de rentabilidade futura (*goodwill*).

Capítulo 8

DIFERIDO E INTANGÍVEL

I – ATIVO INTANGÍVEL, DESPESAS PRÉ-OPERACIONAIS E AQUISIÇÃO DE SOFTWARES

1. INTRODUÇÃO

Muitos são os temas que, a partir da edição da Lei nº 11.638/2007, passaram a ter tratamento totalmente novo.

São exemplos, o ativo intangível, as despesas operacionais e os gastos com a aquisição de *softwares.*

2. CRITÉRIOS PARA REGISTRO DE ATIVO NO INTANGÍVEL

Para ser registrado no subgrupo do intangível, é necessário que o ativo, além de incorpóreo, seja:

a) separável, isto é, capaz de ser separado ou dividido da entidade e vendido, transferido, licenciado, alugado ou trocado, seja individualmente ou em conjunto com um contrato, ativo ou passivo relacionado; ou

b) então resulte de direitos contratuais ou de outros direitos legais, quer esses direitos sejam transferíveis quer sejam separáveis da entidade ou de outros direitos e obrigações.

2.1 Registro contábil

O registro contábil dos ativos intangíveis (incluindo o *goodwill*) continua a ser feito pelo seu custo de aquisição, se esse custo puder ser mensurado com segurança, e não por expectativa de valor no mercado, sendo vedada completamente no Brasil sua reavaliação (Lei das S/A).

O ativo intangível gerado internamente (com exceção do *goodwill*) pode, em certas circunstâncias, conforme restrições dadas pelo CPC 04, ser reconhecido pelo seu custo de obtenção. Mas não podem nunca ser ativados os gastos com pesquisa. Os gastos com desenvolvimento somente são capitalizáveis nas condições restritas dadas pelo CPC 04.

2.1.1 Amortização

Os ativos intangíveis precisam ser amortizados conforme sua vida útil econômica.

No caso dos intangíveis sem vida útil econômica determinada, sua amortização foi normal em 2008 (como no caso do *goodwill*). Todavia, de 2009 em diante essa amortização fica vedada.

Por outro lado, é requerido o teste de recuperabilidade (*impairment*) (conforme Pronunciamento Técnico CPC 01). **Dessa forma, a aplicação do CPC 01 é requerida para todo o ativo intangível, mesmo em 2008.**

2.1.2 Composição do Ativo Intangível

Compõe, normalmente, o grupo do Ativo Intangível, além do ágio por expectativa de rentabilidade futura, patentes, direitos de franquia, direitos autorais, marcas, luvas, custos com desenvolvimento de produtos novos, direitos de exploração, direitos de folhas de pagamento etc. Veja, ainda, ao final desse procedimento, os itens 3 e 4 que tratam, especificamente, das despesas pré-operacionais e da aquisição de softwares.

2.2 Classificação Contábil dos Ágios e Deságios

O ágio pago por expectativa de rentabilidade futura é classificado no subgrupo Ativo Intangível, dentro do grupo do Ativo Não-Circulante.

Os deságios devem continuar classificados em investimentos e se o fundamento econômico assim justificar, continuar a serem amortizados, em 2008 e 2009. Os deságios sem fundamentação econômica somente podem ser baixados quando da baixa do investimento.

2.2.1 Tratamento nas demonstrações individuais

Observa-se que nas demonstrações contábeis individuais, o ágio por diferença entre valor justo (valor de mercado) e valor contábil, apurado na aquisição de investimentos em coligadas e controladas, continua classificado no subgrupo de Investimentos, também no Ativo Não-Circulante.

2.2.2 Tratamento nas demonstrações consolidadas

Já nos balanços consolidados, todavia, o ágio por diferença entre valor justo (valor de mercado) de ativos e passivos e valor contábil fica, conforme inclusive detalhado na Instrução CVM nº 247/1996, agregado aos ativos ou passivos que lhe deram origem, e não no subgrupo Investimentos.

Os deságios anteriormente classificados nos balanços consolidados como resultados de exercícios futuros devem ser reclassificados para o passivo não-circulante, devido a extinção daquele grupo de contas.

Observa-se que de acordo com as normas internacionais de contabilidade, apenas o ágio por expectativa de rentabilidade futura tem a característica de ser classificável no Ativo Intangível, e a Lei das S/A também indica que esse ágio é classificado nesse grupo.

A reclassificação dos ágios deve ser feita no balanço de abertura do exercício social de 2008 (ou de 2007 se publicação comparativa reelaborada como previsto no Pronunciamento Técnico CPC 13).

2.2.3 Incorporação do investimento que deu origem ao ágio

Quando ocorre a incorporação do investimento que deu origem ao ágio, o ágio decorrente do diferencial do valor de mercado dos ativos e passivos passa a integrar as contas dos ativos ou passivos que lhe deram origem da mesma forma que nas demonstrações contábeis consolidadas e, se aplicável, são realizados da mesma forma que os ativos e passivos originais incorporados.

Consequentemente, o ágio pago por expectativa de rentabilidade futura que remanescer é classificado no subgrupo Ativo Intangível.

3. DESPESAS PRÉ-OPERACIONAIS

Conquanto possa ainda ser admitida a existência de saldos não amortizados nesse subgrupo até sua completa amortização pelo prazo máximo que a Lei das S/A admitia (10 anos), novos valores não mais podem a ele ser adicionados.

Além dessa amortização, torna-se necessário que os saldos existentes sejam também submetidos a revisões periódicas a fim de verificar a sua recuperabilidade, nos termos do CPC 01.

3.1 Como classificar os valores que eram anteriormente admitidos como despesas pré-operacionais

Os valores que eram anteriormente admitidos como despesas pré-operacionais precisam agora ser reanalisados.

Se tais gastos estiverem vinculados ao processo de preparação de máquinas e equipamentos para estarem em condições de funcionamento, por exemplo, deverão ser agregados ao custo do próprio imobilizado, que deve incorporar todos os custos vinculados à sua aquisição ou construção e todos os demais necessários a colocá-los em condições de funcionamento (transporte, seguro, tributos não recuperáveis, montagem, testes etc.).

Já os gastos relativos a atividades de administração e vendas, mesmo que vinculados a treinamento, aprendizado etc. são considerados diretamente como despesas do exercício.

Os gastos relativos às atividades até que a planta atinja níveis normais de operação também são considerados como despesa do exercício.

4. GASTOS COM A AQUISIÇÃO OU PRODUÇÃO DE SOFTWARES

Os gastos com aquisição ou produção de softwares são ativados como ativo intangível quando se tratam de programas que têm vida própria, podem ser transferidos de equipamentos ou até para outras empresas etc.

Os que são ou vieram incorporados a máquinas, equipamentos, veículos, edifícios e estão umbilicalmente a eles vinculados, deixando de ter vida própria e não podendo ser transferidos ou vendidos individualmente, têm seus custos adicionados aos ativos a que se vinculam.

II – ATIVO DIFERIDO E ATIVO INTANGÍVEL

1. INTRODUÇÃO

Como amplamente "previsto" e comentado no meio acadêmico, o grupo de contas pertencentes ao antigo Ativo Permanente, denominado Diferido foi extinto. Isso se deu com a edição da Lei nº 11.941/2009, resultante da conversão da MP nº 449/2008.

Para "substituí-lo", quando cabível, foi criado o grupo intangível, por meio da Lei nº 11.638/2007, precursora das substanciais alterações na Lei nº 6.404/1976.

Nesse procedimento, discorremos sobre o tratamento que deve ser dado ao antigo ativo diferido, tendo em vista que os seus valores devem ser remanejados para outros grupos de contas.

2. COMPOSIÇÃO DO EXTINTO GRUPO DO ATIVO DIFERIDO

Antes de entrarmos nos aspectos que envolvem a destinação do ativo diferido é importante relembrarmos a sua composição.

Originalmente, o inc. V do art. 179 da Lei nº 6.404/1976 estabelecia que no ativo diferido classificavam-se:

> *"as aplicações de recursos em despesas que contribuirão para a formação do resultado de mais de um exercício social, inclusive os juros pagos ou creditados aos acionistas durante o período que anteceder o início das operações sociais."*

Posteriormente, a Lei nº 11.638/2007 veio restringir o campo de atuação do diferido. Segundo a nova redação dada ao referido inc. V do art. 179 da Lei nº 6.404/1976, passaram a ser classificados no ativo diferido:

> *"as despesas pré-operacionais e os gastos de reestruturação que contribuirão, efetivamente, para o aumento do resultado de mais de um exercício social e que não configurem tão-somente uma redução de custos ou acréscimo na eficiência operacional"*

Portanto, ao longo dos anos, até a sua extinção por meio da Lei nº 11.941/2009, o Ativo Diferido recepcionou diversas contas, entre elas temos:

Gastos pré-operacionais e de implantação: compreendem os gastos relativos a organização e administração de novos projetos, encargos financeiros líquidos, variações monetárias, estudos, projetos e gastos preliminares de operação. São exemplos

Gastos com pesquisas e desenvolvimento de novos produtos: Compreendem os gastos tidos com, salários e encargos, depreciação, gastos gerais e outros do gênero;

Gastos com a implantação de sistemas e métodos: esses gastos compreendem aqueles relativos a salários e encargos sociais e demais custos necessários para o desenvolvimento do projeto.

Gastos de reorganização: esses gastos compreendem todos os gastos tidos com a reorganização de setores/departamento ou da empresa como um todo.

Como se observa, originalmente o diferido era extremamente abrangente e abarcava uma infinidade de itens, tais como, gastos com propaganda e promoção, pesquisa de marketing, custo de organização, custo de reestruturação, custo de pesquisa e desenvolvimento, custo de instalação, custo de treinamento etc.

Com a sua extinção, os valores deverão ser remanejados, em princípio, para outros grupos de contas.

3. O QUE FAZER COM O ANTIGO GRUPO DO ATIVO DIFERIDO?

Conforme vimos acima, a Lei nº 11.941/2009 extinguiu a grupo do ativo diferido. Portanto, a pergunta é inevitável: o que fazer com os saldos das contas que compõem o ativo diferido?

A resposta pode ser encontrada, de forma sucinta, na própria Lei nº 6.404/1976. De acordo com o art. 299-A (incluído pela Lei nº 11.941/2009):

> *"O saldo existente em 31 de dezembro de 2008 no ativo diferido que, pela sua natureza, não puder ser alocado a outro grupo de contas, poderá permanecer no ativo sob essa classificação até sua completa amortização, sujeito à análise sobre a recuperação de que trata o § 3º do art. 183 desta Lei."*

3.1 O que diz o CPC sobre o assunto

Sobre o assunto, o Comitê de Pronunciamentos Contábeis (CPC) emitiu o Pronunciamento Técnico nº 13, que trata da adoção Inicial da Lei nº 11.638/07 e da Medida Provisória nº 449/08 hoje, Lei nº 11.941/2009.

De acordo com esse pronunciamento,

a) quando um ativo não cumprir os critérios de reconhecimento de ativo intangível, mas foi anteriormente reconhecido como ativo, este deve ser baixado na data de transição, mediante o registro do valor contra lucros ou prejuízos acumulados, líquido dos efeitos fiscais;

b) quando um intangível existe na data da entrada em vigor da Lei nº 11.638/07 e o custo com o seu desenvolvimento atende aos critérios de reconhecimento como ativo intangível, mas não foi reconhecido como ativo, a entidade não deve reconhecê-lo de forma retroativa.

Nota: O reconhecimento como ativo intangível deve ser feito de forma prospectiva, a partir da data de transição e da data em que são satisfeitos os critérios de reconhecimento, nos termos previstos no Pronunciamento Técnico CPC 04 – Ativo Intangível.

No que diz respeito especificamente à letra "a" acima, temos que o item locado no ativo diferido se revestir com características de intangível, deverá ser remanejado para esse novo grupo de contas. Agora, se o item locado no ativo diferido **não atender** os critérios de reconhecimento de ativo intangível, o seu valor deverá ser baixado contra a conta de lucros ou prejuízos acumulados.

4. COMO SURGEM OS ATIVOS INTANGÍVEIS?

Os ativos intangíveis podem se originar de diversas formas. Eles podem:

- ser adquiridos separadamente;
- ser adquiridos em uma combinação de negócios;
- ser adquiridos por meio de subvenção ou assistência governamentais;
- ter sua origem na permuta de ativos intangíveis, do ágio derivado da expectativa de rentabilidade futura (*goodwill*) gerado internamente;
- ter seu reconhecimento e mensuração iniciais derivados dos ativos intangíveis gerados internamente.

5. PREMISSAS BÁSICAS PARA RECONHECIMENTO DE UM ATIVO INTANGÍVEL

Um ativo intangível deve ser reconhecido apenas se:

a) for provável que os benefícios econômicos futuros esperados atribuíveis ao ativo serão gerados em favor da entidade; e

b) o custo do ativo possa ser mensurado com segurança.

A entidade deve avaliar a probabilidade de geração dos benefícios econômicos futuros utilizando premissas razoáveis e comprováveis que representem a melhor estimativa da administração em relação ao conjunto de condições econômicas que existirão durante a vida útil do ativo.

A entidade utiliza seu julgamento para avaliar o grau de certeza relacionado ao fluxo de benefícios econômicos futuros atribuíveis ao uso do ativo, com base nas evidências disponíveis no momento do reconhecimento inicial, dando maior peso às evidências externas.

Um ativo intangível deve ser reconhecido inicialmente tendo como base o seu custo.

6. TRATAMENTO DOS VALORES ORIGINALMENTE REGISTRADOS NO ATIVO DIFERIDO

6.1 Itens que devem ser alocados na conta lucros ou prejuízos acumulados

Devem ser alocados na conta lucros ou prejuízos acumulados, entre outros, os seguintes itens originalmente constantes do ativo diferido:

- Gastos com pesquisas de produtos novos;
- Gastos com pesquisa de mercado;
- gastos pré-operacionais corriqueiros (ex. custos jurídicos e de secretaria, incorridos para constituir a pessoa jurídica);
- gastos com treinamento;
- gastos com publicidade e atividades promocionais (incluindo envio de catálogos); e
- gastos com remanejamento ou reorganização, total ou parcial, da entidade.

6.1.1 Exemplo

Consideremos no desenvolvimento do exemplo que a empresa tenha registrado no antigo grupo de contas do ativo diferido os seguintes itens:

- Gastos pré-operacionais corriqueiros no valor de R$ 150.000,00
- Amortização acumulada referente a esse ativo no valor de R$ 90.000,00

Como tais itens não são classificáveis como ativo, de acordo com as novas regras, temos que seus valores deverão ser transferidos pra a conta lucros ou prejuízos acumulados. Deste modo, teremos os seguintes lançamentos:

Lançamento 1 (pela transferência dos gastos pré-operacionais)

D	-	Gastos Pré-Operacionais (Ativo Diferido)	
C	-	Lucros ou Prejuízos Acumulados (PL)	150.000,00

Lançamento 2 (pela transferência da amortização acumulada)

D	-	Amortização - Gastos Pré-operacionais Ativo Diferido	
C	-	Lucros ou Prejuízos Acumulados (PL)	90.000,00

Diante desses lançamentos, teremos os seguintes razões contábeis:

Gastos Pré-Operacionais (Ativo Diferido)

	Débito	Crédito	
1	150.000,00	150.000,00	s
	0,00		

Lucros ou Prejuízos Acumulados (PL)

	Débito	Crédito	
1	150.000,00	500.000,00	s
		90.000,00	2
	150.000,00	590.000,00	
		440.000,00	

Amortização - Gastos Pré-operacionais Ativo Diferido

	Débito	Crédito	
2	90.000,00	90.000,00	s
		0,00	

Nota: No quer tange as despesas pré-operacionais, é importante lembrar que se referido item incluir o treinamento de funcionários para colocar uma máquina em funcionamento, tal gasto deverá incorporar o valor dessa máquina. Portanto, os gatos com esse treinamento não deve ser transferido para a conta lucros ou prejuízos acumulados.

6.2 Itens que devem ser remanejados para outras contas do ativo

Devem ser alocados em outras contas do ativo, entre outros, os seguintes itens originalmente constantes do ativo diferido:

- Desenvolvimento de novos produtos
- Desenvolvimento de novas fórmulas

Lembra-se que os referidos itens acima (e outros nas mesmas condições), originalmente constantes do ativo diferido, para serem remanejados para outros itens do ativo, deverão ser considerados tecnicamente líquidos e certos, financeiramente viáveis e ter garantidos recursos para conclusão do projeto.

6.2.1 Exemplo

Consideremos no desenvolvimento do exemplo que a empresa tenha registrado no antigo grupo de contas do ativo diferido o seguinte item:

- Gastos com o Desenvolvimento de novas fórmulas no valor de R$ 400.000,00

Como referido item atende os requisitos básicos para registro no Intangível, teremos o seguinte lançamento contábil:

Lançamento 3 (pela transferência dos valores do ativo diferido para o ativo intangível)

C	=	Desenvolvimento de Novas Fórmulas (Ativo Diferido)	400.000,00
D	=	Desenvolvimento de Novas Fórmulas (Ativo Intangível)	

Diante desse lançamento, teremos os seguintes razões contábeis:

Desenvolvimento de Novas Fórmulas (Ativo Diferido)

Débito	Crédito
s 400.000,00	400.000,00 3
0,00	

Desenvolvimento de Novas Fórmulas (Ativo Intangível)

Débito	Crédito
3 400.000,00	

III – ATIVOS INTANGÍVEIS – ASPECTOS PRÁTICOS

1. INTRODUÇÃO

A nova estrutura de balanço criada pelas leis nº 11.638/2007 e 11.941/2009 foi muito mais além da divisão do Ativo e do Passivo e Circulante e Não-circulante. Os referidos diplomas legais extinguiram e criaram novos grupos de contas. Como exemplo, temos a extinção do Ativo Diferido e a criação do Ativo Intangível que, em princípio, veio "substituir" o Ativo Diferido.

Na verdade, o grupo intangível já existia, "informalmente", até mesmo antes da edição da MP 11.638/2007, precursora das substanciais alterações na Lei nº 6.404/1976.

Essa existência "informal" decorria do fato de muitos contadores dividirem o Ativo Imobilizado em "Ativo Tangível" e "Ativo Intangível" em seus planos de contas. O que fazia todo sentido

Contudo a sua existência legal, e agora efetivamente disciplinada, somente se deu com a edição da Lei nº 11.638/2007 que, ao dar nova redação à alínea "a" do parágrafo 1º do art. 178 da Lei nº 6.404/1976, dividiu o então Ativo Permanente em Investimento, Imobilizado, Intangível e Diferido.

Com a redação dada pela Lei nº 11.638/2007, ao inc. V do art. 179 da Lei nº 6.404/1976, ficou estabelecido que no ativo diferido classificavam-se as despesas pré-operacionais e os gastos de reestruturação que contribuirão, efetivamente, para o aumento do resultado de mais de um exercício social e que não configurem tão-somente uma redução de custos ou acréscimo na eficiência operacional.

Esse dispositivo (ao inc. V do art. 179 da Lei nº 6.404/1976), contudo, posteriormente foi revogado pela Lei nº 11.941/2009, pois referida lei deu nova configuração à estrutura do balanço.

Essa nova configuração estabeleceu a estrutura do balanço, especificamente do Ativo em "Circulante" e "Não-Circulante". O Não-Circulante, como amplamente divulgado, passou a recepcionar os antigos grupos do Realizável a Longo Prazo e os grupos de contas denominados "Investimentos", "Imobilizado" e "Intangível" que até então pertenciam ao Ativo Permanente. Observa-se que o Ativo Diferido ficou "fora" dessa nova estrutura

2. ATIVO INTANGÍVEL

O novo grupo de contas introduzido pela Lei 11.638/2007 (Intangível) está relacionado a direitos que tenham por objeto bens incorpóreos destinados à manutenção da entidade ou exercidos com essa finalidade, inclusive o fundo de comércio adquirido.

2.1 O que deve ser incluído no Ativo Intangível segundo a lei nº 11.638/2009?

Segundo o inc. VI do art. 179 da Lei nº 6.404/1976 (dispositivo incluído pela Lei nº 11.638/2009), no ativo intangível são classificados os direitos que tenham por objeto bens incorpóreos destinados à manutenção da companhia ou exercidos com essa finalidade, inclusive o fundo de comércio adquirido.

Comparativamente com o antigo Ativo Diferido, o grupo de contas do intangível é bem mais restritivo no que diz respeito à sua composição.

3. CONCEITO DE ATIVO INTANGÍVEL

As entidades freqüentemente despendem recursos ou contraem obrigações com a aquisição, o desenvolvimento, a manutenção ou o aprimoramento de recursos intangíveis como conhecimento científico ou técnico, desenho e implantação de novos processos ou sistemas, licenças, propriedade intelectual, conhecimento mercadológico, nome, reputação, imagem e marcas registradas (incluindo nomes comerciais e títulos de publicações).

Exemplos de itens que se enquadram nessas categorias amplas são:

> *softwares, patentes, direitos autorais, direitos sobre filmes cinematográficos, listas de clientes, direitos sobre hipotecas, licenças de pesca, quotas de importação, franquias, relacionamentos com clientes ou fornecedores, fidelidade de clientes, participação no mercado e direitos de comercialização.*

A esse grupo acima podemos ainda incluir: marcas, direitos de concessão e direitos de exploração.

Para ser considerado ativo intangível, referido item deverá atender os seguintes requisitos básicos:

- Ser identificável;
- Ser passível de controle; e
- Ser um gerador de benefícios econômicos futuros

Nem todos os itens descritos anteriormente atendem esses requisitos. Caso não atendam esses requitos, **os gastos incorridos na sua aquisição ou geração interna devem ser reconhecidos como despesa** quando incorrido.

Nota: Se o item for adquirido em uma combinação de negócios, passa a fazer parte do ágio derivado da expectativa de rentabilidade futura (*goodwill*) reconhecido na data da aquisição.

3.1 Identificação

A definição de ativo intangível requer que ele seja identificável, para diferenciá-lo do ágio derivado da expectativa de rentabilidade futura (*goodwill*).

O ágio derivado da expectativa de rentabilidade futura (*goodwill*) reconhecido em uma combinação de negócios é um ativo que representa benefícios econômicos futuros gerados por outros ativos adquiridos em uma combinação de negócios, que não são identificados individualmente e reconhecidos separadamente.

Tais benefícios econômicos futuros podem advir da sinergia entre os ativos identificáveis adquiridos ou de ativos que, individualmente, não se qualificam para reconhecimento em separado nas demonstrações contábeis.

Um ativo satisfaz o critério de identificação, em termos de definição de um ativo intangível, quando:

a) for separável, ou seja, puder ser separado da entidade e vendido, transferido, licenciado, alugado ou trocado, individualmente ou junto com um contrato, ativo ou passivo relacionado, independente da intenção de uso pela entidade; ou
b) resultar de direitos contratuais ou outros direitos legais, independentemente de tais direitos serem transferíveis ou separáveis da entidade ou de outros direitos e obrigações.

3.2 Controle

A entidade controla um ativo quando detém o poder de obter benefícios econômicos futuros gerados pelo recurso subjacente e de restringir o acesso de terceiros a esses benefícios.

Normalmente, a capacidade da entidade de controlar os benefícios econômicos futuros de ativo intangível advém de direitos legais que possam ser exercidos num tribunal.

A ausência de direitos legais dificulta a comprovação do controle. No entanto, a imposição legal de um direito não é uma condição imprescindível para o controle, visto que a entidade pode controlar benefícios econômicos futuros de outra forma.

O conhecimento de mercado e o técnico podem gerar benefícios econômicos futuros. A entidade controla esses benefícios se, por exemplo, o conhecimento for protegido por direitos legais, tais como direitos autorais, uma limitação de um acordo comercial (se permitida) ou o dever legal dos empregados de manterem a confidencialidade.

A entidade pode dispor de equipe de pessoal especializado e ser capaz de identificar habilidades adicionais que gerarão benefícios econômicos futuros a partir do treinamento.

A entidade pode, também, esperar que esse pessoal continue a disponibilizar as suas habilidades. Entretanto, o controle da entidade sobre os eventuais benefícios econômicos futuros gerados pelo pessoal especializado e pelo treinamento é insuficiente para que esses itens se enquadrem na definição de ativo intangível.

Por razão semelhante, raramente um talento gerencial ou técnico específico atende à definição de ativo intangível, a não ser que esteja protegido por direitos legais sobre a sua utilização e obtenção dos benefícios econômicos futuros, além de se enquadrar nos outros aspectos da definição.

A entidade pode ter uma carteira de clientes ou participação de mercado e esperar que, em virtude dos seus esforços para criar relacionamentos e fidelizar clientes, estes continuarão a negociar com a entidade.

No entanto, a ausência de direitos legais de proteção ou de outro tipo de controle sobre as relações com os clientes ou a sua fidelidade faz com que a entidade normalmente não tenha controle suficiente sobre os benefícios econômicos previstos, gerados do relacionamento com os clientes e de sua fidelidade, para considerar que tais itens (p.ex. carteira de clientes, participação de mercado, relacionamento e fidelidade dos clientes) se enquadrem na definição de ativos intangíveis.

Entretanto, na ausência de direitos legais de proteção do relacionamento com clientes, a capacidade de realizar operações com esses clientes ou similares por meio de relações não contratuais (que não sejam as advindas de uma combinação de negócios) fornece evidências de que a entidade é, mesmo assim, capaz de controlar os eventuais benefícios econômicos futuros gerados pelas relações com clientes.

Uma vez que tais operações também fornecem evidências que esse relacionamento com clientes é separável, ele pode ser definido como ativo intangível.

3.3 Benefício econômico futuro

Os benefícios econômicos futuros gerados por ativo intangível podem incluir a receita da venda de produtos ou serviços, redução de custos ou outros benefícios resultantes do uso do ativo pela entidade. Por exemplo, o uso da propriedade intelectual em um processo de produção pode reduzir os custos de produção futuros em vez de aumentar as receitas futuras.

4. MOMENTO EM QUE UM ATIVO INTANGÍVEL DEVE SER RECONHECIDO

Um ativo intangível deve ser reconhecido no balanço se, e apenas se:

a) for provável que os benefícios econômicos futuros esperados atribuíveis ao ativo sejam gerados em favor da entidade;

b) o custo do ativo puder ser mensurado com segurança; e

c) for identificável e separável, ou seja, puder ser separado da entidade e vendido, transferido, licenciado, alugado ou trocado, seja individualmente ou em conjunto com um contrato, ativo ou passivo relacionado.

5. DETERMINAÇÃO DA VIDA ÚTIL DO ATIVO INTANGÍVEL

A entidade deve avaliar se a vida útil de ativo intangível é definida ou indefinida.

Se definida, deverá determinar a duração ou o volume de produção ou unidades semelhantes que formam essa vida útil.

A atribuição de vida útil indefinida a um ativo intangível ocorre quando, com base na análise de todos os fatores relevantes, não existe um limite previsível para o período durante o qual o ativo deverá gerar fluxos de caixa líquidos positivos para a entidade.

A contabilização de ativo intangível baseia-se na sua vida útil. Um ativo intangível com vida útil definida deve ser amortizado. Já ativo intangível com vida útil indefinida não deve ser amortizado.

5.1 Ativo intangível com vida útil definida

5.1.1 Período e método de amortização

O valor amortizável de ativo intangível com vida útil definida deve ser apropriado de forma sistemática ao longo da sua vida útil estimada.

A amortização deve ser iniciada a partir do momento em que o ativo estiver disponível para uso, ou seja, quando se encontrar no local e nas condições necessários para que possa funcionar da maneira pretendida pela administração.

A amortização deve cessar na data em que o ativo é classificado como mantido para venda ou incluído em um grupo de ativos classificado como mantido para venda ou, ainda, na data em que ele é baixado, o que ocorrer primeiro.

O método de amortização utilizado reflete o padrão de consumo pela entidade dos benefícios econômicos futuros. Se não for possível determinar esse padrão com segurança, deve ser utilizado o método linear.

A despesa de amortização para cada período deve ser reconhecida no resultado, a não ser que norma ou pronunciamento contábil permita ou exija a sua inclusão no valor contábil de outro ativo.

Podem ser utilizados vários métodos de amortização para apropriar de forma sistemática o valor amortizável de um ativo ao longo da sua vida útil. Tais métodos incluem o método linear, também conhecido como método de linha reta, o método dos saldos decrescentes e o método de unidades produzidas.

A seleção do método deve obedecer ao padrão de consumo dos benefícios econômicos futuros esperados, incorporados ao ativo, e aplicado consistentemente entre períodos, a não ser que exista alteração nesse padrão.

A amortização deve normalmente ser reconhecida no resultado. No entanto, por vezes os benefícios econômicos futuros incorporados no ativo são absorvidos para a produção de outros ativos.

Nesses casos, a amortização faz parte do custo de outro ativo, devendo ser incluída no seu valor contábil. Por exemplo, a amortização de ativos intangíveis utilizados em processo de produção faz parte do valor contábil dos estoques.

5.1.2 Fatores que devem ser considerados na vida útil do ativo intangível

Muitos fatores são considerados na determinação da vida útil de ativo intangível, inclusive:

a) a utilização prevista de um ativo pela entidade e se o ativo pode ser gerenciado eficientemente por outra equipe de administração;
b) os ciclos de vida típicos dos produtos do ativo e as informações públicas sobre estimativas de vida útil de ativos semelhantes, utilizados de maneira semelhante;
c) obsolescência técnica, tecnológica, comercial ou de outro tipo;
d) a estabilidade do setor em que o ativo opera e as mudanças na demanda de mercado para produtos ou serviços gerados pelo ativo;
e) medidas esperadas da concorrência ou de potenciais concorrentes;

f) o nível dos gastos de manutenção requerido para obter os benefícios econômicos futuros do ativo e a capacidade e intenção da entidade para atingir tal nível;

g) o período de controle sobre o ativo e os limites legais ou similares para a sua utilização, tais como datas de vencimento dos arrendamentos/locações relacionados; e

h) se a vida útil do ativo depende da vida útil de outros ativos da entidade.

5.2 Intangível com vida útil "indefinida"

O termo "indefinida" não significa "infinita".

A vida útil de ativo intangível deve levar em consideração apenas a manutenção futura exigida para mantê-lo no nível de desempenho avaliado no momento da estimativa da sua vida útil e capacidade e intenção da entidade para atingir tal nível.

A conclusão de que a vida útil de ativo intangível é indefinida não deve estar fundamentada em uma previsão de gastos futuros superiores ao necessário para mantê-lo nesse nível de desempenho.

Considerando o histórico de rápidas alterações na tecnologia, os *softwares* e muitos outros ativos intangíveis estão suscetíveis à obsolescência tecnológica. Portanto, é provável que sua vida útil seja curta.

A vida útil de ativo intangível pode ser muito longa ou até indefinida. A incerteza justifica a prudência na estimativa da sua vida útil, mas isso não justifica escolher um prazo tão curto que seja irreal.

5.3 Vida útil do ativo intangível limitada à vigência dos direitos

A vida útil de ativo intangível resultante de direitos contratuais ou outros direitos legais não deve exceder a vigência desses direitos, podendo ser menor dependendo do período durante o qual a entidade espera utilizar o ativo.

Caso os direitos contratuais ou outros direitos legais sejam outorgados por um prazo limitado renovável, a vida útil do ativo intangível só deve incluir o prazo de renovação, se existirem evidências que suportem a renovação pela entidade sem custo significativo.

5.4 Fatores que influenciam a vida útil do ativo intangível

Podem existir tanto fatores econômicos como legais influenciando a vida útil de ativo intangível.

Os fatores econômicos determinam o período durante o qual a entidade receberá benefícios econômicos futuros, enquanto os fatores legais podem restringir o período durante o qual a entidade controla o acesso a esses benefícios. A vida útil a ser considerada deve ser o menor dos períodos determinados por esses fatores.

A existência dos fatores a seguir, entre outros, indica que a entidade está apta a renovar os direitos contratuais ou outros direitos legais sem custo significativo:

a) existem evidências, possivelmente com base na experiência, de que os direitos contratuais ou outros direitos legais serão renovados;

Nota: Se a renovação depender de autorização de terceiros, devem ser incluídas evidências de que essa autorização será concedida.

b) existem evidências de que quaisquer condições necessárias para obter a renovação serão cumpridas; e

c) o custo de renovação para a entidade não é significativo se comparado aos benefícios econômicos futuros que se espera fluam para a entidade a partir dessa renovação.

Nota: Caso esse custo seja significativo, quando comparado aos benefícios econômicos futuros esperados, o custo de “renovação” deve representar, em essência, o custo de aquisição de um novo ativo intangível na data da renovação.

5.5 Ativo intangível com vida útil indefinida

Ativo intangível com vida útil indefinida não deve ser amortizado.

O Pronunciamento Técnico CPC 01 – Redução ao Valor Recuperável de Ativos, estabelece que a entidade deve testar a perda de valor dos ativos intangíveis com vida útil indefinida comparando o seu valor recuperável com o seu valor contábil:

a) anualmente; e

b) sempre que existam indícios de que o ativo intangível pode ter perdido valor.

6. EXEMPLO

6.1 Registro da aquisição de intangível

Consideremos no desenvolvimento do exemplo a aquisição de uma franquia, no valor de R$ 10.000.000.

Na aquisição teremos o seguinte lançamento:

Lançamento nº 1

D	-	Franquias adquiridas (Ativo Intangível)	
C	-	Caixa/Bancos (AC)	10.000.000

Caixa/Bancos (AC)

Débito	Crédito
	10.000.000 [1]

Franquias adquiridas (Ativo Intangível)

Débito	Crédito
[1] 10.000.000	

6.2 Registro da amortização

A empresa adota como critério de amortização o método linear. Considerando-se que o contrato prevê a exploração da franquia pelo prazo de 10 anos, anualmente a empresa deverá registrar como despesa a quantia de R$ 1.000.000.

Portanto, a cada ano, teremos o seguinte lançamento contábil:

Lançamento nº 2

D	-	Despesas com amortização	
C	-	Amortização - Franquias Adquiridas (Ativo Intangível)	1.000.000

Despesas com amortização

Débito	Crédito
[2] 1.000.000	

Amortização - Franquias Adquiridas (Ativo Intangível)

Débito	Crédito
	1.000.000 [2]

Capítulo 9

ATIVOS E PASSIVOS FISCAIS DIFERIDOS

I – ATIVOS E PASSIVOS FISCAIS DIFERIDOS

1. INTRODUÇÃO

O Pronunciamento CPC 32 estabelece o tratamento contábil para os tributos sobre o lucro. Segundo esse Pronunciamento, a questão principal na contabilização dos tributos sobre o lucro é como contabilizar os efeitos fiscais atuais e futuros de:

a) futura recuperação (liquidação) do valor contábil dos ativos (passivos) que são reconhecidos no balanço patrimonial da entidade; e

b) operações e outros eventos do período atual que são reconhecidos nas demonstrações contábeis da entidade.

O Pronunciamento ainda esclarece que é inerente ao reconhecimento de ativo ou passivo que a entidade espera recuperar ou liquidar o valor contábil daquele ativo ou passivo.

Se for provável que a recuperação ou a liquidação desse valor contábil tornará futuros pagamentos de tributos maiores (menores) do que eles seriam se tal recuperação ou liquidação não tivessem efeitos fiscais, o Pronunciamento exige que a entidade reconheça um passivo fiscal diferido (ativo fiscal diferido), com certas limitadas exceções.

Nessa linha, o Pronunciamento 32 exige que a entidade contabilize os efeitos fiscais das transações e de outros eventos da mesma maneira que ela contabiliza as próprias transações e os outros eventos. Assim, para transações e outros eventos reconhecidos no resultado, quaisquer efeitos fiscais relacionados também são reconhecidos no resultado.

Para transações e outros eventos reconhecidos fora do resultado (tratados como outros resultados abrangentes dentro do patrimônio líquido – ver Pronunciamento Técnico CPC 26 – Apresentação das Demonstrações Contábeis sobre a demonstração do resultado abrangente), quaisquer efeitos fiscais relacionados também devem ser reconhecidos fora do resultado (em outros resultados abrangentes ou diretamente no patrimônio líquido, respectivamente).

O Pronunciamento 32 também trata do reconhecimento de ativos fiscais diferidos advindos de prejuízos fiscais não utilizados ou créditos fiscais não utilizados, da apresentação dos tributos sobre o lucro nas demonstrações contábeis e da divulgação das informações relacionadas aos tributos sobre o lucro.

2. ALGUMAS DEFINIÇÕES

Os seguintes termos são utilizados neste texto com os significados especificados:

Resultado contábil é o lucro ou prejuízo para um período antes da dedução dos tributos sobre o lucro.
Lucro tributável (*prejuízo fiscal*) é o lucro (prejuízo) para um período, determinado de acordo com as regras estabelecidas pelas autoridades tributárias, sobre o qual os tributos sobre o lucro são devidos (recuperáveis).
Despesa tributária (*receita tributária*) é o valor total incluído na determinação do lucro ou prejuízo para o período relacionado com o tributo sobre o lucro corrente ou diferido.
Tributo corrente é o valor do tributo devido (recuperável) sobre o lucro tributável (prejuízo fiscal) do período.
Passivo fiscal diferido é o valor do tributo sobre o lucro devido em período futuro relacionado às diferenças temporárias tributáveis.
Ativo fiscal diferido é o valor do tributo sobre o lucro recuperável em período futuro relacionado a:

a) diferenças temporárias dedutíveis;
b) compensação futura de prejuízos fiscais não utilizados; e
c) compensação futura de créditos fiscais não utilizados.

Diferença temporária é a diferença entre o valor contábil de ativo ou passivo no balanço e sua base fiscal. As diferenças temporárias podem ser tanto:

a) *diferença temporária tributável*, a qual é a diferença temporária que resulta em valores tributáveis para determinar o lucro tributável (prejuízo fiscal) de períodos futuros quando o valor contábil de ativo ou passivo é recuperado ou liquidado; ou

b) *diferença temporária dedutível*, a qual é a diferença temporária que resulta em valores que são dedutíveis para determinar o lucro tributável (prejuízo fiscal) de futuros períodos quando o valor contábil do ativo ou passivo é recuperado ou liquidado.

Base fiscal de ativo ou passivo é o valor atribuído àquele ativo ou passivo para fins fiscais.

Nota-se que a despesa tributária (receita tributária) compreende a despesa tributária corrente (receita tributária corrente) e a despesa tributária diferida (receita tributária diferida).

2.1 Base fiscal do ativo

A base fiscal de um ativo é o valor que será dedutível para fins fiscais contra quaisquer benefícios econômicos tributáveis que fluirão para a entidade quando ela recuperar o valor contábil desse ativo. Se aqueles benefícios econômicos não serão tributáveis, a base fiscal do ativo é igual ao seu valor contábil.

3. RECONHECIMENTO DE PASSIVOS E ATIVOS FISCAIS CORRENTES

Os tributos correntes relativos a períodos correntes e anteriores devem, na medida em que não estejam pagos, ser reconhecidos como passivos.

Se o valor já pago relacionado aos períodos atual e anteriores exceder o valor devido para aqueles períodos, o excesso deve ser reconhecido como ativo.

O benefício referente a um prejuízo fiscal que pode ser compensado para recuperar o tributo corrente de um período anterior deve ser reconhecido como ativo.

Quando um prejuízo fiscal é utilizado para recuperar o tributo corrente de um período anterior, a entidade reconhece o benefício como ativo no período em que o prejuízo fiscal ocorre porque é provável que o benefício fluirá para a entidade e o benefício pode ser medido confiavelmente.

4. RECONHECIMENTO DE PASSIVOS E ATIVOS FISCAIS DIFERIDOS

4.1 Diferença temporária tributável

Um passivo fiscal diferido deve ser reconhecido para todas as diferenças temporárias tributáveis, exceto o passivo fiscal diferido que advenha de:

a) reconhecimento inicial de ágio derivado da expectativa de rentabilidade futura (*goodwill*); ou

b) reconhecimento inicial de ativo ou passivo em transação que:

b.1) não é combinação de negócios; e

b.2) no momento da transação, não afeta nem o lucro contábil nem o lucro tributável (prejuízo fiscal).

4.1.1 Surgimento das diferenças temporárias

Algumas diferenças temporárias surgem quando a receita ou a despesa está incluída no lucro contábil em um período, mas vai ser incluída no lucro tributável em um período diferente.

Essas diferenças temporárias são geralmente descritas como diferenças temporárias. Os exemplos a seguir são de diferenças temporárias desse tipo, as quais são diferenças temporárias tributáveis e que, portanto, resultam em passivo fiscal diferido:

a) a receita de juros está incluída no lucro contábil em base proporcional ao tempo, mas em alguns países pode ser incluída no lucro tributável quando o dinheiro é recebido. A base fiscal de qualquer conta a receber reconhecida no balanço patrimonial relacionada a essa receita é zero porque as receitas não afetam o lucro tributável até que o dinheiro seja recebido;

b) a depreciação usada para determinar o lucro tributável (prejuízo fiscal) pode diferir daquela usada para determinar o lucro contábil. A diferença temporária é a diferença entre o valor contábil do ativo e sua base fiscal, a qual é o custo original do ativo menos todas as deduções referentes àquele ativo permitidas pelas autoridades tributárias para determinar o lucro tributável dos períodos corrente e anteriores. A diferença temporária tributável surge, e resulta em passivo fiscal diferido, quando a depreciação para fins fiscais é acelerada (se a depreciação para fins fiscais é menos rápida do que a depreciação contábil, a diferença temporária surge e resulta em ativo fiscal diferido); e

c) os custos de desenvolvimento podem ser capitalizados e amortizados em períodos futuros para determinar o lucro contábil, mas às vezes podem ser deduzidos para determinar o lucro tributável no período em que eles são incorridos. Esses custos de desenvolvimento possuem base fiscal zero, já que eles foram deduzidos na apuração do lucro tributável. A diferença temporária é a diferença entre o valor contábil dos custos de desenvolvimento e sua base fiscal zero.

4.2 Diferença temporária dedutível

O ativo fiscal diferido deve ser reconhecido para todas as diferenças temporárias dedutíveis na medida em que seja provável a existência de lucro tributável contra o qual a diferença temporária dedutível possa ser utilizada, a não ser que o ativo fiscal diferido surja do reconhecimento inicial de ativo ou passivo na transação que:

a) não é uma combinação de negócios; e

b) no momento da transação não afeta nem o lucro contábil nem o lucro tributável (prejuízo fiscal).

4.3 Prejuízos e créditos fiscais não utilizados

Um ativo fiscal diferido deve ser reconhecido para o registro de prejuízos fiscais não utilizados e créditos fiscais não utilizados na medida em que seja provável que estarão disponíveis lucros tributáveis futuros contra os quais os prejuízos fiscais não utilizados e créditos fiscais não utilizados possam ser utilizados.

Os critérios para reconhecer ativos fiscais diferidos advindos do registro de prejuízos fiscais e créditos fiscais não utilizados são os mesmos critérios para reconhecer ativos fiscais diferidos advindos de diferenças temporárias dedutíveis.

Entretanto, a existência de prejuízos fiscais não utilizados é uma forte evidência de que futuros lucros tributáveis podem não estar disponíveis. Portanto, quando a entidade tem um histórico de perdas recentes, ela deve reconhecer ativo fiscal diferido advindo de prejuízos fiscais ou créditos fiscais não utilizados somente na medida em que tenha diferenças temporárias tributáveis suficientes ou existam outras evidências convincentes de que haverá disponibilidade de lucro tributável suficiente para compensação futura dos prejuízos fiscais ou créditos fiscais não utilizados.

4.3.1 Critérios a serem utilizados para determinar a probabilidade de ocorrência de lucro tributável

A entidade deve considerar os seguintes critérios para avaliar a probabilidade de que haverá disponibilidade de lucro tributável, contra o qual os prejuízos fiscais ou créditos fiscais não utilizados possam ser utilizados:

a) se a entidade tem diferenças temporárias tributáveis suficientes relacionadas com a mesma autoridade tributária e a mesma entidade tributável que resultarão em valores tributáveis contra os quais os prejuízos fiscais ou créditos fiscais não utilizados podem ser utilizados antes que expirem;

b) se for provável que a entidade terá lucros tributáveis antes que os prejuízos fiscais ou créditos fiscais não utilizados expirem;

c) se os prejuízos fiscais não utilizados resultarem de causas identificáveis que são improváveis de ocorrer novamente; e

d) se estiverem disponíveis para a entidade oportunidades de planejamento tributário que criarão lucro tributável no período em que prejuízos fiscais ou créditos fiscais não utilizados possam ser utilizados.

Na medida em que não for provável que estará disponível lucro tributável contra o qual prejuízos fiscais ou créditos fiscais não utilizados sejam utilizados, o ativo fiscal diferido não deve ser reconhecido.

5. MENSURAÇÃO

Passivos (ativos) de tributos correntes referentes aos períodos corrente e anterior devem ser mensurados pelo valor esperado a ser pago para (recuperado de) as autoridades tributárias, utilizando as alíquotas de tributos (e legislação fiscal) que estejam aprovadas no final do período que está sendo reportado.

Os ativos e passivos fiscais diferidos devem ser mensurados pelas alíquotas que se espera que sejam aplicáveis no período quando for realizado o ativo ou liquidado o passivo, com base nas alíquotas (e legislação fiscal) que estejam em vigor ao final do período que está sendo reportado.

Ativos e passivos correntes e diferidos são geralmente mensurados utilizando as alíquotas de tributos (e legislação fiscal) que estejam em vigor.

Entretanto, em alguns países os anúncios de alíquotas de tributos (e legislação fiscal) pelo governo têm o efeito substantivo de promulgação real, a qual pode ocorrer muitos meses após o anúncio. Nesses países, os ativos e passivos fiscais devem ser mensurados usando a alíquota de tributo anunciada (e as leis fiscais).

6. RECONHECIMENTO DE TRIBUTO DIFERIDO E CORRENTE

A contabilização dos efeitos de tributo diferido e corrente de transação ou outro evento é consistente com a contabilização da própria transação ou do próprio evento.

6.1 Itens reconhecidos no resultado

Os tributos correntes e diferidos devem ser reconhecidos como receita ou despesa e incluídos no resultado do período, exceto quando o tributo provenha de:

a) transação ou evento que é reconhecido no mesmo período ou em um período diferente, fora do resultado, em outros resultados abrangentes ou diretamente no patrimônio líquido; ou

b) combinação de negócios.

6.1.1 Passivos fiscais diferidos e dos ativos fiscais diferidos – Origem

A maior parte dos passivos fiscais diferidos e dos ativos fiscais diferidos surgem quando a receita ou a despesa estão incluídas no lucro contábil do período, mas estão incluídas no lucro tributável (prejuízo fiscal) em período diferente. O tributo diferido resultante deve ser reconhecido no resultado. São exemplos:

a) receitas de juros, *royalties* ou dividendos são recebidas em atraso e incluídas no lucro contábil em base proporcional ao tempo, mas são incluídas em lucro tributável (prejuízo fiscal) em regime de caixa; e

b) custos de ativos intangíveis que tenham sido capitalizados de acordo com o Pronunciamento Técnico CPC 04 ⊠ Ativo Intangível e estão sendo amortizados no resultado, mas foram deduzidos para fins fiscais quando eles foram incorridos.

6.1.2 Situações que alteram o valor contábil de ativos e passivos

O valor contábil de ativos e passivos fiscais diferidos pode ser alterado, mesmo que não exista nenhuma alteração no valor das diferenças temporárias relacionadas. Isso pode resultar, por exemplo, de:

a) alteração nas alíquotas do tributo ou na legislação fiscal;

b) avaliação da recuperabilidade dos ativos fiscais diferidos; ou

c) alteração na maneira esperada de recuperação de ativo.

O tributo diferido resultante é reconhecido no resultado, exceto quando ele estiver relacionado a itens previamente reconhecidos fora do resultado.

6.2 Itens reconhecidos fora da demonstração do resultado

Tributo corrente ou tributo diferido devem ser reconhecidos fora do resultado se o tributo se referir a itens que são reconhecidos no mesmo período ou em período diferente, fora do resultado.

Portanto, o tributo corrente e o diferido que se relacionam a itens que são reconhecidos no mesmo ou em período diferente:

a) em outros resultados abrangentes, devem ser reconhecidos em outros resultados abrangentes;
b) diretamente no patrimônio líquido, devem ser reconhecidos diretamente no patrimônio líquido.

6.2.1 Reconhecimento de itens específicos em outros resultados abrangentes

Os Pronunciamentos, Interpretações e Orientações do Comitê de Pronunciamentos Contábeis exigem ou permitem que itens específicos sejam reconhecidos em outros resultados abrangentes. Exemplos desses itens são:

a) alteração no valor contábil advinda da reavaliação do Imobilizado, quando legalmente permitida (ver o Pronunciamento Técnico CPC 27 – Ativo Imobilizado); e
b) diferenças de câmbio advindas da conversão de demonstrações contábeis de operação em moeda estrangeira (ver o Pronunciamento Técnico CPC 02 – Efeitos das Mudanças nas Taxas de Câmbio e Conversão de Demonstrações Contábeis);

6.2.2. Registro de itens específicos diretamente no patrimônio líquido

Os Pronunciamentos, Interpretações e Orientações do Comitê de Pronunciamentos Contábeis exigem ou permitem que itens específicos sejam creditados ou debitados diretamente no patrimônio líquido. Exemplos desses itens são:

a) ajuste no balanço de abertura de lucros retidos resultantes tanto de mudança na política contábil que é aplicada retrospectivamente ou da correção de erro (ver o Pronunciamento Técnico CPC 23 – Políticas Contábeis, Mudança de Estimativa e Retificação de Erro); e
b) valores advindos de reconhecimento inicial do componente de patrimônio de instrumento financeiro híbrido.

6.2.3 Determinação do tributo corrente e diferido

Em circunstâncias excepcionais, pode ser difícil determinar o valor do tributo corrente e diferido que se relaciona com os itens reconhecidos fora do resultado (em outros resultados abrangentes ou diretamente no patrimônio líquido). Isso pode ser o caso, por exemplo, quando:

a) existem alíquotas progressivas de tributo sobre o lucro e é impossível determinar a alíquota na qual um componente específico de lucro tributável (prejuízo fiscal) foi tributado;

b) a alteração na alíquota do tributo ou outras regras fiscais afetam o ativo ou o passivo fiscal diferido relacionado (no todo ou em parte) com um item que foi previamente reconhecido fora de resultado; ou

c) a entidade determina que um ativo fiscal diferido deva ser reconhecido, ou não deva mais ser reconhecido na sua totalidade, e o ativo fiscal diferido está relacionado (no todo ou em parte) com um item que foi previamente reconhecido fora do resultado.

Nesses casos, o tributo corrente e o tributo diferido relacionados aos itens que são reconhecidos fora de resultado devem estar baseados na alocação proporcional do tributo corrente e diferido da entidade na jurisdição fiscal competente, ou mensurados de acordo com outro método que realize uma alocação mais apropriada nas circunstâncias.

6.2.3.1 Transferência da reserva de reavaliação

A entidade deve transferir a cada período, da reserva de reavaliação para lucros acumulados, o valor igual à diferença entre a depreciação ou amortização de ativo reavaliado e a depreciação ou amortização baseada no custo daquele ativo.

O valor transferido deve estar líquido de qualquer tributo diferido relacionado.

Considerações similares devem ser aplicadas às transferências feitas na alienação de item do imobilizado.

Quando o ativo é reavaliado para fins fiscais e essa reavaliação está relacionada com a reavaliação contábil de período anterior, ou com aquela que se espera seja realizada em período futuro, se permitida legalmente, os efeitos fiscais tanto da reavaliação do ativo quanto do ajuste da base fiscal são reconhecidos em outros resultados abrangentes nos períodos nos quais eles ocorrem.

Entretanto, se a reavaliação para fins fiscais não está relacionada à reavaliação contábil de período anterior, ou com aquele que se espera seja realizada em período futuro, os efeitos fiscais do ajuste da base fiscal são reconhecidos no resultado.

Nota: Quando a entidade paga dividendos aos seus sócios, pode ser exigida a pagar uma parcela dos dividendos às autoridades tributárias em nome dos sócios. Esse valor é referido como tributo retido na fonte. Esse valor pago ou devido às autoridades tributárias deve ser debitado no patrimônio líquido como parte dos dividendos.

7. ATIVOS E PASSIVOS FISCAIS

7.1 Compensação de saldos

A entidade deve compensar os ativos fiscais correntes e os passivos fiscais correntes se, e somente se, a entidade:

a) tiver o direito legalmente executável para compensar os valores reconhecidos; e
b) pretender liquidar em bases líquidas, ou realizar o ativo e liquidar o passivo simultaneamente.

Embora os ativos e os passivos fiscais correntes sejam reconhecidos e mensurados separadamente, a compensação no balanço patrimonial está sujeita aos critérios similares àqueles estabelecidos para os instrumentos financeiros no Pronunciamento Técnico CPC 39 – Instrumentos Financeiros: Apresentação.

A entidade tem normalmente o direito legalmente executável de compensar o ativo fiscal corrente contra um passivo fiscal corrente quando eles se relacionarem com tributos sobre o lucro lançados pela mesma autoridade tributária e a legislação tributária permitir que a entidade faça ou receba um único pagamento líquido.

7.2 Despesa tributária

7.2.1 Despesa (receita) tributária relacionada a resultado de atividades ordinárias (operacionais)

A despesa (receita) tributária relacionada a resultado de atividades ordinárias (operacionais) deve ser apresentada na demonstração do resultado.

II – ATIVO FISCAL DIFERIDO ORIUNDO DE ADIÇÕES TEMPORÁRIAS

1. INTRODUÇÃO

O ativo fiscal diferido tem origem, normalmente, em adições temporárias, que é resultado da inclusão, no resultado do exercício, de uma despesa indedutível na apuração do lucro real, dando origem às diferenças temporárias.

Diferenças temporárias são as diferenças entre a base fiscal de um ativo ou passivo e seu valor contábil no balanço patrimonial, que afetem ou possam vir a afetar a apuração dos tributos sobre os lucros.

1.1 Diferenças temporárias dedutíveis – Alguns exemplos

Diferenças temporárias dedutíveis, que resultam em **ativo fiscal diferido**, podem ocorrer quando houver:

a) provisão para garantia de produtos, registrada na contabilidade no exercício de sua venda, mas dedutível para fins fiscais somente quando realizada;

b) provisão para gastos com manutenção e reparo de equipamentos, dedutível para fins fiscais somente quando estes forem efetivamente realizados;

c) provisão para riscos fiscais e outros passivos contingentes;

d) provisões contabilizadas acima dos limites permitidos pela legislação fiscal, cujos excessos sejam recuperáveis fiscalmente no futuro, tal como a provisão para créditos duvidosos ou em liquidação;

e) provisão para perdas permanentes em investimentos;

f) receitas tributadas em determinado exercício, que somente devem ser reconhecidas contabilmente em exercício ou exercícios futuros, para atender ao Princípio da Competência;

g) amortização contábil de ágio que somente seja dedutível por ocasião de sua realização por alienação ou baixa.

2. RECONHECIMENTO DO ATIVO FISCAL DIFERIDO

É fato que os tributos sobre lucros referentes ao exercício corrente devem ser reconhecidos como obrigação, à medida que são devidos.

Se o montante já pago, referente aos exercícios corrente e anteriores, exceder o montante considerado devido, o excedente, caso seja recuperável, deve ser reconhecido como ativo.

Deste modo, a obrigação fiscal diferida deve ser reconhecida com relação a todas as diferenças temporárias tributáveis.

Do mesmo modo, um ativo fiscal diferido deve ser reconhecido para todas as diferenças temporárias dedutíveis, quando satisfizer uma das seguintes condições:

a) haja expectativa de geração de lucro tributável no futuro, contra o qual se possam utilizar essas diferenças, demonstrada em planos e projeções da administração, observadas as condições estabelecidas;

Nota: O ativo fiscal diferido, decorrente de diferenças temporárias (e, também, de prejuízos fiscais de Imposto de Renda e bases negativas de Contribuição Social), deve ser reconhecido, total ou parcialmente, desde que a entidade tenha histórico de lucratividade, acompanhado da expectativa de geração de lucros tributáveis futuros, fundamentada em estudo técnico de viabilidade, que permita a realização do ativo fiscal diferido em um prazo máximo de dez anos, ou o limite máximo de compensação permitido pela legislação, o que for menor.

b) exista obrigação fiscal diferida em montante e em exercício de realização que possibilitem a compensação do ativo fiscal diferido.

3. EXEMPLO (DIFERENÇA TEMPORÁRIA DEDUTÍVEL)

No desenvolvimento do exemplo, consideremos como diferença temporária (dedutível), a constituição de uma provisão para garantia de produtos.

Essa provisão, a exemplo de outras, é indedutível na apuração do lucro real. Portanto, deve ser adicionada ao lucro quando da apuração do resultado tributável, no exercício da sua constituição.

Naturalmente, quando essa provisão se realizar, tal valor deverá ser excluído na apuração do lucro real no período correspondente.

Esse é o tipo de diferença temporária que dá origem ao Imposto de Renda Pessoa Jurídica e a Contribuição Social diferidos.

Dados para o exemplo:

Em 20X1

Provisão para garantia de produtos*: R$ 100.000,00

* Contabilmente, na constituição dessa provisão, deverá ter sido debitada uma conta de resultado e creditada a conta de provisão, no passivo circulante. Esse é o único item indedutível na determinação da base de cálculo da CSL e do lucro real, em 20X1.

CSL diferida: R$ 9.000,00 (alíquota da CSL = 9% de R$ 100.000)

IRPJ diferido: R$ 15.000,00 (alíquota do IR = 15% de R$ 100.000)

Lucro contábil: R$ 105.000,00, já considerada a provisão para garantia.

Em 20X2

Lucro contábil: R$ 220.000,00.

Diante dessas informações teríamos os seguintes registros:

Registro contábil em 20X1

Lançamento 1

Reconhecimento do ativo fiscal diferido referente a CSL

D	-	Ativo Fiscal Diferido CSL Diferida (AC)	
C	-	Conta de Resultado Provisão para a CSL (CR)	9.000,00

Lançamento 2

Reconhecimento do ativo fiscal diferido referente ao IRPJ

D	-	Ativo Fiscal Diferido IRPJ Diferido (AC)	
C	-	Conta de Resultado Provisão para o IRPJ (CR)	15.000

Lançamento 3

Constituição da provisão para a CSL do exercício (ver demonstrativo de "apuração da base de cálculo da CSL em 20X1", adiante)

D	-	Conta de Resultado Provisão para a CSL (CR)	
C	-	Provisão para a CSL (PC)	18.450

Lançamento 4

Constituição da provisão para o IRPJ (ver demonstrativo de "apuração da base de cálculo do IRPJ em 20X1", adiante)

D	-	Conta de Resultado Provisão para o IRPJ (CR)	
C	-	Provisão para o IRPJ (PC)	30.750

AC = Ativo Circulante

PC = Passivo Circulante

CR = Conta de Resultado

Nota-se que o reconhecimento do ativo fiscal diferido causou uma diminuição no valor da despesa com IRPJ e CSL.

Os razões a seguir demonstram bem essa situação

	Ativo Fiscal Diferido-CSL Diferida	
1	9.000	

Provisão para CSL (PC)		
	18.450	3

	Conta de Resultado Provisão para a CSL		
3	18.450	9.000	1
	9.450		

	Ativo Fiscal Diferido-IRPJ Diferido	
2	15.000	

Provisão para IRPJ (PC)		
	30.750	4

	Conta de Resultado Provisão para o IRPJ		
4	30.750	15.000	2
	15.750		

S = Saldo

Registro fiscal em 20X1

Nesse primeiro ano (20X1), diante das ocorrências acima, teríamos os seguintes ajustes fiscais a serem feitos:

APURAÇÃO DA BASE DE CÁLCULO DA CSL EM 20X1		
	Lucro líquido antes da CSL e do IRPJ	105.000
(+)	ADIÇÕES	
	Provisão para garantia dos produtos (lançamento nº 1)	100.000
(-)	EXCLUSÕES	
	Não houve	
(=)	Lucro tributável para fins da CSL	205.000
Provisão para CSL (205.000 x 9%)		18.450

APURAÇÃO DA BASE DE CÁLCULO DO IRPJ EM 20X1		
	Lucro líquido antes da CSL e do IRPJ	105.000
(+)	ADIÇÕES	
	Provisão para garantia dos produtos (lançamento nº 1)	100.000
(-)	EXCLUSÕES	
	Não houve	
(=)	Lucro tributável para fins do IRPJ	205.000
Provisão para o IRPJ (205.000 x 15%)		30.750

Registro contábil em 20X2

Consideremos, agora, que em 20X2, a referida provisão para garantia de produtos seja integralmente realizada. O débito, nessa hipótese, se dará contra a conta de provisão, e não contra uma conta de resultado. O reconhecimento contábil da despesa se deu em 20X1. O crédito, naturalmente, será contra uma contra do ativo (caixa, estoques etc.). Portanto, contabilmente, a realização não influenciou o resultado contábil de 20X2.

Diante desse fato, relativamente ao ativo fiscal diferido, teremos os seguintes registros contábeis:

Lançamento 5

Reversão do Ativo Fiscal diferido referente à CSL.

D	-	Conta de Resultado Provisão para a CSL (CR)	
C	-	Ativo Fiscal Diferido CSL Diferida (AC)	9.000

Lançamento 6

Reversão do Ativo Fiscal diferido referente ao IRPJ.

D	-	Conta de Resultado Provisão para o IRPJ (CR)	
C	-	Ativo Fiscal Diferido IRPJ Diferido (AC)	15.000

Lançamento 7

Constituição da provisão para a CSL (ver demonstrativo de "apuração da base de cálculo da CSL em 20X2", adiante)

D	-	Conta de Resultado Provisão para a CSL (CR)	
C	-	Provisão para a CSL (PC)	10.800

Lançamento 8

Constituição da provisão para o IRPJ (ver demonstrativo de "apuração da base de cálculo do IRPJ em 20X2", adiante)

D	-	Conta de Resultado Provisão para o IRPJ (CR)	
C	-	Provisão para IRPJ (PC)	18.000

Como se observa, a realização da provisão para garantia dos produtos provocou a reversão do ativo fiscal diferido (IRPJ e CSL).

Fiscalmente, o valor da realização da provisão para garantia deve ser excluído do lucro, haja vista que em 20X1, quando da sua constituição, a despesa foi adicionada ao lucro líquido do exercício na apuração do lucro real.

Os razões e a demonstração do lucro tributável que se seguem evidenciam essas ocorrências.

Ativo Fiscal Diferido-CSL Diferida

	Débito	Crédito	
s	9.000	9.000	5

Provisão para CSL (PC)

Débito	Crédito	
	10.800	7

Conta de Resultado Provisão para a CSL

	Débito	Crédito
5	9.000	
7	10.800	
	19.800	

Ativo Fiscal Diferido-IRPJ diferido

	Débito	Crédito	
s	15.000	15000	6

Provisão para IRPJ (PC)

Débito	Crédito	
	18.000	8

Conta de Resultado Provisão para o IRPJ

	Débito	Crédito
6	15.000	
8	18.000	
	33.000	

s = Saldo

Registro fiscal em 20X2

Em 20X2, diante das ocorrências acima, teríamos os seguintes ajustes fiscais a serem feitos:

APURAÇÃO DA BASE DE CÁLCULO DA CSL EM 20X2			APURAÇÃO DA BASE DE CÁLCULO DO IRPJ EM 20X2		
	Lucro líquido antes da CSL e do IRPJ	220.000		Lucro líquido antes da CSL e do IRPJ	220.000
(+)	ADIÇÕES		(+)	ADIÇÕES	
	Não houve			Não houve	
(-)	EXCLUSÕES		(-)	EXCLUSÕES	
	Realização da provisão para garantia de produtos	100.000		Realização da provisão para garantia de produtos	100.000
(=)	Lucro tributável para fins da CSL	120.000	(=)	Lucro tributável para fins do IRPJ	120.000
Provisão para CSL (120.000 x 9%)		10.800	Provisão para o IRPJ (120.000 x 15%)		18.000

III – ATIVO FISCAL DIFERIDO ORIUNDO DE PREJUÍZOS FISCAIS

1. INTRODUÇÃO

De acordo com o item 36 do CPC 32, O ativo fiscal diferido decorrente de prejuízos fiscais de Imposto de Renda e bases negativas de Contribuição Social deve ser reconhecido, total ou parcialmente, desde que a entidade tenha histórico de rentabilidade, acompanhado da expectativa fundamentada dessa rentabilidade por prazo que considere o limite máximo de compensação permitido pela legislação.

Como se observa, o CPC 32 não foi suficientemente profundo em relação ao assunto. Deste modo, boa parte dos profissionais se baseia em legislação antiga que, embora, não esteja mais em vigor, orienta sobre o tema. Refiro-me, aqui, a Resolução CFC nº 998/2004. À época, a referida Resolução, estabelecia que o histórico de lucratividade, acompanhado da expectativa de geração de lucros tributáveis futuros, deve estar fundamentada em estudo técnico de viabilidade, que permita a realização do ativo fiscal diferido em um prazo máximo de dez anos, ou o limite máximo de compensação permitido pela legislação, o que for menor.

Sobre o assunto cabem, ainda, os seguintes esclarecimentos:

a) o histórico de lucratividade, não se aplica à entidade decorrente de reorganização societária cujos prejuízos se originaram anteriormente à reorganização.

b) presume-se haver histórico de lucratividade na entidade que obteve lucro tributável em, pelo menos, três dos cinco últimos exercícios sociais.

c) os lucros futuros referidos devem ser trazidos a valor presente com base no prazo total estimado para a realização do ativo fiscal diferido.

d) o imposto de renda compreende tanto o imposto do próprio país como os impostos de outros países a que a entidade estiver sujeita, sempre que baseados em resultados tributáveis.

e) o imposto de renda compreende também os impostos que, tal como o imposto retido na fonte, são recolhidos por uma controlada, coligada ou entidade com controle compartilhado (*joint venture*) sobre as distribuições de lucros feitas para a entidade.

2. EVIDÊNCIAS EXIGIDAS PARA SE CONSTITUIR UM ATIVO FISCAL DIFERIDO

Conforme vimos, o ativo fiscal diferido com relação a prejuízos fiscais, observada a base de cálculo de cada tributo, deve ser reconhecido à medida que for provável que no futuro haja lucro tributável suficiente para compensar esses prejuízos.

Para tanto, o contabilista deve obter junto à administração da entidade elementos e evidências, aprovados pelo conselho fiscal, se em funcionamento, e pelos órgãos de administração da entidade, que permitam uma avaliação dos fatos.

É importante que seja observada a vinculação entre o reconhecimento do ativo fiscal diferido e a avaliação da continuidade operacional da entidade.

Na hipótese de existência de incertezas, quanto à continuidade operacional da entidade, o ativo fiscal diferido não deverá ser reconhecido contabilmente. Já os ativos fiscais diferidos existentes deverão ser estornados.

2.1 Evidências a serem consideradas e análise das probabilidades

Devem ser considerados os pressupostos utilizados para a avaliação da probabilidade de ocorrência de lucros tributáveis futuros, que envolvem providências internas da administração como evidências mais concretas do que aqueles que envolvem terceiros ou uma situação de mercado (por exemplo, significativo aumento das vendas ou dependência de preço de *commodities*).

Observa-se, ainda que a entidade, ao avaliar a probabilidade de compensar lucros tributáveis futuros com prejuízos fiscais, deve considerar o seguinte:

a) se existem diferenças temporárias tributáveis suficientes, que resultem em valores tributáveis contra os quais esses prejuízos fiscais possam ser utilizados antes que prescrevam;

b) se é provável que haja lucros tributáveis antes de prescrever o direito à compensação dos prejuízos fiscais;

c) se os prejuízos fiscais resultam de causa identificada que provavelmente não ocorra novamente.

3. EXEMPLO

No desenvolvimento do exemplo, consideremos que determinada empresa tenha apurado, no exercício social de 20X1, **prejuízo fiscal da ordem de R$ 60.000** (embora voltado para o IRPJ, as regras são as mesmas para a compensação de base de cálculo negativa de CSL).

Fundamentada na expectativa de geração de lucros tributáveis futuros, determinada em estudo técnico aprovado pela Administração, a empresa deverá reconhecer o ativo fiscal diferido sobre os prejuízos fiscais.

Baseada no referido estudo técnico das projeções de resultados tributáveis a empresa estima recuperar o crédito tributário decorrente de prejuízos acumulados, conforme se segue:

Ano provável de recuperação do prejuízo	Valor estimado da recuperação do prejuízo
20X2	17.000
20X3	19.000
20X4	18.000
20X5	6.000
Total	**60.000**

Registro contábil em 20X1

Considerando-se a alíquota do Imposto de Renda Pessoa Jurídica da ordem de 15%, a qual estima-se ser mantida para os próximos anos, o ativo fiscal diferido corresponderá a R$ 9.000 (R$ 60.000 x 15%), assim distribuídos:

Ano provável de recuperação do prejuízo	Valor estimado da recuperação do prejuízo fiscal	Alíquota do IR	Ativo fiscal diferido
AC			
20X2	**17.000**	**15%**	**2.550**
RLP (ANC)			
20X3	19.000	15%	2.850
20X4	18.000	15%	2.700
20X5	6.000	15%	900
Total do RLP (ANC)			**6.450**
Total Geral	60.000		9.000

Lançamento 1

Constituição do Ativo fiscal diferido em 20X1

D	-	Ativo Fiscal Diferido (AC) IRPJ sobre prejuízo Fiscal	2.550	
D	-	Ativo Fiscal Diferido (RLP-ANC) IRPJ sobre prejuízo Fiscal	6.450	
C	-	Conta de Resultado Provisão para o IRPJ (CR)		9.000

RLP = Realizável a Longo Prazo.

Nota-se que o reconhecimento do IRPJ diferidos provoca alterações no resultado contábil da empresa, aumentando o lucro ou diminuindo o prejuízo, conforme o caso.

Seguem razões contábeis que evidenciam esses números.

	Ativo Fiscal Diferido-IRPJ Diferido s/prejuízo (AC)	
1	2.550	

Conta de Resultado Provisão para o IRPJ (CR)		
	9.000	1

	Ativo Fiscal Diferido-IRPJ Diferido s/prejuízo (RLP-ANC)	
1	6.450	

Registro contábil em 20X2

Por se tratar de uma estimativa, é normal que a recuperação do prejuízo (obtenção de lucro) não se concretize conforme havia sido previsto.

Partindo-se dessa premissa, consideremos que a recuperação do prejuízo fiscal acumulado, em 20X2, seja da ordem de R$ 16.000*.

* Portanto, o lucro real antes da compensação dos prejuízos e após as adições e exclusões admitidas pela legislação, foi de R$ 53.333. Após a compensação da parcela admitida a título e prejuízos fiscais (30% do lucro real do exercício), chega-se a um lucro real tributável de R$ 37.333. O Imposto de Renda, no caso, incidira à alíquota de 15% sobre esse valor, resultando em despesa no valor de R$ 5.600. Ver razão, adiante.

Dessa forma, temos que **houve uma realização do Ativo Fiscal Diferido da ordem de R$ 2.400** (R$ 16.000 x 15%).

Dando continuidade ao nosso exemplo, consideremos que as novas estimativas elaboradas pela administração da empresa, baseada em estudo técnico de projeções de resultados tributáveis, apontem que a diferença não recuperada em 20X2 (R$ 1.000) ocorrerá em 20X3. Para os demais anos, o mesmo estudo manteve as estimativas iniciais. Portanto, a recuperação do prejuízo em 20X3 será da ordem de R$ 20.000 (R$ 19.000, originalmente previstos, mais R$ 1.000 não realizados em 20X2).

Diante dessa informação, a nova previsão de recuperação dos prejuízos fiscais terá a seguinte configuração:

Ano provável de recuperação do prejuízo	Valor estimado da recuperação do prejuízo	Alíquota do IR	Ativo fiscal diferido
AC			
20X3	**20.000**	**15%**	**3.000**
RLP			
20X4	18.000	15%	2.700
20X5	6.000	15%	900
Total do RLP (ANC)	**24.000**		**3.600**
Total Geral	44.000		6.600

Lançamento 2

Reconhecimento do ativo fiscal diferido em 20X2

D	-	Conta de Resultado Provisão para o IRPJ (CR)	2.400	
C	-	Ativo Fiscal Diferido (AC) IRPJ sobre prejuízo Fiscal		2.400

Lançamento 3

Reversão do saldo do ativo fiscal diferido constituído em 20X1.

D	-	Conta de Resultado Provisão para o IRPJ (CR)	6.600	
C	-	Ativo Fiscal Diferido (AC) IRPJ sobre prejuízo Fiscal		150
C	-	Ativo Fiscal Diferido (RLP-ANC) IRPJ sobre prejuízo Fiscal		6.450

Lançamento 4

Constituição do Ativo fiscal diferido em 20X2, com base na nova estimativa.

		Conta	Débito	Crédito
D	-	Ativo Fiscal Diferido (AC) IRPJ sobre prejuízo Fiscal	3.000	
D	-	Ativo Fiscal Diferido (RLP-ANC) IRPJ sobre prejuízo Fiscal	3.600	
C	-	Conta de Resultado Provisão para o IRPJ (CR)		6.600

Feitos os lançamentos acima, teremos os seguintes razões contábeis:

Ativo Fiscal Diferido-IRPJ Diferido s/prejuízo (AC)

	Débito	Crédito	
s	2.550	2.400	2
		150	3
4	3.000		
	5.550	2.550	
	3.000		

Provisão para o IRPJ (PC)

	Débito	Crédito	
		5.600	*

Conta de Resultado Provisão para o IRPJ (CR)

	Débito	Crédito	
*	5.600	6.600	4
2	2.400		
3	6.600		
	14.600	6.600	
	8.000		

Ativo Fiscal Diferido-IRPJ Diferido s/prejuízo (RLP)

	Débito	Crédito	
s	6.450	6.450	3
4	3.600		
	10.050	6.450	
	3.600		

* reconhecimento da despesa com IR do exercício (15% sobre o lucro fiscal do exercício, após a compensação do prejuízo fiscal, observada a "trava" de 30% sobre o lucro real).

IV – PASSIVO FISCAL DIFERIDO ORIUNDO DE DEPRECIAÇÃO ACELERADA INCENTIVADA

1. INTRODUÇÃO

A depreciação considerada na determinação do resultado tributável diferente daquela que é considerada na determinação do resultado antes dos tributos sobre lucros ocorre, na maioria das vezes, em face de benefício fiscal referente à depreciação acelerada incentivada que não representa desgaste físico do bem. Portanto, nesse caso, não há que se falar em registro na contabilidade.

Observa-se que a contabilidade deve registrar a despesa com a depreciação "normal", ou seja, aquela proveniente do desgaste "efetivo" do bem. Já o benefício fiscal da depreciação acelerada tem caráter exclusivamente fiscal e deve influenciar o resultado do exercício via Livro de Apuração do Livro Real (Lalur), mediante exclusão do lucro líquido.

Esse processo de exclusão, do lucro líquido, da depreciação acelerada incentivada resulta, naturalmente, em um valor menor de imposto de renda a pagar. É nesse momento que surge a figura do passivo fiscal diferido, porquanto, futuramente, esse imposto será devido.

É de se notar que a depreciação normal (contábil), somada à depreciação acelerada incentiva (fiscal) será dedutível na apuração do lucro real até o momento em que atingir 100% do valor do bem objeto da depreciação. A partir daí, a depreciação contábil (que deve continuar sendo registrada), deverá ser adicionada ao lucro líquido, no Lalur, para fins de apuração do lucro real.

2. CONSTITUIÇÃO DO PASSIVO FISCAL DIFERIDO

Diante do exposto acima, temos que o aproveitamento da depreciação acelerada incentivada, até o momento em que não atinja o valor total do bem objeto da depreciação, gera para a empresa uma obrigação futura de pagamento de tributo.

Portanto, nesse momento, deve-se constituir a provisão para pagamento de impostos diferidos.

Naturalmente, a partir do momento em que a depreciação (contábil mais fiscal) atingir o total do bem, o passivo fiscal diferido, registrado no Exigível a Longo Prazo, deverá ser remanejado, para o Circulante, relativamente à parcela do IR a ser realizada no exercício seguinte.

3. EXEMPLO

Consideremos que determinada empresa tenha adquirido bem para incorporar seu ativo imobilizado no valor de R$ 100.000,00. Esse bem está sujeita a depreciação "normal" de 10% ao ano, mas, em virtude de benefícios fiscais, sua depreciação pode ser acelerada em 4 anos, ou seja, 25% ao ano.

Diante dessa informação, temos que a depreciação para fins fiscais terá a seguinte composição nos próximos 4 anos:

Depreciação normal (contábil)	10%
Depreciação acelerada (fiscal)	15%
Total da depreciação	25%

Portanto, o mapa de depreciação e de constituição do passivo fiscal diferido terá a seguinte configuração, considerando-se, para tanto, uma alíquota do Imposto de Renda da ordem de 15%:

MAPA DE CONTROLE DO PASSIVO FISCAL DIFERIDO					
Anos de desgaste do bem	**Ano do reconhecimento da despesa/ benefício fiscal**	**Depreciação normal**	**Depreciação acelerada incentivada**	**Depreciação total**	**Passivo fiscal diferido**
1	20X0	10.000,00	15.000,00	25.000,00	2.250,00
2	20X1	10.000,00	15.000,00	50.000,00	2.250,00
3	20X2	10.000,00	15.000,00	75.000,00	2.250,00
4	20X3	10.000,00	15.000,00	100.000,00	2.250,00
5	20X4	10.000,00	-	-	(1.500,00)
6	20X5	10.000,00	-	-	(1.500,00)
7	20X6	10.000,00	-	-	(1.500,00)
8	20X7	10.000,00	-	-	(1.500,00)
9	20X8	10.000,00	-	-	(1.500,00)
10	20X9	10.000,00	-	-	(1.500,00)

O quadro acima nos mostra que em cada um dos primeiros quatro anos de vida útil do bem a empresa terá que reconhecer um passivo fiscal diferido no valor de R$ 2.250,00 (15% de R$ 15.000), tendo como contrapartida a conta de "despesa com Imposto de Renda".

A contabilização de tal fato se apresentaria como se segue.

Registros contábeis a serem efetuados entre 20X0 e 20X3

Lançamento 1

Reconhecimento do passivo fiscal diferido em 20X1

D	-	Conta de Resultado Despesa com IR (CR)	2.250,00	
C	-	Passivo Fiscal Diferido (PNC) Provisão para IR Diferido		2.250,00

Seguem razões contábeis que evidenciam esses números.

Passivo Fiscal Diferido (PNC)
Provisão para IR Diferido

Débito	Crédito	
	2.250,00	1

Conta de Resultado
Despesa com IR (CR)

	Débito	Crédito
1	2.250,00	

Nota: Nos três anos seguintes, a contabilização do Passivo Fiscal Diferido seria idêntica ao lançamento acima exposto.

Ao final do quarto ano, a conta "Provisão para IR Diferido" se apresentaria com o seguinte saldo:

Passivo Fiscal Diferido (PNC)
Provisão para IR diferido

Débito	Crédito	
	2.250,00	1
	2.250,00	
	2.250,00	
	2.250,00	
	9.000,00	

Observa-se, contudo, que nem todo o saldo apresentado na conta ao final do quarto ano (20X3) é um exigível a longo prazo (PNC). Parte desse valor deverá ser remanejado para o Passivo Circulante.

Consequentemente, já a partir de 20X4 (quinto ano), não mais deverá ser reconhecida a depreciação acelerada incentivada, porquanto, para fins fiscais, todo o bem já estará depreciado. Contudo, a depreciação normal deverá continuar a ser efetuada.

Diante desse cenário, a empresa não poderá se beneficiar dessa despesa (depreciação contábil) para fins fiscais. A partir do quinto ano (20X4) toda a despesa de depreciação normal do bem, registrada na contabilidade, deverá ser adicionada ao lucro líquido, no Lalur, para fins de apuração do lucro real.

Desse modo, o Passivo Fiscal Diferido anteriormente constituído, registrado no Exigível a Longo Prazo (PNC), começa a ser revertido para o Passivo Circulante, para a conta específica.

Na prática, a cada ano, deverá ser revertido para o passivo circulante o equivalente a 15% do valor da depreciação a ser registrada no ano seguinte (no nosso exemplo, 15% de R$ 10.000,00).

Segue exemplo de remanejamento do Passivo fiscal diferido para o Passivo Circulante.

Lançamento 2

Remanejamento do passivo fiscal diferido para o Passivo Circulante, ao final de 20X3.

D	-	Passivo Fiscal Diferido (PNC) Provisão para IR Diferido	1.500,00	
C	-	Passivo Circulante Provisão para IR Diferido		1.500,00

Seguem razões contábeis que evidenciam esses números.

Passivo Fiscal Diferido (PNC)

Provisão para IR Diferido

	Débito	Crédito	
2	1.500,00	9.000,00	s
		7.500.00	

Passivo Circulante

Provisão para IR diferido

Débito	Crédito	
	1.500,00	2

Nota: Nos anos seguintes até 20X9, a contabilização da transferência do Passivo Fiscal Diferido para o Passivo Circulante seria idêntica ao lançamento acima exposto.

Registros Contábeis a serem feitos em 20X4

Como se observa do quadro de controle do Passivo Fiscal Diferido, anteriormente estampado, a partir de 2004 a empresa começa a reconhecer o passivo fiscal diferido, tendo em vista que toda a depreciação registrada na contabilidade passa a ser, também, adicionada no Lalur, para fins de apuração do lucro real.

Portanto, o Passivo Fiscal Diferido deverá ser reconhecido, conforme se segue:

Lançamento 3

Reconhecimento do Passivo Fiscal Diferido em 20X4

D	-	Passivo Circulante Provisão para IR diferido	
C	-	Conta de Resultado Despesa com IR (CR)	1.500,00

Nos razões, teremos os seguintes registros:

	Passivo Circulante Provisão para IR diferido		
3	1.500,00	1.500,00	s

Conta de Resultado Despesa com IR (CR)		
	1.500,00	3

Naturalmente, em 20X4, a empresa deverá fazer o remanejamento do Passivo Fiscal Diferido para o Passivo Circulante, nos moldes do lançamento nº 2.

Capítulo 10

ATIVOS GERAIS

I – GARANTIA ESTENDIDA

1. INTRODUÇÃO

A garantia estendida **é uma modalidade de seguro**, pago pelo consumidor, regulamentado pela SUSEP (Superintendência de Seguros Privados).

Na prática, trata-se de uma "garantia adicional" que, normalmente, cobre peças e mão de obra para manutenção de um produto adquirido após o vencimento da garantia legal ou garantia contratual.

Apesar de ser rotineiramente oferecida pelas empresas que vendem a mercadoria/produto, a contratação do "seguro" é voluntária e estabelece uma relação entre o consumidor e uma seguradora. A loja ou fabricante (fornecedor) é apenas intermediária desse negócio.

Portanto, não cabe a loja ou fabricante reconhecimento de receita proveniente da garantia estendida (exceto, no que diz respeito a eventual comissão pela captação do cliente).

Agora, em relação ao adquirente, há algumas considerações a serem feitas e que são tratadas neste procedimento.

1.1. Esclarecimentos e definições importantes

Garantia estendida e diferente de garantia legal e de garantia contratual. Vimos acima que garantia estendida é uma modalidade de seguro e como tal deve ser tratada.

Já a **garantia legal** é definida como o prazo que o consumidor dispõe para reclamar dos vícios (defeitos) constatados em produtos/mercadorias adquiridos ou na contratação/realização de serviços.

Por sua vez a **garantia contratual** é o prazo concedido, por liberalidade, pelo fornecedor (normalmente, fabricante) ao consumidor, após o vencimento da garantia legal para reclamar dos vícios (defeitos). Tal garantia deverá ser conferida mediante termo escrito, padronizado, que esclarecerá de maneira adequada em que consiste a garantia, a forma, o prazo, o lugar em que poderá ser exercitada, bem como as despesas que ficarão a cargo do consumidor.

2. QUESTÕES QUE SE COLOCAM SOBRE REGISTRO CONTÁBIL DA GARANTIA ESTENDIDA PELO ADQUIRENTE

O que se questiona há algum tempo é o tratamento a ser dado ao dispêndio com a garantia estendida pelo consumidor.

Há profissionais que interpretam a garantia estendida como sendo um custo do bem adquirido. Outros já entendem tratar-se de uma despesa.

A resposta a essa questão passa necessariamente pela análise do CPC, especificamente de seus itens 16 e 17 que estabelecem os elementos que compõem um ativo imobilizado. Seguem referidos itens:

> "16. O custo de um item do ativo imobilizado compreende:
>
> (a) seu preço de aquisição, acrescido de impostos de importação e impostos não recuperáveis sobre a compra, depois de deduzidos os descontos comerciais e abatimentos;
>
> (b) quaisquer custos diretamente atribuíveis para colocar o ativo no local e condição necessárias para o mesmo ser capaz de funcionar da forma pretendida pela administração;
>
> (c) a estimativa inicial dos custos de desmontagem e remoção do item e de restauração do local (sítio) no qual este está localizado. Tais custos representam a obrigação em que a entidade incorre quando o item é adquirido ou como consequência de usá-lo durante determinado período para finalidades diferentes da produção de estoque durante esse período.
>
> 17. Exemplos de custos diretamente atribuíveis são:
>
> (a) custos de benefícios aos empregados (tal como definidos no Pronunciamento Técnico CPC 33 – Benefícios a Empregados) decorrentes diretamente da construção ou aquisição de item do ativo imobilizado;

(b) custos de preparação do local;

(c) custos de frete e de manuseio (para recebimento e instalação);

(d) custos de instalação e montagem;

(e) custos com testes para verificar se o ativo está funcionando corretamente, após dedução das receitas líquidas provenientes da venda de qualquer item produzido enquanto se coloca o ativo nesse local e condição (tais como amostras produzidas quando se testa o equipamento); e

(f) honorários profissionais."

Depreende-se do exposto que, com base na leitura do CPC 27, **não se aplica a imobilização do valor da garantia por não interferir no custo de aquisição do bem.**

Resta-nos, portanto, tratar tal valor como uma despesa. Embora seja um desembolso, a garantia estendida não pode ser considerada uma despesa de imediato, mas sim como um gasto que deverá ser ativado e reconhecido como despesa no prazo de vigência da garantia.

3. EXEMPLO

Consideremos que determinada empresa adquira uma máquina para ser utilizada no seu processo produto. Seguem dados:

Data da aquisição:	01/05/20x1		
Valor da aquisição:	50.000,00		
Garantia legal:	12 meses	a partir da data de aquisição	
Garantia contratual:	não contratada		
Garantia estendida (seguro):		12 meses	a partir do vencimento da garantia legal
Valor da garantia estendida:		6.000,00	

Portanto, em relação a garantia legal e a garantia estendida, temos a seguinte situação:

Garantia legal – vigência:	01/05/x1 a 30/04/x2
Garantia estendida – vigência:	01/05x2 a 30/04/x3

Com base nessas informações teremos os seguintes registros contábeis:

1) Pagamento da garantia estendida em 01/05/x1

D	-	Garantias estendida a apropriar (AC)	4.000,00	
D	-	Garantias estendida a apropriar (ANC)	2.000,00	
C	-	Caixa ou equivalente de caixa		6.000,00

Garantia estendida de curto prazo (AC)

8 meses = 01/05/x2 a 31.12.x2 = 4.000,00

Garantia estendida de longo prazo (ANC)

4 meses = 01.01.x3 a 30.04.x3 = 2.000,00

Mensalmente, a partir de maio/x2, devemos reconhecer a despesa com a garantia. Deste modo, teremos:

2) **Reconhecimento da despesa mensal**

D	-	Despesa com garantia estendida (Resultado)	
C	-	Garantias estendida a apropriar (AC)	500,00

A despesa mensal foi assim determinada:

6.000,00 / 12 meses = R$ 500,00

Capítulo 11

PASSIVOS GERAIS

I – DUPLICATAS DESCONTADAS

1. INTRODUÇÃO

Não é raro as empresas fazerem uso da operação de descontos de duplicatas para obter recursos financeiros a serem usados em suas atividades operacionais.

De uma forma simplista, muitos profissionais entendem que o desconto de duplicatas consiste basicamente na "compra" à vista de tais títulos por determinado banco ou entidade assemelhada, com a cobrança compulsória de despesas bancárias e de juros correspondentes (geralmente os de mercado para esse tipo de operação).

Uma característica importante desse tipo de operação consiste no fato de que o cedente, normalmente, não perde a titularidade da duplicata, o que significa dizer que caso o sacado não pague a duplicata, o cedente fica obrigado a reembolsa o banco.

Esses dois fatores aliados levaram a classe contábil a registra tal operação como uma conta redutora do ativo, especificamente da conta clientes, da seguinte forma, no ativo:

...

Clientes

(-) Duplicatas Descontadas

...

Desse modo, enquanto a duplicata não fosse quitada, a empresa tinha uma obrigação para com o banco.

Ocorre, porém, que essa forma de contabilização há muito tempo vem sendo questionada e a derradeira posição sobre o tema foi dada por meio do CPC 38 – Instrumentos Financeiros: Reconhecimento e Mensuração.

2. O QUE ESTABELECE O CPC 38?

O item 20 do CPC 38 estabelece:

> *"20 Quando a entidade transfere um ativo financeiro (ver item 18), deve avaliar até que ponto ela retém os riscos e benefícios da propriedade do ativo financeiro. Nesse caso:*
>
> (a) *se a entidade transferir substancialmente todos os riscos e benefícios da propriedade do ativo financeiro, a entidade deve desreconhecer o ativo financeiro e reconhecer separadamente como ativos ou passivos quaisquer direitos e obrigações criados ou retidos com a transferência;*
>
> (b) *se a entidade retiver substancialmente todos os riscos e benefícios da propriedade do ativo financeiro, a entidade deve continuar a reconhecer o ativo financeiro;*
>
> *..."*

Portanto, sob a ótica do CPC 38, quando a entidade vende, desconta ou transfere um ativo financeiro (venda ou desconto de carteira de recebíveis, por exemplo), **só pode baixá-lo se transferir substancialmente todos os riscos e benefícios da propriedade do ativo financeiro e se não mantiver envolvimento continuado com ele**. Caso contrário, a entidade deve manter os instrumentos financeiros no ativo e tratar o valor recebido como empréstimo.

A essência da transação é que deve ser retratada contabilmente. Assim, as duplicatas descontadas (parcela recebida do desconto), quando não houver a transferência dos riscos e benefícios da propriedade devem ser classificadas como passivo, sendo que a duplicata a receber continua a ser mantida no ativo até o seu efetivo recebimento.

Nota: Com a aprovação do CPC 48 – INSTRUMENTOS FINANCEIROS, foi revogado o documento CPC 38 – Instrumentos Financeiros: Reconhecimento e Mensuração. No entanto, o temo de aprovação do CPC 48 deixa claro que essa revogação não se aplica as entidades que utilizem o CPC PME – Contabilidade para Pequenas e Médias Empresas, de acordo com o item 11.2, alínea; para as entidades que optarem por utilizar a opção de registro de *hedge accounting* de acordo com o disposto nos itens 81A, 89 a 94 e AG114 a AG132, conforme facultam os itens 5.2.3, 5.3.2, 5.7.1, 5.7.2, 5.73 e 6.1.3 do

Pronunciamento; e para as entidades seguradoras que optarem por continuar a utilizar o CPC 38 até 1º de janeiro de 2021, conforme alterações que serão feitas no CPC 11 - Contratos de Seguro.

3. PROCEDIMENTO QUANDO A EMPRESA NÃO TRANSFERE OS RISCOS E BENEFÍCIOS DO ATIVO À INSTITUIÇÃO FINANCEIRA

Nesse item exemplificamos a "clássica" operação de desconto de duplicata, situação na qual o cedente retém todos os riscos e benefícios da propriedade do ativo financeiro (ver item 2 acima).

No desenvolvimento do exemplo admitamos que determinada empresa tenha efetuado vendas a prazo, em 18.12.20x1, com emissão das duplicatas nºs 123 (R$ 30.000,00), 124 (R$ 10.000,00) e 125 (R$ 50.000,00), todas com vencimento para 16.02.20x2 e totalizando R$ 90.000,00.

Consideremos, ainda, que as duplicatas tenham sido descontadas em 18.12.20x1 com juros bancários (prazo de 60 dias) correspondentes a R$ 18.000,00 (20% X R$ 90.000,00), assim distribuídos:

a) 13 dias de dezembro/20x1: de 19 a 31.12.20x1: [(R$ 18.000,00 ÷ 60) X 13] = R$ 3.900,00;
b) 31 dias de janeiro/20x2: [(R$ 18.000,00 ÷ 60) X 31] = R$ 9.300,00.
c) 16 dias de fevereiro/20x2: [(R$ 18.000,00 ÷ 60) X 16] = R$ 4.800,00.

Com base nesses dados teremos o seguinte lançamento:

Lançamento 1: Registro do "desconto" (agora, empréstimo)

D	-	Bancos Conta Movimento (AC)	90.000,00	
C	-	Empréstimos a pagar (PC)		90.000,00

AC = Ativo Circulante

PC = Passivo Circulante

Veja que nesse exemplo, a empresa não transferiu os riscos e benefícios do ativo. Portanto, ao manter os riscos e benefícios a empresa mantém o ativo e reconhece um passivo, que é o empréstimo a pagar.

Nota: Por critério de simplificação, foi desconsiderada a incidência do IOF. Sobre o assunto, consultar Regulamento do IOF – Decreto nº 6.306/2007.

3.1 Tratamento dos encargos financeiros incidentes

Como vimos no exemplo acima, a operação de desconto veio acompanhada da cobrança de juros pelo banco, o que não poderia ser diferente.

A boa prática contábil requer que a apropriação dos encargos financeiros seja feita em observância ao princípio contábil da competência. Portanto, recomenda-se que essa apropriação seja mensal, tendo em vista que muitas empresas geram balanços e balancetes para fins gerenciais todos os meses.

Esse, porém, não é único motivo para se reconhecer as despesas mensalmente. Não podemos esquecer que tal procedimento é imprescindível às empresas tributadas com base no lucro real anual que levantam balanços de suspensão ou redução do Imposto de Renda e da Contribuição Social sobre o lucro.

Portanto, diante das informações que constam do item 3, teremos os seguintes lançamentos:

Lançamento 2: Registro dos encargos financeiros a incorrer (registro em 18.12.20x1)

D	-	Encargos Financeiros a Incorrer (PC)	18.000,00	
C	-	Bancos Conta Movimento (AC)		18.000,00

Lançamento 3: Apropriação dos encargos financeiros incorridos no período de 19.12 a 31.12.20x1.

D	-	Despesas financeiras (CR)	3.900,00	
C	-	Encargos Financeiros a Incorrer (PC)		3.900,00

CR = Conta de Resultado

Nota: Não esquecer que em 20x2 teremos que fazer o reconhecimento dos encargos financeiros incorridos a cada mês, referentes a janeiro e fevereiro.

3.2 Baixa pela liquidação das duplicatas "descontadas"

A empresa deverá proceder ao registro da baixa das duplicatas na data da liquidação. Para exemplificar, consideremos que as duplicatas nºs 123 e 125 sejam quitadas na data do vencimento (16.02.20x2). Dessa forma, teremos o seguinte lançamento:

Lançamento 4: Baixa das duplicatas pelo recebimento/quitação do empréstimo

D	-	Empréstimos a pagar (PC)	80.000,00	
C	-	Clientes (AC)		80.000,00

3.3 Procedimentos em relação à duplicata não quitada

Caso a duplicata não seja liquidada pelo sacado, o banco devolverá o título à empresa (cedente). Normalmente, o contrato de desconto/empréstimo prevê que o valor não recebido será debitado da conta corrente do cedente.

Deste modo, caso a duplicata nº 124 não seja liquidada no vencimento, o Banco Beta S.A. devolverá o título à empresa, procedendo ao débito em sua conta corrente do valor correspondente ao título não quitado.

Lançamento 5: Débito em conta corrente da duplicata não quitada

D	-	Empréstimos a pagar (PC)	10.000,00	
C	-	Bancos Conta Movimento (AC)		10.000,00

4. PROCEDIMENTO QUANDO A EMPRESA TRANSFERE OS RISCOS E BENEFÍCIOS DO ATIVO À INSTITUIÇÃO FINANCEIRA

Consideremos que, em relação aos dados do item 3, a empresa transfira todos os riscos e benefícios do ativo à instituição financeira.

Naturalmente, nesse tipo de operação, os juros cobrados são maiores. Admitamos que a instituição financeira aplique uma taxa de juros de 30% sobre o valor do desconto. Portanto, os juros correspondem a R$ 27.000,00 (30% X R$ 90.000,00).

Veja que nesse caso, não existe a figura do empréstimo. A empresa entregou definitivamente o título ao banco.

Por sua vez, a empresa deve desreconhecer o ativo financeiro e reconhecer separadamente como passivo qualquer obrigação criada ou retida com a transferência.

Portanto, a empresa deverá dar baixa imediatamente nas duplicatas e, simultaneamente, reconhecer como despesa o valor dos juros cobrados.

Deste modo, teremos os seguintes registros contábeis:

Lançamento 6: Reconhecimento da "venda" das duplicatas.

D	-	Bancos Conta Movimento (AC)	90.000,00	
C	-	Clientes (AC)		90.000,00

Lançamento 7: Reconhecimento da despesa financeira

D	-	Despesas financeiras (CR)	27.000,00	
		Bancos Conta Movimento (AC)		
		ou		
C	-			27.000,00
		Juros a pagar (PC)		

II – CUSTOS DE EMPRÉSTIMOS

1. INTRODUÇÃO

Custos de empréstimos que são diretamente atribuíveis à aquisição, à construção ou à produção de ativo qualificável formam parte do custo de tal ativo. Por sua vez, outros custos de empréstimos devem ser reconhecidos como despesas.

O tema atualmente é disciplinado pelo CPC 20, cujos principais pontos são tratados neste procedimento.

2. DEFINIÇÕES IMPORTANTES

Custos de empréstimos: são juros e outros custos que a entidade incorre em conexão com o empréstimo de recursos.

Ativo qualificável: é um ativo que, necessariamente, demanda um período de tempo substancial para ficar pronto para seu uso ou venda pretendidos.

2.1 Custos de empréstimos

Custos de empréstimos incluem:

> a) encargos financeiros calculados com base no método da taxa efetiva de juros como descrito no Pronunciamento Técnico CPC 38 – Instrumentos Financeiros: Reconhecimento e Mensuração[12];

12 Com a aprovação do CPC 48 – INSTRUMENTOS FINANCEIROS, foi revoga-

b) encargos financeiros calculados com base no método da taxa efetiva de juros como descrito na NBC TG 08 – Custos de Transação e Prêmios na Emissão de Títulos e Valores Mobiliários e na NBC TG 38 – Instrumentos Financeiros: Reconhecimento e Mensuração; e

c) variações cambiais decorrentes de empréstimos em moeda estrangeira na medida em que elas são consideradas como ajustes, para mais ou para menos, do custo dos juros.

2.2 Ativos qualificáveis

Dependendo das circunstâncias, um ou mais dos seguintes ativos podem ser considerados ativos qualificáveis:

a) estoque;

b) planta para manufatura;

c) usina de geração de energia;

d) ativo intangível; e

e) propriedade para investimento.

Ativos financeiros e estoques que são manufaturados, ou produzidos, ao longo de um curto período de tempo, não são ativos qualificáveis. Ativos que estão prontos para seu uso ou venda pretendidos quando adquiridos não são ativos qualificáveis.

3. RECONHECIMENTO DOS CUSTOS

Custos de empréstimos que são diretamente atribuíveis à aquisição, à construção ou à produção de ativo qualificável devem ser capitalizados como parte do custo do ativo quando for provável que eles resultarão em benefícios econômicos futuros para a entidade e que tais custos possam ser mensurados com confiabilidade.

---

do o documento CPC 38 – Instrumentos Financeiros: Reconhecimento e Mensuração. No entanto, o temo de aprovação do CPC 48 deixa claro que essa revogação não se aplica as entidades que utilizem o CPC PME – Contabilidade para Pequenas e Médias Empresas, de acordo com o item 11.2, alínea; para as entidades que optarem por utilizar a opção de registro de *hedge accounting* de acordo com o disposto nos itens 81A, 89 a 94 e AG114 a AG132, conforme facultam os itens 5.2.3, 5.3.2, 5.7.1, 5.7.2, 5.73 e 6.1.3 do Pronunciamento; e para as entidades seguradoras que optarem por continuar a utilizar o CPC 38 até 1º de janeiro de 2021, conforme alterações que serão feitas no CPC 11 – Contratos de Seguro.

4. CUSTOS DE EMPRÉSTIMOS ELEGÍVEIS E CAPITALIZÁVEIS

Os custos de empréstimos que são atribuíveis diretamente à aquisição, à construção ou à produção de ativo qualificável são aqueles que seriam evitados se os gastos com o ativo qualificável não tivessem sido feitos.

Quando a entidade toma emprestados recursos especificamente com o propósito de obter um ativo qualificável particular, os custos do empréstimo que são diretamente atribuíveis ao ativo qualificável podem ser prontamente identificados.

4.1 Custos de empréstimos que podem ser capitalizados

5. EXCESSO DO VALOR CONTÁBIL DO ATIVO QUALIFICÁVEL SOBRE O MONTANTE RECUPERÁVEL

Quando o valor contábil ou o custo final esperado do ativo qualificável exceder seu montante recuperável ou o seu valor líquido de realização, o valor contábil deve ser baixado.

6. INÍCIO DA CAPITALIZAÇÃO

A entidade deve iniciar a capitalização dos custos de empréstimos como parte do custo de ativo qualificável na data de início. A data de início para a capitalização é a primeira data em que a entidade satisfaz às seguintes condições:

a) incorre em gastos com o ativo;

b) incorre em custos de empréstimos; e

c) inicia as atividades que são necessárias ao preparo do ativo para seu uso ou venda pretendidos.

Nota: Gastos com ativo qualificável incluem somente aqueles gastos que resultam em pagamento em dinheiro, transferências de outros ativos ou assunção de passivos onerosos.

6.1 Preparo do ativo para seu uso ou venda

As atividades necessárias ao preparo do ativo para seu uso ou venda pretendida abrangem mais do que a construção física do ativo. Elas incluem trabalho técnico e administrativo anterior ao início da construção física, tais como atividades associadas à obtenção de permissões para o início da construção física. Entretanto, tais atividades excluem a de manter um ativo quando nenhuma produção ou nenhum desenvolvimento que altere as condições do ativo estiverem sendo efetuados. Por exemplo, custos de empréstimos incorridos enquanto um terreno está em preparação devem ser capitalizados durante o período em que tais atividades relacionadas ao desenvolvimento estiverem sendo executadas. Entretanto, custos de empréstimos incorridos enquanto o terreno adquirido para fins de construção for mantido sem nenhuma atividade de preparação associada não se qualificam para capitalização.

7. SUSPENSÃO DA CAPITALIZAÇÃO

A entidade deve suspender a capitalização dos custos de empréstimos durante períodos extensos nos quais as atividades de desenvolvimento do ativo qualificável são interrompidas.

A entidade pode incorrer em custos de empréstimos durante um período extenso em que as atividades necessárias ao preparo do ativo para seu uso ou venda pretendidos estão suspensas.

Tais custos são custos de se manterem os ativos parcialmente concluídos e não se qualificam para capitalização.

Entretanto, a entidade normalmente não suspende a capitalização dos custos de empréstimos durante um período em que substancial trabalho técnico e administrativo está sendo executado.

7.1 Atrasos temporários necessários à conclusão do ativo

A entidade também não deve suspender a capitalização de custos de empréstimos quando um atraso temporário é parte necessária do processo de concluir o ativo para seu uso ou venda pretendidos. Por exemplo, a capitalização deve continuar ao longo do período em que o nível elevado das águas atrasar a construção de uma ponte, se tal nível elevado das águas for comum durante o período de construção na região geográfica envolvida.

8. FINALIZAÇÃO DA CAPITALIZAÇÃO

A entidade deve cessar a capitalização dos custos de empréstimos quando substancialmente todas as atividades necessárias ao preparo do ativo qualificável para seu uso ou venda pretendida estiverem concluídas

8.1 Momento em que um ativo está pronto para uso ou venda

Um ativo normalmente está pronto para seu uso ou venda pretendida quando a construção física do ativo estiver finalizada, mesmo que trabalho administrativo de rotina possa ainda continuar.

Se modificações menores, tal como a decoração da propriedade sob especificações do comprador ou do usuário, resumirem-se a tudo o que está faltando, isso é indicador de que substancialmente todas as atividades estão completas.

8.2 Ativo qualificável construído em partes

Quando a entidade completa a construção de ativo qualificável em partes e cada parte pode ser usada enquanto a construção de outras partes continua, a entidade deve cessar a capitalização dos custos de empréstimos quando completar substancialmente todas as atividades necessárias ao preparo daquela parte para seu uso ou venda pretendidos.

Um centro de negócios compreendendo diversos edifícios, cada um deles podendo ser usado individualmente, é um exemplo de ativo qualificável no qual cada parte está em condições de ser usada enquanto a construção das outras partes continua.

Um exemplo de ativo qualificável que precisa estar completo antes de qualquer parte poder ser usada é o de uma planta industrial que envolve diversos processos que são executados sequencialmente nas diversas partes da planta no mesmo local, tais como uma siderúrgica.

9. EXEMPLO

Determinada companhia deu início a construção de um galpão em 20x1. O galpão será utilizado como armazém de seus produtos acabados.

A conclusão da obra se deu ao final de 20x3.

A utilização efetiva do galpão somente se dará a partir de 20x4.

Como a empresa não tinha capital suficiente para viabilizar o novo empreendimento, contratou um empréstimo em 20x1 de R$ 1.500.000.

A liquidação do empréstimo se deu em cinco parcelas (agosto a dezembro/20x1) de R$ 400.000.

A empresa adota o método linear no reconhecimento da depreciação.

A vida útil prevista do ativo é de 15anos.

Para concluir a obra a empresa teve gastos com material, mão de obra, serviços, entre outros, que totalizaram R$ 1.000.000, ao longo do período de construção.

Como a utilização da construção se iniciou em 20x4, temos o seguinte custo total do ativo (Valor capitalizável):

Composição dos custos capitalizáveis

400.000	X	5 meses	=	2.000.000
(-) Principal				-1.500.000
(=) Juros capitalizáveis				500.000
(+) Demais gastos com a construção				1.000.000
(=) Total dos custos capitalizáveis				1.500.000

Os custos acima deverão ser capitalizados a medida da sua ocorrência. Portanto, em 20x4, início da utilização do bem, o ativo deverá estar registrado por R$ 1.500.000

Já a depreciação do bem, a ser registrada a partir de 20x4, será assim determinada:

Anual

1	/	15	anos	=	7%	ao ano
1.500.000	x	7%	=	**100.000**	**ao ano**	

Mensal

100.000	/	12	**8.333**	**ao mês**

III – REGISTRO DA OBRIGAÇÃO DE PAGAR TRIBUTO SOBRE A ÓTICA DA INTERPRETAÇÃO ICPC 19

1. INTRODUÇÃO

Desde 2014 está em vigor a Interpretação Técnica ICPC 19 – Tributos, a qual foi aprovada no âmbito da Comissão de Valores Mobiliários (CVM) – Deliberação CVM nº 730/2014 – e do Conselho Federal de Contabilidade (CFC) – Resolução 2014/ITG19.

Referida Interpretação está correlacionada com a *IFRIC Interpretation 21 – Levies*, emitida pelo *International Accounting Standards Board (IASB)* para aplicação nos exercícios iniciados em, ou após, 1º de janeiro de 2014.

O documento dispõe sobre a contabilização de obrigação de pagar um tributo, se a obrigação estiver no alcance do Pronunciamento Técnico CPC 25 que trata da contabilização de Provisões, Passivos Contingentes e Ativos Contingentes. Além disso, o documento também trata da contabilização de obrigação de pagar tributo cuja época e valor sejam certos.

Nota: Mudanças nas políticas contábeis resultantes da aplicação inicial da ICPC 19 devem ser contabilizadas retrospectivamente de acordo com o Pronunciamento Técnico CPC 23 – Políticas Contábeis, Mudança de Estimativa e Retificação de Erro.

2. ASPECTOS GERAIS E ALCANCE DA INTERPRETAÇÃO

É fato que os governos podem impor tributos sobre entidades. A questão aqui colocada se nesta refere a quando reconhecer uma obrigação de pagar tributo que é contabilizada de acordo com o Pronunciamento Técnico CPC 25 – Provisões, Passivos Contingentes e Ativos Contingentes.

Nesta linha, a Interpretação ICPC 19 trata da contabilização de obrigação de pagar um tributo se essa obrigação estiver no alcance do Pronunciamento Técnico CPC 25. Ela trata também da contabilização de obrigação de pagar tributo cuja época e valor sejam certos.

Por sua vez, o documento não trata da contabilização dos custos que resultam do reconhecimento de obrigação de pagar tributo. As entidades devem aplicar outros pronunciamentos contábeis para decidir se o reconhecimento de obrigação de pagar um tributo dá origem a um ativo ou a uma despesa.

Nota: A entidade deve reconhecer um ativo se tiver pago antecipadamente um tributo, mas ainda não tiver uma obrigação presente de pagar esse tributo.

3. DEFINIÇÃO DE TRIBUTO

Tributo pode ser definido como um fluxo de saída de recursos que incorpora benefícios econômicos que esteja sendo imposto por governos[13] sobre entidades de acordo com a legislação (ou seja, leis e/ou regulamentos), exceto:

a) os fluxos de saída de recursos que estejam dentro do alcance de outros pronunciamentos contábeis (como, por exemplo, impostos sobre a renda que estejam no alcance do Pronunciamento Técnico CPC 32 –Tributos sobre o Lucro); e
b) multas ou outras penalidades que sejam impostas por violação da legislação.

Notas: 1) O pagamento efetuado pela entidade para a aquisição de ativo ou prestação de serviços em virtude de acordo contratual com o governo não atende à definição de tributo.

2) A entidade não está obrigada a aplicar a ICPC 19 a passivos que resultem de sistemas de comércio de licenças de emissão de gases de efeito estufa.

4. QUESTÕES PROPOSTAS PELA ICPC 19

Possivelmente para tornar o tema mais didático, a ICPC 19 propôs algumas questões com o intuito de esclarecer a contabilização da obrigação de pagar um tributo.

As questões propostas são as seguintes:

a) qual é o fato gerador que dá origem ao reconhecimento de obrigação de pagar um tributo?
b) a compulsão econômica no sentido de continuar a operar em período futuro cria uma obrigação presumida de pagar um tributo que será gerada pela operação nesse período futuro?
c) a presunção de continuidade operacional implica em que a entidade tem uma obrigação presente de pagar um tributo que será gerado pela operação em período futuro?
d) o reconhecimento de obrigação de pagar um tributo surge em um ponto no tempo ou, em algumas circunstâncias, surge progressivamente ao longo do tempo?

13 "Governo"refere-se a governo, agências governamentais e órgãos similares, sejam eles locais, nacionais ou internacionais.

e) qual é o fato gerador que dá origem ao reconhecimento de obrigação de pagar um tributo que é gerado se um limite mínimo for atingido?

f) os princípios para o reconhecimento de obrigação de pagar um tributo nas demonstrações contábeis anuais e em demonstrações intermediárias são os mesmos?

5. FATO GERADOR DA OBRIGAÇÃO DE PAGAR UM TRIBUTO

O fato gerador que dá origem à obrigação de pagar um tributo é a atividade que gera o pagamento do tributo, conforme identificada pela legislação. Por exemplo, se a atividade que gera o pagamento do tributo for a geração de receita no período atual e o cálculo desse tributo se basear na receita que foi gerada em período anterior, o fato gerador para esse tributo é a geração de receita no período atual. A geração de receita no período anterior é necessária, mas não suficiente, para criar uma obrigação presente.

Por sua vez, a entidade **não possui uma obrigação presumida** de pagar um tributo que será gerado pela operação em período futuro como resultado de a entidade ser economicamente obrigada a continuar a operar nesse período futuro.

A referida ICPC também esclarece que a elaboração das demonstrações contábeis sob a presunção de continuidade operacional não implica em que a entidade tenha obrigação presente de pagar um tributo que será gerado pela operação em período futuro.

6. RECONHECIMENTO DA OBRIGAÇÃO DE PAGAR UM TRIBUTO

A obrigação de pagar um tributo é reconhecida progressivamente se o fato gerador ocorrer ao longo do período de tempo (ou seja, se a atividade que gerar o pagamento do tributo, conforme identificada pela legislação, ocorrer ao longo do período de tempo). Por exemplo, se o fator gerador for a geração de receita ao longo do período de tempo, a obrigação correspondente é reconhecida à medida que a entidade gera essa receita.

Se a obrigação de pagar um tributo for gerada quando um limite mínimo for atingido, a contabilização do passivo que resulta dessa obrigação deve ser consistente com os princípios estabelecidos neste item e no item 5.

Por exemplo, se o fato gerador for o atingimento de um limite de atividade mínimo (como, por exemplo, uma quantidade mínima de receita ou de vendas geradas ou de itens produzidos), o passivo correspondente é reconhecido quando esse limite de atividade mínimo é atingido.

7. REFLEXOS NA DEMONSTRAÇÃO INTERMEDIÁRIA

A entidade deve aplicar na demonstração intermediária os mesmos princípios de reconhecimento que aplica nas demonstrações contábeis anuais. Como resultado, na demonstração intermediária, a obrigação de pagar um tributo:

a) não será reconhecida se não houver nenhuma obrigação presente de pagar o tributo ao final do período da demonstração intermediária; e
b) será reconhecida se a obrigação presente de pagar o tributo existir ao final do período da demonstração intermediária.

8. EXEMPLOS ILUSTRATIVOS DA ICPC 19

A seguir reproduzimos os exemplos ilustrativos trazidos pela ICPC 19.

O documento esclarece que os exemplos acompanham, mas não fazem parte da ICPC 19, tendo como objetivo ilustrar como a entidade deve contabilizar a obrigação de pagar tributo em suas demonstrações contábeis anuais e em suas demonstrações intermediárias.

"Exemplos ilustrativos"

Exemplo 1 – Um tributo é gerado progressivamente à medida que a entidade gera receita

A Entidade A tem como data de encerramento de seu exercício social 31 de dezembro de cada ano. De acordo com a legislação, um tributo é gerado progressivamente à medida que a entidade gera receita em 20X1. O valor do tributo é calculado tendo por referência a receita gerada pela entidade em 20X1.

Neste exemplo, o passivo é reconhecido progressivamente durante 20X1 à medida que a Entidade A gera receita, uma vez que o fato gerador, conforme identificado pela legislação, é a geração de receita durante 20X1. Em qualquer ponto em 20X1, a Entidade A tem a obrigação presente de pagar o tributo sobre a receita gerada até a data presente. A Entidade A não tem nenhuma obrigação presente de pagar o tributo que resultará da geração de receita no futuro.

Na demonstração intermediária (se houver), o passivo é reconhecido progressivamente à medida que a Entidade A gera receita. A Entidade A tem a obrigação presente de pagar o tributo sobre a receita gerada de 1° de janeiro de 20X1 ao final do período intermediário.

Exemplo 2 – Um tributo é gerado integralmente assim que a entidade gera receita

A Entidade B tem como data de encerramento de seu exercício social 31 de dezembro de cada ano. De acordo com a legislação, um tributo é gerado integralmente assim que a entidade gera receita em 20X1.

O valor do tributo é calculado tendo por referência a receita gerada pela entidade em 20X0. A Entidade B gerou receita em 20X0 e em 20X1 começa a gerar receita em 03 de janeiro de 20X1.

Neste exemplo, o passivo é reconhecido integralmente em 03 de janeiro de 20X1, porque o fato gerador, conforme identificado pela legislação, é a primeira geração de receita em 20X1. A geração de receita em 20X0 é necessária, mas não suficiente, para criar a obrigação presente de pagar o tributo. Antes de 03 de janeiro de 20X1, a Entidade B não tinha nenhuma obrigação presente de pagar o tributo. Em outras palavras, a atividade que gera o pagamento do tributo, conforme identificada pela legislação, é o ponto em que a Entidade B primeiramente gera receita em 20X1. A geração de receita em 20X0 não é a atividade que gera o pagamento do tributo e o reconhecimento do passivo. O valor da receita gerada em 20X0 afeta somente a mensuração do passivo.

Na demonstração intermediária (se houver), o passivo é reconhecido integralmente no primeiro período intermediário de 20X1, uma vez que o passivo é reconhecido integralmente em 03 de janeiro de 20X1.

Exemplo 3 - Um tributo é gerado integralmente se a entidade operar como banco em data específica

A Entidade C é um banco e tem como data de encerramento de seu exercício social 31 de dezembro de cada ano. De acordo com a legislação, um tributo é gerado integralmente somente se a entidade operar como banco no final do período de relatório anual. O valor do tributo é calculado tendo por referência aos valores apresentados na demonstração contábil da entidade no final do exercício social. O final do exercício social da Entidade C é 31 de dezembro de 20X1.

Neste exemplo, o passivo é reconhecido em 31 de dezembro de 20X1, porque o fato gerador, conforme identificado pela legislação, é a operação da Entidade C como banco no final do exercício social. Antes desse ponto, a Entidade C não possui nenhuma obrigação presente de pagar o tributo, ainda que esteja economicamente compelida a continuar a operar como banco no futuro. Em outras palavras, a atividade que gera o pagamento do tributo, conforme identificada pela legislação, é a operação da entidade como banco no final do exercício social, o que não ocorre até 31 de dezembro de 20X1. A conclusão não se alteraria ainda que o valor do passivo se baseasse na duração do período da demonstração contábil, uma vez que o fato gerador é a operação da entidade como banco no final do exercício.

Na demonstração intermediária (se houver), o passivo é reconhecido integralmente no período intermediário que inclui 31 de dezembro de 20X1, uma vez que o passivo é reconhecido integralmente nessa data.

Exemplo 4 - Um tributo é gerado se a entidade gerar receita acima de um valor mínimo

A Entidade D tem como data de encerramento de seu exercício social 31 de dezembro de cada ano. De acordo com a legislação, um tributo é gerado se a entidade gerar receita acima de $ 50 milhões em 20X1.O valor do tributo é calculado tomando por referência a receita gerada acima de $ 50 milhões, sendo a alíquota do tributo 0% para os primeiros $ 50 milhões de receita gerados (abaixo do limite) e 2% acima de $ 50 milhões em receita. A receita da Entidade D atinge o limite de receita de $ 50 milhões em 17 de julho de 20X1.

Neste exemplo, o passivo é reconhecido entre 17 de julho de 20X1 e 31 de dezembro de 20X1, à medida que a Entidade D gere receita acima do limite, já que o fato gerador, conforme identificado pela legislação, é a atividade realizada após o limite ser atingido (ou seja, a geração de receita após o limite ser atingido). O valor do passivo baseia-se na receita gerada até a data presente que exceda o limite de $ 50 milhões.

Na demonstração intermediária (se houver), o passivo é reconhecido entre 17 de julho de 20X1 e 31 de dezembro de 20X1, à medida que a Entidade D gera receita acima do limite.

Variação:

A mesma situação acima (ou seja, um tributo é gerado se a Entidade D gerar receita acima de $ 50 milhões em 20X1), exceto que o valor do tributo é calculado por referência a toda a receita gerada pela Entidade D em 20X1 (ou seja, incluindo os primeiros $ 50 milhões em receita gerados em 20X1).

Neste exemplo, o passivo referente ao pagamento do tributo relativo aos primeiros $ 50 milhões em receita é reconhecido em 17 de julho de 20X1, quando o limite é atingido, uma vez que o fato gerador, conforme identificado pela legislação, para o pagamento desse valor é o atingimento do limite. O passivo referente à obrigação do pagamento do tributo relativo à receita gerada acima do limite é reconhecido entre 17 de julho de 20X1 e 31 de dezembro de 20X1, à medida que a entidade gera receita acima do limite, uma vez que o fato gerador, conforme identificado pela legislação, é a atividade realizada após o limite ser atingido (ou seja, a geração de receita após o limite ser atingido). O valor do passivo baseia-se na receita gerada até a data presente, incluindo os primeiros $ 50 milhões em receita. Os mesmos princípios de reconhecimento aplicados na demonstração intermediária (se houver) se aplicam nas demonstrações contábeis anuais."

IV – PASSIVO EXIGÍVEL: SITUAÇÕES EM QUE UMA OBRIGAÇÃO NÃO CIRCULANTE DEVE SER REGISTRADA COMO CIRCULANTE

Passivo circulante e passivo não circulante são subgrupos de contas do passivo exigível, no Balanço Patrimonial. O que difere um do outro, basicamente, é a data de vencimento da obrigação.

Sobre o assunto a Lei nº 6.404/1976 é categórica no que diz respeito a sua classificação. O art. 180 da referida lei assim estabelece:

> *"As obrigações da companhia, inclusive financiamentos para aquisição de direitos do ativo não circulante, serão classificadas no passivo circulante, quando se vencerem no exercício seguinte, e no passivo não circulante, se tiverem vencimento em prazo maior..."*

O CPC 26, que, entre outras coisas, define a base para a apresentação das demonstrações contábeis, como não poderia ser diferente, reitera essa orientação.

O citado CPC, em seu item 69 estabelece os critérios que se impõem a um passivo no que diz respeito a sua classificação como circulante. Entre eles, a letra "c" do item 69 fixa que a liquidação do passivo no período de até doze meses após a data do balanço é ponto determinante na sua classificação como um passivo circulante.

Mais adiante, ao final do item 69 fica estabelecido que todos os outros passivos devem ser classificados como não circulante. Na prática, isso significa dizer que, caso a obrigação tenha como data de vencimento prazo superior aos doze meses após a data do balanço, automaticamente a obrigação se caracteriza como **não circulante**.

O que ocorre, é que isso não é uma verdade absoluta. Existe sim a possibilidade de um passivo com vencimento após o término do exercício seguinte ser classificado no circulante. O próprio CPC 26 traz essa exceção. Isso fica claro ao analisarmos o seu item 70, que assim dispõe:

> *"70. Alguns passivos circulantes, tais como contas a pagar comerciais e algumas apropriações por competência relativas a gastos com empregados e outros custos operacionais são parte do capital circulante usado no ciclo operacional normal da entidade. Tais itens operacionais* ***são classificados como passivos circulantes mesmo que estejam para ser liquidados em mais de doze meses após a data do balanço****. O mesmo ciclo operacional normal aplica-se à classificação dos ativos e passivos da entidade. Quando o ciclo operacional normal da entidade não for claramente identificável, pressupõe-se que a sua duração seja de doze meses."* (grifo do autor)

No que diz respeito a "gastos com empregados", é evidente que o CPC está se referindo às despesas com férias e encargos incidentes. Quando registramos o primeiro 1/12 das férias de um empregado, não podemos esquecer que a empresa terá, por amparo da lei trabalhista, genericamente, até 23 meses para conceder o direito ao empregado. Deste modo, se a admissão do empregado tiver ocorrido, por exemplo, em abril/2017, a obrigação de pagar as férias deverá ser honrada até março/2019. Na prática, e na letra do art. 180 da Lei nº 6.404/1976, o direito às férias do empregado no período de abril/2017 até dezembro/2017 deveria estar registrado no balanço de 31.12.2017 como uma obrigação no passivo não circulante. No entanto, essa não é a realidade imposta pelo CPC 26. Por se tratar de um custo/despesa operacional, deverá ser tratada como um passivo circulante, mesmo vencendo após o término do exercício seguinte.

Já em relação as "contas a pagar comerciais", entendo tratar-se de obrigações assumidas pela aquisição de mercadorias e/ou insumos/serviços aplicados na atividade comercial e/ou produtiva da empresa. Exemplo: aquisição a prazo de matéria prima a ser utilizada no processo produtivo, cujo pagamento se dará após o término do exercício seguinte ao da data do balanço. Materializando esse exemplo, considere a aquisição em abril de 2017 de um lote de matéria prima a ser utilizado no processo produtivo da empresa. A matéria prima será consumida dentro do ciclo operacional da empresa (12 meses). Já o pagamento do fornecedor somente ocorrerá em janeiro de 2019. Novamente, se observarmos literalmente o art. 180 da Lei nº 6.404/1976, o registro da obrigação se dará no passivo não circulante. No entanto, o CPC determina que referida obrigação seja registrada no passivo circulante, tendo em vista tratar-se de um custo operacional usado no ciclo operacional normal da entidade.

Capítulo 12

PATRIMÔNIO LÍQUIDO

I – ADIANTAMENTOS PARA FUTURO AUMENTO DE CAPITAL (AFAC)

1. INTRODUÇÃO

Tradicionalmente, os adiantamentos para futuro aumento de capital (AFAC) têm seu lastro no fato de a empresa receber recursos de seus acionistas ou quotistas com o fim específico de aumento de capital.

Ao receber referidos valores a empresa, normalmente, registra tais recursos a débito de caixa ou equivalente de caixa e credita conta denominada "Adiantamento para Futuro Aumento de Capital", normalmente no passivo não circulante.

O que se tem questionado já há algum tempo é o porquê do registro da conta "Adiantamento para Aumento de Capital" no passivo e não no patrimônio líquido.

2. FATO HISTÓRICO

O que ocorre é que a contabilização do AFAC fora do patrimônio Líquido é uma imposição fiscal, manifestada por meio do Parecer Normativo CST nº 23/1981, que assim estabelece:

> *"Ocorrendo a eventualidade de adiantamento para futuro aumento de capital, qualquer que seja a forma pela qual os recursos tenham sido recebidos – mesmo que sob a condição para utilização exclusiva em aumento de capital –, esses ingressos deverão ser mantidos fora do patrimônio liquido, por serem esses adiantamentos considerados obrigação para com terceiros, podendo ser exigidos pelos titulares enquanto o aumento de capital não se concretizar."*

À época da sua edição, referido parecer se justificava do ponto de vista fiscal. Isto porque vivíamos um período em que vigorava o sistema de correção monetária do balanço, tendo em vista os altíssimos índices de inflação do período. Por essa sistemática, atualizavam-se as contas do ativo permanente, o que resultava em correção monetária credora (receita); por sua vez, as contas do patrimônio líquido também sofriam a correção, o que resultava em correção monetária devedora (despesa). Ao manter o AFAC fora do Patrimônio Líquido a empresa tinha uma despesa menor, o que resultava, em termos práticos, em um Imposto de Renda maior (lembra-se que as contas do ativo e passivo circulantes e não circulantes não sofriam correção).

O que ocorre e que com o fim da correção monetária essa orientação perdeu qualquer efeito fiscal prático. Como não houve qualquer manifestação do Fisco sobre o tema, os profissionais continuaram a seguir a orientação do Fisco cegamente.

3. ORIENTAÇÃO CONTÁBIL

Sobre o tema, a Lei nº 6.404/1976 é omissa. Isso inclusive foi evidenciado pelo Conselho Federal de Contabilidade. Com a publicação da Resolução CFC nº 1.159/09, que aprovou o Comunicado Técnico CTG 2000 (que aborda como os ajustes das novas práticas contábeis adotadas no Brasil trazidas pela Lei nº 11.638/07 e MP nº 449/08), o referido órgão assim se pronunciou a respeito do AFAC:

> *"68. Esse grupo não foi tratado especificamente pelas alterações trazidas pela Lei nº 11.638/07 e MP nº 449/08; todavia, devem ser à luz do principio da essência sobre a forma classificados no Patrimônio Líquido das entidades."*

Mais adiante, no item 69, o CFC foi enfático no tratamento a ser dado ao AFAC. Segue teor:

> *"69. Os adiantamentos para futuros aumentos de capital realizados, sem que haja a possibilidade de sua devolução, devem ser registrados no Patrimônio Líquido, após a conta de capital social. Caso haja qualquer possibilidade de sua devolução, devem ser registrados no Passivo Não Circulante."*

4. ALGUMAS PONDERAÇÕES

Para registrar o AFAC dentro do patrimônio líquido, é primordial que os valores recebidos estejam alicerçados em acordo documental que estabeleça cláusula de absoluta condição de permanência dos valores na sociedade. Por si só, tal cláusula é lastro suficiente para se proceder ao registro de tais valores no patrimônio líquido, tendo em vista tratar-se de valores não exigíveis perante terceiros.

Agora, na falta de tal cláusula, torna-se temerosa a sua classificação no patrimônio líquido, sendo mais adequado o registro no passivo não circulante.

5. REGISTRO CONTÁBIL

Pode ocorrer que a contabilidade da empresa tenha registrado em seus livros valores de AFAC No seu passivo não circulante. Diante de tal fato cabe analisar se referidos valores revestem-se das características de exigível ou não exigível. Se a conclusão for que tais valores são não exigíveis, com base em documentação cabível, deve-se transferir referidos valores para o patrimônio líquido.

Diante de tal situação, estamos admitindo tratar-se de adiantamento para futuro aumento de capital totalmente garantido e que esses valores não poderão ser devolvidos. Portanto, como tais valores comporão, obrigatoriamente, o capital social da empresa, devem figurar dentro do patrimônio liquido, **em conta específica**. O registro de transferência será o seguinte:

D – PASSIVO NÃO CIRCULANTE (AFAC)

C – AFAC (PL)

Na formalização do aumento de capital, alicerçado na alteração contratual, teremos o seguinte registro contábil:

D – AFAC (PL)

C – CAPITAL SOCIAL (PL)

Pode ocorrer, também, de a empresa passar a receber aportes por conta de futuro aumento de capital. Neste caso, o procedimento para registro é similar. Deve-se avaliar se referidos valores são exigíveis ou não. Não sendo exigíveis, registra-se a entrada do valor como caixa ou equivalente de caixa em contrapartida do patrimônio líquido. Quando da formalização do aumento de capital, alicerçado na alteração contratual, o referido valor deve ser transferido para a conta de capital social, como acima demonstrado.

Observa-se que o tratamento acima não acarretará qualquer prejuízo para o Fisco ou para a empresa, além de ser tecnicamente correto do ponto de vista contábil.

Reitera-se, contudo, que esse valor **deve ser mantido no patrimônio líquido sob a rubrica "adiantamento para futuro aumento de capital"**, conforme acima evidenciado. Sua incorporação contábil ao capital propriamente dito somente deve ser feita quando todas as formalidades forem cumpridas, entre elas a alteração do contrato social.

Deste modo, a recomendação é que referidos valores a título de adiantamento para futuro aumento de capital sejam alocados no patrimônio líquido, o que tornará esse grupo de contas e o balanço mais "atraentes", pois o balanço passa a espelhar a realidade, além de melhorar os índices de liquides e endividamento da empresa.

II – JUROS SOBRE O CAPITAL PRÓPRIO COMO FERRAMENTA DE PLANEJAMENTO TRIBUTÁRIO

1. INTRODUÇÃO

Tradicionalmente, são duas as formas de remunerar os sócios ou proprietários de empresas:

a) o *pro labore*, que é a remuneração pelo trabalho;

b) os lucros ou dividendos que é a remuneração do capital.

No entanto, as empresas tributadas com base no lucro real podem contar com uma terceira forma, que é o JCP (juros remuneratórios sobre o capital próprio), a qual pode ser entendida como uma "recompensa" pela manutenção do patrimônio líquido na empresa.

Essa terceira forma se revela em uma alternativa viável e interessante, tanto para os proprietários como para as empresas, porquanto propicia uma significativa economia tributária, pois ao pagar JCP aos seus sócios, a empresa tem a possibilidade de reduzir o IRPJ e o CSL devidos. Na prática, os tributos que seriam recolhidos aos cofres públicos são revertidos aos sócios.

2. COMPOSIÇÃO DO PATRIMÔNIO LÍQUIDO

Para fins de cálculo da parcela dedutível na apuração do lucro real dos juros remuneratórios sobre o capital próprio, é fundamental que conheçamos as contas que compõem o Patrimônio Líquido.

Essa composição consta do artigo 178, § 2º da Lei nº 6.404/1976, com as alterações promovidas pela Lei nº 11.638/2007. As contas são as seguintes:

a) (+) o capital social;
b) (-) capital a realizar
c) (+) as reservas de capital;
d) (+) as reservas de reavaliação
e) (+/-) os ajustes de avaliação patrimonial;
f) (+) as reservas de lucros;
g) (+/-) os lucros os prejuízos acumulados; e
h) (-) as ações em tesouraria (conta retificadora).

2.1. O que excluir do patrimônio líquido?

Na determinação da base de cálculo dos juros sobre o capital próprio, não devem ser considerados, salvo se forem adicionados na determinação do lucro real e da base de cálculo da Contribuição Social sobre o Lucro:

a) a reserva de reavaliação de bens e direitos da pessoa jurídica que vigorou até 31.12.2007 (Lei nº 11.638/2007);
b) a reserva especial relativa à correção monetária facultativa de bens do Ativo Permanente referida na data de 31.01.1991;
c) a parcela ainda não realizada (não computada na apuração do lucro real) da reserva de reavaliação de imóveis integrantes do Ativo Permanente e de patentes ou direitos de exploração de patentes, que tenha sido incorporada ao capital social;
d) ajuste de avaliação patrimonial (artigo 59 da Lei nº 11.941/2009).

Caso a empresa tenha prejuízos acumulados de períodos de apuração anteriores, esse valor deverá ser subtraído do Patrimônio Líquido para efeito de cálculo dos juros remuneratórios do capital próprio.

Também não deve ser computado, como integrante do Patrimônio Líquido, para efeito de cálculo dos juros remuneratórios do capital próprio, o lucro do próprio período de apuração.

3. DEDUTIBILIDADE DOS JUROS

Como não poderia ser diferente, o Fisco estabelece algumas regras para dedutibilidade dos juros remuneratórios sobre o capital próprio. Segundo a legislação do Imposto de Renda, na apuração do lucro real somente poderão ser deduzidos os juros pagos ou creditados individualizadamente a titular, sócios ou acionistas, a título de remuneração do capital próprio, calculados sobre as contas do patrimônio líquido e limitados à variação, *pro rata* dia, da Taxa de Juros de Longo Prazo – (TJLP).

Naturalmente, a empresa não está impedida de utilizar taxa superior a essa. Contudo, a dedutibilidade dos juros pagos ou creditados, fica limitada aos juros devidos com base na TJLP.

4. LIMITE DEDUTÍVEL

Após determinada o valor dos juros que podem ser distribuídos aos sócios a título de JCP, calculados com base na TJLP, deve-se proceder à determinação do limite que pode ser deduzido na apuração do lucro real e da base de cálculo da CSL.

A legislação do Imposto de Renda determina que esse limite corresponde a 50% do maior entre os seguintes valores:

A. lucro líquido correspondente ao período de apuração dos juros, após a dedução da Contribuição Social sobre o Lucro e antes da dedução da Provisão para o Imposto de Renda e dos juros remuneratórios (o valor da CSL é provisório, porque sua base de cálculo ainda não terá sido afetada pela dedução dos próprios juros); ou

B. saldo de lucros acumulados e reservas de lucros de períodos de apuração anteriores.

5. TRIBUTAÇÃO NA FONTE

O beneficiário do rendimento (pessoa física ou jurídica residentes no Brasil ou no exterior) fica sujeito à incidência do Imposto de Renda na Fonte, à alíquota de 15%, na data do pagamento ou crédito.

Se o beneficiário do rendimento for residente ou domiciliado em país com tributação favorecida, a alíquota do imposto passa a ser de 25%, conforme estabelece o artigo 685, inciso II, letra "b", do RIR/1999 e a Decisão nº 324/1999, da Superintendência Regional da Receita Federal da 8ª Região Fiscal).

5.1. Hipóteses em que não há incidência do IRRF

Não haverá incidência do Imposto de Renda na Fonte sobre os juros pagos ou creditados em se tratando de:

a) pessoa jurídica imune;

b) fundos de investimento, carteiras administradas e qualquer outra forma de investimento associativo ou coletivo.

6. TRATAMENTO DOS JUROS E DO IMPOSTO RETIDO NA FONTE PELO BENEFICIÁRIO DO RENDIMENTO

6.1. Empresas sujeitas ao lucro real

Em se tratando de pessoa jurídica tributada com base no lucro real, os juros auferidos deverão ser registrados como receita financeira (obedecendo ao regime de competência) e integrarão o lucro real e a base de cálculo da Contribuição Social sobre o Lucro.

O Imposto de Renda na fonte, por sua vez, poderá ser compensado com o IRPJ devido no período de apuração em que os juros forem computados na sua base de cálculo ou com o Imposto de Renda retido na fonte por ocasião do pagamento ou crédito de juros, a título de remuneração de capital próprio, ao titular, sócios ou acionistas.

No caso de pessoa jurídica que tenha optado pelo pagamento mensal do IRPJ por estimativa, os juros auferidos não entram na base de cálculo do imposto mensal estimado (e o imposto retido na fonte não pode ser compensado com o IRPJ estimado). Por sua vez, a IN SRF nº 390/2004 estabelece que os juros remuneratórios sobre o capital próprio não integram a base de cálculo da estimativa.

6.2. *Empresas tributadas com base no lucro presumido ou arbitrado*

As empresas tributadas com base no lucro presumido ou arbitrado devem adicionar os juros auferidos ao lucro presumido ou arbitrado, bem como à base de cálculo da Contribuição Social sobre o Lucro.

Já o Imposto de Renda descontado na fonte poderá ser compensado com o IRPJ incidente sobre o lucro presumido ou arbitrado, devido no período em que os juros auferidos forem computados na sua base de cálculo.

6.3. *Pessoas jurídicas isentas do Imposto de Renda*

O imposto descontado na fonte das pessoas jurídicas isentas do IRPJ, beneficiárias de juros remuneratórios sobre o capital próprio, é considerado tributação definitiva. Deste modo, o imposto não é compensável nem restituível.

6.4. *Beneficiário pessoa física*

Para os beneficiários pessoa física, o Imposto de Renda retido na fonte sobre os juros remuneratórios do capital próprio é considerado tributação definitiva.

O artigo 3º da IN SRF nº 41/1998 estabelece que:

a) os juros pagos ou creditados, líquidos do imposto retido na fonte, devem ser declarados como rendimentos sujeitos à tributação exclusiva, não entrando na base de cálculo do imposto anual; e

b) o imposto retido na fonte não poderá ser compensado com o imposto devido na declaração.

É importante salientar que o valor líquido dos juros, creditado à pessoa física, mas não pago até o dia 31 de dezembro do ano do crédito, deverá ser informado pelo beneficiário, na sua declaração de bens, como direito de crédito contra a pessoa jurídica.

7. ASPECTOS PRÁTICOS

Consideremos que determinada empresa, cujos sócios sejam todos pessoas físicas, apresente em 31.12.20x1, os seguintes valores em seu patrimônio líquido, antes da apuração do resultado do exercício:

Patrimônio Líquido em 31.12.20X1	
Capital social	300.000,00
Reserva de capital	50.000,00
Reserva de lucros	30.000,00
Total	380.000,00

Informações adicionais:

- Resultado do exercício (fiscal) em 31.12.20x1, antes da provisão para a CSL e antes de calculados e deduzidos o JCP: R$ 40.000,00
- TJLP para 20x1: 6,125%
- Alíquota da CSL: 9%
- Alíquota do IRPJ: 15%

Com base nas informações acima, temos:

I – Cálculo dos juros remuneratórios sobre o capital próprio com base na TJLP

Base de cálculo	380.000,00
TJLP para o ano	6,125%
Total dos juros	23.275,00

II – Cálculo dos limites (conforme item 4)

A- 50% do Lucro Líquido do período antes da dedução dos juros e depois da dedução da CSL (neste caso, a CSL é "provisória"):

Lucro líquido antes do IRPJ/CSL e do JCP	40.000,00
Alíquota da CSL	9%
CSL provisória	3.600,00

Deste modo, temos:

Resultado do exercício antes da CSL	40.000,00
(-) CSL "provisória"	3.600,00
(=) Lucro "Ajustado", antes do IRPJ	36.400,00

Portanto, o primeiro limite para fins de comparação corresponde a **R$ 18.200,00** (50% de R$ 36.400,00)

B- 50% do somatório dos lucros acumulados e reserva de lucros:

Lucros acumulados	0,00
Reserva de lucros	30.000,00
Total	30.000,00

Deste modo, o segundo limite foi assim determinado:
50% de R$ 30.000,00 = **R$ 15.000,00**

III – Determinação do limite dedutível

Observa-se que o maior entre os limites acima (A e B) corresponde a **R$ 18.200,00**.

No exemplo proposto os juros remuneratórios sobre o capital próprio calculados de acordo com a TJLP para 20x1, correspondem a R$ 23.275,00 (R$ 380.000,00 x 6,125%). No entanto, esse valor não é totalmente dedutível, pois, dos limites de 50% acima referidos, o maior deles, que poderia ser dedutível, corresponde a R$ 18.200,00.

Nota: Se distribuído valor superior a R$ 18.200,00 a diferença deverá ser adicionada no Lalur e na base de cálculo da CSL.

IV – Demonstração da economia tributária

Adiante, reproduzimos quadro que demonstra a economia tributária obtida pela empresa caso a mesma opte pelo pagamento de JCP aos sócios. Nota-se que as duas colunas centrais simulam o resultado da empresa com o pagamento de JCP e sem pagamento de JCP, respectivamente.

Vejamos o quadro:

Demonstração Resumida		Resultado		Ganho tributário
		COM JCP	**SEM JCP**	
	Vendas Brutas	100.000,00	100.000,00	
(-)	Deduções das vendas	20.000,00	20.000,00	
(=)	Vendas Líquidas	80.000,00	80.000,00	
(-)	CMV	15.000,00	15.000,00	
(=)	Lucro Bruto	65.000,00	65.000,00	
(-/+)	Despesas e receitas	25.000,00	25.000,00	
(=)	Lucro antes da CSL e do IRPJ	40.000,00	40.000,00	
(-)	**JCP**	**18.200,00**	**0,00**	
(=)	Lucro do exercício antes do IRPJ e da CSL*	21.800,00	40.000,00	
(-)	CSL (9%)	1.962,00	3.600,00	1.638,00
(-)	IRPJ (15%)	3.270,00	6.000,00	2.730,00
(=)	Lucro líquido após CSL e IRPJ	16.568,00	30.400,00	4.368,00

* No exemplo estamos admitindo que o lucro fiscal e igual ao lucro contábil. Naturalmente, na prática, o lucro tributável, base de cálculo do IRPJ/CSL, deverá ser apurado no Lalur.

Como se observa do quadro acima, se a empresa optar por pagar JCP aos seus sócios, poderá deduzir como despesa o valor de R$ 18.200,00 a esse título. Como a despesa se torna maior, a base de cálculo do IRPJ e da CSL é reduzida, resultando em uma economia tributária para a empresa de R$ 4.368,00.

Veja que essa economia pode ser ainda maior. Isso acontece, por exemplo, quando a empresa apresenta lucro real sujeito ao adicional do IRPJ antes do reconhecimento do JCP. Se o reconhecimento do JCP como despesa reduzir o lucro tributável da empresa abaixo de R$ 240.000,00 anuais ela economizará, também, o adicional do IRPJ integralmente.

V – Distribuição de rendimentos aos sócios

Naturalmente, quando a empresa paga ou credita JCP aos sócios, o lucro é reduzido. Desta forma, a parcela que o sócio pode retirar da empresa, isenta de tributação é reduzida. No entanto, isso não significa que o sócio está sendo prejudicado. Pelo contrário! Ele está sendo beneficiado, pois toda a economia tributária tida pela empresa é revertida para o sócio. Vejamos o quadro a seguir:

Rendimentos a que tem direito os sócios				
		COM JCP	SEM JCP	TRIBUTAÇÃO
	Lucro disponível	16.568,00	30.400,00	
(+)	JCP	18.200,00		
(=)	Rendimento total disponível	34.768,00	30.400,00	
(-)	IR retido na fonte (tributação definitiva)	2.730,00	0,00	2.730,00
(=)	Rendimento Líquido	32.038,00	30.400,00	

Análise da primeira linha do quadro mostra que o lucro disponível (que pode ser distribuído sem incidência de IR Fonte) quando se paga ou se credita JCP é menor do que aquele quando não há tal pagamento ou crédito. Deste modo, pode parecer que o sócio está sendo prejudicado. Agora, ao analisarmos a rubrica "rendimento total disponível" verifica-se que a situação se reverte. Agora, torna-se mais benéfico para o sócio que a empresa pague JCP.

Não devemos esquecer, porém, que o JCP está sujeito à tributação pelo IR Fonte (ver item 5). Mas mesmo assim o sócio ainda é beneficiado, pois o rendimento líquido na hipótese de pagamento de JCP + lucros e mais vantajosa do que a hipótese de pagamento apenas de lucros. Isso pode ser constatado ao analisarmos a última linha do quadro acima.

Observa-se que no frigir dos ovos houve uma economia tributária da ordem de R$ 1.638,00, isto porque a empresa deixou de pagar R$ 4.368,00 (IRPJ e CSL) e o sócio teve retido o valor de R$ 2.730,00 (15% de R$ 18.200,00).

III – LUCROS DISTRIBUÍDOS POR CONTA DE EXERCÍCIO NÃO ENCERRADO

1. INTRODUÇÃO

As regras para distribuição de lucros têm sofrido alterações ao longo dos anos.

Em épocas passadas, esses valores eram tributados, em outras, não. A última alteração significativa foi promovida pela Lei nº 9.249/1995 que, em relação aos fatos geradores ocorridos a partir de 1º.01.1996, desonerou os lucros ou dividendos distribuídos do Imposto de Renda. Mas muitas dúvidas ainda persistem, sobretudo quando se trata de distribuição de lucros por conta de exercício não encerrado.

2. O QUE ESTABELECE A LEGISLAÇÃO SOBRE O TEMA

De acordo com o artigo 51 da Instrução Normativa do SRF nº 11/1996, são isentos os lucros ou dividendos pagos ou creditados ao sócio ou acionista ou ao titular da pessoa jurídica por conta de resultado de período-base não encerrado, apurado em balanço intermediário[14]. Contudo, a parcela paga ou creditada a esse título que exceder ao valor do lucro apurado ao final do período-base deverá ser imputada aos lucros acumulados ou às reservas de lucros de exercícios anteriores. Consequentemente, referida parcela ficará sujeita à incidência do Imposto de Renda calculado de acordo com a legislação específica, relativa ao período de formação dos lucros, com acréscimos legais, isto porque o fato gerador do imposto terá ocorrido no dia em que os lucros ou dividendos tiverem sido distribuídos.

Lembra-se que se inexistirem lucros acumulados ou reservas de lucros em montante suficiente, a parcela excedente será submetida à tributação com base na tabela progressiva mensal.

No tocante aos Lucros Acumulados, é interessante lembrar que, por força da Lei nº 11.638/2007, desde 01.01.2008, essa conta passou a ter natureza absolutamente transitória. Isso significa dizer que ela deverá ser utilizada para a transferência do lucro apurado no período, na contrapartida das reversões das reservas de lucros e, também, para as destinações do lucro. Deste modo, em princípio, a partir de 1º.01.2008, a sua utilização para recepcionar a parcela paga ou creditada que exceder o valor do lucro apurado ao final do período-base não mais se aplica.
Contudo, a obrigação da conta lucros acumulados não conter saldo positivo aplica-se unicamente às sociedades por ações, e não às demais (inclusive sociedade limitada), e para os balanços do exercício social terminado a partir de 31 de dezembro de 2008 (Orientação OCPC 02, do Comitê de Pronunciamentos Contábeis).

14 A distribuição de rendimentos a título de lucros ou dividendos que não tenham sido apurados em balanço sujeita-se à incidência do Imposto de Renda com base na tabela progressiva mensal.

2.1 *Lucro distribuído superior ao lucro efetivamente apurado Consequências quando o beneficiário for pessoa jurídica*

Como vimos anteriormente, não há vedação a retirada de lucros por conta de exercício não encerrado. Naturalmente, para que não haja tributação, é fundamental no encerramento do período-base que o lucro apurado seja suficiente para absorver a retirada ou que haja lucros acumulados ou reservas de lucros para tanto.

Ausentes essas premissas (falta de lucro no período-base ou lucros ou reservas de exercícios anteriores), a IN RFB nº 1700/2017 (reprisando normas que já constavam da IN SRF nº 11/1996 e 93/1997), assim se pronunciou (art. 238, §§ 3º e 4º):

> "...
>
> § 3º A parcela dos rendimentos pagos ou creditados a sócio ou acionista ou ao titular da pessoa jurídica submetida ao regime de tributação com base no lucro real, presumido ou arbitrado, a título de lucros ou dividendos distribuídos, ainda que por conta de período-base não encerrado, que exceder o valor apurado com base na escrituração, será imputada aos lucros acumulados ou reservas de lucros de exercícios anteriores, ficando sujeita a incidência do imposto sobre a renda calculado segundo o disposto na legislação específica, com acréscimos legais.
>
> § 4º Inexistindo lucros acumulados ou reservas de lucros em montante suficiente, a parcela excedente será submetida à tributação nos termos do art. 61 da Lei nº 8.981, de 1995."

Como se observa do exposto, quando o beneficiário for pessoa física, não haverá grandes complicações, porque o rendimento ficará sujeito à tabela progressiva. No entanto, para o beneficiário pessoa jurídica a questão se torna complexa. A impressão que se tem é que para esse caso não haverá tributação, isto porque a IN não traz essa previsão. Naturalmente, não há que se falar em aplicação da tabela progressiva quando o beneficiário do rendimento for pessoa jurídica. Porém, seria um contrassenso admitirmos que tal valor estaria imune à tributação.

A resposta à questão consta do art. 61 da Lei nº 8.981/1995. Segundo referido dispositivo, ocorre a incidência do Imposto de Renda exclusivamente na fonte, à alíquota de trinta e cinco por cento, a todo pagamento efetuado pelas pessoas jurídicas a beneficiário não identificado, ressalvado o disposto em normas especiais.

Por sua vez, para a empresa que fez a distribuição, o valor não poderá ser considerado dedutível, porquanto configura-se liberalidade e, também, porque não atende ao conceito de despesas necessária estabelecida pelo artigo 299 do RIR/1999.

3. DISTRIBUIÇÃO DE LUCROS AO LONGO DOS ANOS – QUADRO SINÓPTICO

O quadro a seguir resume o tratamento fiscal aplicável aos lucros ou dividendos distribuídos por pessoas jurídicas tributadas com base no lucro real.

Período em que os lucros foram apurados	Tratamento tributário aplicável aos lucros ou dividendos distribuídos
A partir de 1º.01.1996	Não há tributação na fonte nem na declaração dos beneficiários, pessoas físicas ou jurídicas.
De 1º.01.1994 a 31.12.1995	Sujeitam-se à incidência do IR Fonte, à alíquota de 15%, por ocasião do pagamento ou crédito as pessoas físicas ou jurídicas residentes ou domiciliadas no País.
De 1º.01. a 31.12.1993	Não há tributação na fonte nem na declaração dos beneficiários, pessoas físicas ou jurídicas residentes ou domiciliadas no País.
De 1º.01.1989 a 31.12.1992	Não há tributação na fonte nem na declaração dos beneficiários, pessoas físicas ou jurídicas residentes ou domiciliadas no País.
Até 31.12.1988	Sujeitam-se à incidência do IR Fonte, por ocasião da distribuição às pessoas físicas ou jurídicas residentes ou domiciliadas no País.

Como se verá, é conveniente que a empresa mantenha controle em subcontas distintas dos lucros acumulados de acordo com a época em que foram gerados e com o respectivo regime tributário.

4. CASO PRÁTICO

No desenvolvimento do exemplo, consideremos os seguintes dados:

EMPRESA ABC	
Em 31.05.20x1, foi levantado um balanço patrimonial para fins de distribuição de lucros aos sócios da empresa acima. Nessa data, o patrimônio líquido era assim composto:	
Capital social	1.000.000,00
Reserva de lucros (constituída após 01.01.1996)	80.000,00
Lucros acumulados (apurados no período de 01.01.1994 a 31.12.1995)	5.000,00
Lucros acumulados (apurados no balanço de 31.05.20x1)	150.000,00
Em 31.05.20x1, os sócios optaram pela distribuição integral dos lucros apurados no balanço intermediário na proporção de 50% do lucro para cada um (são dois sócios. Um é pessoa física; outra pessoa jurídica).	
Em 31.12.20x1, foi levantado o balanço “definitivo”. Nesse balanço, apurou-se um lucro de R$ 50.000,00.	

4.1. Registro contábil em 31.05.20x1 (na distribuição "antecipada" de lucros)

Com base nos dados acima, teremos o seguinte lançamento em 31.05.20x1:

Lançamento 1

D	Lucros distribuídos antecipadamente (PL)	
C	Caixa/bancos	150.000,00

Nos razonetes, teremos:

	Lucros Distribuídos Antecipadamente (PL)		Caixa/Bancos	
	Débito	Crédito	Débito	Crédito
1	150.000,00			150.000,00 (1)

4.2. Apuração do resultado efetivo em 31.12.20x1 e suas consequências

Como se verifica, o valor distribuído antecipadamente em 31.05.20x1 é superior ao lucro apurado em 31 de dezembro do mesmo ano. Portanto, tal valor deverá ser imputado aos lucros acumulados de períodos-bases anteriores à reserva de lucros. Deste modo, temos:

I- Excesso apurado

Lucros distribuídos em 31.05.20x1	(150.000,00)
Lucro apurado em 31.12.20x1	50.000,00
Excesso apurado	(100.000,00)

II – Imputação do excesso aos lucros acumulados e as reservas de lucros

Excesso apurado	(100.000,00)
Lucros acumulados (apurados no período de 01.01.1994 a 31.12.1995)	5.000,00
Reserva de lucros (constituída após 01.01.1996)	80.000,00
Excesso não imputado a lucros acumulados e à reserva de Lucros	(15.000,00)

Diante dessas informações, temos que o excesso de **R$ 15.000,00** não poderá ser considerado lucro.

Deste modo, esse excesso deverá ser atribuído proporcionalmente a cada um dos sócios como rendimento tributável.

Ao sócio "A" será atribuído o rendimento de R$ 7.500,00 o qual se sujeitará à tributação com base na tabela progressiva.

Já ao sócio "B" será atribuída a quantia de R$ 7.500,00, que ficará sujeita a incidência do Imposto de Renda exclusivamente na fonte, à alíquota de trinta e cinco por cento.

É importante ressaltar que para a fonte pagadora o excesso não pago a título de lucros deve ser adicionado no Lalur para fins de apuração do lucro real, porquanto trata-se de mera liberalidade.

No tocante à parcela do lucro distribuído antecipadamente e atribuído aos lucros acumulados e a reserva de lucros, temos que:

a) a parcela de R$ 5.000,00 atribuída aos lucros acumulados apurados no período de 01.01.1994 a 31.12.1995 será tributada à alíquota de 15%;

b) a parcela de R$ 80.000,00 atribuída às reservas de lucros constituída com lucros apurados a partir de 01.01.1995 não sofrerá tributação.

4.2.1 Retenção do IR fonte – Assunção do ônus pela fonte pagadora

Como vimos anteriormente, o rendimento pago a maior a título de lucros distribuído antecipadamente retroage à época da distribuição e, portanto, ficará sujeito a juros e multa a partir da data do vencimento do tributo que se dá até o ultimo dia útil do segundo decêndio do mês subsequente ao mês de ocorrência dos fatos geradores.

Não podemos esquecer, no entanto, que a responsabilidade pela retenção cabe à fonte pagadora. Como a retenção não foi efetuada na época apropriada presume-se mera inadimplência da fonte pagadora. A esse respeito, a Decisão nº 145/2000 da 7ª Região Fiscal assim estabelece:

> "Casos em que se aplica o reajustamento – O reajustamento da base de cálculo do imposto de renda devido na fonte, na hipótese de esta ter assumido o ônus da exação, aplica-se tanto aos casos em que a assunção tenha sido contratualmente ajustada como também às situações de mera inadimplência da fonte, sendo desta exigível o tributo com a base reajustada, considerando-se o valor recebido pela pessoa beneficiária como já líquido do imposto."

Deste modo, em observância ao artigo 725 do RIR/99, quando a fonte pagadora assumir o ônus do imposto devido pelo beneficiário, a importância paga, creditada, empregada, remetida ou entregue, será considerada líquida, cabendo o reajustamento do respectivo rendimento bruto, sobre o qual recairá o imposto. Por conseguinte, em relação à parcela excedente aos lucros atribuída aos lucros acumulados referente ao período de 01.01.1994 a 31.12.1995, deverá ser aplicada a seguinte fórmula para cálculo do rendimento reajustado e, em seguida, o cálculo do IR a ser retido:

$$RR = \frac{RP}{1 - A}$$

Onde:

RR = Rendimento reajustado

RP = Rendimento pago

A = Alíquota do IR

Portanto, diante dessas informações, temos:

$$RR = \frac{5.000,00}{1 - 0,15}$$

$$RR = \frac{5.000,00}{0,85}$$

$$RR = 5.882,35$$

Por sua vez, o Imposto de Renda a ser retido corresponderá a R$ 882,35, conforme abaixo demonstrado:

Rendimento reajustado	5.882,35
Alíquota do IR	15%
IR retido na Fonte	882,35

Já ao rendimento atribuído e distribuído ao sócio pessoa física distribuído em 20x1 que não se configurou como lucro apurado deverá ser aplicada a seguinte fórmula para cálculo do rendimento reajustado:

$$RR = \frac{RP - D}{1 - A}$$

Onde:

RR = Rendimento reajustado

RP = Rendimento pago

D = Dedução que consta da tabela progressiva

A = Alíquota a que está sujeito o rendimento

Portanto, sobre o rendimento atribuído ao sócio "A", o rendimento reajustado será:

$$RR = \frac{BC - D}{1 - A}$$

$$RR = \frac{7.500{,}00 - 692{,}78}{1 - 0{,}275}$$

$$RR = \frac{6.807{,}22}{0{,}725}$$

$$RR = 9.389{,}27$$

Ao aplicarmos a tabela progressiva (veja nota, adiante), teremos:

Rendimento reajustado	9.389,27
Alíquota conforme tabela	27,5%
Subtotal	2.582,05
Parcela a deduzir conforme tabela	(692,78)
	1.889,27
Portanto:	
Rendimento reajustado	9.389,27
IR a recolher (retido sobre o rendimento reajustado)	(1.889,27)
Rendimento líquido	7.500,00

Nota

Tabela Progressiva para o cálculo mensal do Imposto de Renda de Pessoa Física 20x1 (tabela meramente ilustrativa; na prática, utilizar a tabela aplicável ao período em que o rendimento for pago).

Base de cálculo mensal em R$	Alíquota %	Parcela a deduzir do imposto em R$
Até 1.499,15	-	-
De 1.499,16 até 2.246,75	7,5	112,43
De 2.246,76 até 2.995,70	15	280,94
De 2.995,71 até 3.743,19	22,5	505,62
Acima de 3.743,19	27,5	692,78

4.3. Registros contábeis em 31.12.20x1 (na apuração efetiva dos lucros)

Com base nos dados acima, teremos o seguinte lançamento em 31.12.20x1:

Lançamento 2 (apuração do lucro efetivo e registro no PL)

D	-	Apuração do Resultado do Exercício	
C	-	Lucros Acumulados (PL)	50.000,00

Portanto:

Apuração do Resultado do Exercício

	Débito	Crédito
2	50.000,00	**50.000,00**
	50.000,00	**50.000,00**
		0

Lucros/Prejuízos Acumulados (31.12.20x1) (PL)

Débito	Crédito	
	50.000,00	2
	50.000,00	

Lançamento 3 ("regularização" do Patrimônio Líquido)

D	-	Reserva de lucros (constituída após 01.01.1996)	80.000,00	
D	-	Lucros acumulados (apurados no período de 01.01.1994 a 31.12.1995)	5.000,00	
D	-	Lucros/Prejuízos Acumulados (31.12.20x1) (PL)	50.000,00	
D		Lucros/Prejuízos Acumulados (31.12.20x1) (PL)	15.000,00	
C	-	Lucros Distribuídos Antecipadamente (PL)		150.000,00

Portanto:

Reserva de lucros (constituída após 01.01.1996)

	Débito	Crédito
3	80.000,00	80.000,00
	80.000,00	80.000,00
		0,00

Lucros acumulados (apurados no período de 01.01.1994 a 31.12.1995)

	Débito	Crédito
3	5.000,00	5.000,00
	5.000,00	5.000,00
		0,00

Lucros Distribuídos Antecipadamente (PL)

	Débito	Crédito	
1	150.000,00	150.000,00	3
	150.000,00	150.000,00	
	0,00		

Lucros/Prejuízos Acumulados (31.12.20x1) (PL)

	Débito	Crédito	
3	50.000,00	50.000,00	2
3	15.000,00		
	65.000,00	50.000,00	
	15.000,00		

Lançamento 4 ("assunção do ônus do Imposto – incidente sobre a parcela excedente aos lucros atribuída aos lucros acumulados referente ao período de 01.01.1994 a 31.12.1995)

D	-	Lucros/Prejuízos Acumulados (31.12.20x1) (PL)	
C	-	Imposto Retido na Fonte a Recolher	882,35

Lançamento 5 ("assunção do ônus do Imposto – incidente sobre a parcela distribuída referente a 20x1 que não se configurou como lucro)

D	-	Lucros/Prejuízos Acumulados (31.12.20x1) (PL)	
C	-	Imposto Retido na Fonte a Recolher	1.889,27

Portanto:

	Lucros/Prejuízos Acumulados (31.12.20x1) (PL)				Imposto Retido na Fonte a Recolher	
3	50.000,00	50.000,00	2		882,35	4
3	15.000,00				1.889,27	5
4	882,35					
5	1.889,27			0,00	2.771,62	
	67.771,62	50.000,00			2.771,62	
	17.771,62					

IV – SUBVENÇÕES, DOAÇÕES E ASSISTÊNCIAS GOVERNAMENTAIS – FORMA DE CONTABILIZAÇÃO (PARTE 1)

1. INTRODUÇÃO

Até 31.12.2007 as doações e subvenções recebidas pelas pessoas jurídicas eram tratadas como reserva de capital. Isso mudou significativamente com a entrada em vigor da Lei nº 11.638/2007.

A partir de 2008, esse tipo de ingresso de recursos na empresa passou a ter outra conotação. Esses recursos passam a ser tratado como Reserva de Lucros, o que implica diretamente na sua forma de contabilização.

Aqui destacamos as principais consequências oriundas dessa nova forma de contabilização, lembrando que o tema foi "regulamentado" pelo CPC 07.

2. ALGUNS CONCEITOS IMPORTANTES

2.1 Doações

As doações normalmente são valores recebidos pelas empresas em espécie ou em bens (móveis ou imóveis) ou, ainda, em direitos.

As doações podem ter origem da iniciativa privada ou serem feitas pelo poder público.

Essas doações se efetuadas pela iniciativa privada serão tributadas. Agora, caso sejam oriundas do poder público, os valores envolvidos não serão tributos pelo Imposto de Renda. Essa dispensa de tributação consta expressamente do art. 443 do RIR/1999.

2.2 Subvenções

As subvenções são definidas como auxílio pecuniário geralmente concedido pelos poderes públicos, sejam eles federal, estadual ou municipal.

Normalmente, funcionam como um "incentivo" a determinados setores da economia nacional ou para o desenvolvimento de regiões carentes de indústrias e, consequentemente de emprego à população local.

Da mesma forma que as doações, tais valores também não sofrem tributação pelo Imposto de Renda, desde que observadas as regras estabelecidas no art. 443 do RIR/1999.

3. CONTABILIZAÇÃO DAS DOAÇÕES E SUBVENÇÕES ATÉ 31.12.2007

Até 31.12.2007 a Lei nº 6.404/1976 estabelecia que as doações e subvenções deveriam ser tratadas como uma reserva de capital. Isso constava expressamente da alínea "d" do § 1º do art. 182 da referida lei, conforme adiante reproduzida:

> *"Art. 182. ...*
>
> *§ 1º Serão classificadas como reservas de capital as contas que registrarem:*
>
> *...;*
>
> ***d) as doações e as subvenções para investimento.***
>
> *..."*

Observa-se que os bens e/ ou direitos recebidos em doação ou subvenção devem ser tratados pela empresa como um ativo, observadas as suas características de uso.

Se a empresa, por exemplo, receber um terreno em doação para ampliação de seu parque industrial deverá registrá-lo como um Ativo Permanente-Imobilizado.

Da mesma forma, se a empresa receber uma doação ou subvenção em espécie, deverá registrá-la em seu caixa ou bancos, conforme o caso.

3.1 Exemplo:

Consideremos no desenvolvimento do exemplo, o recebimento por determinada empresa de um terreno em doação do poder público para ampliação de sua unidade fabril, cujo valor de mercado seja avaliado em R$ 300.000.

Contabilmente essa doação, se recebida até 31.12.2007 terá o seguinte tratamento:

ATIVO PERMANENTE IMOBILIZADO TERRENOS	
1 300.000	

PATRIMÔNIO LÍQUIDO RESERVAS DE CAPITAL DOAÇÕES DO PODER PÚBLICO	
	300.000 1

3.2 Utilização das reservas de capital

De acordo com o art. 200 da Lei nº 6.404/1976, as reservas de capital somente podem ser utilizadas para:

a) absorção de prejuízos que ultrapassarem os lucros acumulados e as reservas de lucros;

b) resgate, reembolso ou compra de ações;

c) resgate de partes beneficiárias;

d) incorporação ao capital social;

e) pagamento de dividendo a ações preferenciais, quando essa vantagem lhes for assegurada.

4. CONTABILIZAÇÃO DAS DOAÇÕES E SUBVENÇÕES A PARTIR DE 01.01.2008

A contabilização preconizada no item 3 acima perdurou até 31.12.2007. Isso porque a alínea "d" do § 1º do art. 182 da Lei nº 6.404/1976 foi expressamente revogado pela Lei nº 11.638/2007.

Contudo, as doações e subvenções não deixaram de ser recepcionados pela lei das sociedades por ações. Isso fica claro ao analisarmos o art. 195-A, incluído na Lei 6.404/1976, pela Lei nº 11.638/2007. Segundo esse dispositivo:

> *"Art. 195-A. A assembleia geral poderá, por proposta dos órgãos de administração, destinar para a* ***reserva de incentivos fiscais a parcela do lucro líquido decorrente de doações ou subvenções governamentais para investimentos****, que poderá ser excluída da base de cálculo do dividendo obrigatório (inciso I do caput do art. 202 desta Lei).*– [grifo nosso]

Veja que a conta de incentivos fiscais é oriunda da destinação do lucro líquido apurado no exercício. Portanto, trata-se claramente de uma reserva de lucros o que, por si só, deixa claro que os valores das doações e subvenções transitaram pelas contas de resultado. Logo, compuseram o resultado do exercício. Isso significa dizer que o lucro do exercício está influenciado por valores não tributados pelo Imposto de Renda (art. 443 do RIR/1999).

Naturalmente, para fazer uso desse benefício, a empresa não poderá distribuir tais valores. Por isso que a constituição da reserva para incentivos fiscais se torna mister, porquanto evita uma distribuição, até mesmo equivocada de tais valores.

4.1 Exemplo

Consideremos no desenvolvimento do exemplo, os mesmos dados fornecidos no item 3. Contudo, como nesse caso a doação foi recebida a partir de 01.01.2008, tal valor deverá transitar pela conta de resultado. Nesse caso, teremos:

ATIVO PERMANENTE
IMOBILIZADO
TERRENOS

	Débito	Crédito
1	300.000	

CONTAS DE RESULTADO
RECEITAS
DOAÇÕES DO PODER PÚBLICO

Débito	Crédito	
	300.000	1

Consequentemente, tal valor irá compor o resultado do exercício e influenciará diretamente o lucro apurado.

Se considerarmos um lucro do exercício no valor de R$ 750.000, já computado o valor das doações do poder público, teremos os seguintes lançamentos contábeis:

PATRIMÔNIO LÍQUIDO
LUCRO DO EXERCÍCIO

	Débito	Crédito	
3	300.000	750.000	2
3	450.000		
	750.000	750.000	
	0	0	

CONTAS DE RESULTADO
ARE

	Débito	Crédito	
2	750.000	750.000	saldo
	0	0	

PATRIMÔNIO LÍQUIDO
RESERVA DE LUCROS
RESERVA DE INCENTIVOS FISCAIS

Débito	Crédito	
	300.000	3

PASSIVO CIRCULANTE
LUCROS A PAGAR

Débito	Crédito	
	450.000	3

Como se observa do exemplo acima, a empresa teve o cuidado de destacar a parte do lucro tido no ano com doações e somente destinar ao passivo circulante, a titulo de lucros a pagar, valor que não contempla a doação recebida. Portanto, a empresa não perderá o direito ao incentivo fiscal.

4.2 A questão das doações e subvenções condicionais

O fato de as doações e subvenções transitarem por resultado implica no fato desses valores serem efetivamente receitas.

Naturalmente, se essas doações e subvenções estiverem condicionadas ao cumprimento de alguma obrigação por parte da empresa beneficiária, esse trânsito pela conta de resultado tem que ser vista com cuidado.

É o que se convencionou chamar de doações ou subvenção condicionada ou dependente do cumprimento de obrigação futura.

Nesses casos, não se pode dizer que a doação ou subvenção seja uma receita. Na verdade, se a doação ou subvenção estiver condicionada de obrigação futura, tecnicamente temos que tal valor se caracteriza como um adiantamento, isto porque se a condição não for cumprida a empresa terá que devolver a doação ou subvenção recebida.

Portanto, enquanto não atendida as condições estabelecidas pelo poder público, o valor da doação ou subvenção deverá ser tratada como um "adiantamento" classificado no circulante ou no exigível a longo prazo, conforme o caso. Assim, nesse primeiro momento, o referido valor não poderá transitar por resultado.

Tal procedimento é muito comum e visa "ressarcir" o poder público ou a comunidade pelo benefício fiscal concedido.

4.2.1 Exemplo:

Consideremos que uma empresa ao se estabelecer em determinada cidade, receba do poder público local terreno para se instalar avaliado em R$ 200.000, condicionado a geração de 50 novos postos de trabalho a cada ano, durante 5 anos.

Nesse caso, como o cumprimento das exigências somente se dará ao final do quinto ano, o valor da doação deverá ser alocado no passivo exigível a longo prazo, sem transitar, nesse momento, pelas contas de resultado.

No caso, teremos os seguintes lançamentos contábeis:

	ATIVO PERMANENTE IMOBILIZADO TERRENOS	
4	200.000	

PASSIVO EXIGÍVEL A LONGO PRAZO DOAÇÕES DO PODER PÚBLICO		
	200.000	4

Quando cumpridas todas as exigências estabelecidas pelo poder público, referido valor contabilizado no exigível a longo prazo deverá ser computado no resultado do exercício, transferindo-se o valor registrado no passivo, para a conta de resultado.

V – SUBVENÇÕES, DOAÇÕES E ASSISTÊNCIAS GOVERNAMENTAIS – FORMA DE CONTABILIZAÇÃO (PARTE 2)

1. INTRODUÇÃO

A Lei nº 11.638/2007 conforme vimos anteriormente (ver parte 1 do tema), promoveu alterações significativas na estrutura do Balanço, inclusive no tocante às contas do patrimônio líquido.

Nesta oportunidade tratamos, especificamente, da questão da subvenção governamental. Nota-se que até a edição da Lei 11.638/2007 tais valores eram alocados diretamente do patrimônio líquido, em conta específica, denominada reservas por doações e subvenções para investimento. Agora, tal reserva somente será admitida no patrimônio líquido depois de transitar por resultado. O tema é tratado aqui tendo como base o Pronunciamento Técnico CPC 07, que trata das Subvenções e Assistências Governamentais,

2. ALGUMAS DEFINIÇÕES IMPORTANTES

Os seguintes termos são usados neste texto, com os significados especificados. São eles:

> *Governo* refere-se a Governo federal, estadual ou municipal, agências governamentais e órgãos semelhantes, sejam locais, nacionais ou internacionais.
>
> *Assistência governamental* é a ação de um governo destinada a fornecer benefício econômico específico a uma entidade ou a um grupo de entidades que atendam a critérios estabelecidos.
>
> **Nota:** Não inclui os benefícios proporcionados única e indiretamente por meio de ações que afetam as condições comerciais gerais, tais como o fornecimento de infraestruturas em áreas em desenvolvimento ou a imposição de restrições comerciais sobre concorrentes.
>
> *Subvenção governamental* é uma assistência governamental geralmente na forma de contribuição de natureza pecuniária, mas não só restrita a ela, concedida a uma entidade normalmente em troca do cumprimento passado ou futuro de certas condições relacionadas às atividades operacionais da entidade.
>
> **Nota:** Não são subvenções governamentais aquelas que não podem ser razoavelmente quantificadas em dinheiro e as transações com o governo que não podem ser distinguidas das transações comerciais normais da entidade.
>
> *Isenção* tributária é a dispensa legal do pagamento de tributo sob quaisquer formas jurídicas (isenção, imunidade etc.). *Redução*, por sua vez, exclui somente parte do passivo tributário, restando, ainda, parcela de imposto a pagar.
>
> **Nota:** A redução ou a isenção pode se processar, eventualmente, por meio de devolução do imposto recolhido mediante determinadas condições.

Empréstimo subsidiado é aquele em que o credor renuncia ao recebimento total ou parcial do empréstimo e/ou dos juros, mediante o cumprimento de determinadas condições.

Nota: Referido empréstimo é concedido direta ou indiretamente pelo Governo, com ou sem a intermediação de um banco. Normalmente, está vinculado a um tributo e caracteriza-se pela utilização de taxas de juros visivelmente abaixo do mercado e/ou pela postergação parcial ou total do pagamento do referido tributo sem ônus ou com ônus visivelmente abaixo do normalmente praticado pelo mercado.

Subsídio em empréstimo é a parcela do empréstimo ou do juro renunciado e a diferença entre o juro ou ônus de mercado e o juro ou o ônus praticado.

Atualização monetária é o reconhecimento de ajuste no valor de ativo e passivo da entidade com base em índice de inflação.

Juro é a remuneração auferida ou incorrida por recurso aplicado ou captado pela entidade.

Valor justo é o valor pelo qual um ativo pode ser negociado ou um passivo liquidado entre partes interessadas, conhecedoras do assunto e independentes entre si, com a ausência de fatores que pressionem para a liquidação da transação ou que caracterizem uma transação compulsória.

3. FORMAS DE ASSISTÊNCIA GOVERNAMENTAL E A SUA IMPORTÂNCIA NAS DEMONSTRAÇÕES CONTÁBEIS

A assistência governamental toma muitas formas, variando sua natureza ou condições. O propósito da assistência pode ser o de encorajar a entidade a seguir certo rumo que ela normalmente não teria tomado se a assistência não fosse proporcionada. A contabilização deve sempre seguir a essência econômica.

O recebimento da assistência governamental por uma entidade pode ser significativo para a preparação das demonstrações contábeis. Isso se dá em razão da necessidade de identificar método apropriado para sua contabilização, bem como para indicar a extensão pela qual a entidade se beneficiou de tal assistência durante o período coberto pelas demonstrações. Naturalmente, tal procedimento permite a comparação das demonstrações contábeis entre períodos e entre entidades diferentes.

A subvenção governamental é também designada por: subsídio, incentivo fiscal, doação, prêmio etc.

4. MOMENTO DO RECONHECIMENTO DA SUBVENÇÃO

A subvenção governamental, inclusive subvenção não monetária a valor justo, não deve ser reconhecida até que exista segurança de que:

a) a entidade cumprirá todas as condições estabelecidas; e

b) a subvenção será recebida.

O simples recebimento da subvenção não é prova conclusiva de que as condições a ela vinculadas tenham sido ou serão cumpridas.

A forma como a subvenção é recebida não influencia no método de contabilização a ser adotado. Assim, por exemplo, a contabilização deve ser a mesma independentemente de a subvenção ser recebida em dinheiro ou como redução de passivo.

4.1 A questão do subsídio em fòrma de empréstimo

Subsídio em empréstimo é reconhecido como subvenção governamental quando existir segurança de que a entidade cumprirá os compromissos assumidos.

Essa segurança de atendimento a compromissos assumidos geralmente pode ser demonstrada pela administração apenas nos casos em que esses compromissos dependem exclusivamente de providências internas da entidade, por serem mais confiáveis e viáveis ou, ainda, melhor administráveis do que requisitos que envolvam terceiros ou situação de mercado.

Desse modo, é provável que as condições históricas ou presentes da entidade demonstrem, por exemplo, que pagamentos dentro de prazos fixados podem ser realizados e dependem apenas da intenção da administração. Por outro lado, requisitos que dependem de fatores externos, como a manutenção de determinado volume de venda ou nível de emprego, não podem ser presentemente determináveis e, portanto, a subvenção apenas deve ser reconhecida quando cumprido o compromisso.

Deste modo, qualquer contingência associada a uma subvenção governamental reconhecida deve ser tratada de acordo com a norma sobre Provisões, Passivos, Contingências Passivas e Contingências Ativas.

5. CONTABILIZAÇÃO

Uma subvenção governamental deve ser reconhecida como receita ao longo do período confrontada com as despesas que pretende compensar, em base sistemática.

Observa-se que a subvenção governamental não pode ser creditada diretamente no patrimônio líquido.

5.1 Argumentos para contabilização da subvenção governamental como receita

O tratamento contábil da subvenção governamental como receita deriva dos seguintes principais argumentos:

a) uma vez que a subvenção governamental é recebida de uma fonte que não os acionistas e deriva de ato de gestão em benefício da entidade, não deve ser creditada diretamente no patrimônio líquido, mas, sim, reconhecida como receita nos períodos apropriados.

b) subvenção governamental apenas excepcionalmente é gratuita. A entidade ganha efetivamente essa receita quando está de acordo com as regras das subvenções e cumpre determinadas obrigações.

c) assim como os tributos são lançados no resultado, é lógico registrar a subvenção governamental, que é, em essência, uma extensão da política fiscal na demonstração do resultado.

É interessante esclarecer que, enquanto não atendidos os requisitos para reconhecimento no resultado, a contrapartida da subvenção governamental registrada no ativo deve ser em conta específica do passivo.

5.2 A questão da distribuição da subvenção aos sócios e o seu tratamento

Há situações em que é necessário que o valor da subvenção governamental não seja distribuído ou de qualquer forma repassado aos sócios.

O que ocorre é que, após o trânsito pelo resultado, a subvenção deve ser retida em conta apropriada de patrimônio líquido para comprovação do atendimento dessa condição.

Nessas situações, tal valor, após ter sido reconhecido no resultado, pode ser creditado à reserva própria (Reserva de Incentivos Fiscais), a partir da conta de Lucros ou Prejuízos Acumulados.

5.3.1 Reconhecimento da subvenção como receita – critérios a serem adotados

É fundamental, pelo regime de competência, que a receita de subvenção governamental seja reconhecida em bases sistemáticas e racionais, ao longo do período necessário e confrontada com as despesas correspondentes.

Assim, o reconhecimento da receita de subvenção governamental no momento de seu recebimento somente é admitido nos casos em que não há base de alocação da subvenção ao longo dos períodos beneficiados.

Na maioria dos casos essa correlação pode ser feita, e a subvenção é reconhecida em confronto com as despesas correspondentes.

5.3.2 Subvenção relacionada a ativo depreciável

Semelhantemente, subvenção relacionada a ativo depreciável deve ser reconhecida como receita ao longo do período da vida útil do bem e na mesma proporção de sua depreciação.

Subvenção relacionada a ativo não depreciável pode requerer o cumprimento de certas obrigações.

O reconhecimento como receita deve então acompanhar a apropriação das despesas necessárias ao cumprimento das obrigações.

Exemplificando: Uma subvenção que transfira a propriedade definitiva de um terreno pode ter como condição a construção de uma planta industrial e é apropriada como receita na mesma proporção da depreciação dessa planta. Poderão existir situações em que essa correlação exija que parcelas da subvenção sejam reconhecidas segundo critérios diferentes.

5.3.3 Subvenção recebida como "pacote" de ajuda financeira ou fiscal

A subvenção é algumas vezes recebida como um pacote de ajuda financeira ou fiscal e sujeita ao cumprimento de certo número de condições.

Em tais casos, é necessário cuidado na identificação das condições que dão origem aos custos e às despesas que determinam os períodos durante os quais a subvenção é reconhecida.

Pode ser apropriado alocar parte da subvenção numa determinada base e parte em outra.

5.3.4 Subvenção para propiciar compensação por gastos ou perdas já incorridas

Uma subvenção governamental na forma de compensação por gastos ou perdas já incorridas ou para finalidade de dar suporte financeiro imediato à entidade sem qualquer despesa futura relacionada deve ser reconhecida como receita no período em que se tornar recebível.

A divulgação deve ser feita quando do registro da subvenção de forma a assegurar que os seus efeitos sejam claramente compreendidos.

A subvenção governamental pode ser concedida com a finalidade de dar imediato apoio financeiro à entidade como incentivo para assumir a responsabilidade de fazer dispêndios específicos.

Tal subvenção pode ser limitada a uma determinada entidade e pode não estar disponível para toda uma classe de beneficiários.

Sob essas circunstâncias, a subvenção deve ser reconhecida como receita no período em que a entidade atende às condições estabelecidas para seu registro, com divulgação para assegurar a clara compreensão dos seus efeitos.

6. SUBVENÇÃO GOVERNAMENTAL NA FORMA DE ATIVO NÃO-MONETÁRIO

A subvenção governamental pode estar representada por ativo não monetário, como terrenos e outros, para uso da entidade. Nessas circunstâncias, esse ativo deve ser reconhecido pelo seu valor justo.

Apenas na impossibilidade de verificação desse valor justo pode ser a atribuição de valor nominal.

7. APRESENTAÇÃO DA SUBVENÇÃO NO BALANÇO

O reconhecimento da subvenção referida no item 6 não pode ser efetuado diretamente em conta de resultado. O respectivo valor deve ficar temporariamente em conta de passivo, uma vez que os benefícios econômicos pela utilização daqueles ativos somente são obtidos por seu uso ou sua alienação. A exceção fica por conta de ativo não depreciável, amortizável ou exaurível, e desde que completamente desvinculado de qualquer obrigação e sem possibilidade objetiva de vinculação com os benefícios econômicos derivados de sua utilização.

São considerados aceitáveis dois métodos de apresentação nas demonstrações contábeis de subvenção (ou parte apropriada de subvenção) não vinculada a obrigações futuras, relacionada com ativos.

Um dos métodos considera a subvenção como receita diferida no passivo, sendo reconhecida como receita em base sistemática e racional durante a vida útil do ativo.

O outro método deduz a contrapartida do próprio ativo recebido como subvenção para se chegar ao valor escriturado líquido do ativo, que pode ser nulo.

A subvenção é reconhecida como receita durante a vida do ativo depreciável por meio de crédito à depreciação registrada no resultado.

A compra de ativo e o recebimento da subvenção a ele relacionada pode causar movimentos importantes nos fluxos de caixa de uma entidade. Por essa razão, e a fim de mostrar o investimento bruto em ativos, tais movimentos são frequentemente divulgados como itens separados na demonstração dos fluxos de caixa independentemente de a subvenção ser, ou não, deduzida do respectivo ativo na apresentação do balanço patrimonial.

8. APRESENTAÇÃO NA DEMONSTRAÇÃO DO RESULTADO

A subvenção é algumas vezes apresentada como crédito na demonstração do resultado, quer separadamente sob um título geral tal como "Outras Receitas", quer, alternativamente, como dedução da despesa, relacionada.

A subvenção, seja por acréscimo de rendimento proporcionado ao empreendimento ou por meio de redução de tributos ou outras despesas, deve ser registrada na demonstração do resultado no grupo de contas de acordo com a sua natureza.

Como justificativa da primeira opção, há o argumento de que não é apropriado compensar os elementos de receita e de despesa e que a separação da subvenção das despesas relacionadas facilita a comparação com outras despesas não afetadas pelo benefício de uma subvenção.

Pelo segundo método, é argumentado que as despesas poderiam não ter sido incorridas pela entidade caso não houvesse a subvenção, sendo por isso enganosa a apresentação da despesa sem compensação com a subvenção.

Ambos os métodos são aceitos para apresentação das subvenções relacionadas às receitas. Mas é necessária a divulgação da subvenção para a devida compreensão das demonstrações contábeis. Por isso é necessária a divulgação do efeito da subvenção em qualquer item de receita ou despesa quando essa receita ou despesa é divulgada separadamente.

9. EMPRÉSTIMO SUBSIDIADO

A subvenção governamental concedida em forma de financiamento geralmente ocorre por meio de fundos de fomento ou maneira semelhante.

Esses financiamentos podem eventualmente ser oferecidos com encargos na forma de atualização monetária e/ou juros inferiores às taxas de mercado. Podem apresentar características de pós ou prefixação, mas, em essência, revestem-se de características de empréstimo subsidiado. Nessa situação, a análise da essência econômica desse subsídio e de seus efeitos deve ser considerada para a definição da forma de seu registro contábil.

10. PERDA DA SUBVENÇÃO GOVERNAMENTAL

Uma subvenção governamental que tenha que ser devolvida deve ser contabilizada como revisão de estimativa contábil, conforme as normas sobre Práticas Contábeis, Mudanças nas Estimativas Contábeis e Correção de Erros.

O reembolso deve ser aplicado em primeiro lugar contra qualquer crédito diferido não amortizado relacionado à subvenção.

Na medida em que o reembolso exceda tal crédito diferido, ou quando não exista crédito diferido, o reembolso deve ser reconhecido imediatamente como despesa. O reembolso de subvenção relacionada a ativo deve ser registrado aumentando o valor escriturado do ativo ou reduzindo o saldo da receita diferida pelo montante reembolsável.

A depreciação adicional acumulada que deveria ter sido reconhecida até a data como despesa na ausência da subvenção deve ser imediatamente reconhecida como despesa.

Perante as circunstâncias que dão origem ao reembolso de subvenção relacionada com ativo, pode ser necessário reconhecer perda de valor do ativo, nos termos do Pronunciamento Técnico CPC 01 – Redução ao Valor Recuperável de Ativos relativamente ao novo valor escriturado do ativo.

11. ASSISTÊNCIA GOVERNAMENTAL

Certas formas de assistência governamental que não possam ter seu valor razoavelmente atribuído são excluídas da definição de subvenção governamental, assim como as transações com o Governo que não possam ser distinguidas das operações comerciais normais da entidade.

São exemplos de assistência que não podem de maneira razoável ter valor atribuído: as assistências técnicas e de comercialização gratuitas e a concessão de garantias.

Um exemplo de assistência que não pode ser distinguido das operações comerciais normais da entidade é o da política de compras do Governo a qual seja responsável por parte das vendas da entidade. A existência do benefício pode ser indiscutível, mas qualquer tentativa de segregar as atividades comerciais da assistência governamental pode ser arbitrária.

A relevância do benefício nos exemplos anteriormente mencionados pode ser tal que a divulgação da natureza, da extensão e da duração da assistência seja necessária a fim de que as demonstrações contábeis não sejam enganosas.

Nota: Observa-se que a assistência governamental não inclui o fornecimento de infraestruturas por meio da melhoria da rede de transportes e de comunicações gerais e o fornecimento de recursos desenvolvidos, tais como, exemplificativamente, irrigação ou rede de águas que fiquem disponíveis em base contínua e indeterminada para benefício de toda comunidade local.

12. APLICAÇÃO DE PARCELA DO IMPOSTO DE RENDA DEVIDO EM FUNDOS DE INVESTIMENTOS REGIONAIS

Determinadas entidades sujeitas ao pagamento do imposto de renda podem aplicar parte do imposto devido em Fundos de Investimentos Regionais, criados pelo Governo federal com o objetivo de estimular o desenvolvimento de determinadas regiões.

Essa destinação de parcela do imposto ao fundo representa uma subvenção governamental para a entidade, pois, em face da opção exercida, o Tesouro Nacional abre mão de parte da receita tributária e a entidade torna-se investidora do fundo beneficiário de sua opção.

Essas subvenções devem ser registradas pelo seu valor justo no momento do fato gerador, desde que atendidas às condições para o seu reconhecimento.

No caso em questão, o fato gerador da subvenção ocorre no pagamento da parcela do imposto de renda. Nesse momento, cabe à administração registrar a subvenção pelo seu valor justo, pela melhor estimativa, lembrando que pode existir deságio desse valor justo com relação ao valor nominal, mesmo nos casos em que a beneficiária da subvenção esteja investindo outros recursos nessas entidades em regiões incentivadas.

13. REDUÇÃO OU ISENÇÃO DE TRIBUTO EM ÁREA INCENTIVADA

Certos empreendimentos gozam de incentivos tributários de imposto sobre a renda na forma de isenção ou redução do referido tributo, consoante prazos e condições estabelecidos em legislação específica. Esses incentivos atendem ao conceito de subvenção governamental.

O reconhecimento contábil dessa redução ou isenção tributária como subvenção para investimento é efetuado registrando-se o imposto total no resultado como se devido fosse, em contrapartida à receita de subvenção equivalente, a serem demonstrados um deduzido do outro.

14. DIVULGAÇÃO

A entidade deve divulgar as seguintes informações:

a) a política contábil adotada para as subvenções governamentais, incluindo os métodos de apresentação adotados nas demonstrações contábeis;

b) a natureza e os montantes reconhecidos das subvenções governamentais ou das assistências governamentais, bem como a indicação de outras formas de assistência governamental de que a entidade tenha diretamente se beneficiado;

c) condições a serem regularmente satisfeitas ligadas à assistência governamental que tenha sido reconhecida;

d) descumprimento de condições relativas às subvenções ou existência de outras contingências;

e) eventuais subvenções a reconhecer contabilmente, após cumpridas as condições contratuais;

f) premissas utilizadas para o cálculo do valor justo;

g) informações relativas às parcelas aplicadas em fundos de investimentos regionais e às reduções ou isenções de tributos em áreas incentivadas.

VI – DOAÇÕES E SUBVENÇÕES GOVERNAMENTAIS – TRATAMENTO NA OCORRÊNCIA DE PREJUÍZO

1. INTRODUÇÃO

Nestes procedimentos são tratados alguns aspectos peculiares das doações e subvenções recebidas pelas pessoas jurídicas do Poder público na hipótese da ocorrência de prejuízo, no período em que se der a doação ou subvenção, fator impeditivo à constituição da provisão para incentivos fiscais e, também, na hipótese de lucro contábil insuficiente para a constituição integral da reserva.

2. RELEMBRANDO ALGUNS CONCEITOS IMPORTANTES

2.1 Doações

As doações normalmente são valores recebidos pelas empresas em espécie ou em bens (móveis ou imóveis) ou, ainda, em direitos.

As doações podem ter origem da iniciativa privada ou serem feitas pelo poder público.

Essas doações se efetuadas pela iniciativa privada serão tributadas. Agora, caso sejam oriundas do poder público, os valores envolvidos não serão tributos pelo Imposto de Renda. Essa dispensa de tributação consta expressamente do art. 443 do RIR/1999.

2.2 Subvenções

As subvenções são definidas como auxílio pecuniário geralmente concedido pelos poderes públicos, sejam eles federal, estadual ou municipal.

Normalmente, funcionam como um "incentivo" a determinados setores da economia nacional ou para o desenvolvimento de regiões carentes de indústrias e, consequentemente de emprego à população local.

Da mesma forma que as doações, tais valores também não sofrem tributação pelo Imposto de Renda, desde que observadas as regras estabelecidas no art. 443 do RIR/1999.

3. O QUE DISPÕE A LEI 11.941/2009 SOBRE A CONSTITUIÇÃO DA RESERVA PARA INCENTIVOS FISCAIS?

Segundo o art. 18 da Lei nº 11.941/2009:

> *"Art. 18. Para fins de aplicação do disposto nos arts. 15 a 17 desta Lei às subvenções para investimento, inclusive mediante isenção ou redução de impostos, concedidas como estímulo à implantação ou expansão de empreendimentos econômicos, e às doações, feitas pelo Poder Público, a que se refere o art. 38 do Decreto-Lei nº 1.598, de 26 de dezembro de 1977, a pessoa jurídica deverá:*
>
> *I – reconhecer o valor da doação ou subvenção em conta do resultado pelo regime de competência, inclusive com observância das determinações constantes das normas expedidas pela Comissão*

de Valores Mobiliários, no uso da competência conferida pelo § 3º do art. 177 da Lei nº 6.404, de 15 de dezembro de 1976, no caso de companhias abertas e de outras que optem pela sua observância;

II – excluir do Livro de Apuração do Lucro Real o valor decorrente de doações ou subvenções governamentais para investimentos, reconhecido no exercício, para fins de apuração do lucro real;

III – manter em reserva de lucros a que se refere o art. 195-A da Lei nº 6.404, de 15 de dezembro de 1976, a parcela decorrente de doações ou subvenções governamentais, apurada até o limite do lucro líquido do exercício;

IV – adicionar no Livro de Apuração do Lucro Real, para fins de apuração do lucro real, o valor referido no inciso II do caput deste artigo, no momento em que ele tiver destinação diversa daquela referida no inciso III do caput e no § 3º deste artigo.

...

*§ 3º Se, no período base em que ocorrer a exclusão referida no inciso II do caput deste artigo, a pessoa jurídica **apurar prejuízo contábil ou lucro líquido contábil inferior à parcela decorrente de doações e subvenções governamentais, e neste caso não puder ser constituída como parcela de lucros** nos termos do inciso III do caput deste artigo, **esta deverá ocorrer nos exercícios subsequentes**.*" (grifo nosso)

A análise do § 3º acima reproduzido estabelece a possibilidade da ocorrência de três situações distintas:

1. lucro suficiente para constituição da reserva de incentivos fiscais;
2. lucro insuficiente para constituição da reserva de incentivos fiscais (neste caso, a constituição da reserva fica limitada ao valor do lucro líquido do exercício; e
3. prejuízo que impede a constituição da reserva de incentivos fiscais no próprio exercício.

Nota: Os arts. 15 a 17 da Lei nº 11.941/2009 institui e disciplina o Regime Tributário de Transição – RTT de apuração do lucro real, que trata dos ajustes tributários decorrentes dos novos métodos e critérios contábeis introduzidos na Lei nº 6.404/1976, a partir da edição da Lei nº 11.638/2007.

4. O QUE DISPÕE A LEI 6.404/1976 SOBRE A CONSTITUIÇÃO DA RESERVA PARA INCENTIVOS FISCAIS?

Segundo o art. 195-A, incluído à Lei 6.404/1976, pela Lei 11.638/2007:

> *"Art. 195-A. A assembleia geral poderá, por proposta dos órgãos de administração, destinar para a* ***reserva de incentivos fiscais a parcela do lucro líquido decorrente de doações ou subvenções governamentais para investimentos****, que poderá ser excluída da base de cálculo do dividendo obrigatório (inciso I do caput do art. 202 desta Lei)."* [grifo nosso]

Veja que a conta de incentivos fiscais é oriunda da destinação do lucro líquido apurado no exercício. Portanto, trata-se claramente de uma reserva de lucros o que, por si só, deixa claro que os valores das doações e subvenções transitaram pelas contas de resultado. Logo, compuseram o resultado do exercício. Isso significa dizer que o lucro do exercício está influenciado por valores não tributados pelo Imposto de Renda (art. 443 do RIR/1999).

Naturalmente, para fins de não tributação pelo Imposto de Renda, a empresa não poderá distribuir tais valores. Por isso que a constituição da reserva para incentivos fiscais se torna mister, porquanto evita uma distribuição, até mesmo equivocada de tais valores.

No entanto, a constituição de qualquer reserva de lucros pressupõe a existência de lucro no exercício em que a empresa tiver auferido a receita de doações ou subvenção.

4.1 Exemplo 1 (lucro suficiente para constituição da reserva)

Consideremos no desenvolvimento do exemplo, o recebimento por determinada empresa de um terreno em doação do poder público para ampliação de sua unidade fabril, cujo valor de mercado seja avaliado em R$ 300.000, sem qualquer condição imposta pelo poder público para concessão do benefício. Nesse caso, teremos:

Lançamento 1 (registro da doação recebida)

D	-	Ativo Não-circulante – Imobilizado – Terrenos	
C		Contas de Resultado – Receitas – Doações do Poder Público	300.000

Ativo Não-circulante
Imobilizado
Terrenos

	Débito	Crédito
1	300.000	

Contas de Resultado
Receitas
Doações do Poder Público

Débito	Crédito	
	300.000	1

Dando sequência ao exemplo, consideremos que o lucro contábil do exercício seja de R$ 750.000, já computado o valor das doações do poder público. Deste modo teremos os seguintes lançamentos contábeis, considerando-se que a empresa destine o saldo remanesce dos lucros do exercício (R$ 450.000) à distribuição aos sócios:

Lançamento 2 (transferência do lucro do exercício para lucros acumulados)

D	-	Contas de Resultado – ARE	
C	-	Patrimônio Líquido – Lucros ou prejuízos acumulados	750.000

Lançamento 3 (constituição da reserva de incentivos fiscais e destinação do saldo remanescente de lucros)

D	-	Patrimônio Líquido – Lucros ou prejuízos acumulados	750.000	
C	-	Patrimônio Líquido – Reserva de Lucros – Reserva de Incentivos Fiscais		300.000
C	-	Passivo Circulante – Lucros a Pagar		450.000

Patrimônio Líquido
Lucros ou Prejuízos Acumulados

	Débito	Crédito	
3	300.000	750.000	2
3	450.000		
	750.000	750.000	
	0	0	

Contas de Resultado
ARE

	Débito	Crédito	
2	750.000	750.000*	saldo
	0	0	

* referido valor já comporta a doação recebida do poder público.

Patrimônio Líquido
Reserva de Lucros
Reserva de Incentivos Fiscais

Débito	Crédito	
	300.000	3

Passivo Circulante
Lucros a Pagar

Débito	Crédito	
	450.000	3

Como se observa do exemplo acima, a empresa teve o cuidado de destacar a parte do lucro tido no ano com doações e somente destinar ao passivo circulante, a titulo de lucros a pagar, valor que não contempla a doação recebida. Portanto, a empresa não perderá o direito ao benefício fiscal.

4.2 Exemplo 2 (lucro insuficiente para constituição da reserva)

Consideremos no desenvolvimento do exemplo, o recebimento por determinada empresa de um terreno em doação do poder público para ampliação de sua unidade fabril, cujo valor de mercado seja avaliado em R$ 300.000, sem qualquer condição imposta pelo poder público para concessão do benefício. Nesse caso, teremos:

Lançamento 1 (registro da doação recebida)

D	-	Ativo Não-circulante – Imobilizado – Terrenos	
C		Contas de Resultado – Receitas – Doações do Poder Público	300.000

Ativo Não-circulante Imobilizado Terrenos			Contas de Resultado Receitas Doações do Poder Público	
1	300.000		300.000	1

Dando sequência ao exemplo, consideremos que o lucro contábil do exercício seja de R$ 250.000, já computado o valor das doações do poder público. Deste modo, teremos os seguintes lançamentos contábeis:

Lançamento 2 (transferência do lucro do exercício para lucros acumulados)

D	-	Contas de Resultado – ARE	
C	-	Patrimônio Líquido – Lucros ou prejuízos acumulados	250.000

Lançamento 3 (constituição da reserva de incentivos fiscais e destinação do saldo remanescente de lucros)

D	-	Patrimônio Líquido – Lucros ou prejuízos acumulados	250.000	
C	-	Patrimônio Líquido – Reserva de Lucros – Reserva de Incentivos Fiscais		250.000

Patrimônio Líquido
Lucros ou Prejuízos Acumulados

3	250.000	250.000	2
	250.000	250.000	
	0	0	

Contas de Resultado
ARE

2	250.000	250.000*	saldo
	0	0	

* referido valor já comporta a doação recebida do poder público.

Patrimônio Líquido
Reserva de Lucros
Reserva de Incentivos Fiscais

	250.000	3

Como se observa do exemplo acima, a empresa constituiu a reserva de incentivos ficais até o limite do lucro apurado no exercício (R$ 250.000), restando, ainda, R$ 50.000 a ser destinado para a referida conta, com os lucros a serem apurados nos exercícios subsequentes, em observância ao parágrafo terceiro do art. 18 da Lei nº 11.941/2009.

4.3 Exemplo 3 (prejuízo que impede constituição da reserva)

Consideremos no desenvolvimento do exemplo, o recebimento por determinada empresa de um terreno em doação do poder público para ampliação de sua unidade fabril, cujo valor de mercado seja avaliado em R$ 300.000, sem qualquer condição imposta pelo poder público para concessão do benefício. Nesse caso, teremos:

Lançamento 1 (registro da doação recebida)

D	-	Ativo Não-circulante – Imobilizado – Terrenos	
C	-	Contas de Resultado – Receitas – Doações do Poder Público	300.000

Ativo Não-circulante
Imobilizado
Terrenos

1	300.000	

Contas de Resultado
Receitas
Doações do Poder Público

	300.000	1

Dando sequência ao exemplo, consideremos que a empresa apure prejuízo contábil no exercício, no valor de R$ 100.000, já computado o valor das doações do poder público. Deste modo, teremos os seguintes lançamentos contábeis:

Lançamento 2 (transferência do lucro do exercício para lucros acumulados)

D	-	Patrimônio Líquido – Lucros ou prejuízos acumulados	
C	-	Contas de Resultado – ARE	100.000

Patrimônio Líquido
Lucros ou Prejuízos Acumulados

	Débito	Crédito
2	100.000	
	100.000	
	100.000	

Contas de Resultado
ARE

	Débito	Crédito	
saldo	*100.000	100.000	2
	0	0	

* Referido valor já comporta a doação recebida do poder público.

Como se observa do exemplo acima, a empresa não tem como constituir a reserva de incentivos fiscais, porquanto foi apurado prejuízo no exercício. A referida reserva deverá ser constituída com os lucros a serem apurados nos exercícios subsequentes, em observância ao parágrafo terceiro do art. 18 da Lei nº 11.941/2009.

Capítulo 13

RESULTADO

I – RECEITA DE CONTRATO COM CLIENTE

1. INTRODUÇÃO

A receita é definida na NBC TG ESTRUTURA CONCEITUAL – Estrutura Conceitual para Elaboração e Divulgação de Relatório Contábil-Financeiro:

> *"aumento nos benefícios econômicos durante o período contábil sob a forma de entrada de recursos ou aumento de ativos ou diminuição de passivos que resultam em aumentos do patrimônio líquido da entidade e que não sejam provenientes de aporte de recursos dos proprietários da entidade."*

O que se observa é que as receitas englobam tanto as receitas propriamente ditas como os ganhos. A receita surge no curso das atividades ordinárias da entidade e é designada por uma variedade de nomes, tais como vendas, honorários, juros, dividendos e royalties.

Até 31.12.2017 o tema encontrava-se disciplinado pelo Pronunciamento CPC 30 (R1). Com sua revogação, passou a vigir a partir de 01.01.2018 o Pronunciamento CPC 47 (receita de contrato com cliente).

Já o CPC 47 estabelece a seguinte definição pra receita:

> *"Aumento nos benefícios econômicos durante o período contábil, originado no curso das atividades usuais da entidade, na forma de fluxos de entrada ou aumentos nos ativos ou redução nos passivos que resultam em aumento no patrimônio líquido, e que não sejam provenientes de aportes dos participantes do patrimônio."*

2. RECONHECIMENTO DE RECEITAS

A questão primordial na contabilização da receita é determinar quando reconhecê-la.

Em linhas gerais, a receita deve ser reconhecida quando for provável que benefícios econômicos futuros fluam para a entidade e esses benefícios possam ser confiavelmente mensurados.

O CPC 47 traz os requisitos básicos para o reconhecimento e mensuração de receita de contratos com clientes. Esses requisitos podem ser resumidos em cinco passos:

I. Identificação de contrato(s) com um cliente: basicamente, deve-se identificar um contrato com um cliente.

II. Identificação das obrigações contratuais de desempenho: Não são incomuns as situações em que um contrato tem no seu escopo mais de um produto e/ou serviço no mesmo acordo.

III. Determinação do preço da transação: O CPC 47 estabelece que o preço da transação é o montante de contrapartida que a entidade espera ter direito a receber em troca do bem ou serviço transferido para o cliente.

IV. Alocação do preço da transação às obrigações contratuais de desempenho: o contrato de venda pode conter a promessa de entrega de múltiplos bens e/ou serviços e eventualmente, múltiplas obrigações de desempenho. O cumprimento de tais obrigações pode ocorrer em vários momentos. Para tanto, deve-se alocar o preço da transação a cada uma das obrigações de desempenho. Só assim, teremos uma representação fiel nos relatórios financeiros das distintas obrigações.

V. Reconhecimento de receita: sobre o reconhecimento da receita, o item 31 do CPC 47 esclarece que a entidade deve reconhecer receitas quando (ou à medida que) a entidade satisfizer à obrigação de desempenho ao transferir o bem ou o serviço (ou seja, um ativo) prometido ao cliente. O ativo é considerado transferido quando (ou à medida que) o cliente obtiver o controle desse ativo.

3. EXPURGO DOS COMPONENTES FINANCEIROS

Ao determinar o preço da transação, a entidade deve ajustar o valor prometido da contraprestação para refletir os efeitos do valor do dinheiro no tempo, se a época dos pagamentos pactuada pelas partes do contrato (seja expressa ou implicitamente) fornecer ao cliente ou à entidade um benefício significativo de financiamento da transferência de bens ou serviços ao cliente. Nessas circunstâncias, o contrato contém componente de financiamento significativo. Componente de financiamento significativo pode existir, independentemente, se a promessa de financiamento é expressamente declarada no contrato ou implícita pelos termos de pagamento pactuados pelas partes do contrato.

O objetivo, ao ajustar o valor prometido da contraprestação para um componente de financiamento significativo, é que a entidade reconheça receitas pelo valor que reflita o preço que o cliente teria pago pelos bens ou serviços prometidos, se o cliente tivesse pago à vista por esses bens ou serviços quando (ou à medida que) foram transferidos ao cliente (ou seja, o preço de venda à vista). A entidade deve considerar todos os fatos e circunstâncias relevantes ao avaliar se o contrato contém componente de financiamento e se esse componente de financiamento é significativo para o contrato, incluindo ambas as seguintes:

a) a diferença, se houver, entre o valor da contraprestação prometida e o preço de venda à vista dos bens ou serviços prometidos; e
b) o efeito combinado do disposto nos dois incisos seguintes:
    i. a duração de tempo esperada entre o momento em que a entidade transfere os bens ou serviços prometidos ao cliente e o momento em que o cliente paga por esses bens ou serviços; e
    ii. as taxas de juros vigentes no mercado pertinente.

4. CONTRAPRESTAÇÃO NÃO MONETÁRIA

Para determinar o preço de transação para contratos nos quais o cliente promete contraprestação na forma que não seja pagamento em dinheiro, a entidade deve mensurar a contraprestação não monetária (ou promessa de contraprestação não monetária) pelo valor justo.

Se a entidade não puder estimar, razoavelmente, o valor justo da contraprestação não monetária, ela deve mensurar a contraprestação indiretamente por referência ao preço de venda individual dos bens ou serviços prometidos ao cliente (ou classe de clientes) em troca da contraprestação.

5. VENDA COM DIREITO À DEVOLUÇÃO

Em alguns contratos, a entidade transfere o controle do produto ao cliente e também concede ao cliente o direito de devolver o produto por diversas razões (tais como, insatisfação com o produto) e receber qualquer combinação abaixo:

a) reembolso total ou parcial de qualquer contraprestação paga;
b) crédito que possa ser aplicado contra valores devidos, ou que serão devidos, à entidade; e
c) outro produto em troca.

5.1 Contabilização

Para contabilizar a transferência de produtos com direito à devolução (e para alguns serviços que são prestados e sujeitos a reembolso), a entidade deve reconhecer todos os itens abaixo:

a) receita para os produtos transferidos no valor da contraprestação ao qual a entidade espera ter direito (portanto, a receita não seria reconhecida para os produtos que se espera que sejam devolvidos);
b) obrigação de restituição; e
c) ativo (e correspondente ajuste ao custo de vendas) por seu direito de recuperar produtos de clientes ao liquidar a obrigação de restituição.

6. GARANTIA

É comum para a entidade fornecer (de acordo com o contrato, a lei ou as práticas comerciais usuais da entidade) garantia referente à venda de produto (seja bem ou serviço). A natureza da garantia pode variar significativamente entre os setores e os contratos. Algumas garantias fornecem ao cliente determinada garantia de que o produto relacionado funcionará como as partes pretendem porque ele cumpre as especificações pactuadas. Outras garantias fornecem ao cliente serviço adicional à garantia de que o produto cumpre as especificações pactuadas.

6.1 Compra de garantia separadamente

Se o cliente tiver a opção de comprar a garantia separadamente (por exemplo, porque a garantia é precificada ou negociada separadamente), a garantia deve ser um serviço distinto porque a entidade compromete-se a prestar o serviço ao cliente adicionalmente ao produto que tem a funcionalidade descrita no contrato.

Se o cliente não tiver opção de comprar a garantia separadamente, a entidade deve contabilizar a garantia de acordo com a NBC TG 25 – Provisões, Passivos Contingentes e Ativos Contingentes, salvo se a garantia prometida, ou parte dela, fornecer ao cliente serviço adicional à garantia de que o produto cumpre as especificações pactuadas.

6.2 Fatores a serem considerados em relação a garantia fornecida

Ao avaliar se a garantia fornece ao cliente serviço adicional à garantia de que o produto cumpre as especificações pactuadas, a entidade deve considerar fatores como:

a) a garantia é requerida por lei – se a entidade é obrigada por lei a fornecer a garantia, a existência dessa lei indica que a garantia prometida não é uma obrigação de desempenho porque esses requisitos tipicamente existem para proteger os clientes do risco de adquirir produtos defeituosos;

b) a extensão do período de cobertura da garantia – quanto maior for o período de cobertura, maior a probabilidade de que a garantia prometida seja uma obrigação de desempenho porque é maior a probabilidade de prestar serviço adicional à garantia de que o produto cumpre as especificações pactuadas;

c) a natureza das tarefas que a entidade compromete-se a realizar – se for necessário à entidade realizar tarefas específicas para fornecer a garantia de que o produto cumpre as especificações pactuadas (por exemplo, serviço de devolução de produto defeituoso), então essas tarefas, provavelmente, não resultarão em obrigação de desempenho.

6.3 Contabilização da garantia

Se a garantia, ou parte dela, fornecer ao cliente serviço adicional à garantia de que o produto cumpre as especificações pactuadas, o serviço prometido é uma obrigação de desempenho. Portanto, a entidade deve alocar o preço de transação ao produto e ao serviço. Se a entidade promete tanto a garantia normal quanto a garantia estendida, mas não pode contabilizá-las razoavelmente de forma separada, a entidade deve contabilizar ambas as garantias juntas como uma única obrigação de desempenho.

6.4 Pagamento de indenização

A lei que exige que a entidade pague indenização caso seus produtos causem lesão ou dano não resulta em obrigação de desempenho. Por exemplo, o fabricante pode vender produtos em jurisdição em que a lei responsabiliza o fabricante por quaisquer danos (por exemplo, à propriedade pessoal) que possam ser causados pelo consumidor que utiliza o produto para seu uso pretendido. Similarmente, a promessa da entidade de indenizar o cliente por responsabilidades e danos resultantes de reivindicações de patentes, direito autoral, marca comercial ou outra violação pelos produtos da entidade não resulta em obrigação de desempenho. A entidade deve contabilizar essas obrigações de acordo com a NBC TG 25.

II – DESPESAS PRÉ-OPERACIONAIS E PRÉ-INDUSTRIAIS

1. INTRODUÇÃO

Até a edição da Lei nº 11.941/2009, o ativo diferido recepcionava as despesas pré-operacionais e pré-industriais bem como os gastos de reestruturação que contribuiriam, efetivamente, para o aumento do resultado de mais de um exercício social e que não configurassem tão somente uma redução de custos ou acréscimo na eficiência operacional.

Essa regra constava, taxativamente, do inc. V do art. 179 da Lei nº 6.404/1976. O que ocorre e que referido dispositivo foi revogado pela Lei nº 11.941/2009.

Diante de tal situação, o Conselho Federal de Contabilidade baixou a Resolução CFC nº 1.159/09, a qual aprova o Comunicado Técnico CTG 2000 que aborda como os ajustes das novas práticas contábeis adotadas no Brasil trazidas pela Lei nº 11.638/07 e MP nº 449/08 devem ser tratados.

2. PROCESSO DE TRANSIÇÃO

Ao abordar o assunto, a Resolução CFC nº 1.159/09 disciplinou o tratamento a ser dispensado aos saldos da conta do ativo diferido e, também, o tratamento das despesas, após a entrada em vigor da lei que promoveu as alterações.

Referida Resolução esclarece que as entidades em fase pré-operacional que continuaram contabilizando os gastos pré-operacionais ao longo do exercício de 2008, em conformidade com a Lei nº 11.638/07 deveriam, a partir de 5/12/08, realizar os registros contábeis dos referidos gastos, em contas de resultado.

Na prática, foi permitida a manutenção dos saldos acumulados, até 04/12/2008, do saldo do ativo fiscal diferido, até a sua completa amortização. No entanto, a partir de 05/12/2008, referidos gastos passaram a ser, obrigatoriamente, registrados como resultado.

Mais adiante, a Resolução CFC nº 1.159/09 ainda é mais explicita, sobretudo no que diz respeito os gastos a serem tratados como despesa. Os seus itens 28, 29 e 30 assim estabelecem:

> "28. Em situação de pré-operacionalidade, a entidade deve registrar no subgrupo do ativo diferido os gastos pré-operacionais **de treinamento de pessoal, administrativo ou de pessoal de vendas ou assemelhados e as despesas com pesquisa, ou qualquer outro gasto não classificável no imobilizado ou intangível**, ocorridos antes da edição da MP nº 449/08, ou seja, no período compreendido entre 1º/01/08 e 4/12/08.
>
> 29. A partir de 5/12/08 (data da publicação da MP nº 449/08), aqueles tipos de gastos devem, nas entidades em fase pré-operacional, ser registrados no resultado como despesa do período.
>
> 30. De forma análoga ao procedimento adotado na data de transição (1º/01/08) para o saldo existente em 31/12/07, as entidades em situação pré-operacional devem novamente analisar o saldo dos gastos pré-operacionais existentes em 4/12/08, podendo optar em manter o referido saldo como ativo diferido, até a sua total amortização, ou optar em ajustá-lo para o resultado do período. Nesse contexto, deve ser observada a uniformidade na adoção do referido procedimento, considerando a opção feita quanto à data de transição."

3. REGISTRO CONTÁBIL DAS DESPESAS PRÉ-OPERACIONAIS

Como se observa, o registro da despesa pré-operacional deve ser alocada diretamente no resultado, no próprio período em que ocorrer. Deste modo, consideremos os seguintes gastos hipotéticos de uma empresa em fase pré-operacional:

Registro na junta comercial	5.000
AVCB (bombeiros)	2000
Vigilância sanitária	1500
Alvará	1500
Honorários contábeis	4000
Honorários advocatícios	4000
Total dos gastos pré-operacionais	18.000

Nota: Os gastos compreendem ao período de 01.01 a 31.03.x1. A empresa entrou em operação em 01.04.x1.

Contabilmente, teremos:

1 – Registro da Despesa pré-operacional

D – DESPESAS PRÉ OPERACIONAIS (RESULTADO)

C – OBRIGAÇÕES PARA COM OS SÓCIOS (SÓCIO "A") (PC) 18.000

No exemplo, estamos admitindo que um dos sócios tenha assumido os gastos. Isto porque, na prática, como a empresa não está em operação, não há dinheiro em caixa.

Deste modo, futuramente, quando a empresa tiver caixa, referido valor deverá ser devolvido ao sócio ou, caso haja acordo, entre os demais sócios, poderá ser utilizado para aportar o capital social.

4. TRATAMENTO FISCAL DAS DESPESAS PRÉ-OPERACIONAIS

Vimos acima que a contabilidade, atualmente, estabelece que os gastos pré-operacionais devem ser registrados diretamente em despesa.

No entanto, essa não é a posição do fisco.

O art. 11 da Lei nº 12.973/2014 estabelece o tratamento tributário das despesas de organização pré-operacionais ou pré-industriais. Na prática, o Fisco autoriza a dedução da despesa no período mínimo de cinco anos. Sobre o assunto, o referido dispositivo legal assim estabelece:

> "Art. 11. Para fins de determinação do lucro real, não serão computadas, no período de apuração em que incorridas, as despesas:
>
> I – de organização pré-operacionais ou pré-industriais, inclusive da fase inicial de operação, quando a empresa utilizou apenas parcialmente o seu equipamento ou as suas instalações; e
>
> II – de expansão das atividades industriais.
>
> Parágrafo único. As despesas referidas no *caput* poderão ser excluídas para fins de determinação do lucro real, em quotas fixas mensais e no prazo mínimo de 5 (cinco) anos, a partir:
>
> I – do início das operações ou da plena utilização das instalações, no caso do inciso I do *caput*; e
>
> II – do início das atividades das novas instalações, no caso do inciso II do *caput*."

Como se observa do exposto acima, o valor de R$ 18.000, que consta do nosso exemplo, deverá ser adicionado na base do IR e da CSLL, podendo ser excluído no prazo de 5 anos (no período de 01.04.x1 a 31.03.x6). Na prática, a adição será de R$ 300 ao mês (R$ 18.00/60 meses).

Veja que se trata de uma adição a ser controlada na parte B do LALUR

Considerando que a empresa apure o IR e a CSL anual e que o lucro ao final de 20x1 seja de R$ 10.000, teremos o seguinte tratamento fiscal (a empresa não teve qualquer outra adição, ou exclusão ao Lalur).

Na prática, a empresa, ao final de 20x1, terá que adicionar ao Lalur R$ 18.000, e excluir R$ 2.700*.

* R$ 18.000/60 meses = R$ 300 x 9 meses (abril a dezembro/x1 – a empresa entrou em operação em abril)

Com base nesses dados, teremos em 20x1:

LALUR 20x1	
Lucro contábil	10.000
(+) Adições	
Despesas pré-operacionais de 20x1	18.000
(-) Exclusões	
9 quotas mensais de despesas pré-operacionais de 20x1	2.700
(=) Lucro tributável.	25.300

Agora, para 20x2, considere os seguintes dados em relação à empresa objeto do exemplo:

- lucro líquido antes do IRPJ/CSL de R$ 15.000;
- não teve outras adições ou exclusões ao Lalur

Com base nesses dados, teremos:

LALUR 20x2 e seguintes	
Lucro contábil	15.000
(+) **Adições**	
	0
(-) **Exclusões**	
12 quotas mensais de despesas pré-operacionais de 20x2	3.600
(=) Lucro tributável.	11.400

III – RECEITAS E DESPESAS NÃO PRÉ-OPERACIONAIS NA DRE – TRATAMENTO

1. INTRODUÇÃO

Até a edição da Lei nº 11.941/2009, havia a obrigatoriedade de as empresas segregarem, na demonstração do resultado do exercício (DRE), os resultados operacionais dos resultados não operacionais.

Com a edição da referida lei essa segregação caiu por terra. A partir de 2008, a segregação das atividades praticadas pelas empresas observa, simplesmente, o critério de atividade continuada e atividade não continuada (ou descontinuada).

Sob essa nova ótica, discorremos neste procedimento sobre o tratamento contábil a ser dispensado às "receitas e despesas não operacionais". Lembra-se que são exemplos clássicos desse tipo de receita/despesa, os ganhos/perdas de capital tidos na venda de bens do antigo ativo permanente.

2. TRATAMENTO DOS RESULTADOS OBTIDOS COM O "ANTIGO" ATIVO PERMANENTE ATÉ A EDIÇÃO DA LEI Nº 11.941/2009

Os recursos aplicados na empresa no antigo ativo permanente propiciavam para a empresa:

a) Ganho ou perda de capital, o que ocorre quando da venda desse ativo;

b) Lucro ou prejuízo, no que diz respeito aos "frutos" gerados pelos ativos, especificamente no que diz respeito aos bens registrados no antigo grupo de investimento.

Em relação a letra "a", a Lei nº 6.404/1976 estabelecia que o resultado (ganho ou perda) devia ser tratado, na DRE, como resultado não operacional. Essa determinação consta da redação original do inciso IV, do artigo 187 da Lei nº 6.404/1976, que assim dispunha:

> *"Art. 187. A demonstração do resultado do exercício discriminará:*
>
> *...*
>
> *IV - o lucro ou prejuízo operacional,* ***as receitas e despesas não operacionais;***
>
> *..." [grifo do autor]*

No tocante a letras "b", temos que o lucro ou prejuízo era registrado como "outras receitas operacionais" ou "outras despesas operacionais", conforme o caso. Lembra-se que os investimentos deviam – e continuam sendo assim -, ser avaliados pelo método da equivalência patrimonial ou pelo método de custo, conforme o caso.

Essa classificação consta da redação original do inc. III do art. 187 da citada Lei nº 6.404/1976. Esse dispositivo estabelece que a demonstração do resultado do exercício discriminará *"as despesas com as vendas, as despesas financeiras, deduzidas das receitas, as despesas gerais e administrativas, e outras despesas operacionais"*.

3. ORIENTAÇÕES DO COMITÊ DE PRONUNCIAMENTOS CONTÁBEIS SOBRE A "ELIMINAÇÃO" DAS RECEITAS E DESPESAS NÃO OPERACIONAIS

O Comitê de Pronunciamentos Contábeis, com o intuito de dar transparência à sua posição em alguns assuntos que têm provocado dúvidas junto a profissionais de contabilidade, administradores de empresas, auditores independentes, analistas, investidores, credores, entre outros, veio a público para esclarecer e, também, salientar alguns pontos quanto aos seus pronunciamentos. Isso se deu por meio da Orientação OCPC 02.

Por meio dessa orientação (itens 136 e 137), o comitê esclareceu que a Medida Provisória nº 449/2008 (convertida na Lei nº 11.941/2009), acatou a seguinte regra existente nas normas internacionais: **a não segregação dos resultados em operacionais e não operacionais.**

Essa regra consta do art. 37 da Lei nº 11.941/2009, que dá nova redação a diversos dispositivos da Lei nº 6.404/1976. No caso em particular, a nova redação foi dada ao inc. IV do art. 187, que assim dispõe:

> *"Art. 187. ...*
>
> ...
>
> *IV – o lucro ou prejuízo operacional, as outras receitas e as outras despesas;*
>
> ..."

Assim, para atender o disposto na referida lei, o referido Comitê esclarece que no âmbito do processo de convergência com as normas internacionais (leitura sistemática das normas e orientações), as entidades **deverão apresentar as "outras receitas/despesas" no grupo operacional e não após a linha do "resultado operacional".**

Em continuidade aos referidos esclarecimentos o Comitê se pronunciou no sentido de que as normas internacionais fazem divisão dos resultados em resultados das atividades continuadas e resultado das atividades não continuadas. Isso facilita, enormemente, a capacidade de o usuário prospectar com relação ao futuro da entidade.

Ao finalizar os esclarecimentos, o Comitê salienta a não existência, desde 2008, da figura das receitas e despesas não operacionais.

Nota: Esclareça-se que a nova redação dada ao dispositivo da Lei nº 6.404/1976 acima reproduzido (inc. IV do art. 187) não altera o tratamento dos resultados operacionais e não operacionais para fins de apuração e compensação de prejuízos fiscais. Essa determinação consta explicitamente do art. 60 da Lei nº 11.941/2009. Portanto, embora para fins contábeis a empresa não mais deva fazer a segregação entre resultados operacionais e não operacionais, para fins fiscais essa segregação é necessária e obrigatória para fins de compensação de prejuízos fiscais, porquanto a legislação do IRPJ estabelece a compensação de prejuízos operacionais com lucros operacionais e a compensação de prejuízos não operacionais com lucros não operacionais.

4. LUCROS OPERACIONAIS E NÃO OPERACIONAIS VS. ATIVIDADE CONTINUADA E ATIVIDADE NÃO CONTINUADA

Conforme vimos acima, antes das alterações promovidas na Lei nº 6.404/1976, pelas Leis nº 11.638/2007 e nº 11.941/2009, havia a necessidade de se fazer, na DRE, a distinção entre resultado operacional e resultado não operacional.

Vimos, também, que a partir de 2008, a segregação das atividades praticadas pelas empresas observa, simplesmente, o critério de atividade continuada e atividade não continuada.

Na prática, isso significa dizer que os ganhos ou perdas oriundos de bens ou direitos registrados no "antigo ativo permanente" (**hoje denominado ativo não circulante),** sobretudo no que diz respeito ao subgrupo investimentos, mesmo não fazendo parte da atividade-fim da empresa, devem ser reconhecidos como outras receitas ou despesas operacionais. Para tanto, tais bens devem estar registrados, no ativo, como bens de atividades continuadas, ou seja, **não disponíveis à venda. Portanto, na DRE, tais resultados devem constar da linha outras receitas ou outras despesas, conforme o caso.**

Agora, em relação aos bens e direitos não circulantes classificados como mantidos para venda (naturalmente, em separado do ativo circulante), os ganhos ou perdas proveniente da venda desses ativos e os "frutos" deles provenientes (ex.: aluguéis, no caso de um imóvel colocado à venda ou lucros e dividendos gerados por investimento em outras sociedades, também colocado à venda) **deverão ser tratados como disponíveis à venda, o que significa dizer que tais bens devem estar registrados como bens de operação descontinuada. Na DRE tais resultados devem constar após o Imposto de Renda e a Con-**

tribuição Social. Esses resultados devem ser apresentados líquidos dos tributos (IRPJ/CSL).

5. CONCEITOS GERAIS DE OPERAÇÃO DESCONTINUADA

De acordo com o CPC 31 (item 32), uma operação descontinuada é um componente da entidade que foi baixado ou está classificado como mantido para venda e

a) representa uma importante linha separada de negócios ou área geográfica de operações;

b) é parte integrante de um único plano coordenado para venda de uma importante linha separada de negócios ou área geográfica de operações; ou

c) é uma controlada adquirida exclusivamente com o objetivo da revenda.

5.1 Componente da entidade

O conceito de componente da entidade é apresentado pelo Pronunciamento CPC 31 que assim dispõe

> *"31. Um componente da entidade compreende operações e fluxos de caixa que podem ser claramente distinguidos, operacionalmente e para fins de divulgação nas demonstrações contábeis, do resto da entidade. Em outras palavras, um componente da entidade terá sido uma unidade geradora de caixa ou um grupo de unidades geradoras de caixa enquanto mantido em uso."*

5.2 Itens a serem evidenciados

A entidade deve evidenciar:

a) um montante único na demonstração do resultado compreendendo:

i. o resultado total após o imposto de renda das operações descontinuadas; e

ii. os ganhos ou as perdas após o imposto de renda reconhecidos na mensuração pelo valor justo menos as despesas de venda ou na baixa de ativos ou de grupo de ativos(s) mantidos para venda que constituam a operação descontinuada.

b) análise da quantia única referida em "a" com:

i. as receitas, as despesas e o resultado antes dos tributos das operações descontinuadas;

ii. as despesas com os tributos sobre o lucro relacionadas;

iii. os ganhos ou as perdas reconhecidas na mensuração pelo valor justo menos as despesas de venda ou na alienação de ativos ou de grupo de ativos mantidos para venda que constitua a operação descontinuada; e

iv. as despesas de imposto de renda relacionadas.

Nota: A análise pode ser apresentada nas notas explicativas ou na demonstração do resultado. Se for na demonstração do resultado, deve ser apresentada em seção identificada e que esteja relacionada com as operações descontinuadas, isto é, separadamente das operações em continuidade. A análise não é exigida para grupos de ativos mantidos para venda que sejam controladas recém-adquiridas que satisfaçam aos critérios de classificação como destinadas à venda no momento da aquisição.

c) os fluxos de caixa líquidos atribuíveis às atividades operacionais, de investimento e de financiamento das operações descontinuadas.

Nota: Essas evidenciações podem ser apresentadas nas notas explicativas ou nos quadros das demonstrações contábeis. Essas evidenciações não são exigidas para grupos de ativos mantidos para venda que sejam controladas recém-adquiridas que satisfaçam aos critérios de classificação como destinadas à venda no momento da aquisição;

d) o montante do resultado das operações continuadas e o das operações descontinuadas atribuível aos acionistas controladores. Essa evidenciação pode ser apresentada alternativamente em notas explicativas que tratam do resultado.

6. EXEMPLO DE ATIVIDADE CONTINUADA E ATIVIDADE NÃO CONTINUADA

Antes de darmos os exemplos de atividade continuada e atividade não continuada (ou descontinuada), cabe aqui reforçar o conceito de atividade não continuada. Singelamente, pode-se dizer que atividade não continuada refere-se a um ativo da empresa que foi baixado ou está mantido para venda. Ou seja, a empresa pretende se desfazer desse bem.

Então vamos dar dois exemplos:

Consideremos que a empresa Delta (investidora) tenha investimentos em duas sociedades diferentes. Na empresa A e na empresa B.

Consideremos que o investimento feito na empresa A no valor de R$ 10.000 resultou em dividendos no valor de R$ 100.

Já o investimento feito na empresa B no valor de R$ 5.000 resultou em dividendos no valor de R$ 125.

Vamos imaginar que a empresa investidora tenha o interesse em se desfazer do investimento feito na empresa A. diante dessa premissa, a empresa Delta deverá remanejar o valor do investimento (R$ 10.000) para o Ativo Não Circulante, no realizável a Longo Prazo ou para o Circulante, para uma conta chamada, por exemplo, "bens destinados à venda e operação descontinuada".

Consideremos, também, que não haja por parte da investidora em se desfazer do investimento feito na empresa "B", o qual deverá ser mantido no Não Circulante, no grupo investimentos.

Para os casos propostos, temos as seguintes situações na contabilidade da empresa Delta (investidora):

- Os dividendos recebidos da empresa A (R$ 100) serão tratados como lucro ou prejuízo do exercício de operações descontinuadas.
- Já os dividendos recebidos da empresa B (R$ 125) serão tratados como outras receitas (operações em continuidade).

7. EXEMPLO DE DRE

Em face da necessidade de informação das operações em continuidade e das operações não continuadas, a demonstração do resultado do exercício deverá apresentar a seguinte configuração:

RECEITA BRUTA DE VENDAS		
Receita de vendas		
DEDUÇÕES DA RECEITA BRUTA		
(-) Impostos incidentes sobre vendas		
(-) Devoluções de vendas		
(-) Abatimentos		0
RECEITA LÍQUIDA DE VENDAS		0
(-) CMV/CPV/CSV		
LUCRO BRUTO		0
(-) DESPESAS OPERACIONAIS		
Despesas de vendas		
Despesas administrativas		
Outras Receitas	100	
Outras Despesas		100
RESULTADO DO EXERCÍCIO ANTES DO IRPJ/CSL		100
(-) Despesas com IRPJ/CSL		
(=) LUCRO DO EXCERCÍCIO DAS OPERAÇÕES EM CONTINUIDADE		100
(+-) Lucro ou prejuízo do exercício de operações não continuadas		125
LUCRO LÍQUIDO DO EXERCÍCIO		225

IV – ATIVIDADE IMOBILIÁRIA – VENDA À VISTA DE UNIDADE NÃO CONCLUÍDA

1. INTRODUÇÃO

No setor imobiliário, as empresas que realizam a incorporação e/ou a construção de imóveis, diretamente ou por meio de subempreiteiras, podem firmar contratos com um ou mais compradores antes do término da construção. Esses contratos podem assumir diversas formas.

As empresas que incorporam e/ou constroem imóveis residenciais, por exemplo, podem começar a comercialização de unidades imobiliárias (apartamentos ou casas) "na planta", ou seja, enquanto a construção ainda estiver em andamento, ou até mesmo antes de seu início.

Cada comprador firma um contrato com a entidade para adquirir uma unidade imobiliária quando a mesma estiver pronta para ser ocupada.

Normalmente, o comprador efetua um adiantamento que será reembolsado apenas se a entidade deixar de entregar a unidade imobiliária concluída de acordo com os termos contratados. O restante do preço de compra é geralmente pago à entidade apenas ao término do contrato, quando o comprador obtém a posse da unidade.

As entidades que constroem imóveis comerciais ou industriais geralmente firmam um contrato com um único comprador.

Podem ser exigidos do comprador pagamentos de parcelas entre a época do início e do fim do contrato.

Neste procedimento, discorremos sobre a contabilização das receitas e dos correspondentes custos das entidades que realizam a incorporação e/ou construção de imóveis, especificamente no que diz respeito à venda à vista de unidades não concluídas, tendo como base a Interpretação Técnica ICPC 02 – Contrato de Construção do Setor Imobiliário, a qual foi recepcionada:

- no âmbito da CVM, pela Deliberação nº 612/2009;
- no âmbito do CFC, pela ITG 02, aprovada pela Resolução nº 1.266/2009.

2. RECEITA DO CONTRATO

A receita do contrato deve compreender:

a) a quantia inicial da receita acordada no contrato; e
b) as variações decorrentes de solicitações adicionais, as reclamações e os pagamentos de incentivos contratuais:
   i. na extensão em que for provável que venham a resultar em receita; e
   ii. estejam em condições de serem confiavelmente mensurados.

3. CUSTO DO CONTRATO

Os custos do contrato devem compreender:

a) os custos que se relacionem diretamente com um contrato específico;

b) os custos que forem atribuíveis à atividade de contratos em geral e puderem ser alocados ao contrato; e

c) outros custos que forem diretamente debitáveis ao cliente, nos termos do contrato.

4. EXEMPLO

Admitamos que determinada empresa do ramo imobiliário vá construir empreendimento composto por 50 apartamentos residenciais.

No desenvolvimento do exemplo, consideremos as seguintes informações:

• Custo total orçado da obra	R$	900.000,00
• Custo incorrido até a data da venda	R$	400.000,00
• Venda de uma unidade à vista	R$	30.000,00

Registro do recebimento.

D - Caixa/Bancos (AC)	30.000,00	
C - Adiantamento de Clientes		30.000,00

Apuração do custo da unidade vendida

A receita do período deverá ser reconhecida de acordo com o progresso físico da obra.

Portanto, neste caso, temos:

$$\frac{\text{Custo incorrido}}{\text{Custo orçado}} = \text{Receita do período}$$

Com base nos valores informados, o percentual de reconhecimento da receita corresponde a, assim determinado:

$$\frac{400.000,00}{900.000,00} = 44,44\%$$

Deste modo, a receita a ser reconhecida no período corresponde a:

R$ 30.000,00	x	44,44%	R$ 13.333,33

Registro do reconhecimento da receita

D	-	Adiantamento de Clientes	13.333,33	
C	-	Receita da venda de Imóveis Não concluídos		13.333,33

Custos relativos a unidade vendida

O custo da unidade vendida pode ser determinado da seguinte forma:

$$\frac{\text{Custo incorrido}}{\text{Unidades}} = \text{Custo unitário}$$

Portanto:

$$\frac{\text{R\$ 400.000,00}}{50} = \text{R\$ 8.000,00}$$

Registro contábil do custo

D	-	Custo dos imóveis vendidos	8.000,00	
C	-	Estoque de imóveis em construção		8.000,00

Ao término da obra é necessário reconhecermos a receita restante.

No caso temos:

Registro do reconhecimento da receita

D	-	Adiantamento de Clientes	16.666,67	
C	-	Receita da venda de Imóveis Não concluídos		16.666,67

Consideremos que ao término da obra, os custos totalizaram R$ 1.000.000,00 (R$ 100.000,00 a mais do que aquele originalmente orçado.

Portanto, o custo efetivo da unidade vendida corresponde a:

$$\frac{\text{Custo efetivo}}{\text{Unidades}} = \text{Custo unitário}$$

$$\frac{\text{R\$ 1.000.000,00}}{50} = \text{R\$ 20.000,00}$$

Como já registramos um custo de R$ 8.000,00 resta-nos, agora, registrar a diferença entre o custo efetivo e o custo orçado da unidade. Esse valor corresponde a R$ 12.000,00 (R$ 20.000,00 – R$ 8.000,00).

Registro contábil do custo

D	-	Custo dos imóveis vendidos	12.000,00	
C	-	Estoque de Imóveis em Construção		12.000,00

V – FORMAÇÃO DO CUSTO DO IMÓVEL E TRATAMENTO DAS DESPESAS COM VENDAS NAS ENTIDADES DE INCORPORAÇÃO IMOBILIÁRIA

1. INTRODUÇÃO

Muitos são os assuntos relacionados que envolvem as entidades de incorporação imobiliária e que causam dúvidas, carecendo de esclarecimentos quanto às práticas contábeis a serem adotadas por essas entidades.

Tendo como base a Orientação Técnica CPC 01 (OCPC 01), discorremos neste procedimento sobre o tema, especificamente no que diz respeito aos seguintes pontos:

a) formação do custo do imóvel, objeto da incorporação imobiliária;

b) despesas com comissões de vendas;

c) despesas com propaganda, marketing, promoções e outras atividades correlatas;

d) gastos diretamente relacionados com a construção do estande de vendas e do apartamento-modelo, bem como aqueles para aquisição das mobílias e da decoração do estande de vendas e do apartamento-modelo do empreendimento imobiliário.

2. FORMAÇÃO DO CUSTO DO IMÓVEL, OBJETO DA INCORPORAÇÃO IMOBILIÁRIA

O custo do imóvel, objeto da incorporação imobiliária compreende todos os gastos incorridos para a sua obtenção, independentemente de pagamento, e abrange:

a) preço do terreno, inclusive gastos necessários à sua aquisição e regularização;
b) custo dos projetos;
c) custos diretamente relacionados à construção, inclusive aqueles de preparação do terreno, canteiro de obras e gastos de benfeitorias nas áreas comuns;
d) impostos, taxas e contribuições não recuperáveis que envolvem o empreendimento imobiliário, incorridos durante a fase de construção;
e) encargos financeiros diretamente associados ao financiamento do empreendimento imobiliário (vide mais detalhes nos subitens 2.3 e 2.3.1.

2.1 Conceitos gerais de custo

Considera-se custo do imóvel aquele efetivamente aplicado na construção.

Nota-se que adiantamentos para aquisição de bens e serviços devem ser controlados, separadamente, em rubrica específica de adiantamentos a fornecedores (grupo de estoques de imóveis a comercializar) e considerados como custo incorrido à medida que os bens e/ou serviços a que se referem forem obtidos e efetivamente aplicados na construção.

Adicionalmente, o custo do imóvel vendido deve compreender o valor estimado das garantias referentes ao período posterior à sua conclusão e entrega (por exemplo: entrega das chaves ou outro evento de transferência da posse do imóvel).

2.2 Gastos contratuais de improvável recuperação

Os gastos contratuais sem probabilidade de recuperação são reconhecidos imediatamente no resultado como custo incorrido do empreendimento.

Exemplo

Se parte da obra for refeita por apresentar defeito, e o gasto correspondente não for recuperável por meio de seguro próprio ou de terceiro responsável, deve ser registrado como custo imediatamente. O reconhecimento da perda independe do estágio de execução do empreendimento ou do montante dos lucros estimados em outros empreendimentos e não deverá impactar o cálculo da evolução da obra para fins de reconhecimento da receita de incorporação imobiliária.

2.3 Encargos Financeiros

Os encargos financeiros incorridos com empréstimos e financiamentos obtidos de terceiros, por entidade controladora ou por suas investidas, e diretamente associados aos financiamentos da construção e para a aquisição de terrenos de empreendimentos imobiliários do grupo devem ser registrados em rubrica específica representativa de estoques de imóveis a comercializar nas demonstrações contábeis consolidadas.

Por sua vez, os encargos financeiros incorridos com empréstimos e financiamentos, inclusive para aquisição de terrenos, obtidos de terceiros por entidade controladora, e aplicados, exclusivamente, em seus respectivos empreendimentos imobiliários devem ser registrados em rubrica específica representativa de estoques de imóveis a comercializar nas demonstrações contábeis desta entidade.

Nas demonstrações contábeis consolidadas, os encargos decorrentes de empréstimos e financiamentos obtidos de terceiros por entidade controladora cujos recursos tenham sido repassados e aplicados em empreendimentos imobiliários de suas controladas e coligadas devem ser apropriados, observando-se os mesmos critérios de apropriação da receita de incorporação imobiliária da controlada ou coligada.

Por sua vez, os encargos não apropriados ao resultado das controladas e coligadas devem ser apresentados nas demonstrações contábeis da controladora, em conta de investimentos no ativo não circulante.

2.3.1 Encargos financeiros diretamente associados ao financiamento

Consideram-se encargos financeiros diretamente associados ao financiamento da construção aqueles encargos vinculados desde o início do projeto, devidamente aprovado pela administração da entidade de incorporação imobiliária, desde que existam evidências suficientes de que tais financiamentos, mesmo obtidos para fins gerais, foram usados na construção dos imóveis.

O montante dos encargos financeiros registrados nos estoques de imóveis a comercializar durante um período não deve exceder o montante dos encargos financeiros incorridos durante aquele período, atendendo-se aos seguintes critérios:

a) os encargos financeiros elegíveis para serem registrados devem ser determinados com base na aplicação de uma taxa de capitalização aos custos efetivamente incorridos com o imóvel. Essa determinação deve levar em consideração a taxa efetivamente contratada, no caso dos empréstimos diretamente vinculados, ou a taxa média ponderada dos encargos financeiros aplicáveis aos financiamentos;

b) os encargos financeiros são registrados nos estoques de imóveis a comercializar, quando, provavelmente, resultarem em benefícios econômicos futuros e puderem ser de forma razoável estimados, e serão recuperáveis por meio do preço de venda do correspondente imóvel;

c) deve ser capitalizada como parte do custo do imóvel em construção a parcela de variação cambial considerada ajuste ao custo financeiro, como no caso de financiamentos em moeda estrangeira com juros. A capitalização dos encargos financeiros (juros mais variação cambial) é limitada ao valor do encargo de empréstimos locais, para prazo e condições similares;

d) a data para início da capitalização dos encargos financeiros nos estoques de imóveis a comercializar deve ser aquela na qual forem atingidas todas as seguintes condições:

   i. que os custos com a aquisição dos terrenos ou a construção dos imóveis estejam sendo incorridos;

   ii. que os custos com empréstimos estejam sendo incorridos; e

   iii. que as atividades necessárias para preparar o imóvel para comercialização estejam em progresso;

e) os encargos financeiros devem ser registrados nos estoques de imóveis a comercializar até o momento em que a construção física estiver concluída;

f) os valores dos encargos financeiros capitalizados nos estoques de imóveis a comercializar não devem impactar o cálculo da evolução da obra para fins de reconhecimento da receita de incorporação imobiliária;

g) os encargos financeiros elegíveis para serem capitalizados e mantidos nos estoques de imóveis a comercializar devem ser calculados proporcionalmente às unidades imobiliárias não comercializadas, sendo que os encargos financeiros calculados, proporcionalmente, às unidades imobiliárias já comercializadas devem ser integralmente apropriados ao resultado, como custo das unidades imobiliárias vendidas.

Ressalta-se que as demonstrações contábeis devem divulgar a política contábil adotada para encargos financeiros de empréstimos.

3. DESPESA COM COMISSÃO DE VENDA

As despesas com comissões de vendas incorridas pela entidade de incorporação imobiliária devem ser ativadas como pagamentos antecipados e apropriadas ao resultado em rubrica relacionada a despesas com vendas, observando-se os mesmos critérios de apropriação da receita de incorporação imobiliária.

Na elaboração de cada balanço patrimonial, mesmo que intermediário, a entidade de incorporação imobiliária deve analisar as comissões a apropriar e reconhecê-las imediatamente como despesa, no caso de cancelamento de vendas ou quando for provável que não haverá pagamento dos valores contratados.

4. DESPESA COM PROPAGANDA, MARKETING, PROMOÇÃO E OUTRAS ATIVIDADES CORRELATAS

As despesas com propaganda, marketing, promoções e outras atividades correlatas, mesmo que diretamente relacionadas a um empreendimento imobiliário específico, não fazem parte do custo de construção do imóvel.

Essas despesas devem ser reconhecidas no resultado, em uma rubrica específica relacionada a despesas com vendas (não afetando, dessa forma, o resultado bruto das atividades de incorporação imobiliária), quando efetivamente incorridas, respeitando-se o regime de competência contábil dos exercícios, de acordo com seu respectivo período de veiculação, não podendo ser diferidas para futuro reconhecimento até a entrega das unidades imobiliárias.

5. GASTOS COM ESTANDE DE VENDAS E COM APARTAMENTO DECORADO ("MOSTRUÁRIO")

Os gastos incorridos e diretamente relacionados com a construção de estande de vendas e do apartamento-modelo, bem como aqueles para aquisição das mobílias e da decoração dos estandes de vendas e do apartamento-modelo de cada empreendimento recebem tratamento específico. Esses gastos possuem natureza de caráter prioritariamente tangível e, dessa forma, devem ser registrados em rubrica de ativo imobilizado, e depreciados de acordo com o respectivo prazo de vida útil estimada desses itens.

5.1 Vida útil e depreciação aplicável

Vida útil é o período durante o qual se espera que o ativo seja usado pela entidade de incorporação imobiliária.

Quando a vida útil estimada for inferior a 12 meses, os gastos devem ser reconhecidos diretamente ao resultado como despesa de vendas.

A despesa de depreciação desses ativos deve ser reconhecida em rubrica de despesas com vendas, sem afetar o lucro bruto. Esse reconhecimento não deve causar impacto na determinação do percentual de evolução financeira dos empreendimentos imobiliários.

Eventuais parcelas recuperadas com a venda das mobílias ou das partes do estande de vendas devem ser registradas como redutoras do custo desses itens.

5.2 Determinação do valor recuperável no caso de desvalorização do ativo

A entidade de incorporação imobiliária deve avaliar, no mínimo, no fim de cada exercício social, se há alguma indicação de que um ativo possa ter sofrido desvalorização. Se houver alguma indicação, a entidade deve estimar o valor recuperável do ativo. Por exemplo, consideram-se desvalorizados os estandes de vendas no momento em que parte substancial das unidades estiverem vendidas ou por ocasião do término de seu uso.